房地产估价

主　编　张建坤
副主编　袁竞峰　白冬梅　陆　莹

东南大学出版社
·南京·

内 容 提 要

本书全面、系统地阐述房地产估价理论体系与估价实践过程,并对房地产估价所涉及的相关重要问题进行分析和研究。内容主要涵盖房地产估价概述、房地产价格及其影响因素、房地产估价原则、房地产估价程序、房地产估价的成本法、市场比较法、收益还原法、假设开发法、土地价格评估、特殊物业估价等方面。

本书以房地产估价理论、现行估价规范等相关政策法规为基础,注重房地产估价理论的系统性和严密性,强调房地产估价实践的灵活性和可操作性,精选和设计了相关的估价案例进行分析。不仅能作为大专院校相关专业本科生、研究生的教材和参考书,也可以用于房地产估价技术人员的业务参考。

图书在版编目(CIP)数据

房地产估价/张建坤主编. —南京:东南大学出版社,2013.11
 ISBN 978-7-5641-4608-5

Ⅰ.①房… Ⅱ.①张… Ⅲ.①房地产价格—估价 Ⅳ.①F293.35

中国版本图书馆 CIP 数据核字(2013)第 250789 号

东南大学出版社出版发行
(南京四牌楼 2 号 邮编 210096)
出版人:江建中
网　　址:http://www.seupress.com
电子邮件:press@seupress.com
全国各地新华书店经销　南京京新印刷厂印刷
开本:700 mm×1000 mm　1/16　印张:22.75　字数:446千字
2013 年 11 月第 1 版　2013 年 11 月第 1 次印刷
ISBN 978-7-5641-4608-5
定价:42.00 元

本社图书若有印装质量问题,请直接与营销部联系。电话(传真):025-83791830

前　言

记得第一次看到房地产估价这个名词是在 20 世纪 80 年代后期,当时无意中接触到台湾政治大学林英彦教授的《不动产估价》,厚厚的一大本,感叹房地产价格评估竟有如此丰富的内容！到了 90 年代初期,准备参加国内注册房地产估价师资格考试时,算是比较系统地自学了房地产估价的基本知识。在接下来的近二十年间,无论是从事房地产估价的教学、科研工作,还是进行房地产估价的实践活动,都在不断加深对房地产估价的理解,不断提高对房地产估价的认识。尤其在长期参与住建部房地产估价及经纪人专家委员会、江苏省房地产估价协会、南京市房地产估价协会的行业管理工作中,对我国房地产估价事业有了更加深刻、全面的认识,也对我国房地产估价行业的发展前景更加充满信心。

房地产估价在房地产领域属于技术性较强的一个分支,虽然其理论体系相对成熟,但估价实践却复杂多变,尤其是在我国现阶段,如何适应房地产市场不断发展的需要,更好地促进经济发展、服务于社会,是房地产估价的现实课题。本书的出版正是基于立足经典、不断创新的思想,在充分整合、总结以往业内众多专家、学者研究成果的同时,融入新的估价技术与内容,比如估价信息采集的方法、基于案例推理(CBR)的可比实例选取、特殊物业估价方法与实施等,是对传统房地产估价体系的充实和丰富。因此,本书既可以为房地产估价初学者提供系统学习之用,也可以作为估价从业人员业务提高的参考。

参加本书撰写的同志均为房地产估价的从业和研究人员。其中第 1、第 10 章由张建坤、曹令洁、诸德律、张华撰写；第 2、第 7、第 8 章由袁竞峰、仵亦畅、刘贵、严晨、吴晓纯撰写；第 3、第 6 章由陆莹、张华撰写；第 4、第 5、第 9 章由白冬梅、张建坤撰写。全书由张建坤统稿。

本书作为东南大学 2011 年教材建设项目,一直得到了东南大学教务处领导、专家的指导。在本书的策划和撰写工作中,东南大学出版社的有关同志也给予了多方帮助。在整个撰写过程中,我们参考了大量的国内外相关研究成果,为本书增色不少。在此,我们对所有关心、帮助本书撰写出版的专家、学者表示衷心感谢！

张建坤
2013 年 10 月 14 日

目 录

1 房地产估价概述 ··· 1
   1.1 房地产估价概念 ··· 1
   1.2 房地产估价对象 ··· 8
   1.3 房地产估价的特点 ··· 15
   1.4 房地产估价的假设 ··· 16
   1.5 房地产估价的价值 ··· 18
   1.6 房地产估价基础理论体系 ··· 19
   1.7 房地产估价的需求及发展 ··· 29

2 房地产价格及其影响因素 ·· 45
   2.1 房地产价格的形成 ··· 45
   2.2 房地产价格的特征 ··· 70
   2.3 房地产价格影响因素分析 ··· 73

3 房地产估价原则 ··· 88
   3.1 房地产估价原则的概念 ·· 88
   3.2 独立、客观、公正原则 ·· 89
   3.3 合法原则 ·· 90
   3.4 最高最佳使用原则 ··· 92
   3.5 估价时点原则 ··· 94
   3.6 替代原则 ·· 97
   3.7 谨慎原则 ·· 99

4 房地产估价程序 ··· 101
   4.1 房地产估价程序概述 ·· 101
   4.2 房地产估价过程描述与分析 ··· 101
   4.3 房地产估价规范 ·· 111

5 成本法 ... 114
5.1 成本法的概念与使用范围 ... 114
5.2 成本法估价过程及成本构成 ... 116
5.3 成本法的基本公式 ... 122
5.4 重新购建价格的求取 ... 124
5.5 折旧分析与测算 ... 132
5.6 成本法应用举例 ... 144
5.7 成本法总结 ... 145

6 市场法 ... 148
6.1 市场法概念及使用范围 ... 148
6.2 市场比较法的评估步骤 ... 152
6.3 求取比准价格 ... 171
6.4 市场比较法应用举例 ... 174
6.5 市场比较法总结 ... 185

7 收益法 ... 187
7.1 收益法概念及适用范围 ... 187
7.2 收益法估价过程 ... 188
7.3 净收益求取 ... 188
7.4 报酬资本化法 ... 196
7.5 直接资本化法 ... 209
7.6 投资组合和剩余技术 ... 216
7.7 收益法总结 ... 221

8 假设开发法 ... 223
8.1 假设开发法概述 ... 223
8.2 假设开发法的评估过程 ... 227
8.3 假设开发法的估价公式和方法 ... 233
8.4 假设开发法的应用及举例 ... 238

9 土地价格评估 ··· 253
9.1 地价概念 ··· 253
9.2 路线价法 ··· 255
9.3 基准地价评估 ····································· 264

10 特殊物业估价 ······································· 276
10.1 高压电线下土地估价 ······························ 276
10.2 高尔夫球场用地估价 ······························ 284
10.3 墓地估价 ·· 287
10.4 地铁沿线房地产价值 ······························ 291
10.5 征地评估 ·· 295
10.6 拆迁评估 ·· 301

附录 ··· 311
附录1 中华人民共和国国家标准房地产估价规范 ············ 311
附录2 房地产估价报告实例 ····························· 335

参考书目 ··· 349

1 房地产估价概述

> **本章概要**
>
> 随着我国市场经济体制的逐步完善,社会经济迅速发展,房地产市场进一步繁荣,房地产估价作为房地产行业的重要组成部分作用也将日益突出。本章从房地产估价的概念出发,对房地产估价的要素、房地产估价的特点、房地产估价的假设、房地产估价的理论体系、房地产估价的价值以及房地产估价的需求和发展等方面进行论述和分析,力求通过这些问题的初步阐释,使读者对房地产估价有一个系统的、准确的认识。
>
> 房地产估价既是一门科学,也是一门艺术。科学公允的房地产估价,不仅为房地产交易提供科学的价值尺度,而且能有效地推进房地产交易业务的顺利进行。同时能为房地产交易、投资等业务当事人提供准确、公允的现实价格信息,对提高房地产交易的效率和维护交易双方的权益起到重要作用。

1.1 房地产估价概念

1.1.1 房地产估价的基本含义

房地产估价(Real Estate Appraisal 或 Property Valuation),是指以房地产为对象,由房地产专业人员根据估价目的、遵循估价原则、按照估价程序,在充分了解和掌握估价对象基本情况、房地产市场资料和深入分析房地产价格因素的基础上,采用科学的估价方法,结合估价经验,就房地产在一定权利状态和一定时点的市场价值所作出的判断与推测。不同国家和地区房地产估价称谓则略有差异,例如在美国称为"Real Estate Appraisal",在英国称为"Property Valuation",在日本称为"不动产鉴定",在中国台湾地区称为"不动产估价(或鉴定、鉴价)",在中国香港称为"物业估价"等。

为了更好地理解和把握房地产估价的含义,我们还应充分地认识房地产估价本质。房地产估价是估价师运用自己的估价专业知识和经验去"揭示"或者"发现"房地产的价值,而不是去"发明"或"创造"房地产的价值;是评估房地产的价值而不简单是价格;是估价机构和估价师以专业机构和专家的身份发表对估价对象价值的专业见解、看法或观点,不应被视为估价机构和估价师对估价对象可实现价格的保证。另外,对于评估结果不能用物理量测量的误差标准来要求估价的误差标准,应允许估价有较大的误差。同时我们也应清楚地认识到,正确的房地产价值评估必须依靠科学的估价理论和方法,但又不能完全拘泥于现有的方法和理论,还必须依靠估价师的实践经验。

1.1.2 房地产估价的要素

1) 房地产估价主体
(1) 房地产估价专业人员

房地产估价专业人员,是指经房地产估价人员资格考试合格,由有关主管部门审定注册,取得执业资格证书后专门从事房地产估价业务的专业人员。按照当前我国房地产估价体系,国内从事房地产估价业务的专业人员主要包括:注册房地产估价师及房地产估价员。

注册房地产估价师是指通过全国房地产估价师执业资格考试或者资格认定、资格互认,取得中华人民共和国房地产估价师执业资格(简称执业资格),并按照《注册房地产估价师管理办法》注册,取得中华人民共和国房地产估价师注册证书(简称注册证书),从事房地产估价活动的人员。

而房地产估价员是指通过省级资格考试或资格认定,取得房地产估价员资格,从事房地产估价活动的人员。房地产估价员证书属于职业水平证书,不具有行政许可的性质,房地产估价员的职责是协助房地产估价师完成估价工作。

一般来说,房地产估价员只能在本省执业,而注册房地产估价师在全国范围内均可执业。另外,在权限上,房地产估价员也仅能参与编制房地产估价文件,而不能审核在估价活动中形成的估价文件,当然,在出具的估价文件中,房地产估价员不具有独立的估价文件签发权。

① 房地产估价人员基本条件
一名合格的房地产专业估价人员,应当具备的基本条件是:
a. 房地产估价方面扎实的理论知识;
b. 从实践中积累起来的丰富的实务经验;
c. 实务操作中的良好的职业道德。
② 房地产估价人员职业道德要求

对于专业估价人员而言,具有良好的职业道德是非常重要的。如果没有良好的职业道德,即使估价人员精通估价理论,有丰富的估价实践经验,但评估出来的价值不会客观公正。评估出来的价值如果不够客观公正就会损害有关当事人的合法权益,破坏正常的房地产市场秩序,这样就违背了国家实行房地产估价制度的初衷。房地产估价人员应遵守的职业道德主要有六个方面:

a. 应做到公正、客观、诚实,不得做任何虚假的估价;

b. 应保持估价的独立性,必须回避与自己、近亲属或其他有利害关系人的有关的估价业务;

c. 如果感到自己的专业能力有限而难以对某房地产进行估价时,不应该接受该估价委托;

d. 应妥善保管委托人的文件资料,未经委托人的书面许可,不得将委托人的文件资料擅自公开或泄漏给他人;

e. 应执行政府规定的估价收费标准,不得以不正当理由或名目收取额外费用,也不得降低收费标准,进行不正当竞争;

f. 不得将资格证书借给他人使用或允许他人使用自己的名义,不得以估价者的身份在非本人估价的估价报告上签名、盖章。

③ 房地产估价师执业管理制度

从事房地产估价的执业前提,是通过相关主管部门举办的资格考试,并在有效期内于估价机构注册。

参加全国房地产估价师执业资格考试的条件是:凡中华人民共和国公民,遵纪守法并具备下列条件之一者,可申请参加房地产估价师执业资格考试。

a. 取得房地产估价师相关学科(包括房地产经营、房地产经济、土地管理、城市规划等,下同)中等专业学历,具有8年以上相关专业工作经历,其中从事房地产估价实务满5年;

b. 取得房地产估价相关学科大专学历,具有6年以上相关专业工作经历,其中从事房地产估价实务满4年;

c. 取得房地产估价相关学科学士学位,具有4年以上相关专业工作经历,其中从事房地产估价实务满3年;

d. 取得房地产估价相关学科硕士学位或第二学士学位、或研究生班毕业,从事房地产估价实务满2年;

e. 取得房地产估价相关学科博士学位;

f. 不具备上述规定学历,但通过国家统一组织的经济专业初级资格或审计会计、统计的专业助理资格考试并取得相应资格,具有10年以上相关专业工作经历,其中从事房地产估价实务满6年,成绩特别突出者。

经国家有关部门同意,获准在中华人民共和国境内就业的外籍人员及港澳台地区的专业人员,符合上述规定的,也可报名参加房地产估价师执业资格考试。

房地产估价师执业资格考试成绩实行滚动管理,考生须在连续两个考试年度内通过全部科目的考试后,方可获得执业资格。《房地产估价师注册管理办法》就注册条件、变更、续期、注销及执业的权利和义务等做了详尽的规定。

(2) 其他行业的房地产估价相关人员

其他行业的房地产估价相关人员特指从事国有资产评估的注册资产评估师及国有土地估价的注册土地估价师。注册资产评估师及注册土地估价师是在特定范畴下从事估价活动的专业技术人员。

注册资产评估师（Certified Public Valuer）是指经全国统一考试合格，取得《注册资产评估师执业资格证书》并经注册登记的资产评估人员。

注册土地估价师是指经全国统一考试合格，依法取得《中华人民共和国土地估价师资格证书》，并经注册登记的以不动产为评价对象的专业技术人员。

从我国当前的估价体系来看，资产评估师考试工作由人力资源与社会保障部、财政部共同负责，土地估价师考试工作由国土资源部单独负责，房地产估价师考试工作则由住建部、人力资源与社会保障部共同负责。另外，以国有土地评估为主的土地估价需按照国土资源部颁发的规程、规章进行，以国有资产评估为主的资产评估需按照人力资源与社会保障部、财政部颁发的规程、规章进行，而以房产为主的房地产评估要按住建部颁布的规程、规章进行评估，这种管理体系的交叉必然导致一系列矛盾的产生。

(3) 房地产估价机构

房地产估价机构是指具备足够数量的估价师，依法设立并取得专业资质，以有限责任公司或合伙企业形式设立。

根据原建设部《房地产资质管理办法》(建设部第142号)房地产估价机构资质等级分为一级、二级、三级。国务院建设行政主管部门住房与城乡建设部负责一级房地产估价机构资质许可，省、自治区人民政府建设行政主管部门、直辖市人民政府房地产行政主管部门负责二、三级房地产估价机构资质许可，并接受国务院建设行政主管部门的指导和监督。房地产估价机构应当由自然人出资，以有限责任公司或者合伙企业形式设立。根据原建设部《房地产资质管理办法》(建设部第142号)，一级、二级、三级资质等级要求分别如下：

① 一级资质要求

a. 机构名称有房地产估价或者房地产评估字样；

b. 从事房地产估价活动连续6年以上，且取得二级房地产估价机构资质3年以上；

c. 有限责任公司的注册资本人民币200万元以上，合伙企业的出资额人民币120万元以上；

d. 有15名以上专职注册房地产估价师；

e. 在申请核定资质等级之日前3年平均每年完成估价标的物建筑面积50万平方米以上或者土地面积25万平方米以上；

f. 法定代表人或者执行合伙人是注册后从事房地产估价工作3年以上的专职

注册房地产估价师;

　　g. 有限责任公司的股东中有3名以上、合伙企业的合伙人中有2名以上专职注册房地产估价师,股东或者合伙人中有一半以上是注册后从事房地产估价工作3年以上的专职注册房地产估价师;

　　h. 有限责任公司的股份或者合伙企业的出资额中专职注册房地产估价师的股份或者出资额合计不低于60%;

　　i. 有固定的经营服务场所;

　　j. 估价质量管理、估价档案管理、财务管理等各项企业内部管理制度健全;

　　k. 随机抽查的1份房地产估价报告符合《房地产估价规范》的要求;

　　l. 在申请核定资质等级之日前3年内无本办法第三十二条禁止的行为。

　② 二级资质要求

　　a. 机构名称有房地产估价或者房地产评估字样;

　　b. 取得三级房地产估价机构资质后从事房地产估价活动连续4年以上;

　　c. 有限责任公司的注册资本人民币100万元以上,合伙企业的出资额人民币60万元以上;

　　d. 有8名以上专职注册房地产估价师;

　　e. 在申请核定资质等级之日前3年平均每年完成估价标的物建筑面积30万平方米以上或者土地面积15万平方米以上;

　　f. 法定代表人或者执行合伙人是注册后从事房地产估价工作3年以上的专职注册房地产估价师;

　　g. 有限责任公司的股东中有3名以上、合伙企业的合伙人中有2名以上专职注册房地产估价师,股东或者合伙人中有一半以上是注册后从事房地产估价工作3年以上的专职注册房地产估价师;

　　h. 有限责任公司的股份或者合伙企业的出资额中专职注册房地产估价师的股份或者出资额合计不低于60%;

　　i. 有固定的经营服务场所;

　　j. 估价质量管理、估价档案管理、财务管理等各项企业内部管理制度健全;

　　k. 随机抽查的1份房地产估价报告符合《房地产估价规范》的要求;

　　l. 在申请核定资质等级之日前3年内无本办法第三十二条禁止的行为。

　③ 三级资质要求

　　a. 机构名称有房地产估价或者房地产评估字样;

　　b. 有限责任公司的注册资本人民币50万元以上,合伙企业的出资额人民币30万元以上;

　　c. 有3名以上专职注册房地产估价师;

　　d. 在暂定期内完成估价标的物建筑面积8万平方米以上或者土地面积3万

平方米以上;

  e. 法定代表人或者执行合伙人是注册后从事房地产估价工作 3 年以上的专职注册房地产估价师;

  f. 有限责任公司的股东中有 2 名以上、合伙企业的合伙人中有 2 名以上专职注册房地产估价师,股东或者合伙人中有一半以上是注册后从事房地产估价工作 3 年以上的专职注册房地产估价师;

  g. 有限责任公司的股份或者合伙企业的出资额中专职注册房地产估价师的股份或者出资额合计不低于 60%;

  h. 有固定的经营服务场所;

  i. 估价质量管理、估价档案管理、财务管理等各项企业内部管理制度健全;

  j. 随机抽查的 1 份房地产估价报告符合《房地产估价规范》的要求。

  2) **房地产估价目的**

  估价目的(Appraisal Purpose)是指一个具体估价项目的估价结果的期望用途,或者说,完成后的估价报告拿去做什么用,是为了满足何种涉及房地产的经济活动或者政府民事行为的需要。

  不同的估价目的,来源于对估价的不同需要。现实中主要的房地产估价目的可以划分为:土地使用权出让,房地产转让(包括买卖、交换、赠予、抵债等)、租赁、抵押、典当、保险、课税、农民集体土地征用补偿、城市房屋拆迁补偿、损害赔偿、分割、合并纠纷、涉案、企业合资、合作、合并、兼并、买卖、租赁经营、承包经营、改制、上市、破产清算房地产估价纠纷及涉案中的房地产估价复核或鉴定等。

  不同的估价目的,将影响估价结果。因为估价目的的不同,估价的依据和应考虑的因素、采用的价值标准、估价方法就有可能不同,甚至估价对象的范围也不相同。在价值构成的各要素,即成本、费用、税金、利润等的取舍上,也必须服从于估价目的。而不同的估价目的,限制了估价报告的用途。由于上述原因,针对不同的估价目的得出的估价结果可能不同,所以不能将估价报告盲目地套用于与其不相符的用途。

  3) **房地产估价对象**

  估价对象是指一个具体估价项目中需要估价的房地产。在估价实践中房地产估价对象主要存在三种形态,即单纯的土地、单纯的建筑物以及房地合一的复合房地产。

  关于房地产估价对象的详细阐述见 1.2 节。

  4) **房地产估价原则**

  估价原则是指人们在房地产估价的反复实践和理论探索中,在对房地产价格形成和运动的客观认识的基础上,总结出的一些简明扼要的、在估价活动中应当遵循的法则或标准。

《中华人民共和国城市房地产管理法》第三十三条规定:"房地产价格评估应当遵循公正、公平、公开的原则";中华人民共和国国家标准《房地产估价规范》1.0.3规定:"房地产估价应独立、客观、公正",3.0.1规定:"房地产估价应当遵循合法原则、最高最佳使用原则、替代原则、估价时点原则"。本书介绍的估价原则是:独立、客观、公正原则,合法原则,最高最佳使用原则,估价时点原则,替代原则,谨慎原则。

关于估价原则的详细阐述见本书第三章。

5) **房地产估价程序**

估价程序是指房地产估价全过程中的各项具体工作,按照其内在联系性及时间操作所排列出的先后次序。房地产估价的一般程序是:

(1) 获取估价业务;
(2) 受理估价委托及明确估价目的、估价对象、估价时点等基本事项;
(3) 拟定估价作业方案;
(4) 搜集估价所需的资料;
(5) 实地勘察估价对象;
(6) 选定估价方法计算;
(7) 确定估价结果;
(8) 撰写估价报告;
(9) 交付估价报告;
(10) 估价资料归档。

关于估价程序的详细阐述见本书第四章。

6) **房地产估价方法**

一宗房地产的价值通常可以从以下三种思路来求取:

(1) 基于明智的买者肯出的价钱不会高于其他买者最近购买相同房地产的价格,通过最近同类房地产在市场上是以什么价格进行交易的思路来求取;
(2) 基于明智的买者肯出的价钱不会高于重新开发或建造相同房地产所需的费用,通过计算重新开发或建造同类房地产需要多少费用来求取;
(3) 基于房地产的收益能力来衡量其价值,通过预计如果直接利用该房地产可能获得多少收益的思路来求取。

在房地产估价中的三大基本方法即来自以上思路。以第一种思路评估房地产价格的称为市场法(或比较法);以第二种思路评估房地产价格的称为成本法;以第三种思路评估房地产的方法称为收益法。除此之外还有一些其他的估价方法,如假设开发法、基准价评估法、长期趋势法、路线价法等。每种估价方法都有特定的适用范围和条件,有时可以同时使用,以相互验证,互为参照。前三种方法一般认为是房地产估价的基本方法,其他的方法是这三大方法的派生。

7) 房地产价格影响因素

影响房地产的价格的因素很多,可以说错综复杂,这些因素相互作用于房地产价格。各种因素对房地产价格的影响是不同的,有的因素有利于提高房地产价格,有的因素则起到相反的作用。同时,不同的因素对房地产价格的影响程度也不尽相同,有的影响大,有的则较小,甚至没有影响。即使同一种影响因素,也会由于房地产类型的不同而产生不同的影响。此外,随着时间的变化、地区的不同或者房地产类型的不同,影响房地产价格的因素也会发生变化。正是因为这样,在进行房地产价格评估时,应明确把握各种影响房地产价格的因素,充分调查和分析过去的变化、现在的状态及将来的趋势,并研究分析各因素之间的关系,才能正确地评估出房地产的价格。

关于房地产价格影响因素的详细阐述,见本书第 2 章。

8) 估价时点

估价时点,也称为价值时点,通常为价值日期,具体指一个估价项目中由估价目的决定的需要评估的价值所对应的时间。在房地产估价中,同一房地产在不同的时间会有不同的价值。因此,估价时点不是随机确定的,应当根据估价目的来确定,并且估价时点的确定在前,而评估价值的确定在后。

1.2 房地产估价对象

房地产估价的对象就是房地产。从实物形态上来看,房地产存在三种形态,即单纯的土地、单纯的建筑物以及房地合一的复合房地产。另外,房地产估价是评估待估房地产的一定权益的价格,因此,估价对象也涉及物权。依据房地产估价的需要及其特点,这里将按用途将评估对象划分为居住、商业、工业、其他用途房地产及土地五种类型,并分别介绍它们的估价特点、常用方法及主要注意事项等。

1.2.1 居住房地产

居住房地产主要包括普通住宅、公寓、别墅等。居住房地产不同于一般商品,甚至也不同于其他房地产,它不但具有等价交换、按质论价、供求决定价格等商品的共性,还带有鲜明的社会保障性,房地产估价师必须充分掌握居住房地产的这一特点。

1) 居住房地产的分类

住宅依据估价需要,可按多种方式分类。一般可按档次和市场化程度划分。

（1）按档次划分

① 普通住宅

它是为普通居民提供的,符合国家住宅标准的住宅。普通住宅符合国家一定时期的社会经济发展水平,符合国家人口、资金和土地资源等基本国情。它代表一个国家或地区城市居民实际达到或能够达到一定经济条件下的居住水平。我国城市中量大面广的是普通住宅,此类住宅采用地方或国产建筑材料,进行一般水平的装饰装修,选用国产中档厨卫洁具和设备。现阶段国家对普通住宅往往既制定下限标准,也制定上限标准,以利于宏观调控。普通住宅的工程造价和房屋销售价格均较适中。目前,可按 1996 年颁布的《城市住宅建设标准》作为普通住宅评估的比较尺度。

随着社会经济的发展,普通住宅的标准也会逐渐呈阶段性提高。现阶段,新中国成立以来修建的标准住宅仍属普通住宅范畴,但在进行估价时,应视其与新居住标准的差距和改造的难易程度,给予适当的折扣。

② 高级住宅

它是为满足市场中高收入阶层需求而建造的较高标准型住宅,包括高级公寓、花园住宅和别墅等。这类住宅的户型和功能空间多样化;每套建筑面积较大,从一百多平方米到几百平方米不等;装修、设施和设备高档化,较多地采用高级装饰材料和洁具设备;户外环境要求高;服务标准高,管理系统完善,往往采取封闭式安全保卫措施和高质量的物业管理。高级住宅税费额度大,其工程造价和市场售价均较高。

③ 简易住宅

简易住宅主要指建筑年代较早、功能短缺、设备不全、设施陈旧、结构单薄的住房。

(2) 按市场化程度划分

① 社会保障性住宅

体现政府、单位、个人三者共同负担投资和税费的原则,为保障居民必要的居住水平,以优惠的税费和价格向居民提供的住宅,如为中、低收入者提供的住宅。其价格是不完全的成本价格,不包括土地增值的价值,有的其至只包括部分成本费用。这类房地产的估价较为复杂,往往因交易对象不同,交易目的不同而出现不同的价格。

② 市场化商品住宅

市场化商品住宅包括向高收入家庭出售的实行市场价的公有住房,单位和个人在市场上购买的住宅商品房以及其他以市场价格交易的各类住宅。

2) 住宅评估的标的物

以住宅作为估价对象可以分为:户(居住单元)、住宅单元、住宅楼、居住小区等。

(1) 居住户

居住户可以是独立的,独院独栋的,也可以是与邻居有共墙、共用空间和用地的平房或楼房居住户。

（2）住宅单元

为适应住宅建筑大规模发展的需要,常将一幢住宅分为几个标准段,并把这种标准段称为单元。单元的划分可大可小,多层住宅一般以数户围绕一个楼梯划分单元。

（3）住宅楼

住宅楼由多户或多个居住单元构成,并包括住宅建筑基底占地及其四周合理间距的红线内用地。

（4）居住小区

居住小区由多栋住宅（低层,多层、中高层和高层）为主体构成,并包括道路、水电、燃气、供热、绿化等用地及公共服务设施等。

不同的评估标的物应当有明确的建筑与用地界定和明晰的产权。

3）住宅价格构成

基于我国目前的住房制度与政策,住宅价格的市场价与国家指导价并存。前者为商品化价格,由生产过程中消耗的物化劳动的转移价值和活劳动的创造价值构成;后者为成本价格与不完全成本价格。

我国住宅的租金可分为商品租金、成本租金和准成本租金等。因此,在评估住宅租金时应明确租金种类及其构成情况。

4）住宅价格的影响因素

影响住宅价格的因素,除了一般政治、经济、政策等因素之外,主要有以下一些因素：

①建筑结构、类型和等级；②装修；③设施与设备；④质量；⑤朝向；⑥楼层；⑦地段；⑧环境；⑨住宅楼的公用面积数；⑩交易时间；⑪交易情况。

在估价时,应特别注意以上资料的调查与收集。

为了更加科学合理地对住宅进行评估,应当对上述各项因素对价值的影响程度进行调查和统计分析,确定价值增减数额或价值增减率标准,以便于比较修正。

5）居住房地产的估价方法

新建居住房地产、旧有居住房地产和拆迁房屋的补偿价格,三者在估价作业上有较明显的差异。

（1）评估新建居住房地产

一般采用成本法与市场比较法进行综合评估。

估价刚刚建成或在建的居住房地产,由于各项成本资料容易收集确定,通常首先采用成本法进行整体估价；同时还可收集其他同类地区、较近时期发生交易的、类似该新建居住房地产的市场价格的资料,则可以进行市场比较法评估。最后对成本法与市场比较法的估价结果进行比较分析、综合得出最终结论。

（2）评估旧有居住房地产

一种方式是对土地和房屋分别估价，合并计算结果。其中，地价主要采用市场比较法和基准地价修正法进行评估，房价采用重置成本法进行评估。另一种方式是直接运用市场比较法进行整体评估。通过评估，再对两种方式的评估结果进行分析，综合得出最终结论。

（3）评估拆迁居住房屋的补偿价格

在城市建设和旧城改造过程中，估价人员经常会遇到拟拆除房屋的作价补偿问题。应根据《城市房屋拆迁管理条例》的规定，"根据被拆迁房屋的区位、用途、建筑面积等因素，用房地产市场评估的办法确定。"

1.2.2 商业房地产

商业房地产包括商店（商场、购物中心、商铺和市场等）、旅馆、写字楼、餐馆、游艺场馆、娱乐城、歌舞厅、高尔夫球场等。

1) 商业房地产的特点

（1）收益性

商业房地产的收益方式是多种多样的。有的是业主自己经营，有的是出租给他人经营，有的是以联营形式经营。

（2）经营内容多

在同一宗商业房地产中，往往会有不同的经营内容，如商品零售、餐饮、娱乐等。不同的经营内容（或者说不同的用途）一般会有不同的收益率，如果用收益法估价，则应对各部分采用不同的还原利率（或称资本化利率）。

（3）转租经营多

商业房地产的业主常常将其房地产出租给别人经营，有的承租人从业主手上整体承租后，又分割转租给第三者。因此，在进行商业房地产估价时要调查清楚产权状况。

（4）装修高档而复杂

商业房地产通常会有比较高档的装修，而且形式各异，要准确估算其价值通常需要单独计算。另外，商业用房装修折旧快，买下或承租别人经营的商业用房后，一般需要重新装修。因此，在估价时应充分注意。

2) 影响商业房地产价格的主要区域因素

（1）地段繁华程度

影响商业房地产价格的首要因素是所处地段的商业繁华程度，这取决于该房地产所处的是哪一级商业中心区。

（2）交通条件

商业房地产估价时，要从两方面考虑交通条件：一是顾客方面，从现阶段一般情况来看,主要是公共交通的通达度,可用附近公交线路的条数、公交车辆时间间隔及公交线路联结的居民区人数等指标来衡量;二是经营者方面,要考虑进货交通和卸货的便利程度,另外还要考虑机动车和非机动车停车场地等情况。

3) 影响商业房地产价格的主要个别因素

(1) 临街状况

一般来说,临街面越宽越好。如果几面临街,则有利于商业房地产价值的提高。

(2) 内部格局

商业用房的内部格局应有利于柜台和货架的布置和顾客的停留,一些大型商业用房往往要分割出租。因此,要求内部空间能够灵活地分隔。

(3) 楼层

一般来说,位于底层的商业用房较优,但如果有自动扶梯,楼上的商业用房与底层之间的差距将明显缩小。

(4) 面积

应有与经营要求相适应的面积。

(5) 净高

商业房地产的室内净高应适宜。净高偏低则难免产生压抑感,不利于经营;若净高超过合适的高度,建筑成本会增加,也无助于房地产价值的提高。

(6) 储存空间

储存空间是商业用房的基本因素,必须满足基本要求。

(7) 装修和结构构造

装修在商业房地产的价值中往往占有很大分量。同样的房屋,仅仅由于装修不同,价值会有很大的差别。此外,建筑结构因采用的材料不同,其价值也有很大的差别。

(8) 转租的可能性

有些业主或中间承租人规定,承租人不能再转租,这将影响投资(承租)商业房地产的灵活性,从而影响该商业房地产的价值。

(9) 使用年限和折旧情况

商业经营往往有连续性、持续性,使用年限情况会直接影响物业的商业价值。

4) 商业房地产估价的常用方法

商业房地产的一个主要特点是能够用以获得收益,商业房地产的价值往往也正是体现在它的获取收益的能力上,所以收益法是商业房地产最为常用的估价方法。

商业房地产的转售转租比较频繁,特别是小型商业用房,在实践中比较容易获得比较案例。因此,在商业房地产估价时,市场比较法是一种常用的估价方法。

对于将要转变用途的商业房地产,有时也可用成本法作为辅助评估方法。

1.2.3 工业房地产

工业房地产主要包括厂房及工厂区内的其他房地产、仓库,以及其他类型的工业用房地产。

1) 工业房地产的特点

(1) 涉及行业多

各类工业有各自的行业特点、生产要求,即使生产同一种产品的工业企业,由于工艺、流程的不同,对厂房、用地的要求也可能截然不同。因此,进行工业房地产估价时,首先应该了解相应企业生产的相关行业知识。

(2) 非标准厂房多、单价差异大

(3) 受腐蚀的可能性大

厂房常常会受到腐蚀,估价时要注意房屋使用年限与受到腐蚀的严重程度。

2) 影响工业房地产价值的主要区域因素

(1) 交通条件

工业企业通常需要大量运进原材料及燃料,运出产品,因而必须有便捷的交通条件。如果邻近或与公路交通干线相连,有铁路专用线进入厂区,邻近通航河道(或海岸)且有专用码头等,则都有利于工业房地产价值的提高。

(2) 基础设施

工业生产对基础设施依赖较强,当地的电力供应情况,生产用水能否满足需要,排污及污染治理,通信条件等,都是影响工业房地产价值的主要区域因素。

(3) 地理位置

有些工业生产要求特定的地理位置。例如,造纸、化工、水泥厂等,都对地理位置有特殊要求。

3) 对工业房地产价值影响较大的个别因素

(1) 用地面积

厂区用地面积大小应该合理。面积太小无法满足生产需要,太大则多余的部分并不能增加房地产价值,但有时要考虑厂区扩建预留用地;用地形状、地势应符合生产要求,便于布置生产线,不同的生产工艺常常要求不同的用地形状及地势。

(2) 地质和水文条件

(3) 房地产用途

在评估时要考虑该房地产改作其他用途以及用于其他产品生产的可能性。

(4) 厂房面积、结构、高度与设备安装情况

有些工业设备安装是和建筑物(厂房)修建同时进行的。例如,很多设备的基座就和厂房的基础连为一体。

4）工业房地产估价的常用方法

通常情况下，工业房地产缺少同类交易案例，特别是非标准厂房，因此一般不具备采用市场比较法估价的条件。但在一些新兴工业地带，往往有较多的标准厂房，其租售案例通常较多，可以考虑采用市场比较法。

如果可以从企业的总收益中剥离出房地产的收益，则可以考虑采用收益法估价。但一般来说难度较大，采用极少。

根据以上所述，工业房地产估价时采用较多的是成本法。标准厂房较易确定统一的重置价格。非标准厂房重置价格的确定主要有两个途径：一是参考预算价格；二是利用标准厂房的重置价格，根据面积、结构、跨度、柱距、高度等差异加以修正确定。

1.2.4 其他用途房地产

其他用途房地产指用于除上述居住、商业、工业目的以外的其他目的的房地产，如政府机关办公楼、学校、高尔夫球场、加油站、停车场、宗教房地产、墓地等。

1）其他用途房地产及其估价的特点

（1）特殊规格的房屋及构筑物多

其他用途房地产的房屋规格较多，往往有很多构筑物，例如，油库会有很多地下或地面储油槽、输油管道等，因此，需要估价人员有构筑物造价方面的知识。

（2）用途对价值影响较大

其他用途房地产往往有比较固定的用途，如果其用途可以转变，则应按最有效使用原则估价；如果其用途改变受到限制较多，则房地产价值也会受到相应的影响。

（3）估价对经验和知识要求高

其他用途房地产的估价业务一般较少，可供借鉴的经验和案例也少，因此，除了需要慎重选择估价方法，还需要估价人员有较为丰富的估价经验并能灵活运用，同时还要求估价人员具有较广博的其他相关专业知识。只有这样，才能较为准确地评估出其他用途房地产的价格。

2）其他用途房地产估价的主要方法

其他用途的房地产一般缺少同类房地产的交易案例，所以难以采用市场比较法估价。由于其他用途房地产往往收益各异，客观收益较难确定，所以一般也不采用收益法估价。通常，其他用途房地产的估价以成本法为主，而且在没有同类房屋（或构筑物）的重置成本资料的情况下，只能参照概预算定额等资料具体计算。

1.2.5 土地

土地估价包括宗地价格评估和城市基准地价评估。在实际评估中，经常遇到的是宗地估价。

1) 土地的分类

依据估价的需要,一宗土地可按用途分为居住、商业、工业、其他用地四类,每种土地的估价特点及注意事项可结合前面分别介绍的该类房地产的情况加以理解。值得注意的是,宗地估价除可以选用三种基本估价方法外,还可以采用假设开发法以及基准地价修正法评估。

2) 影响宗地价格的主要因素

从评估的角度来看对一块工地应掌握如下内容:

①坐落位置;②面积大小;③形状;④周围环境;⑤土地权力状况;⑥土地利用现状;⑦规划设计要求;⑧生熟地程度;⑨地质、水文和气象条件;⑩其他。

1.3 房地产估价的特点

1.3.1 时点性

所谓时点性是指房地产估价对估价对象(即待估价房地产)在某一时点的价值估算。这一时点是所估价值的适用日期,也是提供价值估价基础的市场供求条件及房地产状况日期,我们将这一时点称为估价基准日。估价基准日相对于估价(工作)日期而言,既可以是过去的某一天,也可以是现在的某一天,还可以是将来的某一天。比如我们现在(2013年8月1日至2013年9月2日)要估价一宗房地产的价值,根据委托人(客户)要求不同,估价基准日既可能是这之前的某一日,还可能是当下某一日,还可能是未来某一日。具体的估价基准日需要根据客户的房地产估价业务要求确定,或者由客户指定。由于房地产估价结果即估价价值所反映的是在估价基准日这一时点的房地产市场供求状况和房地产自身状况下的房地产价值,因而估价的时效性很容易过时,这就需要不断地进行更新,以反映最新的市场信息和房地产状况。根据现行房地产估价规范要求,房地产估价报告的有效期限通常为1年。

1.3.2 市场性

房地产估价一般要估算的是房地产的市场价值,因而房地产估价就需要通过对估价基准日的市场实际状况进行模拟,以求估计价值(或说估计价格)尽可能地接近房地产在估价基准日的市场价值。估计价值(价格)是否客观,需要接受市场价格的检验,如果二者的差异在允许的范围之内,则说明估价结果是比较客观的。市场价格又可以称为交易价格,它是指市场交易中,特定交易的买卖双方实际成交的货币额。市场价格又可以根据买卖双方交易时所处的地位不同,所掌握的市场信息状况等不同,分为公平市场价格和非公平市场价格。公平与不公平是相对而言的,公平市场价格对买卖双方来讲都不吃亏(不是凭某一个人的感觉判断的),非公平价格对买卖双方来讲,一方占了另一方的便宜。最为公平的市场价格就是市场价值。市场价值是"一房地产在公开竞争的市场上出售,买卖双方行为精明,且对市场行情及交易物完全了解,没有受到不正当刺激因素影响下所形成的最高价格"。更明确地说,市场价值是最可能价格。

1.3.3 预测性

一般来说,一宗房地产之所以有价值,是因为预期其未来能够产生净收益。一宗房地产的市场价值是对其未来产生的净收益的现实反映,因而通常是首先对房地产预期能够产生的净收益进行预测,然后将各个时期的净收益预测值折现为现值后加总,从而来估算房地产价值。既然是根据预测性假设进行评估,最后的估计结果也就带有不确定性。

1.3.4 公正性

房地产估价业务服务于房地产业务的需要,对于房地产业务的任何一方当事人来说,都应当具有独立性。房地产估价的目标是为了估算出服务于房地产业务要求的客观价值,不应当受到任何人的主观干预。房地产估价的公正性表现为:①房地产估价遵循正确适用的估价原则,依照法定的估价程序,运用科学的估价方法,这是公正性的技术基础;②估价主体应当与房地产业务及其当事人没有利害关系,这是公正性的组织基础。

1.3.5 咨询性

房地产估价为房地产业务所提供的估价价值是一种专业化、市场化的咨询服务,估价结果本身并没有强制执行的效力,估价主体只是对估价结论的客观性负责,而不对房地产交易价格的确定负责。估价价值是为房地产业务提供的一个参考值,最终的成交价格取决于房地产业务当事人讨价还价的能力。

1.4 房地产估价的假设

"假设"在此处为"姑且认定"之意,它是进行一项房地产估价工作的假定前提条件。同一房地产在不同的假设条件下,其价值实现受到的约束不同,因而会产生不同的估价价值。需要说明的是,这里的假设并非子虚乌有,而是对现实中发生的不同房地产业务情况的归类。

1.4.1 继续使用假设

继续使用假设是指房地产将按照现行用途继续使用，或转换用途继续使用。现实中的表现主要有两种情况：一是房地产将按照现行用途原地继续使用，如甲某购买一住宅后继续作住宅使用；二是房地产将转换用途后在原地继续使用，如将一工业厂房改造成商场等。

对于可继续使用房地产的估价与不可继续使用房地产的估价，以及不同情况下的继续使用房地产的估价，往往适宜于不同的房地产业务，具体估价过程中考虑的细节因素不同，估价结果自然也不同。比如一宗房地产业务，如果按照现行用途（比如商业用途）继续在原地使用，用收益法估价其价值，就是将该宗房地产在商业用途下的未来收益，以一定的还原利率还原为估价基准日收益总和，即为该宗房地产的估价值；如果用途转换为居住用途继续使用，用收益法估价其价值，就是将该宗房地产在居住用途下的未来收益，以一定的还原利率还原为估价基准日收益总和，即为该宗房地产的估价值；如果不再继续使用，如土地使用权到期需由政府将土地使用权无偿收回，则该宗房地产的估价值趋近于零。三种不同情况下的房地产估价价值依次由高到低。

在确定是否可以采用继续使用假设时，需要充分考虑的条件有：房地产的产权是否明晰，产权不清的房地产难以确认其价值；房地产是否具有剩余经济寿命，已经没有剩余经济寿命的房地产一般将不再有获利能力，因而其市场价值难以体现；房地产从经济上、法律上、技术上是否允许转变利用方式等。

1.4.2 公开市场假设

所谓公开市场是指在该市场上，交易双方进行交易的目的在于最大限度地追求经济利益，并掌握必要的市场信息，有较充裕的时间进行交易，对交易对象具有必要的专业知识，交易条件公开且不具有排他性，即一个完全竞争的房地产市场。公开市场假设是指待估价房地产能够在完全竞争的市场上进行交易，从而实现其市场价值。不同类型的房地产其性能、用途不同，因而市场化程度也有差异。用途广泛、通用性比较强、市场化程度较高的房地产如住宅，比具有较强专用性的房地产如化工生产用厂房、发电厂、码头、教堂等有更加活跃的交易市场，因而更适用于公开市场假设。专用性房地产一般具有特殊的性质，有特定的用途或限于特定的适用者，在不作为企业经营活动的一部分时，很少能够在公开市场上出售。

在房地产估价时，对于其具备在公开市场上交易的房地产，宜作公开市场假设，并根据房地产的位置、特点、市场供求状况等因素确定其最佳利用方式，按照最佳利用方式进行估价。

1.4.3 清算假设

清算(清偿)假设是指房地产所有者在某种压力下,如破产、抵押权实施等,将被迫以协商或以拍卖的方式,强制将其房地产出售。由于卖方一般是非自愿地被迫出售房地产,买方处于相对有利的地位,再加上此类交易是被限制在较短时间内完成,对有关买方的市场信息了解不充分,房地产的交易价格明显低于继续使用或公开市场条件下的价格,因而估价价值往往也低于继续使用和公开市场假设下的估价价值。

1.5 房地产估价的价值

从房地产估价和房地产价值实现的角度,可以将价值类型分为市场价值和非市场价值。

1.5.1 市场价值

市场价值是一资产在公开竞争的市场上出售,市场行情及交易物完全了解,没有受到不正当刺激因素影响下所形成的最高价格。国际资产评估标准中的市场价值定义为"是指资产在评估基准日交易的评估值,资产交易是买者与卖者在适当的市场上自愿、独立进行的交易,并且交易双方都是精明、慎重、自愿的"。因而市场价值以评估标准日可能获得的最合理的市场价格来衡量。市场价值包括房地产按照最佳用途使用条件下的市场价值和按照当前用途使用条件下的市场价值。最佳用途下的市场价值主要适用于可以作公开市场假设或转化为最佳用途后继续使用假设的房地产业务。当前用途下的市场价值主要适用于可以按原用途继续使用假设的房地产业务。当前用途下的市场价值是假定房地产可以在公开的市场按照当前用途出售的最可能价值,而不论当前用途是否为最佳用途。虽然当前用途下的市场价值不反映房地产在最佳使用下的市场价值,但可以将它看作是一个特例,而不认为是偏离了市场价值概念。

在特殊情况下,市场价值可能是负数,这些情况包括某些租用房地产、一些特定房地产、清理土地上废弃资产的费用超过土地价值等。

1.5.2 非市场价值

非市场价值是指房地产在各种非公开交易市场条件下的最可能价值。常见的非市场价值有:

（1）使用价值

使用价值是指特定使用者对特定房地产按照特定用途使用下，能够实现的房地产价值，其价值确定以目前和预期用途的收益为基础。同一房地产用于不同目的则具有不同的使用价值。

（2）投资价值

投资价值是指某个或某类投资者为确定目的而进行投资的房地产价值。投资价值概念将具有特定投资目的的投资者与特定房地产联系起来，注意不要混淆投资价值和投资房地产的市场价值。

（3）保险价值

保险价值是指在保险合同中规定的房地产价值。

（4）课税价值

课税价值是指由估税员为摊派税额而估定的房地产价值，通常是基于市场价值的一定比例。

（5）清算价值

清算价值是指房地产所有人被迫接受的较低价值。清算价值取决于房地产的通用性和清算期限的限制，房地产的通用性越强，对清算期限的限定越宽松，清算价值就越高。

（6）净变现价值

净变现价值是指在正常交易中，房地产的估计销售价减去销售费用和交易成本后的价值。

1.6 房地产估价基础理论体系

1.6.1 地租理论

（1）古典经济学的地租理论

古典经济学时期流行的地租理论，是地租剩余理论。地租剩余理论起源于威廉·配第的《赋税论》和亚当·斯密的《国富论》之间的时期。该时期的地租论的观点是：地租是从土地收益中减去包括工资在内的成本后的剩余，剩余额的大小取决于农产品的需求和供给成本，农产品的成本又取决于土地的位置和肥沃程度。较完整的地租剩余理论产生于詹姆斯·安德森的《地租性质的研究》和李嘉图的《政治经济学及赋税原理》之间的时期。这一时期对地租问题颇有研究的学者还有马尔萨斯（《地租的性质与发展》）、爱德华·威斯特（《论资本用于土地》）等。

（2）新古典经济学的地租理论

新古典经济学时期流行的地租理论，是地租的边际生产力理论。一般认为，冯·杜能是这一理论的先驱者。对边际生产力理论及其在地租中的运用做出重要贡献的经济学家有门格尔、杰文斯、克拉克、威克塞尔、威克斯蒂德、马歇尔等，其中威克斯蒂德、马歇尔是两位最重要的代表人物。该理论否定了古典经济学中把生产要素三分为土地、劳动、资本的方法，认为各生产要素的价值由它的边际生产力决定，从而否认地租是一种剩余。下面主要介绍马歇尔对地租理论的论述。

① 边际生产力地租理论

投入土地的资本和劳动是由陆续使用的等剂量构成的。在陆续投入的过程中，陆续使用的各个等剂量所产生的报酬会出现递增(aef)、递减($a'e$，fg)或者增减交替($a'e—ef—fg—gh—hc$)的过程。我们把所产生的报酬刚好与耕作者的生产费用(一个剂量加上平均利润)相等的这一剂量，称为边际剂(Δd)。使用这一剂量刚好使耕作者的资本和劳动获得一般报酬(dc)而没有剩余。它所产生的报酬称为边际报酬(dc)。投入土地的总剂量数(od)乘以边际报酬，得到所投入资本和劳动的一般总报酬($odcbo$)。所投入资本和劳动产生的总报酬[$odchgfea'(a)bo$]超过这个总报酬，超过的部分[$bchgfea'(a)b$]就是土地的剩余生产物，在一定条件下转变为地租。如图 1-1 所示。

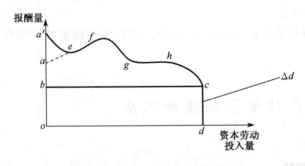

图 1-1　边际生产力地租的形成

② 稀有地租和级差地租

从某种意义上，所有的地租都是稀有地租，也都是级差地租。如果地租被看做土地服务总价值，超过所有土地在按照边际利用时所提供的总服务价值的差额时，地租就是级差地租。如果把每块土地充分利用到它能被有利使用的程度，也就是说使用程度达到这样的边际，以致其产品只能以一种价格出售，这种价格刚好等于边际产品的生产成本(费用加利润)，而不对土地的使用提供任何剩余。这样，土地所提供的服务(产品)的价格，必然由服务(产品)总量的自然稀缺性和对这种服务的需求，即供求来决定，而地租则最容易被看成是这种稀缺价格总量和产品生产成本总量之差。因此它一般又被视为稀有地租。

③ 城市地租

城市地租等于位置地租加上农业地租。有两个从事同一产业生产的生产者，他们在各方面都具有相同的便利，但第一个生产者所占有的位置较为便利，因此在相同市场上买卖所需运费较少。如果假设第二个生产者不存在位置便利，其所使用的土地只是按农业土地缴纳地租，那么第一个生产者的土地位置便利所具有的货币价值，就可能转化为位置地租。第一个生产者缴纳的地租额就等于位置地租加农业地租。

土地所有者的土地年收入中包括地租和利润两部分。地租是土地的原始价值或公有价值。原始价值是由于自然的原始性质（阳光、热、雨、空气、土地位置等）所致，虽然其大都是人为的结果，但不是土地持有者造成的，比如一块土地由于附近人口的激增而立即具有很高的价值，它的所有者并没有作任何努力，这种价值可以确切地称为"公有价值"，即真正的地租。大部分位置价值（位置地租）是公有价值。土地持有者劳动或投资所创造的那部分价值可以称为"私有价值"，在土地年收入中表现为利润。利润率的大小取决于土地开发投资者所承担的风险。成片开发的风险大于单项开发的风险，个人开发的风险大于政府开发的风险。比如，众多土地所有者联合起来修建一条铁路，这将大大提高他们土地的价值。作为土地所有者的收入的增加中，有一部分应当看成土地改良（铁路）投资的利润。虽然这种资本用于铁路建设，而不是直接投资于自己的土地，一个国家在建立社会政治组织、普及国民教育和开发自然资源方面的投资，也具有相同的性质。

④ 准地租

准地租是指从人类制造出来的特定生产工具中获得的收入。就是说，任何无弹性供给的生产要素都能得到或多或少具有地租性质的收入。建筑物、特殊机器设备等在短期中供给都可能缺乏弹性，他们的收入都被称为准地租。

⑤ 地租与土地产品价格的关系

地租是不是决定价格的成本，取决于我们是从一个企业、一个小的行业，还是从一个大的行业或整个经济范围的角度来看问题。就整个经济或一个大的行业而论，我们可以把使用土地的各种方法归并为一类，土地利用方式自然就是单一的，土地的供给缺乏弹性，地租的大小就取决于对土地的需求（引致性需求），进一步而言取决于对土地产品的需求。地租就是引致的由土地产品价格决定的。从单一的企业或某些小行业来看，土地利用方式是可以选择的（种小麦或种树，开发成住宅、写字楼、公园或道路），土地的供给有相当大的弹性，地租就是影响土地产品价格的成本。

(3) 马克思的地租理论

马克思的地租理论，是马克思和恩格斯在对古典政治经济学家的地租理论批判性地继承基础上建立和发展起来的。马克思的地租理论主要研究了资本主义农业地租,对城市地租也有所涉及,主要包括资本主义地租的实质、级差地租、绝对地租、垄断地租、建筑地段地租等内容。

① 资本主义地租实质

资本主义地租,是租地农场主为了得到使用自己资本的生产经营场所(土地),要在一定期限内按契约规定,支付给他所使用土地所有者的一个货币额。不管这个货币额是为耕地、建筑地段,还是为矿山、渔场、森林等支付,通称为地租。租地农场主要支付地租,但并不因此而减少他的平均利润,也就是说,租地农场主取得平均利润,而土地所有者取得超额利润——地租。土地所有权垄断是资本主义生产方式的历史前提,因而土地所有权是地租的前提,地租是土地所有权得以实现的经济形式,是社会生产关系的反映。

② 级差地租

级差地租指产生于支配着可垄断自然力的个别资本的个别生产价格与投入该生产部门的一般资本的社会生产价格之间的差额。根据形成条件不同,级差地租又可分为级差地租Ⅰ和级差地租Ⅱ两种形式。

级差地租Ⅰ是由土地的肥沃程度不同和位置差异引起的,两个等量资本和劳动投资于面积相等而优劣不同的土地上时,会产生不同的结果的地租。这些不同的结果是由土地肥力和位置两个原因造成的。在土地肥力不同的条件下,经营优等地和劣等地时,投入同样的资本和劳动,其劳动生产率和产量高于劣等地,从而其单位产品的生产价格低于劣等地。数量有限的土地,被租地农场主垄断经营,并且只有优、中、劣等级不同的土地全部用于农业生产时,才能满足社会需求,这时劣等地上单位产品的生产价格就成为市场(生产)价格。优、中等地个别生产价格与市场价格之间的差额,就转化为级差地租。在位置不同的条件下,经营距市场较近的土地与距市场较远的土地相比,会因节约运输费而取得超额利润。这一超额利润就转化为级差地租。

级差地租Ⅱ是在同一块土地上连续投入等量资本,各等量资本之间的生产率不同所产生的超额利润转化形成的地租。在同一土地上连续进行追加投资,即发展集约化耕作,主要是在较大程度上或是在较好土地上进行的。这里的追加投资是有界限的,这个界限是指提供平均利润的追加投资,它的产品的个别生产价格和市场价格是一致的。

级差地租Ⅰ是级差地租Ⅱ的基础和出发点。从历史上看,级差地租Ⅰ和级差地租Ⅱ反映了资本主义农业由粗放经营到集约经营两个不同的发展阶段;从形成过程看,级差地租Ⅱ的产生是以同一块土地上连续投资的生产率高于劣等地的生产率为前提的。级差地租Ⅱ是级差地租Ⅰ的不同表现,两者实质上是一样的,级差地租Ⅰ和级差地租Ⅱ不过是级差地租的两种表现形式,它们都是投在土地上的等量资本所具有的。

③ 绝对地租

在分析级差地租时,曾假定最劣等地的个别生产价格与调节市场的生产价格一致,因而劣等地的地租为零。但事实是:如果租用劣等地的租地农场主不向土地所有者缴纳地租,就不可能被土地所有者允许在劣等地上耕种。租地农场主要在既不克扣工人的工资,又要获得平均利润,且又必须缴纳地租的前提下租种劣等地,供求作用下的市场价格就必须上涨到劣等地个别生产价格之上,即在劣等地个别生产价格基础上再加地租。市场价格只要稍稍超过生产价格,就足以使得劣等地进入市场。劣等地必须提供地租才会让人耕种这一事实,是谷物价格所以会上涨的原因。由于这一地租是不论土地好坏都必须缴纳的,就称为绝对地租。绝对地租是土地所有者凭借对土地私有权的垄断所取得的、土地产品市场价格高于社会生产价格的一个差额,这个差额转化而形成的地租。

④ 垄断地租

垄断地租是产品的真正垄断价格带来的超额利润转化而形成的地租。真正的垄断价格既不以生产价格为基础,也不以价值为基础,而是由购买者的购买欲和支付能力决定的。这种超额利润来自于同该垄断价格产品进行交换的其他产品的生产者利润的转移,即其他产品剩余价值的一部分。垄断地租可以分为两种:由于土地所有权垄断,对在未耕地上进行不付地租的投资造成限制(障碍),以致土地产品按照高于它们价值的垄断价格出售,由此而形成超额利润转化为垄断地租;由于某一土地的独特的自然特性,所生产出的产品具有较好的口味或其他质量特征,以至于能够以超出价值基础的真正垄断价格出售,由这种垄断价格产生的超额利润转化为垄断地租。前一种垄断地租,实质上就是农业资本有机构成较高情况下的绝对地租,是由于地租的存在而产生垄断价格;后一种垄断地租,是由于土地较好的自然特性引起的,实质上就是级差地租,在这里,是垄断价格产生地租。较好的土地自然特性,既可以由此而产生较大量的产品(这种情况更普遍),也可能由此而产生较独特的产品。独特产品极为稀少,导致其能够以垄断价格出售。

⑤ 建筑地段地租

建筑地段地租和一切非农业用地的地租一样,是由真正的农业地租调节的。位置对其级差地租具有决定性的作用。人口的增加以及随之而来的住宅需求的增大,会使得对建筑地段的需求增加,从而会提高建筑地段地租,土地作为空间和地基的价值也相应提高。在土地上的固定资本投入(建筑物、铁路、船坞等),也必然会提高建筑地段的地租。不过,作为投在房屋上的资本的利息和折旧的房租,与单纯的地租是完全不同的。在迅速发展的城市内,建筑投机的真正对象是地租,而不是房屋。

1.6.2 区位理论

1) 土地区位的概念

区位一词,源于德文复合词 Standort,1886 年英语译为 Location,原意为"位置"、"场所"、"立地"、"定位"等。1937 年杜能(J. H. V. Thünen)的《孤立国》一书译成中文时开始使用该词,并沿用至今。

土地区位是一个综合的概念,除解释为陆地上某一地块的空间几何位置外,还强调各种土地自然要素与社会经济要素之间相互作用所形成的整体组合效应在空间位置上的反映。换言之,土地区位是自然要素区位、经济要素区位和交通要素区位在空间地域上有机组合的具体表现。

土地自然要素区位主要指土地的自然地理位置。它包含两层含义:一是该土地位置上地貌、地质、水文、气候等自然要素的组合特征;二是该土地位置与周围陆地、山川、河湖、海洋等自然环境的空间位置关系。土地自然要素区位是土地形成和发展的重要基础,也直接影响交通要素区位和经济要素区位的发展和演化。例如,我国沿海与内陆的土地区位差异首先是由自然要素区位决定的。

土地经济要素区位指土地人类社会经济活动过程中所表现的人地关系和社会物化劳动投入。为使土地更好地发挥生存、工作、游憩和交通四大功能,人类不断投入技术、资金和劳动对土地进行加工改造。例如,在城镇内平整场地、修筑地基、道路给排水、供电通信、供热煤气等工程性基础设施及建筑厂房、商店、办公楼等服务设施中均凝结了大量的人类劳动投入,使土地经济要素区位大大提高。从结果来看,土地经济要素区位主要指不同区域土地之间的经营、社交、工作、购物、娱乐等多方面社会经济活动中的相互关系。它影响土地的利用布局和发展方向。

土地交通要素区位指区域土地或某地段与交通线路和设施的相互关系,具体由距离、耗时、费用三方面来反映。它一方面影响土地上人流、物流、信息的移动和运输成本;另一方面影响社会经济活动中人与人、物与物、人与物之间的交往接触机会、频率和便利程度。因此,经济要素区位产生的影响能否转化为实质性的效益就受到交通要素区位的制约。此外,它的优劣还影响到土地聚集效益、市场演变、结节点产生及扩大等。

以上三种区位有机联系、相辅相成,共同作用于地域空间,形成土地区位的优劣差异。可见,土地区位有其特定的含义。

2) 区位理论及其发展过程

区位理论是通过地球表面的几何要素(点、线、面)及其组合实体(网络、地带、地域类型、区域、土地),从空间或地域方面研究自然和社会现象——主要是经济现象,是关于人类活动,特别是经济活动的空间分布及其空间中的相互关系的学说。土地区位理论主要研究一定经济活动为什么会在特定的土地区域内进行,一定的经营设施为什么会建立在特定的土地区域之内,一定的土地收益为什么会与特定的区域或地段相联系等。它是随着各种区位理论的不断深化而逐渐发展的。

(1) 古典区位论

区位论作为一种学说,其标志是1826年德国农业经济学家杜能的著作《孤立国(第一卷)》的出版。他在该书中提出了有名的同心圆式的土地利用模式,即在气候、土壤、地形、运输条件等相同的情况下土地持有者都能以最佳的经营方式获取最大的利润,从而围绕消费中心(城市、市场)由内向外形成一系列土地利用同心圆,称作"杜能环",如蔬菜、薪炭林、谷物等。

19世纪中叶以后,西欧资本主义大生产特别是钢铁工业的区位问题提到日程上来,从而产生了工业区位理论。19世纪80年代,德国经济学者龙哈德(W. Launhaldt)提出了由原料、燃料和市场地构成的"区位三角形"原理。继而是20世纪初,区位论著名学者韦伯(A. Weber)提出了关于工业区位由运费、劳力和集聚三个指向决定的理论。韦伯认为工业区位的选择,主要考虑将运费,特别是原料运输费、产品部件的聚集和组装运费,以及产品外运费等生产成本降至最低。通过对原料市场和产品市场之间的距离引力,进行多方平衡选择,把最优者作为选址的最佳区位。

以上根据理想模式和完全自由资本主义提出的理论,考虑的是影响区位的少数几个因素,建立的是一个静态的局部均衡模型,因而随着社会生产力的发展,在应用上有一定局限性。

(2) 近代区位论

近代区位论的产生以德国经济和地理学家克里斯塔勒(W. Christaller)在20世纪30年代初系统提出的"中心地理论(Die Theorie der Zentralen Orte)"为标志。几年以后,德国另一学者廖什(A. Losch)在与他完全没有学术联系的情况下从市场区角度提出了理论和模型基本相似的"市场网理论"。中心地理论研究的是在一片均质平原内如何布局不同规模的多级城市,形成以城市为中心,由相应的多级市场区组成的网络体系,借以有效地组织物质财富的生产与流通。该理论在后来的区域规划、土地利用规划中得到普遍应用,并产生了广泛的决定性影响。

(3) 现代区位论

区位论的现代理论,包括了地域上的扩展和时间上的延续。二者标示了空间尺度由点、线到面的过程,以及对未来变化的预测。哈格斯特朗(T. Hagerstrand)的新技术扩散和威尔逊(A. GWilson)的空间相互作用动态推演,都是这方面的代表。现代区位论的发展主要表现在从单个经济单位的区位决策发展到地区总体经济结构及其模型的研究;从抽象的纯理论的模型推导,变为力求作接近实际的区域分析和建立在实践中可以应用的区域模型;区位决策的客体除工业、农业、市场以外,又增加了范围广泛的第三产业设施,即运输、商业、服务业、银行、保险、旅游、度假等设施;数量分析和新技术普遍得到应用。

土地区位理论是在大量的区位选择实践研究基础上产生的,是农业区位论、工业区位论、中心地理论、市场区位论、休假地区位论,以及总体空间结构理论等的基础,其基本目标是寻求人类在土地开发利用活动中从空间上所表现出来的规律,即"空间法则",它是土地利用规划和地价评估的重要理论依据。

3) 城市土地区位的决定因素

城市土地在利用过程中,有别于农业用地的主要特性是,区位因素起着特殊重要的作用。城市土地区位包含两种含义:一方面是外部的城市区位,即某一城市土地位于各种大环境中的位置,如沿海或内陆等;另一方面指城市内部具体地段的微观区位,如市中心或市郊等。城市土地区位可分为几个方面,主要包括商业用地区位、住宅用地区位和工业用地区位等。

(1) 商业用地区位的决定因素

① 商业集聚条件

商业集聚效应主要来源于它的互补性。在一个中心商业区里,通常集中众多不同类型的商店及相应的服务设施。由于商品众多,服务项目齐全,可供选择余地大,因而具有很大的吸引力。

② 人流量与人口条件

人流量指单位时间内的顾客数量及购买商品的顾客数量;人口条件主要指区域的人口规模、年龄结构、收入水平等,这决定顾客购买商品的结构和购买能力。

③ 道路交通条件

一定的交通条件是商品运输和吸引顾客的基础。交通便利程度表明了商业区位的经济可达性。

④ 环境条件

主要包括自然环境和人文环境两部分。自然环境如绿地面积、休息场所等;人文环境如民俗习惯、宗教信仰等,对购买商品的选择都有影响。

⑤ 地块个别条件

如临路状况、临街深度、宽度、容积率限制、地块形状等,对商业区位选择也有重要作用。

除上述所列因素外,社会政治条件和城市性质,如政治中心、旅游城市等也是重要的商业用地区位因素。

(2) 住宅用地区位的决定因素

① 环境条件

环境条件包括社会环境、经济环境、自然环境和人文环境等。社会治安状况好、生活服务设施齐全、自然环境优美、阳光充足、空气润洁、无污染的地块总是人们向往居住的地方。民族居住习惯和风俗、自然地形的变化也对住宅用地区位选择有影响。

② 交通条件

交通条件主要影响居民的通行与信息传递。

③ 基础设施条件

基础设施条件包括供水、排水、煤气管道、电力供应、通信设施等。

④ 人口条件

人口条件指人口密集度及人口的收入水平等。人口密度适中是一般收入水平者所趋向的居住地点;而收入水平高的阶层则往往向往郊外幽静的独户住院。

(3) 工业用地区位的决定因素

① 自然环境条件

自然环境条件主要包括工程地质、水文地质、坡度、坡向、洪水淹没、水流流向、风向、环境保护限制等因素。任何工业用地区位选择都离不开自然环境条件,例如,工业地基承载力一般不应小于 $1.5\sim2.5\ \text{kg/cm}^2$;工厂用地标高至少应高出计算最高洪水位的 0.5 m 以上;工厂用地应尽可能布置在居住区的下风向等。

② 交通运输条件

交通运输条件主要包括道路通达度和交通便利度两个因素,是工业生产的必要条件。

③ 基础设施条件

基础设施条件主要包括供水、邮电、通信等因素。

④ 集聚规模条件

适当集中的工业区规模便于进行生产协作,有利于原料的综合加工和废物的集中处理,能合理经济地使用各种市政公用设施,也有利于节约用地。因此,集聚存在着很大的区位效益。

由于城市土地级差收益是由土地区位因素的差异所决定的,因此在以货币形式直接测算每块土地的级差收益较为困难的情况下,可从土地区位因素分析入手,推论土地等级的高低。例如,在城镇土地定级中,选择影响城镇土地等级的区位因素,对每个因素按影响程度大小确定权重,在划定的土地单元内按统一标准计算因素指标对应分值,然后按一定公式,把各单元内诸因素分值转换为单元总分。按总分高低划分土地等级,其总分计算的数学表达式为

$$P = \sum_{i=1}^{n} W_i F_i$$

式中,P 为总分;n 为土地区位因素的数目;W_i 为各因素权重;F_i 为某因素分值。城镇土地定级区位因素选择见表 1-1。

表 1-1　城镇土地定级区位因素

繁华程度	交通条件	基本设施状况	环境状况	人口状况
商务繁华影响度	道路通达度 公交便捷度 外交通便利度 路网密度	生活设施完善度 公用设施完善度 文体设施影响度	常住人口密度 暂住人口密度 环境质量密度 绿地覆盖度 自然条件优越度	常驻人口密度 暂住人口密度 流动人口密度

在城镇地产市场尚欠发育，尤其是中小城镇可直接提供地价测算的样本极为有限且分布又不均匀的情况下，可以应用土地区位理论推估地价。其理论依据和逻辑推理是：土地定级分值是影响土地区位的综合量度，它充分反映了土地区位的差异。而地价，尤其是基准地价同样也反映了土地区位状况。土地定级分值越高，则土地区位越好，地价自然也就越高，反之亦然。换句话说，地价及土地定级分值均反映了土地区位状况，并存在着互为因果的关系。因此，通过一定数量的调查样点的地价测算值，建立地价与土地定级分值之间的统计模型，即可推算其他地块的基准地价。建模时可采用一系列线性、非线性模型进行拟合分析。通常以指数模型最为理想，模型关系如下：

$$y = ae^{bx}$$

式中，y 为单元地价；x 为土地定级分值；a、b 为回归系数。

4）区位级差地租模型

由于土地区位不同，土地将表现为不同的使用价值和价值。这样，区位优劣差异就成为衡量地租的标尺，而地租则成为土地使用价值的指示器。其连续反应是促使土地使用者在选用土地时，必须把自己所能在该土地上获得的区位收益与所需支付的区位地租进行比较，从而使地租成为自发调节土地用途的经济杠杆。最终形成土地收益和地租都趋向最高用途水平的合理空间结构。

1826 年杜能在"孤立国"理论中，根据假设一片平原地区一个消费中心，均等土地质量，则相对于消费市场不同距离位置上的同样大小的土地具有不同价值的情况，提出了理想的区位级差地租模型，即

$$R = E(P - a) - E \times f \times k$$

式中，R 为单位面积上的地租；E 为单位面积上农作物的产量；P 为单位产品的市场价；f 为单位产品运输单位距离的费用；a 为单位产品的生产成本；k 为生产地与消费地之间的距离。

20 世纪 60 年代，美国土地经济学家阿兰索（W. Alonso）在杜能研究的基础上把级差地租理论应用到城市土地，并引入区位边际均衡和区位边际收益等空间经济学

理论。提出以竞标地租(Bid Rent)观点为内核的区位级差地租模型,即以竞标地租函数来求取个别厂商的区位结构均衡点。其内涵具体是:在完全自由竞争的市场机制下,城市各种活动对土地的使用必然展开激烈竞争并通过土地供给,以土地需求的市场价格变化和自身能从土地上获得的经济利益来决定各自活动的最佳区位,以致形成地租和地价随着与市中心距离的加大而逐渐降低,城市土地利用呈同心圆分布,如图1-2所示,高级商服(金融事务所等)可以支付高于其他任何活动的地租,故其用地位于市中心区,向外依次是商业服务业、工业、住宅和郊区农业用地。

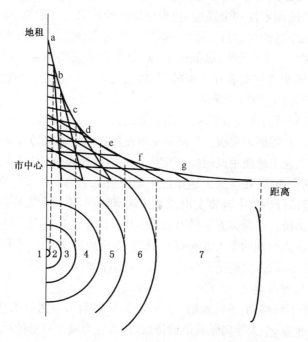

图1-2 城市地租曲线与同心圆土地利用模型

a.1—高级服务;b.2—商业服务业;c.3—工业;d.4—高层住宅;
e.5—多层住宅;f.6—低层住宅;g.7—农业用地

1.7 房地产估价的需求及发展

1.7.1 房地产估价的需求

房地产"独一无二"、"价值量大"、"量大面广"的特性决定了房地产专业估价存在的必要性。房地产市场是不完全市场,并且有许多阻碍房地产价格合理形成的因素,所以难以形成一般人容易识别的适当价格,从而需要房地产估价师进行"替代"市场的估价。另外,房地产估价需求的普遍性,也决定了房地产估价在估价行业中占主体地位。目前,土地使用权出让、房地产转让、租赁、抵押、保险、课税,企业合营、改制、上市、破产、涉案房地产价格复核或鉴定,房地产开发经营等经济行为,都离不开房地产估价。而且随着社会发展,房地产估价的作用还会越来越大,服务领域也将越来越广。

1) 房地产交易

由于房地产的固定性和个别性,使得房地产的价格与一般物品的价格不同,不存在一个统一的市场价格,可以说每一宗房地产的价格都是不相同的。这样,对于买者来说期望确定一个合理的最低买价,对于卖者来说期望确定一个合理的最高卖价,但大部分的买者和卖者在个别的、短暂的交易中一般无法实现他们各自的期望,这就需要获得专业的估价服务。

房地产的交易行为体现在国家与投资者之间、企业与企业之间、企业与个人之间、个人与个人之间等诸多层次。在国有土地使用权出让的交易行为中,作为土地所有者的国家,在出让土地使用权时如何定出土地的出让底价,需要估价;作为可能成为土地使用者的企业等,在参加土地竞价中如何报出土地的购买价格,需要估价;在企业或个人的经济行为当中若要卖出或要买入房地产,作为卖方应获得怎样的收入属于合理,需要估价。作为买方应付出怎样的代价属于适当,需要估价。由于房地产估价的复杂性,作为个别的个人或企业来说,从事房地产交易的并不多,对房地产市场行情不易掌握,因此需要聘请专门的房地产评估机构来为其服务。

2) 房地产抵押与典当

房地产由于不可移动、不可隐蔽,具有保值与增值性,自古以来就是一个良好的担保品,因此在企业、个人等向银行申请贷款时,银行为减少自身的风险,往往要求借款方以房地产作为抵押担保物。银行为规避贷款期满时,贷款人不能偿还贷款的风险,贷款额一般要控制在房地产的价值以下的一定幅度内。为了知道房地产的抵押价值,银行需要寻求房地产估价的专业服务,从抵押贷款角度对房地产进行估价。

房地产典当与房地产抵押相类似的是其同样以融资为目的,但其与抵押有所不同。其具体形式是,出典人将自己拥有的房地产让予他人使用、收益,但保留产权,以获得资金,日后有能力时再原价收回;而典权人以典价取得房地产的使用和收益的权利。当典当期满,出典人无力偿还债务时,典权人可获得房地产产权。现在随着房地产业的发展,房地产典当在我国开始恢复,在房地产典当活动中也需要房地产估价,以确定房地产的典价。

3) 房地产保险业务

房地产是一种特殊商品,虽然土地具有不可毁灭性,但建筑物则会由于自然灾害及意外事故而遭遇损毁。为了避免损失需要为房地产投保,投保的价值多少则需通过房地产估价来确定。经过投保的房地产在日后使用中如若遭受损坏,并且这一损坏属于保险范围,赔偿的价值的多少也需要通过房地产估价确定。

4) 房地产税收

房地产自古以来是一个良好的税源,有关房地产税的种类很多,如房产税、土地增值税、房地产交易税、遗产税等。所有这些税收,都是以房地产的价值为课税基础,为了掌握切实可靠的课税基础,避免偷税漏税和课税不公平,课税机关和纳税人都需要对房地产进行估价,特别是课税机关要按照公正的房地产评估价格来说服纳税人缴税。

5) 征用房地产补偿需要

房地产是生产和生活不可缺少的基本要素,随着社会的发展,国家需要用房地产来满足经济、文化和国防建设以及兴办各类社会公共福利事业,这些需用的房地产,除部分靠国家已空闲的房地产来解决外,还需要用征用的办法强行使用城乡个人、集体、机关、企业等已使用的房地产,国家在征用这些房地产时,必须给予原房地产所有者或使用者合理的补偿,而确定这些补偿额,需要根据一定原则对需要征用的房地产进行估价。根据《中华人民共和国城镇国有土地使用权出让和转让暂行条例》第四十二条规定:"国家对土地使用者依法取得的土地使用权不提前收回。在特殊情况下,根据社会公众利益的需要,国家可以依照法律程序提前收回,并根据土地使用者已使用的年限和开发、利用土地的实际情况给予相应补偿。"至于补偿额的多少,则要通过房地产估价来确定。

6) 房地产拆迁补偿

《城市房屋拆迁管理条例》第二十三条规定:"拆迁补偿的方式可以实行货币补偿,也可以实行房屋产权调换。"第二十四条规定:"货币补偿的金额,根据被拆迁房屋的区位、用途、建筑面积等因素,以房地产市场评估价格确定。"第二十五条规定:"实行房屋产权调换的,拆迁人与被拆迁人应当依照本条例第二十四条的规定,计算被拆迁房屋的补偿金额和所调换房屋的价格,结清产权调换的差价。"从以上条例规定中我们可以看到房地产估价在城市房屋拆迁补偿中的需要。

7) 处理房地产纠纷

房地产纠纷的情况很多,一类纠纷是交易各方对房地产买卖、租赁、抵押、课税、入股、互换中有关房地产的价格或租金持有不同的看法,这类纠纷无疑需要公正、权威的房地产估价者进行房地产估价,以确定纠纷各方都可接受的有说服力的价格或租金。另一类纠纷是遗产分配、共有财产分割等引起的纠纷,要做到合理的分配或分割,某些情况下简单的实物分配是不行的(如果这样就会破坏房地产的使用价值),特别是许多情况下房地产在实物形态上很难分割,这时实际的分配或是分割是关于房地产价值形态的划分,就需要房地产估价。另外,对于各类房地产交易的违法行为,衡量情节轻重的参考依据之一,不仅是房地产的实物数量,而且应考虑房地产的价值量。

8) 合资、合营、合作、企业兼并、企业承包经营等

无论是承包基数、股份大小,还是企业买卖、兼并等,土地和房屋因素都起着很大的作用。拥有同质同量机器设备的企业,由于占地位置和面积不同,承包基数可能很不一样。在实际生活中已经出现的例子是一个企业之所以兼并另一个企业,主要的动机是看中了被兼并企业的场地和房屋,以取得生产或生活发展的场所。以土地和房屋作价,合资、合作等形式办企业等更是普遍要求和存在的现象;以土地为条件建住宅、办公楼和商店等也时常出现。所有这些形式都需要对房地产进行估价以便确定各自的利益分配。

9) 房地产估价复核或鉴定

房地产估价是估价师重要的日常活动,估价结果有可能造成当事人的经济利益受损而涉案。这时,因解决问题的需要,须由权威组织或机构对原估价结果进行复核或鉴定。在房屋拆迁管理中,由估价机构所评估的结果是拆迁补偿的重要依据,若拆迁当事人对评估结果有争议的,一方当事人可以在规定的时日内向原估价机构提出复估,可以在规定的日期内向被拆迁房屋所在地的房地产价格评估专家委员会申请技术鉴定。

房地产估价是房地产开发经营全过程中一项必不可少的基础性工作,从房地产开发投资决策、可行性研究,到房地产营销,都离不开房地产估价。现实生活中对房地产估价的需要来自方方面面,随着社会发展,房地产估价的作用还会越来越大,服务的领域也将越来越广。

1.7.2 国外房地产估价制度

1) 美国房地产估价

美国的房地产估价业作为一个独立的行业始于 1902 年,美国无公设的房地产估价制度,而是由有关的房地产估价协会承担房地产估价人员的选拔与估价行业的管理,以估价师资格为核心内容的行业管理模式较好地适应了成熟市场经济情况下的估价业的发展。这些协会和学会都是以提高估价人员的地位为目的,为达到这种目的主要通过以下三种途径:一是发展有能力的估价人员作为会员,并授予各种资格;二是制定伦理章程以规范估价人员的行为;三是制定有关估价业务基准及发展估价方法与技术,研究有关估价问题。美国估价机构众多,业务量大,行业较为活跃,对估价行业采取指导为主的办法进行管理。联邦政府通过制定估价统一操作标准统一全国估价业规范操作,估价人员的管理由各州通过执业资格、政府培训进行管理。美国各州对估价业的管理要求有所不同,但大都采用分级管理,要想取得较高等级的执业资格必须经过严格考试和拥有一定的实践经验。由于估价师资格管理严格,行业从业人员素质较高,行业拥有较高的社会地位。因此,在美

国执业估价师的专业技术人员身份普遍得到社会的承认和尊重。

(1) 美国不动产估价者协会

美国不动产估价者协会于1932年成立,是美国全国不动产同业公会(The National Association of Realtors,简称NAR)的成员组织之一。要成为美国不动产估价者协会的会员并不容易,先要成为预备阶段的候选会员(Candidacy),然后才能成为正式会员。正式会员分为二级,资历较浅的称为住宅会员(Residential Member,简称RM),其资格要求是:①良好的候选会员;②25岁以上;③经协会所举行的考试及格;④经协会所举办的独立住宅估价考试及格;⑤有5年的不动产业务经验,包括2年的住宅用不动产估价经验;⑥提出模范估价报告书;⑦经协会分会的推荐;⑧必须是全国不动产同业公会的会员。资历较深的会员称为估价协会会员(Member of the Appraisal Institute,简称MAI),其资格要求是:①良好的候选会员;②28岁以上;③经有关考试及格;④5年以上的估价实务经验;⑤提出两份估价报告书,其中一份需包含收益性不动产;⑥经协会分会的推荐;⑦必须是全国不动产同业公会的会员。MAI者由协会认定其为不动产估价专家。

美国不动产估价者协会要求其会员应遵守下列规定:①必须避免做出有损于不动产估价业的行为;②协助本协会对公众或其他会员执行任务;③执行不动产估价时,不得为当事人的利益作辩护,或适应自己的利益;④在任何时候提供服务时需能胜任;⑤提出书面或口头估价报告时,必须遵守本协会有关此类报告的格式规定;⑥不得违背估价人员和当事人之间的诚信原则而泄露估价报告的机密;⑦必须抑制非业务上的行为,以保障不动产估价业务,也不得做过分渲染的广告。

(2) 不动产估价者学会

不动产估价者学会成立于1935年,其会员分成准会员(Associate Membership)、高级住宅估价师(Senior Residential Appraisers Membership,简称SRA)、高级不动产估价师(Senior Real Property Appraisers,简称SRPA)、高级不动产分析家(Senior Real Estate Analyst,简称SREA)4种。这4种会员中,第一种只能算是志愿者,其余3种才是正式会员,而且以第四种最为资深,第三种次之,第二种资历较浅。准会员可以参加学会的一般性集会与教育活动,但不具备正式会员的权利。又由于不受学会推荐作为专门职业者,所以其在名片、估价报告事务用笺上,均不得使用学会的名称;高级住宅估价师这种资格,主要是授给那些对居住用不动产估价有多年的经验,其能力与见识达到学会所承认的程度者。其资格要求是:①不动产估价原理和居住用不动产估价实例研究考试及格;②提出居住用不动产的模范估价报告书经审查合格;③出席研讨会,写出的估价书合格;④有实务经验;⑤1944年以后出生的,还需大学毕业或毕业资格认定;⑥经入会审查委员会严格审查通过。高级不动产估价师的资格要求与高级住宅估价师的资格要求相似,其需考试的科目增加一门收益性不动产的估价原则。

高级不动产分析家这种资格,是对所有各种不动产能加以估价分析的专家资格。其资格要求是:①高级不动产估价师的优秀会员;②对收益性不动产有 8～12 年的经验;③估价分析的特殊适用考试及格;④对估价职业有特殊贡献而有记录者。这种资格的审查相当严格,而且取得资格的有效期间为 5 年,要在这 5 年中有充分的业绩或进步,才准予更新。

(3) 美国估价者学会

美国估价者学会成立于 1952 年。该学会除不动产估价外,也包括其他资产估价。其会员除保险公司估价人员外,还包括会计师、律师等。该学会的会员分成准会员(Associate)、会员(Member)、高级会员(Senior Member)、特别会员(Fellowship)4 种。准会员不具备专家的资格,要参加者,必须为 21 岁以上,有一定的业务经验,认同学会的活动宗旨,愿意负担会费等。

会员的资格一般为 21 岁以上,及 3 年以上的估价经验,并须由考试委员会审查,还要笔试及提出模范估价报告书,同时要大学毕业或经毕业资格认定。

高级会员的资格为 21 岁以上,5 年以上的估价经验,并提出估价报告书,获得此资格的会员称为 ARA。

特别会员是美国估价者学会中对估价业务或估价理论的研究有相当的成就而授予的特别资格,获得此资格的会员简称为 FASA。

(4) 美国估价协会

美国估价协会成立于 1991 年,是由上述美国不动产估价者协会和不动产估价者学会合并而成。所以,该协会虽然是新成立的组织,但由于吸收了过去协会和学会 60 多年的经验,使它在不动产行业中具有很高的权威性。美国估价协会的主要任务是:①向合格的不动产估价人员颁发专业资格称号;②保持高水平的估价服务;③制定和实施一套严格的行业法典,包括职业道德规范和不动产估价的统一标准;④发展和推行高质量的估价教育课程与培训计划;⑤加强和促进有关的研究工作;⑥提供有关不动产估价各方面的出版物、教材和资料等。

现在美国估价协会授予的专业资格称号有两种:一是高级住宅估价师(SRA),另一是估价协会会员(MAI)。后者较前者资深,也是美国不动产估价行业中最高的专业资格。高级住宅估价师是授给那些在居住用不动产估价中有经验的估价师。而估价协会会员是授给那些在商业、工业、住宅及其他类型的不动产估价中有经验的估价师和在不动产投资决策中提供咨询服务的估价师。

成为高级住宅估价师的资格要求是:①受承认的教育机构颁发的大学学位;②通过估价协会举行的"估价行业从业人员行为准则"课程;③通过估价协会的住宅估价师委员会举行的 3 门或 3 门以上的课程考试;④提出一份有关居住用房地产的模范估价报告书;⑤3 000 小时有关居住用不动产估价的实践经验。

成为估价协会会员的资格要求是:①受承认的教育机构颁发的大学学位;②通

过估价协会举行的《估价行业从业人员行为准则,估价报告书写作和估价分析》课程;③通过估价协会的一般产业估价师委员会举行的7门或7门以上的课程考试,这些考试的课程每门40个学时,包括不动产估价原理,基本估价程序,资本化原理和方法,不动产估价实例研究,估价行业从业人员行为准则,估价报告书写作和估价分析等;④提出一份估价报告书;⑤4 500小时的在商业、工业、租售、农业和居住用不动产方面估价的实践经验。

(5) 估价基金会

1988年美国一些主要专业估价组织发起成立了估价基金会,下设两个独立的委员会:一是估价标准委员会(ASB),它负责制定可行的估价行业从业准则和估价标准;二是估价资格认证委员会(AQB),它负责制定从业人员的最低教育水准和资格认证的标准。这两个委员会的目的,都是建立一个自我约束的体制和提高全行业的业务水准。估价标准委员全已发布了专业估价统一标准,主要有房地产估价标准、房地产估价报告标准、估价的复审标准、不动产咨询标准、不动产咨询报告标准、大量估价标准、私人产业估价标准、私人产业估价报告标准、商务估价标准、商务估价报告标准等。

估价资格认证委员会已发布了估价师注册及资格认证的参考标准,并要求各州根据本州的注册法建立自己的考核程序,但要经估价基金会的认可,没有建立自己考核程序的州则要求遵守联邦的标准。

2) 德国房地产估价

在德国,法律规定房地产价格评估和其他财产价格评估由独立的专门机构即估价委员会负责实施,如有必要,还可以在几个行政区范围内设立高级估价委员会。德国的市(镇)、县因此都设有估价委员会,地区和州还设有高级估价委员会,统一负责所辖范围内的不动产估价工作。

(1) 估价委员会

估价委员会的任务主要有:评估标准地价,评价房地产交易底价,收集和整理房地产交易资料,测算并确定与房地产评估有关的数据。估价委员会应接受法律规定的申请人所提出的估价申请,他们是:主管建设的部门;主管确定房地产价格、房地产补偿或设置与房地产有关的其他权力部门;房地产主、房地产主的代理人、他项权利人、有资格的房地产继承人;法院和司法机构;依据法规其他有资格的申请人。估价委员会为此所作出的估价结果一般只具有参考性而不具有约束力。

估价委员会的权限是:为确定小区改造费、补偿金额和征用补偿费以及了解、比较房地产的基本情况,估价委员会有权要求房地产主和他项权利人出具有关文件和资料;房地产主和他项权利人应允许估价委员会利用他们的房地产交易资料并实地勘察他们的不动产;在征得房地产主同意后,估价委员会成员可以进入其住所内察看。估价委员会有权进行购买价格和其他估价所需数据的收集工作,登记或公证部门有义务将交易合同副本送交估价委员会。所有法院和各政府部门应给予估价委员会司法和官方的协助与咨询。如果有人对估价委员会的估价结果有异议,而且法院已提出了申请,高级估价委员会可作仲裁性评估。

(2) 资格要求

德国对房地产估价师的资格要求为:

① 毕业于建筑学、建筑工程学、测量学或其他有关专业并已从事实际工作5年以上;

② 无上述专业学历但在不动产经济领域从事实际工作已达10年以上;

③ 具备必要的职业知识,包括经济知识、技术知识、法律知识、估价理论与方法运用的知识,以及其他相关知识。

3) 英国房地产估价

英国的房地产估价体系主要由全国性的特许测量师协会负责,英国政府将大部分估价指导工作交给了他们。英国最大的行业协会是英国皇家特许测量师协会(RICS)和估价师、拍卖师联合会(SVA)。因为世界大多数国家和地区的房地产估价师均认可 RICS 的标准,且其会员众多,遍及世界各地,在相关政策制定和教育培训方面作用巨大。英国土地估价师资格的确认,是由英国皇家协会负责。英国皇家协会通过举办专业考试招收会员,凡具备报考资格的人员通过考试后,方可取得估价师资格,其严格和富有特色的从业考试制度,从土地估价师的考核体系可见一斑。

(1) 取得途径

在英国,欲取得土地估价师资格有三种途径:

① 凡具有 Alevel 成绩(英国的学制高中毕业后,再读一年可取得 Dlevel 成绩,以此成绩可申请就读理工学院,再继续一年则可取得 Alevel 成绩,即可申请进入大学就读)及两年以上估价实务经验,以此资格报考者需参加英国皇家协会举办的一至三次专业考试,即通过第一次考试才可参加第二次考试,通过第二次考试后才可以参加第三次考试。

② 取得英国各大学相关系科的学士学位者(例如,土地经济学、土地管理与开发系、不动产管理系、环境经济系、土地行政系、市场经济系等),再具有两年以上估价实务经验,以此资格报考者只需参加第三次考试。

③ 年满35岁,从事有关估价专业工作超过15年者,以此资格报考者仅需参加第三次考试。

(2) 考试科目

① 第一考试科目

a. 估价Ⅰ。包括有关投资市场、不动产市场的角色,价值观念;影响土地与建筑物供给与需求的因素;估价方法及有关分析;复利理论;偿债基金理论;购买年观念;估价表的使用与建立;抵押的计算等。

b. 法律Ⅰ。包括公司改组与合伙、契约的形成,代理以及债券行为的一般原则。

c. 土地使用与开发。包括土地使用开发的目的,人类居住的发展;都市结构与市镇,农村结构及形成;过去100年来土地使用与开发的管理,现代城乡的发展,交通运输发展对居住的影响,人口的特性及层次所带来的土地使用问题,规划的角色。

d. 经济学Ⅰ。包括基本的经济问题与解决工具,经济活动的特性,价格的功能与性质,生产理论,影响一般经济活动的因素,英国的一般经济组织。

e. 建筑Ⅰ。包括住宅建筑方法,采光及舒适标准,排水及废物管理,建筑工程的估价与计算原则。

f. 数量方法。包括统计学、查勘及测量。

② 第二考试科目

a. 估价Ⅱ。包括市场分析及其应用于不动产估价,税对偿债基金理论及购买年的影响,资本成本观念,有关结合价值(Marriage Value)的估算,租代契约的租金,额外费用,延期或更新等的决定;城市及乡村经常交易及租赁不动产的评估。

b. 法律Ⅱ。包括物权与债权;土地登记,地主与雇农的关系,有关商业、住宅及农地租赁;仲裁制度及法律。

c. 城乡规划。包括中央、区域及地方规划机关,规划准则,中心地区的再开发与都市更新,农村地区的开发、更新与维护,土地分类,土地开发的申请,规划过程的公共参与。

d. 经济学Ⅱ。包括总体经济和个体经济两个方面。总体经济方面包括:一般经济活动的决定,货币理论,利率理论,股票,不动产市场,利率与不动产市场,土地使用与投资理论,通货膨胀及其对不动产占有和买卖的影响。个体经济方面包括:市地利用(住宅与商业用地的区位理论及利益分析、区位理论应用于区域经济政府的区域政策),市地价值(决定市地价值的因素,地租及经济地租理论),都市结构及都市问题,土地市场的干涉(地税及管制法令,都市公共财政理论与实务)。

e. 建筑Ⅱ。包括建筑施工原则与程序应用于住宅与商业建筑,建筑的监工及报告,建筑契约的程序与估价。

f. 税。中央税:税之原则,个人及公司对所得及财产课税的性质与归属,土地的资本利得与发展利得的性质;地方税:有关地方税的估价及其税负的计算。

③ 第三考试科目

a. 估价Ⅲ。在现有法律规定下,对估价原则与方法应用于住宅、商业、工业用地及权益设定的估价;保险及抵押的估价;特殊不动产的估价,如加油站、旅馆、大饭店等；政府政策对不动产投资决策的影响。

b. 估价Ⅳ。补偿与受益问题；土地征收补偿的估价；规划决策不利影响的补偿估价；发展价值的评估等。

c. 法律Ⅲ。地方政府的组织，有关土地与建筑物的公共卫生安全法令；土地使用计划与管制；土地征收程序；土地法庭功能；欧洲共同市场的架构，特别是有关土地的部分。

d. 市场开发。包括设计与布置；开发评估，开发计划的财政分析与可行性决策及估价剩余法和收益分析；政府政策与活动对投资的影响；投资与出租对开发的影响；长期与短期成本及收益方法。

e. 不动产代理。市场调查：不动产市场的特性，市场问题的性质，代理办公室的管理，单一与连锁代理店的管理。市场调查计划，推销决策，市场调查原则应用于住宅、商业、工业及特殊不动产，国外市场调查的技术。

管理：管理原理与技术运用于私有与公有部门的不动产，不动产管理的法律、社会、技术及财产因素，所有权与其他不动产权利的特性与选择，不动产的维护、服务、整修、保险、租赁及契约、管理记录与会计。

（3）实务要求

上面提到，凡是具有 Alevel 成绩和大学学士学位的人员，须再有 2 年以上估价实务经验，才有资格参加估价师专业考试，取得估价师资格。这 2 年业务训练一般是指两方面，一是必须从事过土地与建筑物的资本价值及租赁价值的估价，特别是都市土地及建筑物的估价；二是必须在以下项目中至少从事过三项广泛的训练：

① 不动产管理与租赁；
② 地方税，例如开发土地税；
③ 中央税，例如开发土地税；
④ 土地征收与补偿估价；
⑤ 维修估价；
⑥ 土地与建筑物买、卖、出租及承租的估价；
⑦ 城乡规划；
⑧ 不动产开发。

（4）取得条件

从以上介绍可以看出，不论通过哪种渠道取得英国土地估价师的资格，均需具备三个条件：

① 具有相当的专业知识；
② 具有一定的实务经验；
③ 通过必要的专业考试。

在英国,一旦获得土地估价师资格,即可执业,或在民间,或在官方,或为契约估价,或为法定估价。在英国的评估体系中,运用某些方法估价的过程不写在评估报告上,而是以另外的方式告知客户有关的评估方法和过程。另外,英国的测量师行业除了提供估价服务外,通常还提供相当广泛的其他服务,如物业管理、物业融资顾问、物业拍卖师、市场研究、房地产投资顾问、物业代理等。

4) 日本房地产估价

日本的房地产评估师及其评估体制主要受美国评估体系的影响。它们是由日本房地产评估协会和日本政府共同管理,但分工有所不同。政府根据由日本房地产评估协会组织的考试结果发放评估师许可证,协会负责教育、培训在职人员。其财政支出由日本主要房地产公司、金融机构和其他组织提供资助。同时,日本信托银行也培养并雇佣许多日本评估师,以支持其房地产金融计划。

日本的房地产评估协会是1965年成立的,是日本的主要评估协会。该协会是可以利用中央政府公布的房地产信息的唯一一个全国评估协会。然而,对于地方政府收集的房地产信息,JAREA的会员大约只能获取10%。而地方政府公布的有关信息可由物业的出售方直接获取。

(1) 评估许可证制度

日本国土厅负责发放房地产评估公司和评估师的评估许可证。为了使评估收费规范化,政府要求所有评估报告中都必须注明评估公司和评估师个人评估许可证的号码。此外,有时还可能需要评估公司总裁个人的号码,这种号码通常列在受托评估单位提供的评估报告上加盖的印章中。如果没有印章,评估师只能按照咨询报告的标准收费。

只有持许可证的评估师才有资格签署对外提供的估价报告,而没有许可证的评估师只能签署私人公司内部的报告。

(2) 获取评估许可证的条件

为了获取许可证,评估师必须成功地通过三个阶段的考试并具有2年房地产评估的经验或相当的经历。

第一阶段考试主要是一般的知识,包括语文、数学、日本历史及一门外语,这一阶段的考试大学毕业生可免考。

第二阶段考试要进行3天,内容包括会计学、经济学、民法(包括房地产法)、行政管理法规以及房地产评估理论等。

第三阶段考试仅包括评估理论和评估报告的写作。在成功地通过了第二阶段考试后,候选者在申请参加第三阶段考试之前,必须先参加行业协会组织的讲座,该讲座共持续4周,每天有8课时。

要满足获取许可证的条件,一般需要2年时间。

1.7.3 我国房地产估价制度

1) 我国房地产估价的历史沿革

我国的房地产估价行业兴起可以追溯到很早以前,据元《通制条格》卷十八《关市》记载的内容,早在元代就大量存在从事房地产经纪活动的人,当时从事房地产经纪活动即房屋买卖说合的中介被称为"房牙"。1840年鸦片战争之后,随着通商口岸以及租界的设立,许多外商纷纷在中国投资房地产,房地产经纪活动随之产生。最早出现在中国房地产经纪人员历史舞台上的是"二房东"。总的来说,我国房地产估价的发展历程可以划分为三个阶段:

(1) 房地产管理部门独家垄断的公有产权阶段

1981年,国务院批准在全国实行基本建设财政拨款改为银行贷款。从那时起企业基建资金的融资渠道逐步从依靠政府拨款转为主要向银行贷款,并开始利用本企业的经营用房进行抵押贷款筹集资金。为确定抵押物价值,各地的房地产交易管理所开始设立专门负责评估的科室(评估机构),并在后来发展成为房地产估价事务所(非企业组织,房地产管理部门的一个事业性单位)。房地产管理部门是我国房地产行政主管部门,在房地产估价活动开展之初,顺理成章地拥有确定房地产价值的权威,并在后来也顺理成章地拥有成立房地产估价机构的行政审批权。由此在房地产估价业发展的初级阶段,房地产估价机构都隶属于房地产管理部门,形成了房地产管理部门独家垄断房地产估价机构的状况,并一直延续到1992年左右。

(2) 以房地产管理部门为主体多部门割据的公有产权阶段

房地产估价机构公有产权独家垄断阶段的产生,在某种程度上是由于相关部门对房地产估价业丰厚利润的"无知"。随着房地产估价业的发展,其相关部门逐渐"觉醒",虽然房地产管理部门想通过房地产抵押登记的权力、审批房地产估价机构的权力和办理房地产交易过户手续的权力来维持独家垄断的状况,但房地产估价业务存在多个环节,在利益的驱使下,银行、法院等房地产估价业务相关部门都利用自己在估价业务某个环节上的权力,成立自己的房地产估价机构或隶属于政府某一部门的经济实体。同时,各省市级房地产估价师协会和一些高校也利用自己的某些优势,成立自己的估价机构,试图在估价业谋得利润。于是房地产管理部门在房地产估价业上"一统天下"的垄断局面很快被打破,形成了以房地产管理部门为主体多部门割据的公有产权阶段。此种状态一直持续到2000年全国普遍实行中介机构脱钩改制为止。

(3) 单纯的有限责任公司制度的私有化产权阶段

随着我国市场经济改革向纵深推进,公有产权制度固有的缺陷越来越为人们所认识,在实践中暴露的问题越来越多,在全国各中介行业积极改革中介机构产权制度,即改公有产权的事业单位体制为私有产权的合伙或有限责任公司体制的形势下,业内对房地产估价机构产权制度改革的呼声越来越高,原建设部于2000年4月28号适时地发布了《关于房地产价格评估机构脱钩改制的通知》(建住房[2000]96号),规定:

① 凡从事房地产价格评估的中介服务机构,目前隶属或挂靠在政府部门的,均要在人员、财务、职能、名称等方面与之彻底脱钩。

② 房地产价格评估机构脱钩后,要按照《中华人民共和国公司法》、《中华人民共和国合伙企业法》等有关规定改制为由注册房地产估价师出资的有限责任公司、合伙制性质的企业,参与市场竞争,不得承担房地产价格评估机构资质和人员资格审核等行政管理、行业管理的职能。

③ 房地产价格评估机构脱钩后,房地产价格评估机构的在职人员,不再列入国家行政、事业编制,其人事关系应转至当地人才交流中心管理;原主管部门不再持有或变相持有房地产价格评估机构的股份。

④ 凡没有脱钩的机构不再进行相应的资质评定和年审,已有的资质到2000年12月31日终止。

至此,房地产估价机构的产权制度进入了私有化产权阶段。由于现行的合伙制要求合伙人承担无限连带责任,在房地产估价机构脱钩改制过程中,脱钩改制后的估价机构大多是选择有限责任公司制,因此实际是单纯的有限责任公司制阶段。

(4) 初步形成统一开放、竞争有序的房地产估价市场

伴随着2000年6月国务院提出的经济鉴证类社会中介机构脱钩改制要求,并根据国务院统一部署,原建设部大力推进了原有房地产估价机构与政府部门的脱钩改制工作。到2001年底,脱钩改制工作基本完成,原有的房地产估价机构已经改制成为由注册房地产估价师个人出资设立的有限责任公司或合伙制企业。由此脱钩改制工作推动并形成了一批与现代企业制度相适应的房地产估价市场主体。至此,我国房地产估价市场已打破了行业垄断和地区市场分割的局面,初步形成了统一开放、竞争有序、公平合理的房地产估价市场环境。

2) 我国房地产估价制度的缺陷

(1) 管理体系交叉,收费标准与评估规程各异

从我国目前管理体制来看,评估业有房地产评估、土地评估和资产评估,且主要分属于住建部、国土资源部和国有资产管理局,相应的评估人员也分为房地产估价师、土地估价师和资产评估师,各自形成了自上而下的管理系统,各自为政。如以土地资产为主的房地产评估(地价评估)要按国土资源部颁布的规程规章进行评估,以房产为主的房地产评估要按住建部颁布的规程规章进行评估,以至于相类似的工作要分别按不同的收费标准收费,按不同的技术规程规范出具评估报告。企业要进行评估,往往要穿梭于数家评估机构和其行业主管部门之间,并要分别交

费,既加重了企业负担,也降低了办事效率,社会反响特别强烈。突出表现为一个部门的评估结果不被其他部门认可,限制了公平竞争和优胜劣汰,不利于评估行业的整体发展。

(2) 现有的房地产评估企业良莠不齐,从业人员整体素质偏低

我国的房地产评估实行执业资格制度,从业人员必须经过全国统一考试方可取得执业资格。据清华大学房地产研究所对北京、上海、西安、天津和重庆的部分一级房地产估价机构进行的调查表明,被调查的 33 家估价机构的学历构成比例是:专科人员 28%,本科 53%,本科以上 19%。由于我国的房地产评估起步较晚,整个评估行业有评估执业资格的房地产估价师总共是 35 036 人,而实际办理人事代理并在房地产评估各类机构中工作的只有 30 274 人(截至 2013 年)。尤其是在中介评估机构脱钩改制期间,各地普遍存在政策偏宽现象。专业技术人员达不到规定数量、专职技术人员没有按规定与政府有关部门脱钩、没有委托人事代理、在注册资金上弄虚作假,这种状况严重影响了评估能力和评估质量。主要原因是一部分兼职人员挂靠,特别是极个别单位把注册资金在注册后抽走。注册房地产估价师执业资格考试前的资格审查各地松紧不一,某些考生做假现象严重。注册房地产估价师考试为一次性考试制度,通过后的注册也只有一个级别,不能体现估价师水平高低和资历深浅,也不能激励估价师为提高业务水平而继续学习和深造。

(3) 以客户为导向,中介机构不按核准的资质和范围执业

对客户依赖性较大,客户意愿很大程度上影响估价的结果,难以起到客观、公正的第三方估价要求。其结果是,估价报告仅成为某些行政或商业行为中某些环节的必要文件(如法院的拍卖、商品房抵押贷款),对经济决策和商业投资决策的参考意义不大,行业发展的空间没有得到应有的释放,甚至某些房地产估价机构仅仅依赖行政保护才能够生存,造成了评估机构大量超资质、超业务范围执业。这种状况影响了整个房地产估价业发展的声誉和房地产估价企业的品牌塑造。许多境外投资者,尤其是机构投资者,需要房地产估价提供专业服务,但却不愿意选择国内房地产估价机构。只有在那些政府保护的领域或者收费明显低于国外中介机构时,才会出现本地评估机构进行的评估。这形成了一个恶性循环,委托方一般都非自愿地委托本地评估机构,他们所需要的常常仅是按照他们自己意愿做成的一纸评估报告,并不对评估报告仔细研读;评估机构也降低了服务标准,应付委托方,还可以节省开销。这使得评估机构很难在业内建立起自己的专业形象,于是就更无法承接到高层次的评估业务,也留不住高水平的估价师。

(4) 房地产评估报告质量令人担忧

当前各评估机构的评估人员主要包括两类:一是从业的注册房地产估价师和估价人员;二是非专职的注册房地产估价师。自从房地产评估机构脱钩改制成为有限责任公司和合伙制企业后,正式注册的执业房地产估价师大多成了评估机构

的领导或合伙人,他们主要精力放在抓业务上,真正做评估的是那些根本没有评估师资格也谈不上有房地产估价经历的人,只因为要求的工资水平不高而被公司雇佣。这些人员多数对于房地产评估操作是一知半解,对于各项指标、数据只"知其然,不知其所以然",只简单地、机械地套用评估报告模板,房地产评估报告质量令人担忧。

3) 房地产估价的发展趋势

党的十八大召开以来,科学发展观、可持续发展和构建和谐社会等得到了大力推崇,房地产业作为国民经济的支柱产业已经从粗放型规模扩张阶段向集约化内涵发展阶段转变,单一的追求经济利益最大化的管理目标已经不能适应形势的发展要求。另外,随着经济全球化的进一步加深,计算机技术、通信技术的发展,房地产自身的复杂性,决定了房地产估价向国际化、专业化、网络化、科技化方向发展的必然趋势。

(1) 评估过程自动化、网络化

席卷全球的信息革命深刻地改变了人类的社会结构、行为模式和价值观念,信息技术的广泛应用成为经济发展和时代进步的主要动因。房地产估价行业是房地产业的重要组成部分,房地产业的发展与国家的经济发展、政策调控密切相关,掌握大量的房地产市场信息以及建立完善的客户信息数据库对房地产估价行业就显得至关重要,是行业提供高质量服务的前提和保证,因此信息化是房地产估价行业乃至评估机构未来发展的方向。

评估业务的信息软件开发也将被提升到影响发展过程的重要因素予以重视和考虑。其主要原因有二:一是评估行业不提高技术含量,就不能有效提高估价结果的准确性和管理的科学性。当今的时代是知识的时代,是飞速发展变化的时代。市场的变化需要建立一个高级、规范、实用的信息开发系统,以达到信息查询网络化、图文一体化和管理科学化的目的;二是评估行业开发行业信息软件,提高技术含量,利于维护估价工作的科学性、严肃性。

(2) 市场细分专业化、服务多样化

从国外成功的管理制度可以看出,估价业务范围涉足多个方面、多元化发展趋势越来越明显。我国的房地产估价市场必须走多元化发展的道路,拓宽业务领域,创新业务品种,除为政府部门提供土地定价的估价咨询服务外,还应积极介入各类房地产评估、咨询、策划、可行性研究等相关服务市场,为发展商、投资机构提供全面、便捷的一条龙服务;同时,充分发挥估价人员的专业技术优势,挖掘市场业务潜力,拓宽业务渠道。

(3) 估价制度规范化

发达国家的行业法规及技术规范都很健全,具有规模化和规范化的优势。要想和国际接轨,与国际评估机构竞争,就必须引入并采用国际通行评估标准,加强估价立法,规范估价技术。规范化是房地产估价行业得以健康发展的方向。

有章可循、有法可依是房地产估价行业存在和发展的根本和保证。只有明确的法律支持,才能保证房地产估价师独立、客观、公正地开展业务,真正实现其中介服务的职能。房地产估价行业的法律建设,有利于房地产评估机构和房地产估价师的权利、义务和职责,切实落实行业自律守则,规范行业职业道德,严厉查处估价活动中的违法违规典型案例,完善处罚措施,树立行业典型,建立接受社会监督的反馈机制,用法制的手段规范房地产估价市场。

(4) 估价业务国际化

随着经济全球化进程的加快,越来越多的国外资金涌入我国,这对我国的房地产估价行业的发展无疑是一个很好的市场契机,为适应这一客观需要,评估机构应在业务类型、估价机构的理念以及估价机构的人才方面向国际化发展。

复习思考题

1. 现实生活中有哪些方面需要进行房地产估价?
2. 房地产估价的基本要素有哪些?
3. 房地产估价假设的具体内容是什么?
4. 房地产估价的原则有哪些?
5. 地租理论在实际工作中如何应用?
6. 我国大陆从事房地产估价须具备什么条件?

2 房地产价格及其影响因素

本章摘要

　　价格是构成一切商品的本质要素,所谓房地产估价便是评估作为商品的房地产的价格。理解房地产的价格及其影响因素是进行房地产估价的关键。本章分别阐述了房地产价格的概念、形成条件与成因以及房地产的供求,分析了房地产价格与一般商品价格的区别,介绍了影响房地产价格的宏观、区域、微观三大因素。学习本章,是为后面章节中房地产估价的方法和实际操作打下基础。

2.1 房地产价格的形成

2.1.1 房地产价格的概念

　　1) 价格与房地产价格的概念
　　人们对于什么是价格,有着许多定义和解释,其中最典型的是下列两种:①价格是为获得一种商品或服务所必须付出的东西,它通常用货币来表示,虽然不一定要用货币形式来偿付。②价格是商品价位的货币表现,价值是凝结在商品中的抽象人类劳动。
　　上述两种对价格的定义,第一种讲的是现象,第二种讲的是本质。对于房地产估价来说,主要是从现象上把握房地产价格的"数量"。因此,我们可以将房地产价格定义如下:房地产价格是和平地获得他人的房地产所必须付出的代价——货币额、商品或其他有价物。在现今社会,价格通常用货币来表示,惯例上也是用货币形式来偿付,但也可以用实物、劳务等其他形式来偿付,例如,以房地产作价入股换取设备、技术等。
　　2) 房地产价格的种类
　　在现实生活中往往出现这种情形:两个不同的名称可能指的是同一个事物,同一个名称可能指的是两个不同的事物。实际上,词语和其所指的事物总是无法一一对应。除了专有名词以外,绝大多数词语仅仅描述了事物的共性,即代表着某一类事物。某一具体事物无法完全占有某一词语,而是与其他具体事物分享着若干词语。这是由于,语言运用本身不可避免地形成了这种不尽完美的体系,因为我们无法给世界上每一个个体都取一个独一无二的名字并且毫无差错地运用它们。既然我们认识到了语言体系的缺陷,在科学的研究中,为了尽可能地避免混乱和含糊的用语危害到研究本身,我们应对词语所描述的,以及我们想表达的事物进行明晰的考察。此外,我们有必要给一切事物中新发现的共性创造清晰的定义或者新的词语,来丰富原有的语言体系为我们所用。

纵观古今中外,房地产价值和价格的种类繁多,名称也不完全一致,有的还是特定的房地产制度下的产物。不同的房地产价值和价格所起的作用不尽相同,评估时采用的依据和考虑的因素也不尽相同。因此,进行房地产估价必须弄清楚房地产价值和价格的种类以及每一种房地产价值和价格的确切含义,以正确理解和把握所评估的房地产价值或价格的内涵。

下面不是将每种房地产价值和价格单独介绍,而是将相关内容放到一起介绍。这样做虽然会出现个别重复现象,但有助于更好地比较和理解,而且在不同的地方,介绍的角度会有所不同。

(1) 使用价值和交换价值

价值一词的含义极广,在房地产估价中,所涉及的价值是经济学范畴的价值。在经济学里,广义的价值有使用价值和交换价值之分。一种商品的使用价值,是指该种商品能满足人们某种需要的效用;交换价值,是指该种商品同其他商品相交换的量的关系或比例,通常用货币来衡量,即交换价值表现为一定数量的货币、商品或其他有价物。人们在经济活动中一般简称的价值,指的是交换价值;在房地产估价中一般所说的价值,也是指交换价值。

任何物品能够成为商品,首先必须是有用物,能用来满足人们的某种需要。使用价值是交换价值的前提,没有使用价值的东西不会被交换对方所接受,也就不能成为商品,不会有交换价值。但是,反过来不一定成立,即没有交换价值不一定没有使用价值,例如空气。作为商品的房地产,既有使用价值也有交换价值。

在房地产估价中首先应对房地产的质量、功能、新旧、产权等有关房地产使用价值的因素进行"鉴定",因为这些因素影响着房地产交换价值的大小。

(2) 投资价值和市场价值

房地产的投资价值,是指某个特定的投资者(如某个具体的购买者)基于个人的需要或意愿,对某一房地产所评估出的价值。而房地产的市场价值,是指房地产对于一个典型的投资者(市场上抽象的一般投资者,他代表了市场上大多数人的观点)的价值。市场价值是客观的、非个人的价值,而投资价值是建立在主观的、个人的因素基础上的价值。在某一时点,市场价值是唯一的,而投资价值会因投资者的不同而不同。

同一房地产对于不同的投资者之所以会有不同的投资价值,是因为不同的投资者可能在开发成本或经营费用方面的优势不同、纳税状况不同、对未来的信心不同,等等。所有这些因素,都会影响投资者对该房地产未来收益能力的评估,从而影响投资者对该房地产价值的估计。如果所有的投资者都做出相同的假设,也面临相同的环境状况,则投资价值与市场价值就会相等,但实际上不可能出现这种情况。所以,常常会有某些投资者愿意支付比其他投资者更高的价格来获得某一房地产。

评估投资价值与评估市场价值的方法本质上是相同的,所不同的是假设前提。拿折现率来说,评估市场价值时所采用的折现率,应是与该房地产的风险程度相对应的社会一般报酬率(即典型的投资者所要求的报酬率);而评估投资价值时所采用的折现率,应是某个特定的投资者所要求的最低报酬率(通常称为最低期望收益率)。在净收益方面,评估投资价值时通常要扣除所得税,而评估市场价值时通常不扣除所得税。另外,不同的投资者对未来净收益的估计,有的可能是乐观的,有的可能是悲观的;而评估市场价值时,要求对未来净收益的估计是客观的。

投资者评估的房地产的投资价值大于或等于该房地产的市场价格,是其投资行为(或交易)能够实现的基本条件。当投资价值大于市场价格时,说明值得投资(购买);反之,说明不值得投资(购买)。换一个角度讲,每个房地产投资者对其拟投资(购买)的房地产都有一个心理价位,投资价值可以看成是这个心理价位。当市场价格低于这个心理价位时,投资者趋向于增加投资;相反,他们将向市场出售过去所投资的房地产。

就投资价值和市场价值而言,房地产估价所评估的是房地产的市场价值。但作为房地产估价人员,评估房地产的投资价值或者提供房地产市场分析报告、房地产投资可行性研究报告,也是其服务的重要领域。例如,政府举行国有土地使用权招标、拍卖、挂牌出让,有意购买者可能委托房地产估价机构为其评估所能承受的最高购买价格(如确定投标价格),这就是一种投资价值评估。

(3) 原始价值、账面价值和市场价值

① 原始价值简称原值、原价,也称历史成本、原始购置成本,是一项资产在当初取得时实际发生的成本,包括买价、运输费、安装费、缴纳的有关税费等。会计核算的历史成本原则,要求将原始价值作为资产的入账价值。

② 账面价值又称账面净值、折余价值,是一项资产的原始价值减去已计提折旧后的余额。

③ 市场价值是一项资产现时在市场上实际所值的价格,或者假设把它拿到市场上去交易,它最可能实现的价格。

原始价值是始终不变的,账面价值是随着时间的流逝而不断减少的,市场价值是随着时间的流逝而上下波动的。此外,可将账面价值作为评估房地产市场价值的一种参考,这样可以使估价人员更加审慎地得出评估价值,特别是为"资产置换"进行估价时,如果一方资产的评估价值普遍低于账面价值,而另一方资产的评估价值普遍高于账面价值,这种估价结果通常是值得怀疑的。

就原始价值、账面价值与市场价值相对而言,房地产估价所评估的是房地产的市场价值。

(4) 成交价格、市场价格和理论价格

① 成交价格简称成交价,是指在一笔房地产交易中,交易双方实际达成交易——买者同意付出、卖者同意接受,或者买者支付、卖者收取的货币额、商品或其他有价物。成交价格是一个已完成的事实,通常随着交易者的财力、动机、对交易对象和市场的了解程度、购买或出售的急迫程度、讨价还价能力、交易双方之间的关系、卖者的价格策略等的不同而不同。

成交价格可能是正常的,也可能是不正常的,所以,可将成交价格区分为正常成交价格和非正常成交价格。正常成交价格是指交易双方在公开市场、信息通畅、平等自愿、诚实无欺、没有利害关系下进行交易所形成的价格,不受一些不良因素,如不了解市场行情、垄断、强迫交易等的影响;反之,则为非正常成交价格。

成交价格可以按照交易方式的不同来划分,例如,按土地使用权出让方式的不同,可将土地使用权出让的成交价格分为招标成交价、拍卖成交价、挂牌成交价和协议成交价。招标成交价是指采取招标方式交易(或出让)房地产的成交价格,拍卖成交价是指采取拍卖方式交易(或出让)房地产的成交价格,挂牌成交价是指采取挂牌方式交易(或出让)房地产的成交价格,协议成交价是指采取协议方式交易(或出让)房地产的成交价格。在通常情况下采取协议方式出让的地价最低,其次是招标方式,拍卖方式出让的地价最高。

② 市场价格是指某种房地产在市场上的一般、平均水平价格,是该类房地产大量成交价格的抽象结果。

③ 理论价格是经济学假设的"经济人"的行为和预期是理性的,或真实需求与真实供给相等的条件下形成的价格。在经济学里有许多词来表达它,如价值、内在价值、自然价值、自然价格等。理论价格并不是静止不变的。

一般来说,成交价格围绕着市场价格而上下波动,市场价格又围绕着理论价格而上下波动(即小波动围绕着大波动而上下波动,大波动又围绕着更大的波动而上下波动),它们之间的关系可如图 2-1 所示。

就成交价格、市场价格与理论价格相对而言,房地产估价所评估的是房地产的市场价格。

(5) 市场调节价、政府指导价和政府定价

市场调节价、政府指导价和政府定价是一组与政府对价格管制或干预的程度有关的价格。《中华人民共和国价格法》第 3 条规定:"国家实行并逐步完善宏观经济调控下主要由市场形成价格的机制。价格的制定应当符合价值规律,大多数商品和服务价格实行市场调节价,极少数商品和服务价格实行政府指导价或者政府

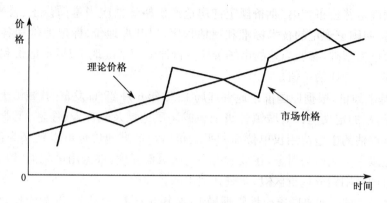

图 2-1 市场价格与理论价格的关系

定价。"在房地产方面,例如《城市房地产开发经营管理条例》(1998年7月20日国务院令第248号)第30条规定:"房地产开发项目转让和商品房销售价格,由当事人协商议定;但是,享受国家优惠政策的居民住宅价格,应当实行政府指导价或者政府定价。"可见,从政府对价格管制或干预的程度来划分,可将房地产价格分为市场调节价、政府指导价和政府定价。

① 市场调节价是指由经营者自主制定,通过市场竞争形成的价格。对于实行市场调节价的房地产,由于经营者可以自主确定价格,所以,估价应依据市场供求状况进行。

② 政府指导价是指由政府价格主管部门或者其他有关部门,按照定价权限和范围规定基准价及其浮动幅度,指导经营者制定的价格。对于实行政府指导价的房地产,由于经营者应在政府指导价规定的幅度内制定价格,所以,估价结果不得超出政府指导价规定的幅度。

③ 政府定价是指由政府价格主管部门或者其他有关部门,按照定价权限和范围制定的价格。对于实行政府定价的房地产,由于经营者应执行政府定价,所以,估价结果应以政府定价为准。如在城镇住房制度改革中,出售公有住房的标准价、成本价就属于政府定价。

政府对价格的干预还有规定成本构成或利润率等。如规定新建的经济适用住房出售价格实行政府指导价,按保本微利原则确定。其中,经济适用住房的成本包括征地和拆迁补偿安置费、勘察设计和前期工程费、建筑安装工程费、住宅小区基础设施建设费(含小区非营业性配套公建费)、管理费、贷款利息和税金等七项因素,利润控制在3%以下。对于这类房地产,估价也应依据这些规定进行。

(6) 基准地价、标定地价和房屋重置价格

基准地价、标定地价和房屋重置价格是《中华人民共和国城市房地产管理法》提到的三种价格。该法第33条规定:"基准地价、标定地价和各类房屋的重置价格

应当定期确定并公布。"第 34 条规定:"房地产价格评估应当遵循公正、公平、公开的原则,按照国家规定的技术标准和评估程序,以基准地价、标定地价和各类房屋的重置价格为基础,参照当地的市场价格进行评估。"基准地价、标定地价和房屋重置价格都是一种评估价值。

① 基准地价,根据原国家土地管理局 1993 年 6 月 22 日发布的《城镇土地估价规程(试行)》的定义是:"对城镇各级土地或均质地域及其商业、住宅、工业等土地利用类型评估的土地使用权单位面积平均价格。"基准地价也可以定义为:城市基准地价是以一个城市为对象,在该城市一定区域范围内,根据用途相似、地块相连、地价相近的原则划分地价区段,调查评估出的各地价区段在某一时点的平均价格。

② 标定地价,据原国家土地管理局 1992 年 5 月 12 日印发的《关于地籍管理的几个问题的处理意见》中的说明,是在基准地价的基础上,按土地使用年限、地块大小、形状、容积率、微观区位、市场行情等,修订评估出的具体地块在某一时期的价格。由于《中华人民共和国城市房地产管理法》规定了标定地价也应定期确定并公布,所以可将标定地价的定义修改为:标定地价是指一定时期和一定条件下,能代表不同区位、不同用途地价水平的标志性宗地的价格。

③ 房屋重置价格,是某一基准日期,不同区域、不同用途、不同建筑结构、不同档次或等级的房屋,建造它所需要的一切合理、必要的费用、税金及应获得的利润。有了这种房屋重置价格之后,实际估价中求取估价对象房屋或建筑物的价格,可以通过这种房屋重置价格的比较修正来求取。

(7) 土地价格、建筑物价格和房地产价格

土地价格、建筑物价格和房地产价格是一组按照房地产的存在形态来划分的价格。房地产的存在形态有土地、建筑物、房地三种,房地产价格因此有土地价格、建筑物价格和房地价格之分。

① 土地价格简称地价,如果是一块无建筑物的空地,此价格即指该块土地的价格。如果是一块有建筑物的土地,此价格是指该宗房地产中土地部分的价格,不含建筑物的价格。

同一块土地,在估价时考虑(或假设)的"生熟"程度不同,会有不同的价格。土地的"生熟"程度主要有 5 种:(a)未征收补偿的农地。取得该土地后还需要支付征地补偿费。(b)已征收补偿但未做"三通一平"或以上开发的土地。(c)已做"三通一平"或以上开发的土地,如已做"七通一平"的土地。(d)在现有城区内有待拆迁建筑物的土地。取得该土地后还需要支付拆迁补偿安置费。(e)已做拆迁补偿安置的城市空地。

现实中常根据土地的实际状况,把土地粗略地分为生地、熟地、毛地、净地等几种,由此又有生地价格、熟地价格、毛地价格、净地价格之说。

② 建筑物价格是指建筑物部分的价格,不含建筑物所占用的土地的价格。人

们平常所说的房价,例如,购买一套商品住房的价格,通常含有该建筑物所占用的土地的价格,与这里所说的建筑物价格的内涵不同。

③ 房地价格亦称房地混合价,是指建筑物连同其占用的土地的价格。它往往等同于人们平常所说的房价。

对于同一宗房地产而言,有

$$房地价格 = 土地价格 + 建筑物价格$$
$$土地价格 = 房地价格 - 建筑物价格$$
$$建筑物价格 = 房地价格 - 土地价格$$

但值得说明的是,上述土地价格、建筑物价格、房地价格三者的关系不是机械的。即不是不论房地产是在分割、合并的前后,还是土地、建筑物各自独立考虑时都存在着上述关系,而是指对于同一宗房地产来讲,只存在着土地、建筑物和房地三种形态。因此,同一宗房地产的价值只能归属于这三种对象。

(8) 总价格、单位价格和楼面地价

总价格、单位价格和楼面地价是一组按照房地产价格的表示单位来划分的价格。

① 总价格简称总价,是指某一宗或某一区域范围内的房地产整体的价格。它可能是一块面积为 500 m² 的土地的价格,一套建筑面积为 200 m² 的高档公寓的价格,或是一座建筑面积为 10 000 m² 的商场的价格,也可能是一个城市的全部房地产的价格,或是一国全部房地产的价格。房地产的总价格一般不能反映房地产价格水平的高低。

② 单位价格简称单价,其中,土地单价是指单位土地面积的土地价格,建筑物单价通常是指单位建筑物面积的建筑价格,房地单价通常是指单位建筑物面积的房地产价格。房地产的单位价格一般可以反映房地产价格水平的高低。

③ 楼面地价是一种特殊的土地单价,是土地上建筑物面积均摊的土地价格。通常情况下,楼面地价是按照建筑面积均摊的土地价格。此种情况下,楼面地价与土地总价的关系为:

$$楼面地价 = \frac{土地总价}{总建筑面积}$$

由此公式可以找到楼面地价、土地单价、容积率三者之间的关系,即

$$楼面地价 = \frac{土地单价 \times 土地总面积}{总建筑面积} = \frac{土地单价}{容积率}$$

认识楼面地价的作用十分重要。在现实中,楼面地价往往比土地单价更能反映土地价格水平的高低。例如,有甲、乙两块土地,甲土地的单价为 700 元/m²,乙

土地的单价为 510 元/m²,如果甲、乙两块土地的其他条件完全相同,毫无疑问甲土地比乙土地贵(每平方米土地面积贵 190 元),此时明智的买者会购买乙土地而不会购买甲土地。但如果甲、乙两块土地的容积率不同,除此之外的其他条件都相同,则不应简单地根据土地单价来判断甲、乙两块土地的价格高低,而应采用楼面地价。例如,甲土地的容积率为 5,乙土地的容积率为 3,则甲土地的楼面地价为 140 元/m² 时,乙土地的楼面地价为 170 元/m²。根据楼面地价来判断,乙土地反而比甲土地贵(每平方米建筑面积贵 30 元)。此时懂得楼面地价意义的买者,通常会购买甲土地而不会购买乙土地。这是因为,在同一地区,同类用途和建筑结构的房屋(含土地)在市场上的售价基本相同(但在人们越来越重视环境的情况下,高的容积率意味着高的建筑密度,从而房价会受到一定的影响),假如平均为每平方米建筑面积 1 200 元,建筑造价(不含地价)也基本接近(如果容积率差异较大会导致对建筑高度或建筑结构的不同要求,如一个只需建多层,而另一个必须建高层,则建筑造价会有一定差异),假如为每平方米建筑面积 900 元,这样,房地产开发商在甲土地上每平方米建筑面积可获得利润=1 200-900-140=160(元),而在乙土地上每平方米建筑面积只获得利润=1 200-900-170=130(元)。

(9) 所有权价格、使用权价格和其他权利价格

所有权价格、使用权价格和其他权利的价格是一组按照所交易或评估的房地产权益来划分的价格。同一宗房地产,交易或评估的可能是所有权,也可能是使用权,还可能是其他权利,如地役权、典权、租赁权;交易或评估的所有权或使用权还可能附带有租约,设立了抵押权、典权、地役权;另外,该所有权或使用权还可能受到政府政策的限定,存在纠纷或被法院查封等。

房地产的所有权价格是指房地产所有权的价格。房地产所有权价格还可依据房地产所有权是否完全再细分。例如,根据"权力束(Bundle of Rights)"理论,所有权为占有权(Possession)、管理权(Control)、享用权(Enjoyment)、排他权(Exclusion)、处置权(Disposition)(包括出售、出租、抵押、赠与、继承)等诸项个别权利的总和。如果在所有权上设立了他项权利,则所有权变得不完全,价格因此会降低。

中国由于土地为国家所有或者农民集体所有,土地的国家所有权和农民集体所有权不允许转让,仅存在以征收方式将农民集体所有权变为国家所有权。所以,土地一般不存在所有权价格和所有权价值评估。但在特殊情况下可能需要对土地所有权价值进行评估,如衡量社会总财富中土地财富总量是多少时,评估的应是土地所有权价值。如果评估的是土地使用权价值,其结果就会与其他国家和地区不可比,或者在同等条件下的土地财富要比其他国家和地区少。另外,集体土地可以通过征收方式变为国有土地,并要给予补偿。目前这种补偿还不是按照土地市场价值进行的,如果未来改为按照土地市场价值进行补偿,就存在集体土地所有权价

值评估问题。相比之下,城市房屋拆迁补偿已由过去的实物补偿安置改变为货币补偿,货币补偿的金额以被拆迁房屋的房地产市场评估价格确定。

房地产的使用权价格是指房地产使用权的价格。以土地为例,中国目前有偿出让和转让土地的价格都是使用权价格,土地使用权又有出让土地使用权和划拨土地使用权两种。《中华人民共和国城市房地产管理法》第8条规定:"土地使用权出让,是指国家将国有土地使用权在一定年限内出让给土地使用者,由土地使用者向国家支付土地使用权出让金的行为"。据此,从国家那里获得的土地使用权的价格,法定名称为出让金。但在现实中有各种演变,多称为地价款,各地的内涵也不尽相同。出让土地使用权的价格还可区分为各种使用年限的价格,如40年、50年、70年出让土地使用权的价格。

土地所有权价格与土地使用权价格有着极为复杂的关系。在正常情况下,土地所有权价格高于土地使用权价格,但在现实复杂的情况下,也可能出现相反的情形。例如,中国封建社会后期出现的永佃制,其特点是土地所有权与土地耕作权相分离:地主享有土地的所有权,负担赋(即土地税),有权收租,但对土地的使用权不能干涉,不能随意增租或夺佃;佃农享有土地的耕作权,即佃权,并有权将它买卖、典押或出租。一般来说,耕作权价格低于所有权价格,但在经济发达、人口密集的地区,耕作权价格也有超过所有权价格的情况。

其他权益的价格在此未具体说明,泛指所有权价格、使用权价格以外的各种权益的价格,如租赁权价格、地役权价格、典权价格等。

(10) 买卖价格、租赁价格、典价、抵押价值、保险价值、课税价值和征收价值

① 买卖价格简称买卖价,是房地产权利人通过买卖方式将其房地产转移给他人,由房地产权利人(作为卖方)收取或他人(作为买方)支付的货币额、商品或其他有价物。

② 租赁价格通常称为租金,在土地场合称为地租,在房地混合场合称为房租,是房地产权利人作为出租人将其房地产出租给承租人使用,由出租人收取或承租人支付的货币额、商品或其他有价物。在过去"提高公房租金"的城镇住房制度改革中,将房租分为市场租金、商品租金、成本租金、准成本租金和福利租金。其中,市场租金又称协议租金,是指由市场供求状况决定的租金;商品租金又称全价租金,是指以房地产价值为基础确定的租金,由折旧费、维修费、管理费、投资利息、房产税、保险费、地租和利润八项因素构成;成本租金是指按照出租房屋的经营成本确定的租金,由折旧费、维修费、管理费、投资利息、房产税五项因素构成;准成本租金是指接近但还不到成本租金水平的租金。真正的房租构成因素应当包括:地租、房屋折旧(包括结构、设备和装修的折旧费)、维修费、管理费、投资利息、保险费、物业税(目前属于这种性质的税有城镇土地使用税、房产税或城市房地产税)、租赁费用(如租赁代理费)、租赁税费(如营业税、城市维护建设税、教育费附加、租赁手续费)和利润。

在实际中,房租可能包含真正房租构成因素之外的费用,如可能包含家具设备使用费、物业服务费、水费、电费、燃气费、供暖费、通信费、有线电视费等;房租也可能不包含真正房租构成因素的费用,如出租人与承租人约定维修费、管理费、保险费等由承租人负担。房租有的按使用面积计算,有的按建筑面积计算,有的按套或幢计算。其中,住宅一般是按使用面积或套计租,非住宅一般是按建筑面积计租。房租也有天租金、月租金或年租金。房租还有定额租金、定率租金(又称分成租金、百分率租金,零售商业用房通常采用这种租金)等。此外,还应注意租赁价格与租赁权价格是两个不同的概念。

③ 典价是在设立典权时,由出典人收取或典权人支付的货币额、商品或其他所有物。典价往往低于房地产的实际价值。

④ 在房地产抵押贷款中,一边是未偿还的贷款余额,一边是抵押房地产的价值,贷款人希望在整个抵押期间,抵押房地产无论是在设立抵押权之初时的价值还是随着时间的流逝而变化了的价值,都要超过未偿还的贷款余额,因为只有这样才能使贷款安全收回。因此,从理论上讲,房地产抵押价值应该是假设债务履行期届满债务人不履行债务,抵押房地产折价的价值或者拍卖、变卖抵押房地产最可能所得的价款扣除优先受偿的款额后的余额。优先受偿的款额包括划拨土地使用权应缴纳的土地使用权出让金、发包人拖欠承包人的建筑工程价款、已担保债权数额等。但在实际估价中,由于设立抵押权的时间、贷款期限、贷款偿还方式、借款人是否如期偿还,以及抵押房地产折价、拍卖、变卖的时间等估价所依赖的前提条件在委托估价时均难以明确,从而使得房地产抵押价值评估只能演变为评估抵押的房地产在委托估价时的市场价值扣除优先受偿的款额后的余额,通常具体为估价作业期间的某个日期(一般为实地查勘之日)的市场价值扣除优先受偿的款额后的余额。而为保证抵押贷款能安全收回,需要定期(如每隔一年)或不定期(如在房地产市场价格下降时)对抵押房地产的抵押价值进行重估。当抵押房地产的抵押价值低于未偿还的贷款余额时,应要求债务人追加抵押物或加速偿还贷款。

⑤ 保险价值是将房地产投保时,为确定保险金额提供参考依据而评估的价值。评估保险价值时,估价对象的范围应视所投保的险种而定。例如,投保火灾险时的保险价值,仅是有可能遭受火灾损毁的建筑物的价值及其可能的连带损失,而不包含不可损毁的土地的价值,通常具体是指建筑物的重建成本(或重置成本)和重建期间的经济损失(如租金损失)。

⑥ 课税价值是为课税的需要,由估价人员评估的作为计税依据的价值。具体的课税价值如何,要视税收政策而定。例如,1951年8月政务院(现国务院的前身)公布的《城市房地产税暂行条例》规定,房地产税的计税依据是标准房价和标准地价,或者标准房地价或标准房地租价。其中的标准房地价应按房地坐落地区、房屋建筑情况并参酌当地一般房地混合买卖价格分区、分类、分级评定。1986年9月,国务院颁布

的《中华人民共和国房产税暂行条例》规定,房产税的计税依据是房产原值一次减除10%～30%后的余值或房产的租金收入。在美国,房地产课税价值是由地方政府为课税目的而确定的房地产价值,通常以该房地产市场价值的百分数表示。

⑦ 征收价值是政府强制取得房地产时应给予的补偿金额。

美国雷利·巴洛维教授在《土地资源经济学——不动产经济学》一书中的下列一段描述,较好地说明了房地产的成本、售价、抵押价值、课税价值、征收价值几者的联系和区别:不动产经济价值的一些重要概念,可以用一个经营者花费5万美元购置一块建筑场地,然后再花费20万美元修建一幢办公楼的例子来说明。这时他在他的财产中已投入25万美元,表示投资成本的总和。当他将该财产作为抵押贷款评估时,该财产只会有21万美元的贷款价值,估税员以13万美元估定财产收税价值。如果该财产所有者决定出售该财产,在与房地产经纪人谈妥以后,他决定标价30万美元。然而,在他确实得到标价以前,他会发现自己的财产正是某种公共项目所需要的,可以得到27.5万美元的征收价值。上面这5个数字中,每一个数字都代表着一种经济价值的衡量,每一个数字都有一种解释和合理性。

(11) 现货价格和期货价格及现房价格和期房价格

房地产的现货价格是指以现状房地产为交易标的的价格。该房地产的现状可能是一块准备建造但尚未建造建筑物的土地,可能是一项在建工程,也可能是建筑物已建成的房地产。当为建筑物已建成的房地产时,即为现房价格(含土地价格)。房地产的期货价格是指以未来状况的房地产为交易标的的价格,其中最常见的是期房价格(含土地价格)。期房价格是指以目前尚未建成而在将来建成的房屋(含土地)为交易标的的价格。

在期房与现房同品质(包括工程质量、功能、环境和物业管理服务等)情况下,期房价格低于现房价格。以可以出租的公寓来看,由于买现房可以立即出租,买期房在期房成为现房期间不能享受租金收入,并由于买期房总存在着风险(如有可能不能按期建成,或实际交付的品质比预售时讲的差等),所以,期房价格与现房价格之间的关系是:

$$期房价格 = 现房价格 - \text{预计从期房达到现房期间现房出租的净收益的折现值} - 风险补偿$$

在现实中,常常出现同地段的期房价格比现房价格高的相反现象,这主要是由于两者的品质不同,如现房的户型和环境差、功能已落后等。

(12) 起价、标价、成交价和均价

起价、标价、成交价和均价是在商品房销售中出现的一组价格。

起价是指所销售商品房最初时的价格,往往是一个项目最低的价格。这个价格通常是最差的楼层、朝向、户型的商品房价格,甚至这种价格的商品房不存在,仅是为了广告作用,吸引人们对销售商品房的关注而虚设的价格。所以,起价通常不能反应所销售商品房的真实价格水平。

标价又称为报价、表格价,是商品房出售者在其"价目表"上标注的不同楼层、朝向、户型的商品房的出售价格。一般情况下,买卖双方会在这个价格的基础上讨价还价,最后出售者可能作出某种程度的让步,按照一个比这个价格低的价格成交。

成交价是商品房买卖双方的实际交易价格。商品房买卖合同中写明的价格一般就是这个价格。

均价是所销售商品房的平均价格,具体有标价的平均价格和成交价的平均价格。成交价的平均价格一般可以反映所销售商品房的总体价格水平。

(13) 补地价

补地价是指国有土地使用者因改变土地用途等而向国家补交的地价或土地使用权出让金、土地收益。需要补地价的情形主要有如下3类:①土地使用者改变土地用途、容积率、建筑高度等城市规划限制条件;②土地使用者延长土地使用年限(包括出让土地使用权期满后续期);③土地使用者转让、出租、抵押划拨土地使用权的房地产(要求补办土地使用权出让手续,补交土地使用权出让金等)。

对于改变土地用途、容积率、建筑高度等城市规划限制条件的,补地价的数额理论上等于改变后的地价与改变前的地价之差,即

$$补地价 = 改变后的地价 - 改变前的地价$$

其中,对于单纯提高容积率或改变土地用途并提高容积率的补地价来说,如果将提高后的容积率称为现容积率,提高前的容积率称为原容积率,则补地价的数额为:

$$补地价(单价) = 现楼面地价 \times 现容积率 - 原楼面地价 \times 原容积率$$

$$补地价(总价) = 补地价(单价) \times 土地总面积$$

如果楼面地价不随容积率的改变而改变,则

$$补地价(单价) = 原楼面地价 \times (现容积率 - 原容积率)$$

或者

$$补地价(单价) = \frac{原容积率下的土地单价}{原容积率} \times (现容积率 - 原容积率)$$

实际中的补地价数额取决于政府的政策。例如,已购公有住房和经济适用房的土地权利性质基本上为划拨土地使用权,其上市出售从理论上讲需要补交相当数额的地价,但政府为了促进房地产市场发展和存量住房流通,满足居民改善居住条件的需要,鼓励已购公有住房和经济适用住房上市出售,从而只要求象征性地补交一点地价。

2.1.2 房地产价格的形成条件

房地产要有价格与其他任何物品要有价格一样,需要具备3个条件:有用性、稀缺性、有效需求。

1) 有用性

有用性是指物品能够满足人们的某种需要,俗话说"有用",经济学上称为使用价值。至于人们为什么需要它,或者是因为觉得它很必要,或者是因为它很时髦,或者是因为听信了广告宣传。房地产如果没有用,人们就不会产生占有房地产的要求或欲望,更谈不上花钱去购买或租赁房地产,从而房地产也就不会有价格。

2) 稀缺性

稀缺性是指物品的数量没有多到使每个人都可以随心所欲地得到它,是相对的缺乏,而不是绝对缺乏。绝对的缺乏是指"物质的不可获得性",例如严重干旱时,某些地区没有平日那么多的水可用。一种物品仅有用还不能使其有价格,因为如果该种物品的数量丰富,随时随地都能自由取用,像空气或某些地方的水那样,尽管对人们至关重要——没有它们我们就无法生存,但是也不会有价格。因此,房地产要有价格还必须具有稀缺性。

稀缺性对价格的作用是很大的,俗话说物以稀为贵。有些物品,无论它多么有用,只要是相对富余的,就不会有高的价格。现代政治经济学奠基人亚当·斯密曾经说过:"使用价值很大的东西,往往具有极小的交换价值,甚或没有;反之,交换价值很大的东西,往往具有很小的使用价值,甚或没有。例如,水的用途最大,但我们不能以水购买任何物品,也不会拿任何物品与水交换。反之,金刚钻虽几乎无使用价值可言,但须有大量其他货物才能与之交换。"

3) 有效需求

有效需求是指对物品的有支付能力支持的需要——不但愿意购买而且有能力购买。只有需要而无支付能力(即想买但没钱),或者虽然有支付能力但不需要(即有钱但不想买),都不能使购买行为发生,从而不能使价格成为现实。例如,一套30万元的住房,甲家庭需要,可是买不起;乙家庭买得起,但是不需要;丙家庭既需要,也买得起。在这种情况下,只有丙家庭对这套住房有有效需求。因此,分清需要与有效需求非常重要。需要不等于有效需求,需要只是一种要求或欲望,有支付能力支持的需要才是有效需求。

综上所述,房地产价格是由房地产的有用性、稀缺性和有效需求三者综合产生的。在现实中,不同的房地产的价格之所以有高低,同一宗房地产的价格之所以有变动,归总起来也是由这三者的程度不同及其变化所引起的。

为便于更好地理解价格,值得进一步说明的是,价格实质上是市场经济(或商品经济)这种特定的经济制度下对有用且稀缺物品的一种分配方式。无论人类社会处于什么阶段,只要当一种物品有用而其数量又不能多到使每个人都可以随心所欲地得到它时,就会出现对该种物品究竟应如何分配的问题——哪些人获得,哪些人不获得。归纳起来,古今中外主要有如下几种分配方式:①武力。如小到个人之间的打架,大到国家之间的战争,物品最后由胜者获得。②礼让。如像有些人那样发扬高尚风格,即使自己需要,也将物品让与他人。③抽签。即用随机的方式分配物品。这是谁的运气好,物品就归谁。④排队。即谁排在最前面,物品就归谁。这实质上是把物品给予那些最愿意花时间等待的人。⑤计划。如在传统的社会主义计划经济下凭下达的指标或票证、领导批条子获得物品。但这在实际中往往演变为按权力大小或关系好坏进行分配。⑥价格。即谁愿意且能够付出的钱最多,物品就归谁。在市场经济中,价格是最普遍、最广泛应用的一种分配方式,总是在起着配给有限的供给量的作用——它上升,以便抑制过多的消费和扩大生产;它下降,以便刺激消费、减少生产和消除过多的存货。

2.1.3 房地产价格形成的原因

房地产是一种非常特殊的商品,要真正掌握其价格的形成,有必要全面了解价格形成的理论,并作具体分析。

关于商品价格的形成,主要有四种理论,即供求决定论、效用价值论、收益决定论、劳动价值论。①供求决定论认为市场上商品的价格不是事先规定的,而是根据市场上供求情况由买卖双方协议决定。②效用价值论认为一切商品的价值取决于它们的用途。房地产的效用,是指人们因占有、使用房地产而得到满足的程度。房地产如果没有效用,就不会发生房地产价格,因为没有效用,人们就不会产生占有房地产的欲望。但认定某物品有效用,并不能直接产生该物品的经济价值,如其数量丰富,随时随地都能自由获得,像空气那样虽对人类至关重要,也不产生价值。③收益决定论认为商品之所以有价值,是因为能在较长时间内给商品所有者带来一定收益,这些收益通过一定方法折算成现值就是商品的价值。④劳动价值论认为劳动决定价格基础——价值是劳动,价值的唯一源泉是劳动,商品的价值实体是抽象劳动,商品价值量由社会必要劳动时间决定。劳动价值论还指出商品价格只是商品价值的货币体现。供求关系不能决定价值,只能影响价格(虽然有时这种影响很强烈),使价格围绕价值上下波动。

对房地产的价值及其价格形成,应以劳动价值论为基础,供求理论、效用理论、收益理论为补充。劳动价值论对房地产价格形成的解释有以下三个特征。

(1) 房地产价格形成具有广泛性

今天,在有人类活动的地方,已经没有哪块土地是纯粹的"生地",土地的开发、加工都或多或少凝结了人类劳动;所有建筑物都是劳动的产物。因此,劳动数量的多少和质量的好坏往往是房地产价值和价格形成高低差异的主要原因。

(2) 房地产价格形成具有本质性

对房地产的价值研究愈深入,就愈觉得其价值的基础是与人类劳动不可分的。有关房地产价格的诸多问题,如为什么大城市的土地价格高于中小城市的土地价格,中小城市的土地价格又高于周边乡村的土地价格?为什么交通设施、基础设施、配套设施的多寡对该地段土地价格有那么重大的影响?房地产收益的基础是什么?对房地产的有效需求又是怎样产生的?这些问题都可用一句话来回答,即人类劳动的结晶。

(3) 房地产价格形成具有客观性

劳动价值论认为商品价值由转移过来的物化劳动价值、生产过程中加入的活劳动价值、创造出的新价值三部分组成。在现实中,将前二者称为成本(生产费用),第三者称为利润。这三者在商品社会中都有数据可以计算,是客观存在的。而同样生产成本的房地产,房型的结构、外立面的色彩、不同的层次等都会在不同的消费者中产生不同的评价,其原因主要是使用功能和美学功能不同以及主观及心理因素影响,但这些量化计算难度较大。

马克思曾说:"必须牢牢记住,那些本身没有任何价值,即不是劳动产品的东西(如土地),或者至少不能由劳动再生产的东西(如古董、某些名家的艺术品等)的价格,可以由一系列非常偶然的情况来决定。"因此,单靠劳动价值论不能解释一切,还必须以其他三种理论为补充。

如许多房地产的价格差别主要在于其使用中的收益差异,如许多商业、办公用物业,与周围的其他建筑物建造成本相同,但收益大相径庭,价格也就大不相同;在房地产拍卖或招标时,供求会使价格大大偏离其价值;在其他理论不能很好解释的场合,效用较合理往往能提供一种理论的解释。

由此可见,收益、供求、效用理论是房地产价格形成的不可忽视的重要理论依据,对这些因素的具体分析与适当评价应该在房地产估价过程中占据不少的分量。正如恩格斯在《论住宅问题》中谈到"地产"买卖时指出:"首先要计算的是整个房屋或房屋一部分的建造和维修费用;其次是依房屋位置好坏程度而定的地价;最后决定问题的是当时的供求状况。"

2.1.4 房地产的供求与价格

房地产市场的波动,房地产价格水平及其变动,从经济学上来讲,是由房地产的供给和需求这两种相反的力量共同作用的结果,其中,待租售的房地产形成了市场的供给面,房地产的消费者(购买者、承租人)形成了市场的需求面。其他一切因素对房地产价格的影响,要么是通过影响房地产的供给,要么是通过影响房地产的需求,要么是通过同时影响房地产的供给和需求来实现的。从这种意义上讲,如果你想知道某个政策或事件将如何影响房地产价格,你应当先考虑它将如何影响房地产的供给和需求。因此,认识房地产的供给、需求及其与房地产价格之间的关系,对于房地产估价来说是十分重要的。

1) 房地产需求

(1) 房地产需求的概念

房地产需求是指消费者在某一特定的时间内,在每一价格水平下,对某种房地产所愿意而且能够购买的数量。形成需求有两个条件:一是消费者愿意购买,二是消费者有能力购买。仅有第一个条件,只能被看成是需要或欲望;仅有第二个条件,不能使购买行为发生。因此,需求是既有购买欲望又有支付能力的有效需求。

(2) 决定房地产需求量的因素

某种房地产的需求量是由许多因素决定的,除了随机因素,经常起作用的因素有:该种房地产的价格水平、消费者的收入水平、消费者的偏好、相关物品的价格水平、消费者对未来的预期。它们对房地产需求量的影响如下:

① 该种房地产的价格水平

一般来说,某种房地产的价格如果上升了,对其需求就会减少;如果下降了,对其需求就会增加。其他商品的需求量与价格的关系一般也如此。由于需求量与价格负相关的这种关系非常普遍,经济学家称之为需求规律。需求规律的例外是炫耀性物品和吉芬物品。炫耀性物品是用以显示人们的身份和社会地位的物品。由于这种物品只有在高价位时才能起到炫耀作用,所以,其需求量与价格成同方向变化。吉芬物品是指某种生活必需品,在某种特定的条件下,消费者对这种商品的需求与其价格成同方向变化。19世纪英国人吉芬发现,在1845年爱尔兰大灾荒时,马铃薯价格上升,但人们对马铃薯的需求却不断增加,这一现象在当时被称为"吉芬难题"。这类特殊物品以后也因此被称为吉芬物品。

② 消费者的收入水平

由于消费者对商品的需求是有支付能力的需要,因此,需求量的大小还取决于消费者的收入水平。对于正常商品来说,当消费者的收入增加时,就会增加对商品的需求;相反,就会减少对商品的需求。但对于低档商品来说,当消费者的收入增加时,反倒会减少对商品的需求。

③ 消费者的偏好

消费者对商品的需求产生于消费者的需要或欲望,而消费者对不同商品的欲望又有强弱缓急之分,从而形成消费者的偏好。当消费者对某种房地产的偏好程度增强时,该种房地产的需求就会增加;相反,需求就会减少,例如,如果城市居民出现了向郊区迁移的趋势,则对城市公寓住房的需求将会减少,而对郊区住宅的需求将会增加。

④ 相关物品的价格水平

当一种房地产自身的价格保持不变,而与它相关的物品的价格发生变化时,该种房地产的需求也会发生变化。与某种房地产相关的物品,是指该种房地产的替代品和互补品。某种房地产的替代品,是指能满足类似需要、可替代它的其他房地产,如经济适用住房与普通商品住宅之间、宾馆与写字楼之间就存在着一定的替代关系。在替代品之间,一种房地产的价格上升,另一种房地产的价格如果不变,则对另一种房地产的需求就会增加。某种房地产的互补品,是指与它相互配合的其他房地产或物品,如住宅与其配套的商业、娱乐房地产,大城市郊区的住宅与高速公路收费。在互补品之间,对一种物品的消费如果多了,则对另一种物品的消费也会多起来。因此,一种房地产的互补品的价格低时,对该种房地产的需求就会增加。例如,大城市郊区的住宅,当降低或取消连接它与市区的高速公路收费时,对其需求就会增加。

⑤ 消费者对未来的预期

消费者的行为不仅受许多现实因素的影响,还受其对未来的预期的影响。例如,现时消费者的需求不仅取决于其现在的收入和房地产目前的价格水平,还取决于消费者对未来收入和房地产未来价格的预期。当消费者预期未来的收入会增加时,就会增加现期需求;相反,就会减少现期需求。当消费者预期房地产价格未来会上升时,就会增加对房地产的现期需求;相反,就可能持币待购,减少对房地产的现期需求。

由上可知,当一种房地产的价格低时,当消费者的收入高时,当消费者对该种房地产的偏好程度增强时,当该种房地产的替代品价格高或互补品价格低时,当消费者预期未来的收入会增加或该种房地产的价格未来会上升时,消费者对该种房地产的当前需求通常更多;反之,消费者对该种房地产的当前需求通常更少。

(3) 房地产的需求曲线

房地产的需求曲线表示房地产的需求量与其价格之间的关系——某种房地产的需求量如何随着该种房地产价格的变动而变动。在图 2-2(a) 中,根据习惯,以纵坐标轴表示某种房地产的价格(P),横坐标轴表示该种房地产的需求量(Q),由于在价格较高时需求量减少,在价格较低时需求量增加,则我们得到的是一条向右下方倾斜的需求曲线(D)。如果考虑影响房地产需求量的非该种房地产价格水平因素,则需求量不再是沿着需求曲线变动,而是整个需求曲线发生位移。例如,消费者的收入水平、偏好、对未来的预期和相关物品价格水平的变化,会改变消费者在给定价格水平下对房地产的需求量。如果在每一价格水平下需求量都增加了,需求曲线就会向右位移;反之,需求曲线就会向左位移。如图 2-2(b),以 D_0 为基础,如果消费者的收入水平提高,由于在相同的价格水平下需求量增加,整个需求曲线将由 D_0 向右位移到 D_1;如果消费者的收入水平下降,由于在相同的价格水平下需求量减少,整个需求曲线将由 D_0 向左位移到 D_2。

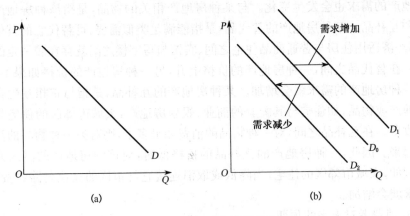

图 2-2 一般房地产的需求曲线

2) 房地产供给

(1) 房地产供给的概念

房地产供给是指房地产开发商和拥有者(卖者)在某一特定的时间内,在某一价格水平下,对某种房地产所愿意而且能够提供出售的数量。形成供给有两个条件:一是房地产开发商或拥有者愿意供给,二是房地产开发商或拥有者有能力供给。如果房地产开发商或拥有者对某种房地产虽然有提供出售的愿望,但没有提供出售的能力,则不能形成有效供给,也就不能算做供给。

在现实中,某种房地产在未来某一时间的供给量为:

$$供给量 = 存量 - 拆毁量 - 转换为其他种类地产量 +$$
$$其他种类房地产转换为该种房地产产量 + 新开发量$$

(2) 决定房地产供给量的因素

某种房地产的供给量是由许多因素决定的,除了随机因素,经常起作用的因素有:该种房地产的价格水平、该种房地产的开发成本、该种房地产的开发技术水平、房地产开发商对未来的预期。它们对房地产供给量的影响分别如下:

① 该种房地产的价格水平

一般来说,某种房地产的价格越高,开发该种房地产就越有利可图,房地产开发商愿意开发的数量就会越多;相反,房地产开发商愿意开发的数量就会越少。供给量与价格正相关的这种关系,被称为供给规律。

② 该种房地产的开发成本

在某种房地产的价格不变的情况下,当其开发成本上升,如土地、建筑材料、建筑设备、建筑人工等投入中的一种或几种价格上涨时,房地产开发就不太有利,从而会使该种房地产的供给减少;相反,会使该种房地产的供给增加。

③ 该种房地产的开发技术水平

在一般情况下,开发技术水平的提高可以降低开发成本,增加开发利润,房地产开发商就会开发更多的房地产。

④ 房地产开发商对未来的预期

如果房地产开发商对未来的预期看好,例如,房地产开发商预期房地产价格未来会上升,则在制订投资开发计划时会增加开发量,从而会使未来的供给增加,同时会把现在开发的房地产留着不卖,待价而沽,从而会减少房地产的现期供给;如果房地产开发商对未来的预期是悲观的,其结果会相反。

由上可知,当一种房地产的价格高时,当该种房地产的开发成本低或开发技术水平提高时,当房地产开发商预期该种房地产的价格未来会下降时,该种房地产的当前供给通常更多;反之,该种房地产的当前供给通常更少。

(3) 房地产的供给曲线

房地产的供给曲线表示房地产的供给量与其价格之间的关系——某种房地产的供给量如何随着该种房地产价格的变动而变动。在图2-3(a)中,根据习惯,以纵坐标轴表示某种房地产的价格(P),横坐标轴表示该种房地产的供给量(Q),由于在价格较低时供给量减少,在价格较高时供给量增加,则我们得到的是一条向右上方倾斜的供给曲线(S)。如果考虑影响供给量的非该种房地产价格水平因素,则供给量不再是沿着供给曲线变动,而是整个供给曲线发生位移。如图2-3(b),以S_0为基础,如果房地产的开发成本上升,整个供给曲线将由S_0向左位移到S_1;如果房地产的开发成本下降,整个供给曲线将由S_0向右位移到S_2。在房地产开发成本下降导致整个供给曲线向右位移的情况下,每一价格水平都有更多的供给量,或者说,对每一数量水平,房地产开发商都愿意接受较低的价格。

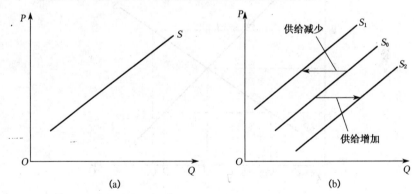

图 2-3 一般房地产的供给曲线

3) 房地产均衡价格

在其他条件不变的情况下,需求曲线上的每一个点都是消费者愿意而且能够接受的房地产价格与数量的组合,供给曲线上的每一个点都是房地产开发商或拥有者愿意而且能够提供的房地产数量与价格的组合。由于市场交易是自愿交易,或交易双方一致同意的交易,因此,市场交易价格和数量,必须是供求双方都愿意而且能够接受的价格和数量。图2-4是把图2-2(a)中的需求曲线和图2-3(a)中的供给曲线结合在一起所形成的。E点是需求曲线与供给曲线的交点,它同时处于需求曲线和供给曲线上。因此,E点是供求均衡点,其所对应的价格和数量是消费者和房地产开发商或拥有者都愿意接受的价格和数量的组合。其中,E点所对应的价格 P_e 被称为均衡价格,所对应的数量 Q_e 被称为均衡数量。

由上可见,房地产的均衡价格是房地产的市场需求曲线与市场供给曲线相交时的价格,也就是房地产的市场需求量与市场供给量相等时的价格。当市场价格偏离均衡价格时,会出现需求量与供给量不相等的非均衡状态。一般来说,在市场力量作用下,这种供求不相等的非均衡状态会逐渐消失,偏离的市场价格会自动地回复到均衡价格水平。如图2-4中,当价格上涨到 P_2 时,供给量将由 Q_e 增加到 Q_4,而需求量将由 Q_e 减少到 Q_2,供给大于需求,出现过剩,过剩数量为 (Q_4-Q_2)。由于供大于求,卖者之间竞争的市场压力将迫使价格下降。只要价格高于 P_e,这种降价的压力就会一直存在。同理,当价格下降到 P_1 时,需求量将由 Q_e 增加到 Q_3,而供给量将由 Q_e 减少到 Q_1,需求大于供给,出现短缺,短缺数量为 (Q_3-Q_1)。由于供不应求,买者之间竞争的市场压力将迫使价格上升。只要价格低于 P_e,这种涨价的压力就会一直存在。

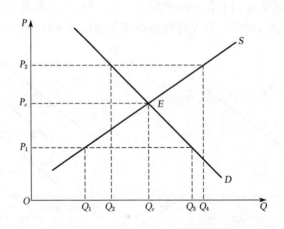

图 2-4 房地产均衡价格及其形成

均衡价格理论是价格原理的核心内容,它表明:均衡是市场价格运行的必然趋势。如果市场价格由于某种因素或者某些因素的影响而脱离了均衡价格,则必然会出现过剩或短缺,导致卖者之间或买者之间的竞争,形成价格下降或上升的压力和趋势,并最终趋向于均衡价格。

总的来讲,房地产的价格与其需求正相关,与其供给负相关:供给一定,需求增加,则价格上升,需求减少,则价格下降;需求一定,供给增加,则价格下降,供给减少,则价格上升。如果需求和供给同时发生变化,均衡价格和均衡交易量也会发生变化。需求和供给的同时变化,有同方向变化(需求和供给均增加或均减少)和反方向变化(需求增加而供给减少,或需求减少而供给增加)、变动幅度不同(需求的增减大于或小于供给的增减)等情况,因而存在着多种变化组合,它们对均衡价格和均衡交易量的影响归纳为表 2-1 所示。

表 2-1 供求变化对均衡价格和均衡交易量的影响

变化方向	变动幅度	均衡价格	均衡交易量
同方向变化	供给增加=需求增加	不变	增加
	供给减少=需求减少	不变	减少
	供给增加>需求增加	下降	增加
	供给减少<需求减少	下降	减少
	供给增加<需求增加	上升	增加
	供给减少>需求减少	上升	减少
反方向变化	供给增加=需求减少	下降	不变
	供给减少=需求增加	上升	不变
	供给增加>需求减少	下降	增加
	供给减少<需求增加	上升	增加
	供给增加<需求减少	下降	减少
	供给减少>需求增加	上升	减少

4) 房地产供求关系

当两个经济变量之间存在函数关系时,作为自变量的经济变量的变化必然会引起作为因变量的经济变量的变化。弹性是对作为因变量的经济变量的相对变化对于作为自变量的经济变量的相对变化的反应程度(或敏感程度)的一种度量。具体地说,它告诉人们作为自变量的经济变量发生 1% 的变化,将会引起的作为因变量的经济变量的百分比变化,即

$$弹性 = \frac{作为因变量的经济变量的相对变化}{作为自变量的经济变化量的相对变化}$$

(1) 房地产需求弹性

房地产需求弹性主要有需求的价格弹性、需求的收入弹性、需求的人口弹性、需求的交叉价格弹性和需求的价格预期弹性。

① 房地产需求的价格弹性，通常简称为房地产需求弹性，用来表示在一定时期内一种房地产需求量的相对变化对于该种房地产自身价格的相对变化的反应程度。它是房地产需求量变化的百分比与其价格变化的百分比之比，即

$$房地产需求的价格弹性 = \frac{房地产需求量变化的百分比}{房地产价格变化的百分比}$$

由于房地产的需求量与其价格一般按照反方向变化，即房地产价格上升时，房地产需求量会减少，因此，房地产需求的价格弹性通常是负数。但为了方便起见，一般用正数来衡量需求的价格弹性。

需求曲线上价格从 P_1 下降到 P_2，需求量从 Q_1 增加到 Q_2；或者价格从 P_2 上升到 P_1，需求量从 Q_2 减少到 Q_1。此时计算价格变化的百分比有 $-(P_2-P_1)/P_1 \times 100\%$ 和 $(P_1-P_2)/P_2 \times 100\%$ 两种，计算需求量变化的百分比有 $(Q_2-Q_1)/Q_1 \times 100\%$ 和 $-(Q_1-Q_2)/Q_2 \times 100\%$ 两种。这两种方法计算出的需求的价格弹性不同，而没有哪一种可以说是全对或是全错。因此，一个通用的计算规则是既不根据较低的也不根据较高的数字来计算变化的百分比，而是使用两者的平均数。这种计算方法称为"中点法"。用"中点法"计算需求的价格弹性 E_D 的公式为：

$$E_D = \frac{\frac{Q_2-Q_1}{(Q_1+Q_2)/2}}{\frac{-(P_2-P_1)}{(P_1+P_2)/2}}$$

② 房地产需求的收入弹性，是建立在房地产的需求量变化与消费者的收入量变化之间关系上的一个弹性概念，用来表示消费者对某种房地产需求量的相对变化对于消费者收入量的相对变化的反应程度。它是房地产需求量变化的百分比与消费者收入量变化的百分比之比，即

$$房地产需求的收入弹性 = \frac{房地产需求量变化的百分比}{消费者收入量变化的百分比}$$

③ 房地产需求的人口弹性，是建立在房地产的需求量变化与人口数量变化之间关系上的一个弹性概念，用来表示房地产需求量的相对变化对于人口数量的相对变化的反应程度。它是房地产需求量变化的百分比与人口数量变化的百分比之比，即

$$房地产需求的人口弹性 = \frac{房地产需求量变化的百分比}{人口数量变化的百分比}$$

④ 房地产需求的交叉价格弹性，是指某种房地产因另一种房地产或商品价格变化1%所引起的其需求量的百分比变化，即

$$房地产需求的交叉价格弹性 = \frac{一种房地产需求量变化的百分比}{另一种房地产或商品价格变化的百分比}$$

对一种房地产的需求也会受到其他房地产价格或其他商品价格的影响,例如,该种房地产的替代品或互补品的价格变化会影响到对该种房地产的需求。

⑤ 房地产需求的价格预期弹性,是房地产需求量变化的百分比与预期的其未来价格变化的百分比之比,即

$$房地产需求的价格预期弹性 = \frac{房地产需求量变化的百分比}{预期房地产未来价格变化的百分比}$$

(2) 房地产供给弹性

房地产供给弹性主要有供给的价格弹性和供给的要素成本弹性。

① 房地产供给的价格弹性,通常简称为房地产供给弹性,用来表示在一定时期内一种房地产供给量的相对变化对于该种房地产价格的相对变化的反应程度。它是房地产供给量变化的百分比与其价格变化的百分比之比,即

$$房地产供给的价格弹性 = \frac{房地产供给量变化的百分比}{房地产价格变化的百分比}$$

与房地产需求的价格弹性不同,房地产供给的价格弹性为正数,这是因为供给量与价格一般按照同方向变化。

② 房地产供给的要素成本弹性,是房地产供给对其要素价格(如土地价格、建筑材料价格、建筑设备价格、建筑人工费等)变化的反应,用来表示房地产供给量的相对变化对于要素价格的相对变化的反应程度。它是房地产供给量变化的百分比与要素价格变化的百分比之比,即

$$房地产供给的要素成本弹性 = \frac{房地产供给量变化的百分比}{要素价格变化的百分比}$$

(3) 弹性数值的类型

弹性较大,说明一个经济变量对于另一个经济变量的变化是较敏感的;弹性较小,说明一个经济变量对于另一个经济变量的变化是较不敏感的。例如,需求的价格弹性如果较大,则说明需求对于价格的变化是较敏感的;需求的价格弹性如果较小,则说明需求对于价格的变化是较不敏感的。经济学上将弹性数值分为如下5种类型:①弹性大于1的情况,称为富有弹性;②弹性小于1的情况,称为缺乏弹性;③弹性等于1的情况,称为单一弹性;④弹性为无穷大的情况,称为完全弹性;⑤弹性等于零的情况,称为完全无弹性。

需求的价格弹性的5种类型见图2-5。图2-5(a)是需求富有价格弹性的情况,需求曲线表现为一条斜率的绝对值较小的曲线。图2-5(b)是需求缺乏价格弹性的情况,需求曲线表现为一条斜率的绝对值较大的曲线。图2-5(c)的是需求单

一价格弹性的情况,需求曲线表现为一条直角双曲线。图 2-5(d)是需求完全价格弹性的情况,价格的任何微小变化都会导致需求量的极大变化,需求曲线是一条与横坐标轴平行的直线。图 2-5(e)是需求完全无价格弹性的情况,不管价格如何变化,需求量都将保持不变,需求曲线是一条与纵坐标轴平行的直线。

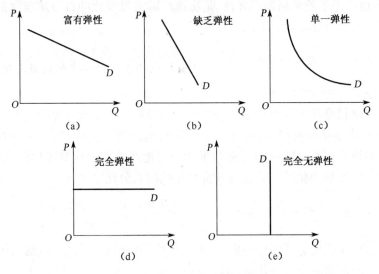

图 2-5 需求的价格弹性的类型

一种房地产的需求价格弹性取决于该种房地产有多少种替代品。在有较相似的替代品存在时,价格的上涨会使消费者减少对该种房地产的购买,而转向购买更多的替代品,这时需求的价格弹性较大;如果没有较相似的替代品,需求往往就缺乏价格弹性。

供给的价格弹性的 5 种类型见图 2-6。图 2-6(a)是供给富有价格弹性的情况,供给曲线与纵坐标轴相交。图 2-6(b)是供给缺乏价格弹性的情况,供给曲线与横坐标轴相交。图 2-6(c)是供给单一价格弹性的情况,供给曲线与原点相交。图 2-6(d)是供给完全价格弹性的情况,价格的任何微小变化都会导致供给量的极大变化,供给曲线是一条与横坐标轴平行的直线。图 2-6(e)是供给完全无价格弹性的情况,价格的任何变化都不会导致供给量的变化,供给量为一常量,供给曲线是一条与纵坐标轴平行的直线。

房地产供给通常是缺乏价格弹性的,特别是像海滩之类的土地,因为几乎不可能生产出这种土地。

在影响房地产供给的价格弹性中,时间是一个很重要的因素。由于房地产的开发周期较长,当房地产价格发生变化时,房地产开发商对开发量的调整需要一定的时间。在较短的时间内,房地产开发商要根据房地产的涨价及时增加开发量,或

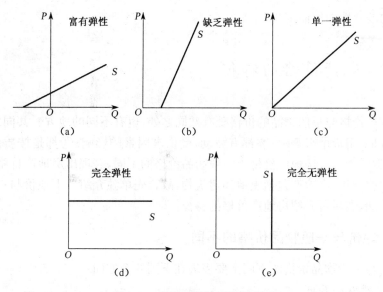

图 2-6 供给的价格弹性的类型

者根据房地产的降价及时地缩减开发量,都存在着程度不同的困难,所以,房地产供给的价格弹性是比较小的。但在长期内,开发规模的扩大、缩小甚至转产都是可以实现的,供给量可以对最初的价格变动作出较充分的反应,另一方面,随着供给量的变化,期末的价格也会朝相反的方向相应的变化,因此,供给的价格弹性也就比较大了。租房也是这样,在较短的时间内,由于出租单元的数量是固定的,需求的增加只会使租金提高,因此,供给的价格弹性是比较小的;但在较长的时间内,并且在租金缺乏管制的情况下,较高的租金会刺激人们改造现有的房屋和建造新的房屋,于是供给量就增加了,租金相应的会有所降低,供给的价格弹性也就比较大了。

另外,就开发周期长短不同的房地产来看,在一定时期内,对于开发周期较短的房地产,房地产开发商可以根据市场价格的变化较及时地调整开发量,供给的价格弹性相应的就比较大;反之,开发周期较长的房地产,供给的价格弹性相应的就比较小。

5) 房地产供求与价格之间关系的特殊性

在理论上可以将房地产的供求状况分为 4 种类型:①全国房地产总的供求状况;②本地区房地产的供求状况;③全国本类房地产的供求状况;④本地区本类房地产的供求状况。

与其他可移动的商品不同,房地产由于不可移动及变更用途困难,决定某一房地产价格水平高低的供求状况,主要是本地区本类房地产的供求状况。至于其他类型的房地产供求状况对该房地产的价格有无影响及其影响的程度,要视这些供求状况的波及性如何而定。

2.2 房地产价格的特征

房地产价格与一般物品的价格既有共同之处,也有不同的地方。共同之处是:①都是价格,用货币来表示;②都有波动,受供求因素的影响;③都是按质论价:优质高价,劣质低价。房地产价格与一般物品价格的不同,表现出房地产价格的独特之处。如前所述,房地产包括土地和建筑物,故首先单独介绍一下地价与一般物品价格的不同,然后再介绍房地产价格的特征。

2.2.1 地价与一般物品价格的不同

地价与一般物品价格的不同主要表现在下列 6 个方面:

1) 生产成本不同

一般物品是劳动的产物,而土地本质上不是劳动创造的,是大自然的恩赐,所以,一般物品的价格必然含有生产成本因素,而地价不一定含有生产成本因素。例如,一块位置和自然风光较好、适宜建造别墅的未开发土地,价格可能很高,但此之前可能并未投入劳动。从更深的角度考察,一般物品的价格是"劳动价值"的货币表现,围绕着"劳动价值"而上下波动;地价本质上不是"劳动价值"的货币表现,是地租的资本化,即地价=地租÷利息率。

2) 折旧不同

一般物品的寿命有限,可以大量重复生产,其价值通常随着时间的流逝而降低,因此有折旧。而土地具有不可毁灭性,不能再生产,其价格通常随着时间的流逝而上升,不仅无折旧,而且会自然增值。但中国有期限的出让土地使用权是一个特例,在这种情况下土地应计提折旧。因为这种土地使用权的剩余使用年限随着时间的流逝而越来越短,最终会被国家无偿收回,因此,购地者必须在土地使用年限内将包括购地资本在内的所有投入收回。而如果是无期限的土地所有权,就无需计提折旧。因为在土地所有权交易下,新的土地所有权人不存在购地资本逐渐回收的问题。不考虑购地资本逐渐回收的原因很简单,因为购地者可以永续拥有土地,即购地资本在拥有土地期间总是以土地实物形式存在,他可以根据需要随时将其转化为货币资本而收回,还可能获得一定的增值收益。

3) 价格差异不同

一般物品,如电视机、汽车,人们可以大量制造,同一品牌、同一型号的很多,故其价格较一致。土地由于具有独一无二性,所以基本上是一宗土地一个价格,而且不同的土地之间价格差异较大,有的寸土寸金(如大城市商业中心的土地),有的可能一文不值（如偏远的荒漠土地）。

4）市场性质不同

一般物品的市场为较完全市场，形成的价格较客观，而土地市场为不完全竞争型市场，形成的地价受主观因素的影响较大。马克思曾说过："必须牢牢记住，那些本身没有任何价值，即不是劳动产品的东西（如土地），或者至少不能由劳动再生产的东西（如古董，某些名家的艺术品等）的价格，可以由一系列非常偶然的情况来决定。"

5）价格形成时间不同

一般物品由于相同的很多，易于比较，为较完全市场，且价值不很大，因此，价格形成的时间通常较短。土地由于具有独一无二的特性，不易于比较，为不完全竞争型市场，而且价值量大，其交易一般需要经过长期考虑后才能达成。因此，地价形成的时间通常较长。

6）供求变化不同

地价与一般物品的价格虽然都受供求变化的影响，但由于土地的数量难以增加或减少，且不可移动，其供给弹性较小。所以，地价多受需求的影响，并且对土地的需求是一种"引致"需求，即由对土地上的产品和服务的需求而引起的需求。从全社会的角度来看，土地的自然供给是完全无弹性的，不会随着地价的变化而增减。但对于某种特定的用途的土地来说，土地的供给是有弹性的。因为土地往往可以在不同用途之间进行选择，从而一种用途可以挤占其他用途的土地。例如，商业可以挤占居住用地，住宅可以挤占工业用地，工业可以挤占农业用地。

2.2.2 房地产价格的特征

1）房地产价格受区位的影响很大

这个特征显而易见，不再论述。

2）房地产价格实质上是房地产权益的价格

房地产由于不可移动，在交易中可以转移的不是其实物，而是其所有权、使用权或其他权益。实物状况相同的房地产，权益状况可能千差万别，甚至实物状况好的，由于权益过小，如土地使用年限很短或产权不明或权属有争议，而价格较低；相反，实物状况差的，由于权益较大，如产权清晰、完全，价格可能较高。所以，从这种意义上讲，房地产价格是房地产权益的价格。故房地产估价与对房地产权益的调查、了解和分析有密切关系是必然的。当然，在估价中也不可忽视房地产的实物完好状况对其价值的影响。

3）房地产价格实体具有双重性

房地产是以土地和固着于土地之上的房屋设施为主要物质形态的财产及其权属关系。这一概念指出了房地产商品的物质构成，即房地产是房屋设施与土地的有机统一体。这就规定了房地产价格在其内涵上具有双重的实体性质,其中一部分来源于开发和房屋建筑安装劳动所形成的价值;另一部分则来源于土地使用权价格(从经济意义上说,它是地租的资本化,是土地所有权在经济上的实现)。房地产价格的这一特征是房地产价格的本质特征。

4) 房地产价格既有交换代价的价格,又有使用代价的租金

房地产由于价值量大、寿命长久,出现了买卖和租赁两种交易方式,两个市场并存。有些类型的房地产,如公寓、写字楼、旅馆,租赁甚至是主流。所以,房地产同时有两个价格:一是其本身有一个价格,经济学上称之为源泉价格,即这里的交换代价的价格(简称价格);另一个是使用它一定时间的价格,经济学上称之为服务价格,即这里的使用代价的租金(简称租金)。一般物品,如家具、服装,主要是买卖价格,很少有租赁价格。

房地产的价格与租金的关系,就像本金与利息的关系。如果需要求取价格(相当于本金),只要把握租金(相当于利息)与资本化率或报酬率(相当于利息率,通常简称利率),将租金资本化即可;相反,如果需要求取租金,只要把握价格和资本化率,也可求得。具体的求取方法是收益法。此方法将在本书第七章详细介绍。

5) 房地产价格是在长期考虑下形成的

因为房地产的价值量大,人们对其交易一般是谨慎的,并且由于房地产具有独一无二的特性,对影响其价格的产权、质量、功能、环境、物业管理等方面的情况在短时间内不易了解,因此,房地产的交易价格很难在短期内达成。另外,一宗房地产通常与其周围的房地产构成某一特定的地区,而该地区并非固定不变,尤其是社会经济位置经常在变化,所以,房地产价格也是在考虑该房地产过去如何使用,预计将来可以做何种使用,总结这些考虑结果后才形成房地产现在的价格。

6) 房地产价格具有计划性

在社会主义市场经济条件下,房地产价格的计划性主要表现在政府对房地产价格的管理和调控上。目前,国家对房地产价格的管理,一般采取三种形式。

(1) 实行国家定价与国家指导价、市场调节价相结合

这是按照房地产商品的普及程度、供求状况和社会承受能力对房地产商品分别实行的三种价格。

① 实行国家定价的范围是:国家建设用地的土地补偿费;国家建设征用土地的安置补助费;被拆迁房屋的拆迁补偿费;私房落实政策作价费;原享受国家或单位补贴的商品住宅的买卖;联建公助、民建公助、住宅合作社的房产;公有旧住宅出售及其出售后的交易;其他享受优惠待遇的房屋;拆迁房屋实行拆一还一,交换房屋产权,按成本价进行调产的房屋;私有房屋继承、分家析产、赠与。

② 实行国家指导价的范围是:单位购买私有房屋;商品住宅;私房租赁价格。

③ 实行市场调节价的范围是:私人购买私有房屋;侨汇房;非居住的商品房;

土地使用权有偿出让;在土地使用权有偿转让地块上所建造的房屋;通过市场租赁的工商业用房。通过实行国家定价、国家指导价和市场调节价的管理形式,有利于搞活房地产经济,稳定价格,满足不同层次的需求。

（2）实行价格审批制度

这是房地产出租、出售价格和收费标准,要按国家有关规定,报经当地物价、房管等部门核准。如私房买卖价格须报房屋所在地房管机关同意;租赁合同须经房管机关审核同意等。

（3）实行限价政策

这是房管或物价部门根据市场行情和房地产商品计价原则,对房屋出售和出售价格规定最高限价,防止价格失控。

7) 房地产价格通常是个别形成,容易受交易者的个别因素的影响

一般物品由于品质相同,可以开展样品交易、品名交易,同时存在众多的卖者和买者,其价格形成通常较客观,难以受交易者个别因素的左右。房地产由于不能搬到同一处作比较,具有独一无二的特性,要认识房地产,只有亲自到实地勘察,而且由于房地产价值量大,相似的房地产一般只有少数的几个买者和卖者,有的房地产甚至只有一个买者和一个卖者。所以,房地产价格通常随交易的需要而个别形成,并容易受买卖双方的个别因素(如偏好、讨价还价能力、感情冲动)的影响。

8) 房地产价格与用途相关

房地产价格与其用途相关性极大。一般商品的价格由其生产成本、供给和需求等因素决定,其价格并不因使用状况的不同而产生差别,而房地产价格是其租金的购买价格,租金是由房地产使用者支付租金的能力和意愿决定的。因此,在市场经济条件下,如果一宗房地产用于商业比用于住宅有利,其价格必然取决于商业用途。

9) 房地产价格具有可比性

房地产价格尽管具有与一般商品不同的许多特征,但并不意味着其价格之间没有联系。事实上,可以根据房地产价格的形成规律,对影响房地产价格的因素进行比较,从而比较房地产的价格。

3.2 房地产价格影响因素分析

2.3.1 宏观因素

1) 宏观环境因素

影响房地产价格的宏观环境因素,是指那些对房地产价格有影响的房地产周围的物理性状因素。这方面的因素主要有大气环境、声觉环境、水文环境、视觉环

境和卫生环境。

(1) 大气环境

大气就是空气,是人类赖以生存、片刻也不能缺少的物质。空气质量的好坏,对人体健康十分重要。房地产所处的地区有无难闻气味、有害物质和粉尘等,对房地产价格有很大影响。尤其是化工厂、屠宰场、酱厂、酒厂、厕所等都有可能造成空气污染,因此,凡接近这些地方的房地产价格都会受到一定程度的影响。

(2) 声觉环境

汽车、火车、飞机、工厂、人群(如周围是否有农贸市场)等,都可能形成噪声。对于住宅、旅馆、办公、学校、科研等类房地产来说,噪声大的地方,房地产价格较低;噪音小、安静的地方,房地产价格通常较高。

(3) 水文环境

地下水、沟渠、河流、江湖、海洋等的污染程度如何,对其附近的房地产价格也有很大影响。如靠打水井来解决饮水的地区,地下水的质量或其受到的污染程度,对该地区的房地产价格有很大的影响。

(4) 视觉环境

房地产周围安放的东西是否杂乱,如电线杆、广告牌、标识牌等的竖立状态和设计是否美观,建筑物之间是否协调,公园、绿化等形成的景观是否赏心悦目,都会对房地产价格有影响。

(5) 卫生环境

清洁卫生状况,包括垃圾处理方式、位置等情况,对房地产价格也有影响。

2) 人口因素

人口因素是一个国家或地区的人口状况对房地产价格的影响。一个百万人口的城市与一个十万人口的城市,以及与一个千万人口的城市比较,其房地产供给与需求的量都是有重大区别的,房地产价格也有重大差异。下面主要从人口数量、人口素质和家庭人口构成三个方面,来说明人口因素对房地产价格的影响。

(1) 人口数量

房地产价格与人口数量关系非常密切。当人口数量增加时,通常会增加房地产需求,从而使房地产价格上涨。尤其在人口密度高的大城市,有可能引起房地产价格大幅度上涨。当人口数量减少时,对房地产的需求就会降低,房地产价格也就会下落。

引起人口数量变化的一个重要因素是人口增长,它是在一定时期内由出生、死亡和迁入、迁出等因素的消长,导致的人口数量增加或减少的变动现象。人口增长可分为自然增长和机械增长。人口自然增长是指在一定时期内因出生和死亡因素的消长,导致的人口数量的增加或减少,即出生人数与死亡人数的净差值。人口机械增长是指在一定时期内因迁入和迁出因素的消长,导致的人口数量的增加或减少,即迁入人数与迁出人数的净差值。根据人口增长的绝对数量,人口增长有人口净增长、人口零增长和人口负增长三种情况。

人口数量还可以具体分为常住人口、暂住人口和流动人口,以及日间人口和夜间人口等的数量,来分析它们对不同类型的房地产价格的影响。另外,在人口数量因素中,反映人口数量的相对指标是人口密度。人口密度增加可以刺激商业和服务业等产业的发展,从而使房地产价格上涨;但另一方面,人口密度过高又会导致生活和居住环境恶化,从而降低房地产价格。人口密度对城市商业中心区房地产价格的影响主要是人口流动密集程度(日间密度)的影响,而不是常住人口密度(夜间密度)的影响。

(2) 人口素质

人口素质与人口受教育程度和文化素质有关,一般对住宅价格有较大影响。如果住宅区的居民素质高,则该住宅区往往秩序良好,居住环境优美,安全舒适,公共设施维护保养好,居民文明礼貌,邻里关系和谐。而这些条件能够增加人们对该类住宅区的需求,从而提高该区的住宅价格。如果一个住宅区中居民的素质低、构成复杂、社会秩序欠佳,人们多不愿意在此居住,则该地区的房地产价格必然低落。

(3) 家庭人口构成

家庭人口构成反映家庭结构和家庭成员数量。随着生活方式的改变和城市化影响,传统的三代、四代同堂的大家庭逐渐被以夫妻为中心的小家庭所代替。独身和单亲家庭也逐步出现并增多。家庭结构的小型化,即使人口总数不变,但由于户数增多,也将影响对住宅套数的需求,从而影响对住宅供应总量的需求增加,引起房地产价格上涨。

3) 经济因素

经济因素主要是指经济发展状况、财政与金融状况、储蓄与投资水平、居民收入与消费水平、物价与利率水平、国际经济状况等对房地产价格的影响因素。经济因素对房地产价格的影响更加直接。主要包括以下几点。

(1) 经济发展状况

衡量国家经济发展状况的主要方面包括:社会福利状况、产业结构、资源利用、国民收入状况等。经济发展意味着财政、金融状况景气,经济繁荣,生产和投资活动活跃,就业机会增加,对厂房、办公楼、住宅、商业服务和文娱体育设施等的各种需求也会不断增加,从而引起房地产价格上涨。从一些国家和地区的资料看,房地产价格尤其是土地价格明显受经济周期的影响,并滞后于经济周期,波浪式地变化,说明房地产需求的变动趋势与经济循环趋势一致。

(2) 财政与金融状况

财政与金融状况是国家综合经济实力的反映,对房地产价格的影响极大。衡量财政金融状况的尺度主要有经济发展状况、财政预算执行情况、货币供应量、金融秩序、金融市场的流动性等。一般而言,如果经济稳步增长,财政收支平衡,则货币供应量及金融秩序稳定正常,银行比较宽松,存、贷利率也会下降。因此,能刺激市场购买力和投资欲望,尤其能增加对房地产的需求,从而引起房地产价格正常上涨。在市场经济发达国家,金融市场流动性较高,有多种金融工具和贷款方式可供选择,因而有利于刺激投资和鼓励远期投资和远期消费,活跃房地产市场。但如果金融市场流动性过高,或者通过不正当手段人为地扰乱金融秩序,则极易引发大规模房地产投机,使房地产价格过度上涨,甚至出现泡沫式上扬,这对国民经济长期健康发展极为不利,也不利于房地产市场的正常发育。

（3）储蓄与投资水平、居民收入与消费水平

一般而言,储蓄水平与投资水平是正相关的,即储蓄水平增长,投资水平也相应增长。资本累积依赖于储蓄,而储蓄的多少则由储蓄能力和储蓄意愿所决定。对于消费者来说,储蓄的目的主要是使闲散资金得到保值和增值,或者用于养老、防病、子女教育,或者用于购置高额耐用物品。储蓄取决于消费者的收入水平和消费水平,而储蓄意愿则取决于消费取向和利率水平。另一方面,我国居民的购买力的预测主要参考国民储蓄率,若国民储蓄率高,则表示居民的购买力强,但同时居民还必须有购置房地产的强烈意愿,才会真正对房地产价格产生影响。例如,若买房不如租房,即使居民具有购买能力,他们也不一定愿意购房。储蓄率高的时期往往也是超额储蓄积累期,容易形成房地产价格上涨的潜力。如果通货膨胀率过高,则会导致储蓄率突然降低,大量游离资金会冲击消费市场和房地产市场,引起房地产价格上涨。

（4）物价与利率水平

房地产价格与一般物价的关系非常复杂。一般而言,当物价普遍波动时,表明流通中的货币值在发生波动,即通货膨胀或紧缩,作为物价的一种,房地产价格也会呈现出相同的波动趋势。个别物价的变动对房地产价格的影响较小,但某些物价的变动也可能引起房地产价格的变动,如建材价格等影响房地产开发成本的价格上涨,则可能带动房地产价格上涨。此外,由于房地产的供给受土地供给有限和开发周期较长等限制,同时房地产具有保值性和难以替代等特性,因此房地产价格的上涨幅度往往大于一般物价的上涨幅度,而且房地产价格的变动也往往滞后于一般物价的变动。

利率升降对房地产价格也有着很大的影响。从成本的角度来看,利率升降会增加或降低房地产开发的投资利息,从而使房地产价格上升或下降。从房地产需求的角度来看,由于现在购买房地产(特别是商品住宅)普遍采取贷款方式付款,所以利率升降会减少或增加房地产需求,从而使房地产价格下降或上升。从房地产价值是房地产预期未来收益的现值之和的角度来看,由于房地产价值与折现率负相关,而折现率与利率正相关,所以利率升降会使房地产价格下降或上升。综合来

看,房地产价格与利率负相关:利率上升,房地产价格会下降;利率下降,房地产价格会上升。

(5) 国际经济状况

随着世界经济一体化的不断深入,国家之间的经济联系将更加密切,一个国家的经济状况常常影响到其他国家和地区。因此,国际经济状况如何,对房地产价格有很大影响。如果全球经济发展态势好,国际贸易活跃,往往会刺激国内扩大生产和增加出口,从而增加对房地产的需求;反之,则会抑制人们对房地产的需求,降低房地产价格。

4) 社会因素

影响房地产价格的社会因素,主要有政治安定状况、社会治安状况、房地产投机和城市化。

(1) 政治安定状况

政治安定状况是指有不同政治观点的党派、团体的冲突情况,现行政权的稳固程度等。一般来说,政治不安定则意味着社会可能动荡,这会影响人们投资、置业的信心,从而会造成房地产价格低落。

(2) 社会治安状况

社会治安状况是指偷窃、抢劫、强奸、绑架、杀人等方面的刑事犯罪情况。房地产所处的地区如果经常发生此类犯罪案件,则意味着人们的生命财产缺乏保障,因此会造成该地区房地产价格低落。

(3) 房地产投机

房地产投机是指不是为了使用而是为了再出售(或再购买)而暂时购买(或出售)房地产,利用房地产价格的涨落变化,以期从差价中获利的行为。房地产投机是建立在对未来房地产价格预期的基础上的。

关于房地产投机对房地产价格的影响,普遍认为它会引起房地产价格的上涨。显然房地产投机有许多危害,但这种认识是不够全面的。一般来说,房地产投机对房地产价格的影响可能出现三种情况:①引起房地产价格上涨;②引起房地产价格下跌;③起着稳定房地产价格的作用。至于房地产投机具体会导致怎样的结果,要看当时的多种条件,包括投机者的素质和心理等。

当房地产价格节节上升时,那些预计房地产价格还会进一步上涨的投机者纷纷抢购,哄抬价格,造成一种虚假需求,无疑会促使房地产价格进一步上涨。而当情况相反时,那些预计房地产价格还会进一步下跌的投机者纷纷抛售房地产,则会使房地产价格进一步下跌。另外,当投机者判断失误,或者被过度的热烈(乐观)或恐慌(悲观)的气氛或心理所驱使时,也可能造成房地产价格的剧烈波动。但在某些情况下,房地产投机行为可能起着稳定房地产价格的作用:当房地产价格低落时,怀有日后房地产价格会上涨心理的投机者购置房地产,以待日后房地产价格上涨时抛出。这样就会出现：当房地产需求较小的时候，投机者购置房地产，造成房地产需求增加；而在房地产价格上涨时，投机者抛售房地产，增加房地产供给，从而平抑房地产价格。

(4) 城市化

城市化又称城镇化、都市化，是指人类生产和生活方式由乡村型向城市型转化的历史过程，表现为乡村人口向城市人口转化以及城市不断发展和完善的过程。城市化的具体内涵包括4个方面：①依附于农村土地的农业劳动力越来越多地向城镇非农产业转移；②分散的农村人口逐步向各种类型的城镇地域空间集聚；③城镇建设促进城镇物质环境的改善和城镇景观地域的拓展或更新；④城市文明与城市生活方式的传播和扩散。城市化是18世纪产业革命以后社会经济发展的世界性现象，世界各国先后开始从以农业为主的乡村社会，转向以工业和服务业为主的现代城市社会。城市化是一个必然过程，衡量城市化水平应当包括数量和质量两大方面，但至今尚无公认的能全面反映城市化水平的复合指标和测度方法，因此一般采用城镇人口占总人口比重这一单一指标来测度城市化水平，这一指标又被称为城市化率。一般来说，城市化意味着人口向城市地区集中，造成对城市房地产的需求不断增加，从而会带动房地产价格上涨。

5) 行政因素

行政因素是指国家政策、法律、法规和行政法令对房地产市场和房地产价格的影响和干预。国家有关房地产政策的颁布和实施将对房地产市场及房地产价格产生重大影响。主要包括：

(1) 土地制度

土地制度主要包括土地所有制和土地使用制度。改革开放以来，我国城市土地实行有偿使用制度，国有土地所有权与使用权分离，土地使用权作为特殊商品进入流通领域，从而形成了为获得土地使用权而支付的地价。我们的不动产转让，并不涉及土地所有权，只是涉及土地使用权的转移，国家有关制度对土地使用权的规定，是确定该项权利交换价值的依据，因而直接影响到我国的不动产价格。在我国农村，集体所有的土地一般不允许进入市场，国家通过征用方式实现土地所有权的转移，这种强制性的单向流转方式并非市场行为。然而，由于"公共利益的需要"难以界定，容易刺激地方政府为了自身利益侵占农民集体利益，同时也难以对城市建设用地供给实现有效控制，因此也会影响城市房地产价格。

(2) 住房制度

住房制度主要指住房供给、分配及相应的配套制度。在市场经济发达国家，住房由开发商或业主供给，居民在市场上购买或租用房屋，政府则对低收入家庭实行税收减免、低息贷款或货币补贴等政策。如美国一些州对低收入家庭租房所给予的货币补贴，是市场租金与该家庭收入水平所对应的由自己支付租金的差额。其特点是,这一货币补贴并不直接支付给低收入家庭,而是支付给住房所有者。因此,虽然低收入家庭只支付政府规定的低额租金,但并不影响住房的市场价格或租金水平。我国在改革开放前,长期实行低租金住房福利分配制度,其结果是租金不能养房,住房供给短缺。而改革住房制度,推行住宅商品化和社会化,才会使住宅价格和租金反映市场的供求变化。

(3) 税收政策

有关房地产的不同税种、税率及其征收环节,对房地产价格的影响是不同的。可将有关房地产的税收部分分为房地产开发环节、房地产交易环节和房地产保有环节。另外,考察房地产税收政策对房地产价格的影响,应当注意课税的转嫁问题。如果某种对房地产的税收可以通过某种途径部分或全部转嫁出去,那么它对房地产价格的影响就小,甚至不起作用。

增加房地产开发环节的税收,会增加房地产开发建设成本,从而会推动房地产价格上升;相反,会使房地产价格下降。

在房地产交易环节,增加买方的税收,如提高契税税率,会抑制房地产需求,从而会使房地产价格下降;而增加卖方的税收,如收取土地增值税,会使房地产价格上升。

直接或间接地对保有房地产课税(如城镇土地使用税、房产税或城市房地产税),实际上是减少了利用房地产的收益(这从收益法中净收益的求取可以看出),因而会导致房地产价格低落;相反,降低甚至取消对保有房地产课税,会导致房地产价格上升。

(4) 房地产价格政策

房地产价格政策是指政府对房地产价格高低的态度以及采取的干预方式、措施等。政府对房地产价格干预的方式,可能是直接制定价格,也可能是通过其他一些措施或手段来调节价格。

房地产价格政策抽象来看可以分为两类:一类是高价格政策;一类是低价格政策。所谓高价格政策,一般是指政府对房地产价格放任不管,或者有意通过某些措施来抬高房地产价格;低价格政策,一般是指政府采取种种措施来抑制房地产价格上涨。因此,高价格政策促进房地产价格上涨,低价格政策造成房地产价格下落。当然,高价格政策也不意味着造成房地产价格的绝对水平很高。

抑制房地产价格的措施是多种多样的,它们影响房地产价格下降的速度和幅度不尽相同。抑制房地产价格的措施主要有:①制定最高限价,规定房地产交易时不得突破此价格;②制定标准价格,作为房地产交易时的参考;③政府在房地产价格高涨时抛出一定量的房地产,特别是通过土地供应,以增加房地产的供给,从而平抑房地产价格;④征收房地产交易税或增值税;⑤建立一套房地产交易管理制度等。

(5) 城市规划

城市规划是指为了实现一定时期内城市的经济社会发展目标,确定城市性质、规模和发展方向,合理利用城市土地和空间资源,协调城市各项用地和空间布局以及对城市各项建设活动的综合部署、具体安排和实施管理。城市规划对房地产价格有很大影响,特别是对城市发展方向、土地使用性质(用途)、建筑高度、建筑密度、容积率、绿地率等的规定。就规定用途来看,工业、商业、居住等不同用途对土地条件的要求不同;反过来,在土地条件一定的情况下,规定用途(比如是用于工业、商业还是居住或绿化)对土地价格有着很大的影响。规定用途对土地价格的影响可从两个方面来看:①就某一块土地而言,它会降低地价;②从总体上看,由于有利于土地的健康协调利用,因此有提高地价的作用。但是,如果规定用途不妥,缺乏科学的理论和方法,也会两败俱伤,既降低单块土地的价格,也会降低整片土地的利用率,从而使地价下降。规定用途对地价的影响在城市郊区表现得特别明显,如果城市的发展已使郊区某些农用地很适合于转变为城市建设用地,但如果政府规定只能维持现有的农业用途,则地价必然很低,而如果一旦允许改变用途,则地价会成倍上涨。

(6) 土地利用规划

土地利用规划是依据国民经济和社会发展计划、国土资源和环境保护的要求、土地供给能力以及各项建设对土地的需求,对一定时期内一定行政区范围的土地开发、利用和保护所制定的目标、计划和战略部署。土地利用规划确定区域土地利用结构,为城市发展提供充足的发展空间,促进城市化发展和区域社会经济的发展,并控制新增建设用地的数量。由此可见,土地利用规划影响土地利用结构和土地供给,从而影响房地产价格。

(7) 行政隶属变更

行政隶属变更一般分为两种情况。一是级别上升,如将某个非建制镇改为建制镇,或将县级市升为地级市,省辖市升为直辖市,无疑会扩大城市用地规模和人口规模,加快城市化进程,增加房地产需求,从而使该地区房地产价格上涨;二是级别虽然不变,但辖区权由原地区划归为另一地区。这种划归一般是将原属较落后地区的地方划归另一较发达地区管辖,以利于经济均衡发展,因而会提高被划地方的房地产价格。

6) 国际因素

现代社会,国际交往频繁,某个国家或地区的政治、经济、文化等,常常影响其他国家和地区。国际经济、军事、政治等环境如何,对房地产价格也有影响。影响房地产价格的国际因素主要有世界经济状况、国际竞争状况、政治对立状况和军事冲突状况。

(1) 世界经济状况

世界经济状况,特别是周边国家和地区的经济状况,对房地产价格有很大的影响。如果世界经济发展良好,一般有利于房地产价格上涨。

(2) 国际竞争状况

房地产是不可移动的,不像汽车、小麦等可以移动的商品能在国与国之间进行贸易,开展竞争,从而价格相互影响。所以,这里所说的国际竞争,主要是指国与国之间所吸引外来投资而展开的竞争。当竞争激烈时,为吸引投资者通常会采取低价政策,从而会使房地产价格低落;但如果在其他方面采取优惠政策,吸引了大量外来投资者进入,则对房地产的需求会增加,从而会导致房地产价格上涨。

(3) 政治对立状况

如果国与国之间发生政治对立,则不免会出现经济封锁、冻结贷款、终止往来等,这些一般会导致房地产价格下跌。

(4) 军事冲突状况

一旦发生战争,则战争地区的房地产价格会陡然下落,而那些受到战争威胁或者影响的地区,房地产价格也会有所下降。因为房地产不可移动,一旦发生战争,避难时无法随身携带;如果遇到空袭或其他战争上的破坏,则繁华城市有可能瞬间化为废墟,所以,在遭受战争威胁时,大家争相出售房地产,供多于求,房地产价格势必大幅度下跌。

7) 心理因素

心理因素是影响房地产价格的重要因素。根据微观经济学原理,消费者偏好、消费者消费某种物品所感到的满足程度(即该物品的效用)都与心理因素密切相关,因此,它对物品的需求有很大影响,从而影响该物品的价格。人们急于出售或购买房地产的心理,往往会导致房地产成交价格偏离其正常价格。此外,某些地方讲究风水和门牌号码等的心理因素也会影响到房地产价格。

8) 其他因素

房地产价格的宏观影响因素除了上面列举的七大类之外,还有一些其他因素,如某些重要政治人物的健康与生死状况,有时人们预期其会影响时局,从而会引起房地产价格的涨落。

2.3.2 区域因素

区域因素是指房产所在市场和地区的特性对房地产价格水平的影响因素。相对于宏观因素而言,区域因素的影响范围要小,一般影响到一个城市或城市的一部分,也可能影响到多个城市,尤其是影响到大城市周围的卫星城镇。但区域因素是房地产市场的直接影响因素,在房地产价格评估中,区域因素的分析和把握是房地产正确合理估价的关键。

1) 商服繁华程度

商服繁华程度是指一个城市或地区的商业服务业的集聚程度和对周围环境的

影响程度。商服繁华程度与一个城市的城市性质、规模、人口数量、经济发展水平等直接相关,并影响所在城市或地区的物流、人流和信息流通量,从而影响到所在地区的房地产价格水平。

2) 交通条件

交通条件是指一个城市或地区的交通通达程度与便利状况。交通条件的优劣将直接影响城市人流、物流的通达性及其交通运输成本(包括交通时间),明显影响人们的出行方便程度,从而影响房地产价格水平。

3) 基本设施

基本设施是一个城市或地区的基本设施状况,包括城市供电、供气、电信、给排水等基础设施和学校、医院、银行、邮局等公用设施。城市基本设施的优劣将影响人们的生活、学习、工作的方便程度,影响人们的认知区位,进而影响房地产价格。

4) 区域环境条件

区域环境条件是指房地产所在区域的环境质量,包括空气质量、水环境质量、噪声程度等。显然,随着人们生活水平的提高,对房地产,尤其是住宅类房地产的环境质量的要求将越来越高,这也将成为人们选购房地产的重要因素。

上述区域因素中,对于不同的房地产类型,其影响程度是不同的,甚至具有很大的差异。例如,对于商业房地产而言,商服繁华程度是最重要的因素;而住宅房地产的最重要因素也许是基本设施;工业房地产的最重要因素则是交通条件。因此,我们在分析或调查区域因素时,应针对房地产类型,具体分析。

2.3.3 微观因素

微观因素,亦称个别因素,是指具体影响某宗房地产价格的影响因素。这类因素对房地产市场的影响程度和影响范围最小,但对具体房地产价格的影响却是最直接、最具体的。影响房地产价格水平的微观因素包括物理因素、微观环境因素和权益因素。

1) 物理因素

物理因素是房地产本身的自然条件,包括土地的位置、面积、形状、地形、地质与地貌;建筑物的外观、式样、朝向、结构、布局、楼高、楼层、设备配置、装潢、成新;房地产的临街状况、建筑容积率、利用类型等因子。

(1) 土地位置

房地产土地位置的优劣,直接关系到其所有者或使用者的生活满足程度,或经济收益,或社会影响。因此,土地位置不同,例如坐落在城市还是乡村,是位于城市中心区还是边缘地带,是临街还是不临街,价格会有较大的差异,尤其是城市土地,其价格高低几乎为位置的优劣所左右。

(2) 土地面积

两块位置相当的土地,如果面积相差较大,它们的单位价格会有高低差异。一一般地说，凡是面积过于狭小而不利于经济使用的土地，单位价格较低。但在特殊情况下也可能有例外，面积狭小的土地却有很高的价格。例如，若某块土地与相邻土地合并后会大大提高相邻土地的利用价值，则该块土地的拥有者可能以"缺了我不行"的心态待价而沽，而相邻土地的拥有者为求其土地能得到有效利用，则可能不惜以高价取得该块土地。

土地面积如果过大，土地单价也可能较低。因为面积较大，总价较高，会减少潜在购买者数量。另外，面积过大的土地在利用时通常需要拿出较多的土地用于道路等基础设施和公共服务设施建设，从而会减少可利用土地面积。

土地面积大小的合适度还因不同地区、不同消费习惯而有所不同。例如，某地方房地产市场如果普遍接受高层楼房，则在该地区，较大面积土地的利用价值要高于较小面积土地的利用价值，因而较大面积土地的单位价格会高于较小面积土地的单位价格。相反，如果某地方市场仅能接受小型建筑形态，则较大面积土地的单位价格与较小面积土地的单位价格差异不会很大。

（3）土地形状

土地形状是否规则，对地价也有一定的影响。形状规则的土地，主要是指正方形、长方形（但长宽的比例要适当）的土地。由于形状不规则的土地一般不能有效利用，相对于形状规则的土地，其价格一般要低。通常为改善形状不规则土地的利用，多采取土地调整或重划措施。土地经过调整或重划之后，利用价值提高，地价立即随之上涨，这从另一方面说明了土地形状对地价的影响。

（4）地形、地势

由于地面的高低起伏、平坦程度等会影响房地产的开发建设成本、利用价值或者景观等，从而影响其价格。一般的说，平坦的土地，价格较高；高低不平的土地，价格较低。但是，如果土地过于平缓，往往不利于地面水的汇集和排除。

在其他条件相同时，地势高的房地产的价格要高于地势低的房地产的价格，因为地势低不仅下雨时容易积水、潮湿，而且会影响建筑物的气势、可视性（即要被看得见）。气势、可视性对于写字楼都很重要，可视性对于商铺很重要。把地势与当地的降水量结合起来，可以较好地看到地势对房地产价格的影响。地势虽然低洼，但如果降水量不大，则不易积水，从而地势对房地产价格的影响不大；反之，降水量大，地势对房地产价格的影响就大。

（5）外观

建筑物外观包括建筑式样、风格、色调、可视性等，对房地产价格有很大影响。凡是建筑物外观新颖、优美，可给人以舒适的感觉，则价格就高；反之，单调、呆板，很难引起人们强烈的享受欲望，甚至令人压抑、厌恶，特别是在外形方面会让人产生不好的联想的，则价格就低。

(6) 建筑结构

对建筑物最重要、最基本的要求是安全。不同结构的建筑物的稳固性和耐久性不同。因此,不同结构的建筑物的价值会有所不同,特别是在地震多发地区。例如,砖混结构的价值一般要高于砖木结构的价值,钢筋混凝土结构的价值一般要高于砖混结构的价值。不同结构的建筑物的造价一般不同,这通常也会反映到其价值上来。

(7) 设施设备

随着经济发展和生活水平提高,要求建筑物内设置完善的设施设备。因此,建筑物的设施设备是否齐全、完好(例如是否有电梯、中央空调、集中供热、宽带等)对其价值有很大影响。当然,不同用途和档次的建筑物,对设施设备的要求有所不同。一般的说,设施设备齐全、完好的,价值就高,反之价值就低。

(8) 空间布局

空间布局影响到建筑物的使用,对房地产价格有较大影响。不同用途的建筑物,例如住宅、商场、写字楼等,对空间布局的要求并不相同。一般的说,平面布置合理、交通联系方便、有利于使用的,价值就高,反之,价值则低。尤其是住宅,平面设计中功能分区是否合理、使用是否方便是决定其价格高低的重要因素之一。

(9) 装饰装修

房屋按照装饰装修的程度,可分为精装修、粗装修和毛坯房三大类。一般的说,同类房地产,精装修的价格要高于粗装修的价格,粗装修的价格要高于毛坯房的价格。当然,装饰装修是否适合人们的需要,其品位、质量等如何,是非常重要的因素,有些装饰装修不仅不能提高房地产的价值,甚至还会降低房地产的价值。

(10) 建筑容积率

容积率的高低对地价也有很大的影响,在估价时一定要弄清容积率的确切内涵。在城市规划中,地下建筑面积通常不计容积率。在实际中,容积率分为包含地下建筑面积的和不包含地下建筑面积的。在补交土地使用权出让金方面,有的地方政府规定地下建筑面积不用补交或者只按照地上建筑面积土地使用权出让金水平的一定比例(如1/3)补交。这些规定对地价都有很大的影响。

2) 微观环境因素

这里的环境条件是指影响具体房地产或房地产小区的微观环境,包括空气质量、水环境质量、噪声状况、视觉、环境卫生、日照、通风、采光、温度、湿度等因子。

建筑物应满足防水、保温、隔热、隔声、通风、采光、日照等要求。对建筑物防水的基本要求是,屋顶或楼板不漏水,外墙不渗雨。对建筑物保温、隔热的基本要求是,冬季能保温,夏季能隔热、防热。对建筑物隔声的基本要求是,为了防止噪声和保护私密性,能阻隔声音在室内与室外之间、上下楼层之间、左右隔壁之间、室内各房间之间传递。对建筑物通风的基本要求是,能够使室内与室外空气之间流通,保持室内空气新鲜。对建筑物采光、日照的基本要求是,白天室内明亮,室内有一定的空间能够获得一定时间的太阳光照射。采光、日照尤其对住宅和办公楼比较重要。

因此,上述诸方面是否良好,对房地产价格有较大影响。以日照为例,有自然状态下的日照和受到人为因素影响下的日照。自然状态下的日照长短,主要与所在地区的纬度高低和气候有关。日照在一个地区基本上是相同的,因此主要是考察受到人为因素影响下的日照长短。受到人为因素影响下的日照长短,主要与朝向、周围建筑物或者其他物体(如山体、树木)的高度、距离等有关。一般的说,受到周围建筑物或者其他物体遮挡的房地产的价格(尤其是住宅的价格)要低于无遮挡情况下的类似房地产的价格。日照对房地产价格的影响还可以从住宅的朝向对其价格的影响中看到。

3)权益因素

拥有一宗房地产,实际上就拥有了一定范围的空间。但拥有者在该空间范围内并不能随心所欲地利用,而要受到许多方面的限制。这些限制除了来自于建筑技术(包括建筑施工技术、建筑材料性能)及拥有者的经济实力,还有除此之外的限制(以下均是指这类限制)。因为房地产是构成环境的重要因素,其利用不是孤立的,存在"外部性",会影响周围和社会公众的利益,即称为权益因素。

一宗房地产利用所受限制的种类和程度,对其价值有着重大影响。对房地产利用的限制可归纳为以下3个方面:①房地产权利的设立和行使的限制;②房地产使用管制;③房地产相邻关系的限制。

(1)房地产权利及其限制

拥有的是所有权,还是使用权、地役权、抵押权、租赁权,以及这些权利是否完整、清晰等,价值会有很大的差异。拿地役权来说,对于供役地而言(在地役权关系中,有需役地和供役地之分。其中,因使用他人土地而获便利的土地为需役地;为他人土地的便利而供使用的土地为供役地),是他人在该土地上享有的一种有限的使用权,字面上的意思是该土地为他人服役。供役地在给他人方便时,土地所有权人或土地使用权人有可能要遭受某些损失,在这种情况下,地役权的存在会降低供役地的价值。

以共有的房地产为例,如果共有人较多,对于房地产的维护、修缮、处分等很难达成共识,部分共有人如果不堪其繁而转让其在共有的房地产中享有的份额,这时的成交价格多会低于正常价格。

此外,权利所对应的实质内容对价值也有很大的影响。例如,地下矿藏、埋藏物等是否自动地归属于土地拥有者,世界上各个国家和地区的规定不一。在中国内地,虽然境内外的公司、企业、其他组织和个人,除法律另有规定者外均可以通过政府出让方式取得土地使用权,进行土地开发、利用、经营,但取得的土地使用权不包含地下资源、埋藏物和市政公用设施。例如,《中华人民共和国民法通则》第七十九条规定:"所有人不明的埋藏物、隐藏物,归国家所有。"《中华人民共和国城镇国有土地使用权出让和转让暂行条例》第二条规定:"国家按照所有权与使用权分离的原则,实行城镇国有土地使用权出让、转让制度,但地下资源、埋藏物和市政公用设施除外。"在欧洲许多国家,地下资源的所有权与土地所有权也是分开的,规定地下资源属于国家,地主开采地下资源要先向政府购买或将出售的收入与政府分成。在加拿大,地下矿藏在有些省,如安大略、魁北克和阿尔伯塔,成为单独的产权,不再自动地附属于土地。

美国关于土地所有权的规定与上述国家和地区不同。在美国,土地所有者同时也拥有地下的一切财富,地主可以自由开采地下资源,或者将地下资源单独出售给别人。从地下资源的有效利用看,美国的制度有其鲜明的特点。首先,因为每个拥有土地的人都会关心自己的土地下面可能有些什么宝藏,他会自己花钱请地质学家来考察,有点眉目之后他会请勘探队来钻探。一旦有所发现,他的土地价格立刻成倍地上升,否则他的投资将受到损失,他只能自认倒霉。这就从经济上鼓励了资源的发现,不用政府去费心。其次,矿藏的采收率(采集到的矿石占储量的比例)成为地主自己关心的事,他必定会在经济合理的范围内尽量将地下资源采集上来,不会发生掠夺性开采。最后,私人拥有地下资源,使他有全权选择资源的利用方式,包括将土地与资源一起出售,与开采专营企业联营,出租开采权,对资源开采所得分成并监督资源的合理利用,或放置等待市场价格更高时再进行开采等。他选择的方案对全社会而言同时一定也是代价较小而产出的价值最大的方案。但美国的制度容易引起贫富悬殊,诱使一些人陷入风险和破产。选择不同的规定各有其理由,区别在于有的更着重效率,有的更着重公平。

(2) 房地产使用管制

世界上几乎所有的国家和地区对房地产利用,特别是土地利用都有较多的限制。对于房地产估价来说,有意义的使用管制主要是耕地转为非耕地、农用地转为建设用地以及城市规划对土地用途、建筑高度、建筑密度、容积率等的规定。

就规定用途来看,商业、办公、居住、工业等不同用途对土地条件的要求不同;反过来,在土地条件一定的情况下,规定用途(例如用于商业、办公、居住还是工业或绿化)对地价有着很大的影响。规定用途对地价的影响在城市郊区表现得特别明显:在城市发展已使郊区某些农用地很适合于转变为城市建设用地的情况下,如果政府规定只能维持现有的农业用途,则地价必然较低,而如果一旦允许改变用途,则地价会大幅度上涨。

(3) 房地产相邻关系的限制

房地产相邻关系是指房地产的相邻权利人依照法律、法规的规定或者按照当地习惯,相互之间应当提供必要的便利或者接受必要的限制而产生的权利和义务关系。特别是从义务方面来看,相邻关系是对房地产所有权、使用权的一种限制,因此,相邻关系的存在对房地产价格有一定的影响。

一方面,相邻关系要求房地产权利人应当为相邻权利人提供必要的便利,包括:①应当为相邻权利人用水、排水提供必要的便利;②对相邻权利人因通行等必须利用其土地的,应当提供必要的便利;③对相邻权利人因建造、修缮建筑物以及铺设电线、电缆、水管、暖气和燃气管线等必须利用其土地、建筑物的,应当提供必要的便利。

另一方面,相邻关系要求房地产权利人在自己的房地产内从事工业、农业、商业等活动及行使其他权利时,不得损害相邻房地产和相邻权利人,包括:①在自己的土地上建造建筑物,不得违反国家有关工程建设标准,妨碍相邻建筑物的通风、采光和日照;②不得违反国家规定弃置固体废物,排放大气污染物、水污染物,制造噪声、光、电磁波辐射等有害物质;③挖掘土地、建造建筑物、铺设管线以及安装设备等,不得危及相邻房地产的安全。

复习思考题

1. 什么是房地产价格?
2. 房地产价格的种类主要包含哪些?
3. 房地产存在价格的前提条件是什么?
4. 房地产价格形成的理论依据有哪些?
5. 什么是房地产的需求和供给?
6. 房地产均衡价格的经济学意义是什么?
7. 房地产供求变化对均衡价格的影响有哪些?
8. 什么是房地产的需求弹性和供给弹性?
9. 房地产价格的特征及其与一般物品价格的区别是什么?
10. 影响房地产价格的宏观因素主要包括什么?
11. 影响房地产价格的区域因素主要包括什么?
12. 影响房地产价格的微观因素主要包括什么?

3 房地产估价原则

本章概要

由于房地产的价格形成有其客观性,并不以人们的主观意志为转移,因此房地产估价也就不是将估价人员随意认定的结果强加于委估房地产,而是估价人员必须遵循一定的原则,在尽可能消除主观因素的影响情况下,努力反映被估房地价的客观价值。本章主要介绍在现行房地产估价规范前提下估价人员在进行房地产估价时应遵循的房地产估价原则,主要有:①独立、客观、公正原则;②合法原则;③最高最佳利用原则;④估价时点原则;⑤替代原则;⑥谨慎原则。

3.1 房地产估价原则的概念

房地产估价原则是指在房地产估价的反复实践和理论探索中,在认识房地产价格形成和变动客观规律的基础上,总结和提炼出的一些简明扼要的进行房地产估价所应依据的法则或标准。房地产价格虽然受许多复杂多变的因素的影响,但观察其形成和变动过程,仍然存在一些基本规律。总体上,房地产价格从某种意义上讲是客观存在的,不会因为个别市场参与者希望它有多高它就会有那么高,或者希望它有多低它就会有那么低。因此,房地产估价师要评估出客观合理的房地产价值,就不能将自己主观认定的某个"价值"强加给估价对象,而应当遵循房地产价格形成和变动的客观规律,通过对这些规律的认识与掌握,运用科学的估价方法,把客观存在的房地产价值"发现"、"揭示"出来。

房地产估价原则主要有:①独立、客观、公正原则;②合法原则;③最高最佳利用原则;④估价时点原则;⑤替代原则;⑥谨慎原则。其中,独立、客观、公正是对房地产估价的基本要求,因此它不仅是房地产估价的基本原则,而且是房地产估价的最高行为准则。合法原则、最高最佳利用原则、估价时点原则、替代原则是在不同目的的房地产估价中都应遵循的技术性原则。谨慎原则是仅在房地产抵押估价中应遵循的特殊原则。

房地产估价原则是使不同的估价人员对估价的基本前提具有认识上的一致性,对同一估价对象在同一估价目的、同一估价时点下的估价结果具有近似性。每一位估价人员都应正确地理解房地产估价原则,以此作为估价时的指南。

3.2 独立、客观、公正原则

独立、客观、公正原则要求房地产估价师站在中立的立场上,评估出对各方当事人来说均是公平合理的价值。具体地说,"独立"是要求房地产估价师要凭借自己的专业知识、经验和应有的职业道德进行估价,而不要受任何单位和个人的非法干预。"客观"是要求房地产估价师要从客观实际出发,反映事物的本来面目进行估价,而不要带着自己的好恶、情感和偏见。"公正"是要求房地产估价师要公平正直地进行估价,而不要偏袒相关当事人中的任何一方。

房地产估价之所以要遵守独立、客观、公正原则,是因为评估出的价值如果不公平合理,则必然会损害相关当事人中某一方的利益,也有损于房地产估价师、房地产估价机构以至整个房地产估价行业的声誉和公信力。例如,以房地产抵押贷款为目的的估价,如果评估价值比客观合理的价值高,则借款人得利,贷款人的风险增加,甚至影响金融安全。以国有土地上房屋征收补偿为目的的估价,如果评估价值比客观合理的价值低,则征收人得利,被征收人受损,甚至影响社会稳定;反之,则被征收人得利,征收人受损。以房地产税收为目的的估价,如果评估价值比客观合理的价值高,则纳税人受损;反之,则纳税人得利,税收流失,这对于其他纳税人也有失公平。

为了保障房地产估价机构和房地产估价师独立、客观、公正地估价,应当满足三个要求。

首先,要求房地产估价机构应当是一个不依附于他人、不受他人束缚的独立机构,这方面的具体要求是房地产估价机构应当由以房地产估价师为主的自然人出资设立。

其次,要求房地产估价机构和房地产估价师应当与估价对象没有现实的或潜在的利益关系,与委托人及估价利害关系人没有除依法收取估价服务费以外的任何现实的或潜在的利害关系,否则估价时就难以做到公平公正。即使是良好的道德自律能保证估价结果客观合理,估价报告的公信力往往也会受到怀疑。因此,当估价机构或估价师与估价对象有利益关系或者与委托人或估价利害关系人有除依法收取估价服务费以外的利害关系的,应当主动回避。

最后,要求房地产估价机构和房地产估价师在估价中不应受委托人等外部因素的干扰,不应屈从于外部压力。此外,房地产估价师还必须有良好的职业道德,不能受任何私心杂念的影响。

3.3 合法原则

合法原则要求估价结果是对估价对象权益进行依法判定的价值。所谓依法，是指在房地产估价过程中不仅要依据宪法和相关法律、行政法规、估价对象所在地的地方性法规（民族自治地方应同时依据相关自治条例、单行条例）、缔结或者参加的相关国际条约，还要依据国务院及其各部门颁发的相关决定、命令、部门规章和政策及技术规范，最高人民法院和最高人民检察院颁布的相关司法解释，估价对象所在地的国家机关颁发的相关地方政府规章和政策，以及估价对象的规划设计条件、国有建设用地使用权出让合同、房屋租赁合同等。因此，合法原则中所讲的"法"是广义概念的"法"。

房地产估价之所以要遵守合法原则，是因为房地产价值实质上是房地产权益的价值。因此，房地产估价从某种意义上讲是评估房地产权益的价值，估价对象的权益必须是依法判定的，不是委托人或估价师可以随意假定的。当然，遵守合法原则并不意味着只有完全合法的房地产才能成为估价对象，除了依法不得以某种方式处分的房地产不能成为以该种处分方式为估价目的的估价对象外，任何权益状况的房地产都可以成为估价对象，例如法律、行政法规规定不得抵押的房地产不能成为以抵押贷款为估价目的的估价对象。

依法判定的估价对象权益包括依法判定的权利类型及归属、使用、处分等权利。具体地说，遵守合法原则应做到下列四点：

（1）在依法判定的权利类型及归属方面

一般应以房地产权属证书、权属档案（不动产登记簿）以及相关合同（例如租赁权应依据租赁合同）等其他合法权属证明为依据。目前，房地产权属证书有房屋权属证书、土地权属证书，或者统一的房地产权证书。其中，房屋权属证书有《房屋所有权证》和《房屋他项权证》（过去有《房屋所有权证》、《房屋共有权证》和《房屋他项权证》三种）。土地权属证书有《国有土地使用证》、《集体土地所有证》、《集体土地使用证》和《土地他项权利证明书》四种。当县级以上地方人民政府由一个部门统一负责房产管理和土地管理工作的，可能制作、颁发统一的房地产权证书。

值得进一步说明的是，遵守合法原则不是指只有合法权利的房地产才能成为估价对象，而是指依据法律、法规和政策等的规定，估价对象是哪种权利状况的房地产就应当将其作为哪种权利状况的房地产来估价。例如，没有合法权利的房地产，就应当将其作为没有合法权利的房地产来估价。具体地说，目前包括：集体土地不能当作国有土地来估价；以划拨方式取得的建设用地使用权不能当作以出让方式取得的建设用地使用权来估价；共有的房地产不能当作单独所有的房地产来估价；部分产权的房地产不能当作完全产权的房地产来估价；临时用地不能当作正式用地来估价；临时建筑不能当作永久建筑来估价；超过批准期限的临时用地或临时建筑不能当作未超过批准期限的临时用地或临时建筑来估价；手续不全的房地产不能当作手续齐全的房地产来估价；不可补办相关手续的非法房地产不能当作可以补办相关手续的手续不全的房地产来估价；产权不明确或权属有争议的房地产不能当作产权明确或权属无争议的房地产来估价；违法占地不能当作合法占地来估价；违法、违章建筑不能当作合法建筑来估价等。因此，从理论上讲，任何权利状况的房地产都可以估价，只是其评估价值应与其权利状况相匹配。由此可知，评估价值虽然通常大于零，但也可能等于零，甚至可能小于零。不过，如果评估价值等于或小于零，通常情况下委托人就不会委托估价了。

(2) 在依法判定的使用权利方面

应以使用管制（如城市规划、土地用途管制等）为依据。例如，如果城市规划规定了某宗土地的用途、建筑高度、建筑密度、容积率等，那么对该宗土地进行估价就应当以其使用符合这些规定为前提。所谓"城市规划创造土地价值"，在一定程度上反映了这一要求。具体地说，如果城市规划规定了该宗土地为居住用途，即使从该宗土地的坐落位置、周围环境来看适合作为商业用途，也应当以居住用途为前提来估价，除非申请变更为商业用途并且能够获得批准。在容积率方面，如果城市规划规定了该宗土地的容积率不超过2.5，除非依法调整了容积率，否则应当以容积率不超过2.5为前提来估价。如果以商业用途或者容积率超过2.5来估价，由于商业用途或者超出的容积率不仅没有法律、法规的保障，而且是违法违规的，据此所评估出的较高价值也就得不到社会认可，从而不能实现。

(3) 在依法判定的处分权利方面

应以法律、法规、政策或者合同（如国有建设用地使用权出让合同）等允许的处分方式为依据。处分方式包括买卖、租赁、抵押、出资、抵债、赠与等。法律、法规和政策规定或者合同约定不得以某种方式处分的房地产，不应作为以该种处分方式为估价目的的估价对象，或者委托人要求评估该种处分方式下的价值的，其评估价值应当为零。例如，法律、法规规定不得抵押的房地产，不应作为抵押估价目的的估价对象；不得作为出资的房地产，不应作为出资设立企业估价目的的估价对象。

(4) 在依法判定的其他权利方面

评估出的价值应当符合国家的价格政策。具体地说，评估政府定价或者政府指导价的房地产，应当遵守相应的政府定价和政府指导价。例如，房改售房的价格，应当符合政府有关该价格测算的要求；新建的经济适用住房的价格，应当符合国家规定的经济适用住房价格构成和对利润率的限定；集体土地征收和国有土地上房屋征收估价，应当符合国家有关集体土地征收和国有土地上房屋征收补偿的法律、法规和政策。

此外,还可将合法原则拓展到对采用的估价技术标准和估价主体资格的要求上。具体地说,房地产估价应当采用国家和估价对象所在地的有关估价技术标准,并且应当由房地产估价机构和房地产估价师进行。

3.4 最高最佳使用原则

最高最佳使用原则要求估价结果是在估价对象最高最佳使用下的价值。最高最佳使用是指法律上许可、技术上可能、经济上可行,经过充分合理的论证,能够使估价对象的价值达到最大化的一种最可能的使用。

房地产估价之所以要遵守最高最佳使用原则,是因为在现实房地产经济活动中,每个房地产拥有者都试图充分发挥其房地产的潜力,采取最高最佳的使用方式,以取得最大的经济利益。这一原则也是房地产利用竞争与优选的结果。因此,房地产估价不仅要遵守合法原则,而且要遵守最高最佳使用原则。

最高最佳使用包括用途(或用途组合)、规模、集约度、档次上的最佳。寻找估价对象最高最佳使用的方法,事先尽可能地设想出各种潜在的使用方式,然后从下列四个方面依序筛选:

(1) 法律上的许可性

对于每一种潜在的使用方式,首先检查它是否为法律所允许。如果是法律不允许的,应被淘汰。

(2) 技术上的可能性

对于法律所允许的每一种使用方式,要检查它在技术上是否能够实现,包括建筑材料性能、施工技术手段等能否满足要求。如果是技术上达不到的,应被淘汰。

(3) 经济上的可行性

对于法律上允许、技术上可能的每一种使用方式,还要进行经济可行性检验。经济可行性检验的一般做法是:针对每一种使用方式,首先预测它未来的收入和支出流量,然后将未来的收入和支出流量用现值表示,再将这两者进行比较。只有收入现值大于支出现值的使用方式才具有经济可行性,否则应被淘汰。具体的经济可行性评价指标有财务净现值、财务内部收益率、投资回收期等。

(4) 价值是否达到最大化

在所有具有经济可行性的使用方式中,能够使估价对象的价值达到最大化的使用方式,才是最高最佳的使用方式。

最高最佳使用原则要求评估价值应是在合法使用方式下,各种可能的使用方式中,能够使估价对象的价值达到最大化的使用方式的估价结果。例如某宗土地,城市规划规定其用途既可以是商业,也可以是居住,如果为商业用途能够使该宗土地的价值达到最大化,则评估该宗土地的价值应以商业用途为前提;反之,应以居住用途或者商业与居住混合用途为前提。但当估价对象已做了某种使用,则在估价时应根据最高最佳使用原则对估价前提做下列之一的判断和选择,并应在估价报告中予以说明:

(1) 保持现状前提

认为对现有房地产保持现状、继续使用最为有利时,应以保持现状、继续使用为前提进行估价。

对现有房地产应保持现状的条件是:(新房地产价值-将现有房地产改变为新房地产的必要支出及应得利润)<现有房地产价值。

以建筑物为例,对现有建筑物应予以保留的条件是:(新房地产价值-拆除现有建筑物的必要支出及应得利润-建造新建筑物的必要支出及应得利润)<现有房地产价值。

(2) 装饰装修改造前提

认为对现有房地产进行装饰装修改造但不改变用途再予以使用最为有利时,应以装饰装修改造但不改变用途再予以使用为前提进行估价。

对现有房地产应进行装饰装修改造的条件是:(装饰装修后的房地产价值-装饰装修的必要支出及应得利润)>现状装饰装修的房地产价值。

需要指出的是,装饰装修改造前提不一定是对建筑物进行装饰装修改造,也有可能是对土地进行改造。因为土地与建筑物的不均衡所引起的功能折旧也可能是由于土地方面的原因造成的,这时就需要对土地进行改造。

(3) 改变用途前提

认为改变现有房地产的用途再予以使用最为有利时,应以改变用途再予以使用为前提进行估价。

应改变现有房地产用途的条件是:(新用途的房地产价值-改变用途的必要支出及应得利润)>现用途的房地产价值。

(4) 重新开发前提

认为对现有房地产进行重新开发再予以使用最为有利时,应以重新开发再予以使用为前提进行估价。

对现有房地产应进行重新开发的条件是:(重新开发完成后的房地产价值-重新开发的必要支出及应得利润)>现有房地产价值。

以建筑物为例,对现有建筑物应予以拆除的条件是:(新房地产价值-拆除现有建筑物的必要费用-建造新建筑物的必要支出及应得利润)>现有房地产价值。

(5) 上述情形的某种组合

最常见的是第三种改变用途与第二种装饰装修改造的组合。

必须指出的是,在实际估价中,对于上述五种估价前提,除第一种估价前提外,不能以其中某一种估价前提的可行,就判断该种估价前提为最高最佳使用,而应当把它与其他几种可行的估价前提进行比较之后,才能作出最高最佳使用的判断与选择。

3.5 估价时点原则

估价时点原则要求估价结果是在由估价目的决定的某个特定时间的价值。

房地产估价之所以要遵守估价时点原则,是因为影响房地产价格的因素是不断变化的,房地产市场是不断变化的,从而房地产价格和价值也是不断变化的。实际上,随着时间的流逝,房地产本身也可能发生变化,例如建筑物会变得陈旧过时。因此,同一宗房地产在不同的时间往往会有不同的价值。价值与时间密不可分,每一个价值都对应着一个时间,不存在"没有时间的价值",如果没有了对应的时间,价值也就失去了意义。反过来,不可能离开时间来评估房地产的价值。如果没有了时间这个前提,价值估算将无从下手。另外,估价既不可能也无必要评估估价对象在所有时间上的价值,通常只是评估其在某个特定时间的价值,这就要求房地产估价必须先确定某个特定时间。但是,这个特定时间既不是委托人也不是房地产估价师可以随意假定的,必须根据估价目的来确定。这个由估价目的决定的特定时间,被称为估价时点,一般用公历年、月、日表示。

确立估价时点原则的意义在于:估价时点除了说明评估价值对应的时间外,还是评估估价对象价值的时间界限,例如,政府有关房地产的法律、法规、税收政策、估价标准等的发布、变更、实施日期等,均有可能影响估价对象的价值。因此,在估价时究竟是采用发布、变更、实施日期之前还是之后的,就应根据估价时点来确定。再如,运用市场法评估房地产价值时,如果选取的可比实例成交日期与估价时点不同(通常是这种情况),就需要把可比实例在其成交日期时的价格调整为在估价时点时的价格,如此调整之后的可比实例成交价格,才可以作为估价对象价值的参照值。

特别需要强调的是,遵守估价时点原则并不是把评估价值说成是某个时间上的价值就算遵守了,更重要的是估价时点的确定应当在先,评估价值的确定应当在后,而不是先有了"评估价值"之后,再把它定义为某个时间上的价值。在实际估价中,通常是评估现在的价值,一般将实地查看估价对象期间或者估价作业日期内的某个日期(特别是完成估价对象实地查看之日)确定为估价时点。但估价时点并非总是在此期间,也可因特殊需要,将过去或者未来的某个时间确定为估价时点。在具体的一个房地产估价项目中,估价时点究竟是现在还是过去或者未来,是由估价目的决定的,并且所对应的估价对象状况和房地产市场状况也会有所不同。因此,在估价中要特别注意估价目的、估价时点、估价对象状况和房地产市场状况四者的匹配关系,其中估价目的是龙头。确定了估价目的之后,便可以根据估价目的来确定其他的。

不论是何种估价目的,评估估价对象价值所依据的市场状况始终是估价时点时的状况,但估价对象状况不一定是估价时点时的状况。不同估价目的的房地产估价,其估价时点与所对应的估价对象状况和房地产市场状况的匹配关系见表3-1和图3-1所示。

表 3-1　估价时点、估价对象状况和房地产市场状况的关系表

估价时点	估价对象状况	房地产市场状况
过去(回顾性估价)	过去	过去
现在	过去	现在
	现在	
	未来	
未来(预测性估价)	未来	未来

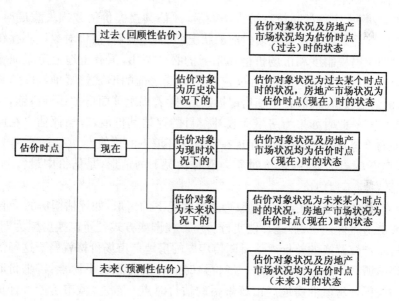

图 3-1　估价时点、估价对象状况和房地产市场状况的关系

各种情形举例说明如下:

(1) 估价时点为过去的情形,大多出现在房地产纠纷案件中,特别是对估价结果有异议而引起的复核或鉴定估价。

例如,某宗房地产被人民法院强制拍卖后,原产权人认为人民法院委托的估价机构的估价结果过低,引发了对该估价结果是否过低的争论。此时衡量该估价结果是否过低,首先应当回到原估价时点,相应的,估价对象的产权性质、使用性质、建筑物状况等估价对象状况以及房地产市场状况,也都要以原估价时点时的状况为准。否则的话,就无法检验该估价结果是否合理。任何一个估价项目的估价结果在事后来看都可能被认为是错误的,而事实上可能并没有出错,这只是因为房地产市场状况或估价对象状况可能发生了变化,过去的估价结果不适合现在变化了的情况。

类似的情况还出现在对过去评估的房地产抵押价值是否过高的鉴定中。当债务人不履行到期债务或者发生当事人约定的实现抵押权的情形,依法以抵押房地产折价或者以拍卖、变卖抵押房地产所得的价款优先受偿时,在折价的价值或者拍卖、变卖所得的价款不足以偿还抵押贷款的情况下,就需要追究有关责任。此时,最容易怀疑当时的抵押价值存在高估。如果通过估价鉴定,证明当时的抵押价值确实存在高估问题,则原估价机构和估价师就要承担相应的责任。

(2) 估价时点为现在,估价对象为历史状况下的情形,大多出现在房地产损害赔偿和保险理赔案件中。

例如,投保火灾险的建筑物被火烧毁后,评估其损失价值或损失程度时,通常是估计将损毁后的状况恢复到损毁前的状况(到实地查看,估价对象已不存在了),在现行的国家财税制度和市场价格体系下的必要费用,国有土地上房屋征收估价有时也会出现这种情况。例如,在实施房屋拆迁之前的旧城较繁华地段的某临街铺面房,租金或收益较高,在实施房屋拆迁后,随着周围铺面房被逐渐拆除,该地段变得不繁华了。此时如果为房屋征收补偿目的评估其价值,应当评估它在原较繁华环境下的价值,而不是评估它在现在不繁华环境下的价值。

(3) 估价时点为现在,估价对象为现时状况下的情形,是估价中最常见、最大量的,包括在建工程估价。

(4) 估价时点为现在,估价对象为未来状况下的情形,如评估期房的价值。

在城市房屋拆迁中,拆迁补偿实行房屋产权调换方式且所调换房屋为期房的,为结算房屋产权调换的差价评估所调换房屋的房地产市场价格就属于这种情况。

在评估所调换房屋的房地产市场价格时应特别注意以下两点:①估价时点应当与评估被拆迁房屋的房地产市场价格的估价时点一致。《城市房屋拆迁估价指导意见》第十一条规定,被拆迁房屋的房地产市场价格的估价时点一般为房屋拆迁许可证颁发之日;拆迁规模大、分期分段实施的,以当期(段)房屋拆迁实施之日为估价时点。②估价对象状况,如期房的区位、用途、面积、建筑结构等,应当以拆迁人与被拆迁人在拆迁安置补偿协议中约定的为准,并将拆迁安置补偿协议作为估价报告的一个附件。当所调换房屋的评估价值被拆迁人和拆迁人共同认可或被拆迁人与拆迁人在此基础上商定了一个价格后,则该评估价值或商定的价格不应因将来所调换房屋成为现房时房地产市场变化导致的实际市场价格与其不同而调整。仅当交付的房屋状况与拆迁安置补偿协议中约定的状况有出入时,才应对评估价值或商定的价格进行相应调整。

(5)估价时点为未来的情形,多出现在房地产市场预测、为房地产投资分析提供价值依据的情况下,特别是预估房地产在未来开发完成后的价值。在假设开发法中,预计估价对象开发完成后的价值就属于这种情况。

图3-2(a)所示现状为在建工程的房地产,由于估价目的不同,可能同时存在着以下3种估价:①估价时点为现在,估价对象为现时状况下的估价,即该在建工程现状在现在的房地产市场状况下的价值是多少;②估价时点为现在,估价对象为未来状况下的估价,例如该在建工程经过一段时间(如10个月)后将建成图3-2(b)中的状况,而现在预售或预购它的价值是多少;③估价时点为未来,估价对象为未来状况下的估价,例如该在建工程经过一段时间(如10个月)后将建成图3-2(b)中的状况,该状况的房地产在未来建成时的房地产市场状况下的价值是多少。

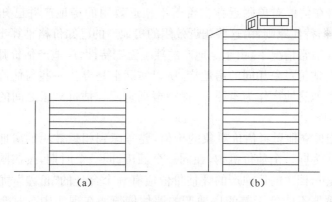

图3-2 在建工程的不同评估情形

3.6 替代原则

替代原则要求估价结果不得不合理偏离类似房地产在同等条件下的正常价格。

房地产估价之所以要遵守替代原则,是因为根据经济学原理,同一种商品在同一个市场上具有相同的市场价格。一般的说,任何经济主体(个人、家庭、企业等)在市场上的行为,都是要以最小的代价(花费或成本)取得最大的效益(效用或利润)。因此,任何精明、谨慎的买者在购买商品时,都会"货比三家",从中选择效用最大而价格最低的。如果价格与效用相比,显示价格过高或者效用过小,则人们会敬而远之。换句话说,如果同一个市场上有两个以上相同的商品同时存在时,则精明、谨慎的买者会选择价格最低的;或者反过来,如果同一个市场上有两个以上价格相同的类似商品同时存在时,则精明、谨慎的买者会选择效用最大的。卖者为了使其产品能够销售出去,之间也会展开价格竞争。市场上各个经济主体的这些行为导致的结果,是在效用相同的商品之间形成相同的市场价格。

房地产价格的形成也符合这一规律,只是由于房地产的独一无二特性,使得完全相同的房地产几乎没有,但在同一个市场上具有相近效用的房地产,其价格应是接近的。在现实房地产交易中,任何理性的买者和卖者,都会将其拟买或拟卖的房地产与类似房地产进行比较,从而任何精明、谨慎的买者不会接受比市场上类似房地产的正常价格过高的价格,任何精明、谨慎的卖者不会接受比市场上类似房地产的正常价格过低的价格,最终是同一个市场上的类似房地产,价格相互牵掣,相互接近。

替代原则对于具体的房地产估价,指明了下列两点:

(1) 如果在估价对象附近存在着若干相近效用的房地产并已知它们的价格时,则可以依据替代原则,由这些相近效用的房地产的已知价格推算出估价对象的未知价格。在通常情况下,由于房地产的独一无二特性,房地产估价师难以找到各方面状况均与估价对象相同的房地产,所以实际上是寻找一些与估价对象具有一定替代性的类似房地产作为参照物,然后根据它们与估价对象之间的差异对其价格做适当的调整。

(2) 不能孤立地思考估价对象的价值,要考虑到相近效用的房地产价格的牵掣。特别是作为同一个估价机构,在同一个城市、同一个时期,按照同一种估价目的,对不同区位、档次的房地产的评估价值应有一个合理的"价差",尤其是好的房地产的评估价值不能低于差的房地产的评估价值。在现实中有时会出现这种情况:单就某一宗房地产的评估价值来看似乎有道理或者难以看出其不合理之处,但当把它与其他房地产的价格或评估价值放到一起进行比较时就显得不合理,没有合理的"价差",甚至出现评估价值"倒挂"的现象。

需要指出的是,替代原则是针对估价结果而言的,不论采用何种估价方法进行估价,最后都需要把估价结果放到市场中去衡量,只有当估价结果没有不合理地偏离类似房地产在同等条件下的正常价格时,估价结果才可以说是客观合理的。当把替代原则的思想用于某个参数的测算时,替代原则就转化为替代原理。替代原理在市场法、成本法、收益法、假设开发法等估价方法中都会用到。例如,整个市场法可以说是以替代原理为基础的。成本法中客观成本,收益法中客观收益,假设开发法中要从开发完成后的价值中减去后续开发建设的必要支出及应得利润,均是遵守替代原理来求取的。

3.7 谨慎原则

谨慎原则是评估房地产抵押价值时应当遵守的一项原则，它要求在存在不确定性因素的情况下作出估价相关判断时，应当保持必要的谨慎，充分估计抵押房地产在抵押权实现时可能受到的限制、未来可能发生的风险和损失，不高估假定未设立法定优先受偿权利下的价值，不低估房地产估价师知悉的法定优先受偿款。

虽然说只要所担保的债权不超过抵押时抵押物的价值即不违法，但由于需要处分抵押物的时间与抵押估价时点一般相隔较长，而且抵押担保的范围包括主债权及利息、违约金、损害赔偿金和实现抵押权的费用，届时抵押物的价值有可能下跌，其他相关的不确定因素也较多，为确保抵押贷款的清偿，拟接受抵押担保的债权人对变现风险高度关注，所以房地产抵押价值评估除了应遵守房地产估价的普适性原则，还应遵守谨慎原则。

理解谨慎原则的关键，是要弄清"在存在不确定性因素的情况下"。在实际估价中，房地产估价师如果面临的是确定性因素，则不存在谨慎问题，应依据确定性因素进行估价。如果面临的是不确定性因素，当对该因素的乐观、悲观（保守）和折中判断或估计会导致对房地产抵押价值的相对偏高、偏低和居中估计时，则应采取导致对房地产抵押价值相对偏低的估计。例如，运用收益法评估收益性房地产的抵押价值，当估计未来的收益可能会高也可能会低时，遵守谨慎原则应采用保守的较低的收益估计值，相比之下，一般的房地产价值评估是采用既不偏高也不偏低的居中的收益估计值。

《房地产抵押估价指导意见》针对不同的估价方法，提出了遵守谨慎原则的下列要求：

（1）在运用市场法估价时，不应选取成交价格明显高于市场价格的交易实例作为可比实例，并应对可比实例进行必要的实地查看。

（2）在运用成本法估价时，不应高估土地取得成本、开发成本、有关费税和利润，不应低估折旧。

（3）在运用收益法估价时，不应高估收入或者低估运营费用，选取的报酬率或者资本化率不应偏低。

（4）在运用假设开发法估价时，不应高估未来开发完成后的价值，不应低估开发成本、有关费税和利润。

复习思考题

1. 房地产估价主要原则有哪些?
2. 房地产估价为何必须遵守合法原则?
3. 什么是最高最佳使用原则?
4. 房地产估价为何要遵守替代原则?
5. 房地产估价的谨慎原则的要求有哪些?

4 房地产估价程序

> **本章概要**
>
> 想要准确地进行房地产估价,除了必须要遵循房地产估价原则外,也必须要遵循房地产估价估价程序和估价规范。这样才能避免操作过程中可能出现的主观性、随意性,并且可以避免过程或者报告的不规范所造成的效率低下。房地产估价程序通俗地说,就是又好又快地完成一个房地产估价项目,从头到尾应当做哪些工作,其中哪些工作应当先做,哪些工作应当后做。

4.1 房地产估价程序概述

房地产估价是一项比较复杂的经济活动,工作过程存在一定的主观性,估价结果涉及各方的切身利益。要高效、高质量地评估出房地产的价格,除了要求估价人员具有坚实的业务基础,谙熟房地产估价的理论、方法及有关法规政策,并切实遵守"公正、公开、公平"的原则与职业道德规范外,还需遵循一套科学严谨的房地产估价程序。

房地产估价程序是指完成一个房地产估价项目所需做的各项工作,按照其内在联系排列出的先后次序。通俗地说,就是又好又快地完成一个房地产估价项目,从头到尾应当做哪些工作,其中哪些工作应当先做,哪些工作应当后做。

房地产估价过程可以分为准备和实施两个阶段。其中,准备阶段的工作主要包括估价申请和业务受理、拟定估价作业计划;实施阶段的工作主要包括制定估价作业方案、搜集估价所需资料、测算估价对象价值和判断估价对象价值。

4.2 房地产估价过程描述与分析

4.2.1 估价申请和业务受理

1) 估价申请

进行房地产价格评估时,当事人应向有关的专业评估机构提出书面申请,并填写评估委托书。评估申请书或评估委托书应写明的事项包括：

（1）当事人的姓名、住址、职业等（法人或其他组织名称、隶属关系、所在地址、法定代表人姓名、职务等）；

（2）评估标的物的名称、类型、面积、地理位置和环境条件等；

（3）申请评估的原因和用途；

（4）房屋产权人、土地使用权人；

（5）委托评估的要求。

除了评估申请书（委托书）以外，申请人还要向房地产价格评估机构提供各种有关证明资料，如房屋所有权证，土地使用证，买方单独委托评估时房地产权人出具的同意评估的证明，设计和施工图纸，使用期维修、保险及其他费用资料等。

2）业务受理

房地产价格评估机构在收到评估委托人的申请书和有关证明及资料后，要在一个有限的时间内（如3天）作出是否受理此项业务的决策并通知申请人。估价者在作出接受委托的决策前要对委托人和评估标的物的基本情况进行初步了解，来界定有关估价的一些重要问题。这些问题主要包括：估价目的、估价对象、估价的作业日期等。

（1）估价目的

房地产价格评估作为房地产业的一项基础工作，可以有多方面的用途，评估委托人也会因为自己不同的需要提出不同的估价目的。房地产估价的目的可以有很多，如：房地产买卖、租赁、抵押、补偿、入股、清产、交换、诉讼、课税、投资决策、统计等。由于估价目的的不同使价格类型也有所不同，如买卖交易价格、抵押价格、租赁价格、典当价格、课税价格、征用价格等。不同的估价目的，对估价的精度要求不同，对市场价格实现的各种条件限定不同，所采用的估价方法也有所区别。因此估价者对委托人估价目的的明确把握是正确决策和做好估价工作的前提条件。

（2）估价对象

作为具体要评估的房地产到底是土地还是建筑物，或是建筑物与土地合一，或是其中的某一部分，这是受理估价委托时必须明确的基本事项。除了要对估价对象的大类加以明确外，还要对估价对象的一些基本情况进行初步了解。若是土地，是生地（无开发成本）、新开发地（有开发成本）还是其上附有影响地价的附属建筑物；如果是房地合一的估价对象，其建筑物是依然保存，还是将被拆除；若是单纯的房产估价，则要明确建筑物的含义，如为写字楼，则其是否包括其中配备的设备，如为酒楼，是否包括其中的家具等。

（3）估价的作业日期

所谓估价的作业日期，是指从何时开始估价至何时完成估价作业，即进行估价的起止日期。完成估价的日期一般是委托估价者提出的，估价者应尽量满足这一要求。但当估价难度较大而委托人提出的时间太短以致不能保证较公平合理地评估出价格时,估价者应向委托人说明原因,商定一个较合适的时间。确定了完成估价的日期,估价人员必须按期保质地完成估价,以确保自身的信誉。从理论上讲,估价活动是受委托而进行的活动,应严格按照委托人的要求去做。委托人常会出于自身或局部利益的考虑对估价者提出诸多具体要求,估价者在进行估价可行性分析时,一方面要搞清对方的意图,另一方面要考虑委托人的要求是否有悖于估价行业的行为准则,是否超越了自己的业务能力,对有异议的要求,可以通过沟通与协商来谋求双方达成共识。估价合同签订前,双方应说明收费标准和付款形式。如经审查分析,不能接受此项业务委托,应尽快通知委托人并说明理由。估价者决定接受委托后,可通知委托人填写正式的估价委托书并办理有关手续,签订委托合同。合同必须对估价的各种具体要求、委托人提供的有关证件与资料、估价费用、估价时点、估价完成日期等作出明确规定。签订合同后,估价者应按合同的时效和质量要求,编制估价计划,安排估价人员,做好必要的准备工作。

4.2.2 制订估价作业计划

制订房地产价格评估作业计划是为了使估价工作有条不紊,按时、高效完成,计划一经确定,一般要按计划逐段进行估价工作。在规模较大的评估项目中,制订计划对估价作业的成败与质量有着极为重要的作用。制订估价作业计划可大体包括以下几个内容:

1) 确定估价作业的具体因素

对于估价作业来说,仅仅指明某块土地或某幢房屋是无法开展估价工作的。为了更好地完成委托的任务必须对各种影响价格的具体因素进一步确认。

(1) 确定估价对象的品质特征及产权状态

① 估价对象的品质特征

主要指估价对象的外在值税。估价对象如果是土地,则需确定其坐落、编号、四至、面积、形状、用途等;如果是房屋或其他建筑物,则需确定其所在地(门牌号码)、类型、结构、占地面积、建筑面积、使用情况等。此类情况可根据业务需要采用填写表格的方式获得。

② 产权状态确定

通过对产权状态的确定,把握估价对象的内在情况。房地产权利是一束权利的集合,除所有权外,还有使用权、抵押权、租赁权等,权利性质不同,其价格也不一样。估价者必须确认是对所有权估价还是对使用权或租赁权估价;是对所有权与使用权合一情况下的估价还是分离情况下的估价;是在租赁行为发生还是没有发生情况下的估价;对使用权估价,使用权年报为多长,已使用了多少年,还余下多少年等。总之,估价者必须在明确了房地产的权利内容、权利的发生与存续时间等产权状态后,方能对其进行估价。

(2) 确定估价范围

房地产的内容复杂,影响价格的因素众多,一般在估价对象得到确认以后,还必须确定估价的范围。房地产估价范围包括以下几个方面:

① 土地估价

土地估价一是空地估价,二是地块上有建筑物,但视为空地。在地上建筑物预定拆迁的情况下,往往采用这种方式。

② 建筑物估价

在土地与建筑物成为一体的状况下,仅就地上的建筑物进行估价。

③ 合并估价

对土地和地上建筑物共同估价或对其中一部分估价。

(3) 确定估价时点

估价时点是对估价对象的房地产决定其估价额的基准日期。由于房地产价格是随时间等因素的变化而不断变动着的,因此,只有估价时点确定以后,估出的价格才有意义。估价时间的详细程度取决于所要评估的房地产价格类型和市场变动程度,一般说来,买卖价格、租赁价格比抵押价格和课税价格所要求的时点详细,通常至少要指明月,甚至要到日。时点越详细,对估价精度的要求就越高,估价也就越困难。估价时点一般定为委托估价的当日或现场调查的当日。当然,为求取过去某个特定时期的价格(如有关诉讼案件的房地产价格),也可以将过去的某一特定时点作为估价时点。如果没有特别要求,估价时点通常定到月尾或月初比较常见,与企业的财务报表日相吻合。

2) 初选估价方法和人员

明确了估价作业的具体因素后,应初步选出拟采用适合于该估价对象房地产的估价方法。初选估价方法的目的,是为了使后面的资料收集与整理和实地查勘有的放矢,避免不必要的重复劳动。根据估价对象的目的、时点、日期及初选的估价方法可判断委托任务的轻重、易难和缓急程度,从而确定投入多少人力参加此项评估任务。评估人员的选定和工作安排以及评估人员各自分工负责的工作范围明确以后,有利于参与人员协同动作,相互配合,提高工作效率。

3) 估价作业的工作进度、费用安排

估价作业的时间性和实务性都很强,必须注意时效。整个估价工作的时间可以从接受委托之日起到交付估价报告止。一般委托人对估价完成的日期都有较高的要求,并在签订委托合同时作为重要条款写进合同,能否在约定时间内圆满地完成估价任务,不仅关系对估价方的经济利益,而且对估价方的信誉有着举足轻重的影响。因此,要通过估价作业计划,把估价作业的流程按程序规定好相应的时间进度和时限,使操作的每个步骤既科学有序,又省时省力。

估价作业计划中还可对费用安排、估价作业备忘录的编制等有关事项作出明确规定。制订估价作业计划的方法可以采用网络计划技术,以便选择最优方案,并在计划执行过程中有效地控制与监督。

4.2.3 资料的收集与整理

资料的收集与整理是估价人员在计划指导下充分占有和利用信息资源的阶段,也是为准确估价寻找依据、为现场查勘进行准备的阶段。资料收集的深度和广度很大程度上取决于在计划阶段初选的估价方法,一般应围绕着估价方法所赖以计算的资料数据进行收集。如对供出租用的写字楼拟选用收益还原法来评估其价格,则需收集可供出租的面积、出租率或空置率、租金水平、分摊折旧、负担利息、运营管理费、税收等方面的资料。

如某块土地拟选用假设开发法来评估其价格,需收集规定用途、容积率、覆盖率、建筑高度等方面的资料。

资料收集除了来源于评估委托人提供的必要资料和实地查勘所得资料外,估价人员还可以从估价机构建立的资料存储系统中提取有关资料,或到政府有关主管部门去查询,或向其他当事者、咨询公司询问。

房地产估价所需收集的资料主要包括以下几部分内容:

(1) 产权资料

产权资料是反映房地产所有权归属及其变化情况的综合资料,包括产权所有证、土地所有证、地形图、平面位置图。与房地产权归属及变更的有关资料,如房地产登记的原始记录,接代管产权资料,落实政策资料,房屋买卖、租赁、抵押资料,征地拆迁资料,私房改造资料等。

(2) 房地产建筑开发资料

主要包括建造开发的年代,主要结构材料、内部设计布局、设备装修、建筑造价等。在估价中,有些必需的资料无法从现场查勘中获得,可借助建筑开发的原始资料来确定。

(3) 房地产使用资料

包括房地产使用年限、程序、方式,房地产出租性质、期限、价格,房地产维修保护及现存的借用、占用情况等。

(4) 市场资料

包括房地产所处的地区环境、地理位置、繁荣程度、交通状况、客观环境的优劣,政府的城市规划、政策对房地产征用、改扩建的限制及市场交易的限制,以及相似房地产市场行情,包括成交价格、租赁条件、维修费用、使用收益及当前市场供需状况等。

4.2.4 现场查勘

现场查勘是指房地产估价人员亲临现场对估价对象的有关内容进行实地考查,以便对待估房地产的实体构造、权利状态、环境条件等具体内容进行充分了解和客观确认。在现场查勘阶段,评估委托人应负领勘之责,派员领勘。

现场查勘的主要内容有:

1) 对土地的查勘

评估人员对土地的查勘主要是了解地块的坐落位置、土地使用类别、面积、地形、地貌以及地上和地下建筑物的情况,地块与周边地块的搭界情况等。

2) 对房屋的查勘

对房屋查勘的主要项目有:

(1) 鉴定待估房屋的地址、坐落和房屋评估范围

房屋位置的正确性是房屋估价的前提,必须认真核对清楚。对同幢异产的房屋与同一地点内有多幢房屋的情况,要认真核实房屋的评估范围,正确区分产权的独有部分、共有部分或他人所有部分,以免出现误估,发生产权纠纷。

(2) 确认房屋的结构、装修、设备和面积

房屋契证上一般都有关于房屋的结构、面积的记载,但在实际中由于种种情况,如产权登记时的疏忽或房屋所有者自行改建装修等,都会使房屋的结构、面积与契证记载的情况有差异。因此,现场查勘时,应对房屋的结构和面积等情况进一步核查,防止因契证与实地不符而出现的估价失误。房屋的装修、设备、层高和朝向是房屋估价的基本内容,它的主要项目是墙体、屋顶、天花板、地面、门窗、隔间、层高、卫生设备和暖气设备等。了解房屋装修情况是一件细致繁琐的工作。

(3) 确定房屋的建造年份

确定房屋的建造年份是房屋评估不可缺少的组成部分,是评定房屋折旧情况的主要依据,必须予以查明。

(4) 评定房屋成新

房屋成新是影响房屋价格的重要因素,评估人员根据房屋的新旧程度评定标准,采取一听、二看、三查、四问、五测的工作方法鉴定房屋的成新。一听,是听取住房或使用者对房屋使用状况和破损情况的反映;二看,是根据听到的反映,结合所要评定的结构、装修、设备部分,查看房屋的下部、墙体、屋面的变形和不均匀沉降,以及梁、柱变形等情况,做出直观上的判断;三查,是对房屋承重结构部位、构件本身的刚度、强度进行测量检查,看其是否有潜在的危险;四问,是就查出的问题询问使用各方,了解其有关的情况;五测,是在条件具体时,用仪器测量房屋的结构变化情况,主要有地基沉降、墙体倾斜、屋架变形、裂缝等。从实际出发测定房屋成新程度,对解决建造年代不明或年代久远但仍有很大使用价值房屋的估价问题,具有重

要意义。

3) 勘丈绘图

勘丈绘图是指在房屋全面查勘丈量的基础上,将房屋的形状、位置、层次、结构、内部设施、墙体归属以及附属搭建等,按照一定比例如实反映到房屋平面图上,同时估价人员应认真逐项填写"房地产查勘评定表",作为估价的依据。

4) 拍照、录像

现场查勘中对重要的评估项目要进行拍照或录像。拍照或录像能直观地反映评估对象的特征,尤其是文字叙述未能达到对标的物理想的描述目的时,通过拍照或录像可以弥补其不足。拍照、录像对那些即将拆迁、有可能发生纠纷房屋的评估很有必要。

5) 对环境条件的确认

环境条件也是影响房地产价格的重要因素,而环境条件往往不是契书等文字材料标明的,另外环境条件的变动性很大,所以估价人员要亲临现场,逐步确认对待估房地产价格有影响的各因素的状态,通过实地调查,取得对待估房地产周边环境的客观认识。环境条件包括:商业服务、市政设施、文化教育、交通通信、卫生状况、生态环境、娱乐设施、人文自然景观等。

4.2.5 综合分析和估算

综合分析和估算是房地产估价的实质性阶段。根据较完备的资料,估价人员可选择估价方法,最终估算出房地产价格。这一阶段的作业包括两项:

1) 资料综合分析

资料综合分析的目的是为了确定房地产估算的基本数据,基本数据准确与否对估算的最终结果有直接影响。如果资料综合分析不能如实反映房屋建筑的各类技术数据,甚至发生失误,则会影响到价格评估的正确性,致使当事人蒙受不应有的损失,也会影响到估价师的声誉。

资料综合分析的重点是:①检查资料是否为估价所必需的资料,即注意该资料是否与委估房地产的种类、委托估价的目的与条件相符;②房屋产权的归属是决定评估房屋的价格的重要因素,一定要准确。

2) 价格形成分析

房地产价格的形成,一方面是基于它的实体因素,另一方面是基于它的影响因素。房地产价格的实体因素可以通过确认来把握,而影响因素则要通过有经验的评估人员加以分析,以便把握各因素对价格的影响程度。房地产价格的诸多影响因素可以划分为区域因素和个别因素两大方面。

(1) 区域分析

所谓区域分析,就是分析待估房地产界于何种地区,该地区有何种特征,该特征对房地产价格形成有何影响等。因为房地产价格会随其所处的地区特性的不同而有很大差别,如不把握地区特征就无法获得房地产的适当价格。进行区域分析时,主要应从房地产的用途分类着手,如住宅区、商业区、工业区等。这种分类并非城市规划上的使用分区,而是实际上的使用分区。同时,房地产的价格除受所属地区特性的影响外,类似地区及更广泛的同一供需圈的特性也会对其有重大影响。

因此,区域分析可分为邻近地区和类似地区两部分。邻近地区就是同类地区即待估房地产所属的地区类别,如住宅区、商业区、工业区、文化娱乐区等。估价时首先要判定类别;其次,区域划分的范围不宜过大;最后,类别判定要考虑未来发展。

类似地区是指与待估房地产所属地区相类似的其他地区。类似地区也可以用"同一供需圈"的概念解释。在"同一供需圈"内,同类房地产可形成替代关系,因而对价格形成有重大影响。

(2) 个别分析

是对待估房地产的个别因素进行的分析,是判定房地产最有效使用方向的工作过程,房地产价格就是以该房地产的最有效使用方向为前提而形成的。个别分析应当正确掌握待估房地产的地块条件、街道条件、临近条件、环境条件、行政条件等方面的因素,再依据邻近地区的特征,判断出最有效使用方向。

3) 估价方法的选择和价格估算

(1) 选择估价方法

在计划中初选的估价方法在这个阶段可以得到最后的确认并用于计算。尽管房地产估价方法比较多,但最基本的方法还是成本估价法、市场比较法和收益还原法三种。在进行房地产估价时,宜选用两种以上(含两种)估价方法进行估价。此外,两种以上估价方法进行估价不包括估价方法之间引用的情况。例如应用假设开发法估价,其中开发完成后的价值采用市场法或收益法评估,则此估价项目实际上采用的只有假设开发法一种估价方法,而不是同时采用了假设开发法、收益法或者市场法多种估价方法。

(2) 价格估算

选定估价方法后,可开始对房地产进行测算,其具体测算方法本书其他章节有专门论述。应该注意的是,房地产评估测算时,如有当地政府规定的测算标准,应认真采用,如《土地分等定级标准》、《房屋新旧程度评定标准》、《房屋耐用年限》、《房屋代议书标准》等。

(3) 价格调整

由于资料的限制和房地产价格的复杂性,使用不同方法估出的价格难以一致,因此需要进行价格调整。在进行价格调整之前,首先要对资料的运用等加以检验复核,其主要内容是:资料的选择及运用是否得当;各项房地产估价原则的应用是否得当;一般性因素分析及区域分析、个别分析是否适当;单位与总价的关联是否适当。其次,要对两种估价方法估算出的价格进行综合,综合的方法通常有三种:①简单算术平均。②加权算术平均。即赋予每个价格不同的权重,然后再综合出一个价格。通常对于评估该房地产最适用可靠的估价方法所算出的结果,赋予较大的权重,反之则赋予较小的权重。③以一种估价方法计算出的结果为主,其他方法计算出的结果只供参考。最后,估价人员要根据自己的经验、对影响价格诸因素的分析以及市场行情的研究,对综合测算出的结果再作调整,以最后综合评估决定出估价额。在实际工作中,最后决定的估价额,可能以计算出的价格为主,也可能以估价人员的其他判断为主,而计算结果只作为参考。

4.2.6 撰写估价报告书

经评估测算出对象房地产的估价额后,应将估价成果写成估价报告书。估价报告书是记述估价成果的文件,它把估价过程中有关的数据、办法、要点及最后的结果以正式的书面形式反映出来。

1) 目的

房地产估价报告是估价人员基于估价对象的估价目的,将估价过程中采用的原则、方法、程序、依据与参数选择、数据资料取舍、估价结果以及估价人员、估价机构、注意事项等进行翔实而完整的记载,以履行委托估价方委托的估价合同。

估价报告是房地产估价机构履行委托估价合同的成果,也是估价机构所承担法律责任的书面文件。估价机构通过估价报告(包括附录)证明其估价的依据是充分的,评估方法是科学的,估价结果是客观、公正和合理的。

估价报告又是房地产估价管理组织对估价机构评定质量和资质等级的重要依据,因为它反映了估价人员的业务水平、工作经验乃至职业道德。

因此,撰写好估价报告书不仅是估价过程的总结,也是估价水平的体现,是十分重要的一项工作。

2) 要求

鉴于估价报告的重要性,撰写时应有相应的要求,主要表现为:

(1) 独立性

估价报告的撰写应是估价机构独立完成的,它不应受有关部门或有关人士的影响和干扰,以客观、公正、科学、合理地反映估价过程和估价结果。

(2) 客观性

撰写的估价报告必须客观公正,实事求是,真实反映估价工作情况。如资料引用要正确,内容要翔实,不允许引用片面资料、断章资料,甚至虚假资料;判断要客观,应根据翔实可靠的资料,客观选择和判断有关参数或调整程度;防止先入为主,先定结论再找依据的做法,使估价陷于主观性;对一些确因客观条件所限而又必须做出判断或推测的参数或修正程度,估价人员应作出实事求是的分析,摆出自己的观点,用词要准确、客观、科学,语义要明确,不能含混不清、模棱两可,忌用带有较强烈感情色彩的词汇和词句;要防止错别字和错漏词。

(3) 完整性

估价报告内容要完整,既要有估价过程这一主干部分,也要有封面、扉页、附录等其他部分,一般应包括封面、扉页、目录、估价报告、估价技术报告、附录等内容。

3) 格式

房地产估价报告的格式一般有表格式和叙述式两种。

(1) 表格式

表格式是一种相对固定化了的估价报告格式,估价人员只需按表格要求逐项填写即可。

这种估价报告的优点是操作方便,不易遗留,估价人员撰写报告省时省力。缺点是:首先,对一些特殊性、个别性的内容,如有关参数的选择、调整幅度的确定等,不能详细分析,突出重点,而这一点往往是估价报告质量和估价人员业务水平的体现所在;其次,对一些需说明的内容不能描述和重点说明,如建筑物装修与使用情况。

因此,表格式估价报告一般用于大量和单一类型的估价,如旧城区批量房屋拆迁的分户估价。

(2) 叙述式

叙述式是一种由估价人员根据需要而撰写的估价报告格式。这一格式与表格式相比优点是估价人员可根据估价对象、资料状况、估价经验等进行详细分析和阐述,突出重点参数的选择与确定等,缺点是易出现片面性或遗留情况。

两种估价报告的格式虽有所差异,但基本内容是一样的,但从报告的庄重性和所体现的估价机构的水平而言,目前一般采用叙述式估价报告。

4) 内容

尽管房地产估价报告的格式不一,但所述内容(不包括封面等)一般应包括以下四个部分:

(1) 概述或摘要

概述或摘要包括估价项目名称、委托估价方、估价方、估价目的、估价依据、估价时点、估价日期价原则、估价方法、估价结果、结果适用范围与注意事项、估价师签字、估价机构盖章等。

(2) 估价对象及价格影响因素分析

① 估价对象,包括估价对象物质实体和产权状况。其中:估价对象物质实体,包括宗地的坐落、位置、面积、形状、土地级别、土地使用权出让年限、剩余使用年限、允许容积率、地形地质条件、临街状况、生熟程度等;建筑物的建筑面积、结构、类型、设备、装修、层高、楼层、朝向、建成年代、新旧程度等。

估价对象产权状况,即要明确估价对象产权界定。包括:土地使用权证是否已经取得,土地出让金是否已按土地出让合同的规定付清;土地是否有分割,是否设有抵押权或其他权利,如地上权;是独立产权还是共有产权;以行政划拨取得的国有土地使用权,在进入土地市场前,是否已补交地价款;原集体所有的土地,在进行房地产开发经营项目前,是否已依法征用为国有土地并办理国有土地使用权出让手续;设定的土地抵押权期限是否超过土地使用权的剩余使用年限;房屋所有权证是否已取得;建筑物的使用状况与权证或合同是否相符;公共部位的归属问题;采光权、通行权、不受污染权是否完备;在建项目是否存在联建单位,如存在,则联建单位拥有的房地产是否在合同评估之列,如何归属;在建项目是否有建设工程规划许可证、施工许可证,是否有商品房预售许可证等。

② 房地产价格影响因素,指估价对象所在房地产市场及其价格影响因素。包括:宏观因素,分析宏观经济背景、税收政策、产业政策、城市经济发展、城市规划等对房地产价格的影响;区域因素,分析商服繁华影响度、公共交通和对外交通状况、基本设施状况、环境条件、规划限制、互补性物业和竞争性物业状况等对房地产价格的影响;微观因素,分析估价对象或待开发房地产是否处于最有效使用状态、估价对象物质实体等对房地产价格的影响。

(3) 估价过程

估价过程包括采用的估价方法与选择依据、技术路线与有关参数的确定及依据、测算过程、试算价格综合及估价结果、需要特殊说明的事项,如估价的假设条件、报告使用及对外提供的限制条件、估价结果的有效条件等。

(4) 附录

附录是指估价过程中引用的用以证明估价过程合法、合理和科学的重要资料。主要有:①产权证件及相应证明材料,包括土地使用权证、土地使用条件、房屋所有权证、建设工程规划许可证、施工许可证、商品房预售许可证,土地使用权出让合同、土地使用权出让金交款凭证、商品房买卖契约、土地(房屋)抵押合同、有关批文等。②图件,如地籍图、宗地图、规划平面图、建筑平面图等。③背景材料,如有关照片。④资质证书,包括估价机构资质证书、估价人员资格证书。

4.3 房地产估价规范

为了规范房地产估价行为,统一估价程序和方法,做到估价结果客观、公正、合理,原国家建设部颁布了《房地产估价规范》(GB/T 50291—1999),详见本书附录。此规范为推荐性国家标准,自1999年6月1日起施行。

《房地产估价规范》共分9大部分,重点阐述了估价原则、估价程序、估价方法、不同目的下的估价、估价结果、估价报告6大板块内容。

1) 估价原则

房地产估价应遵循：①合法原则；②最高最佳使用原则；③替代原则；④估价时点原则。

2) 估价程序

规定自接受估价委托至完成估价报告期间，房地产估价应按下列程序进行：①明确估价基本项；②拟定估价作业方案；③搜集估价所需资料；④实地查勘估价对象；⑤选定估价方法计算；⑥确定估价结果；⑦撰写估价报告；⑧估价资料归档。

3) 估价方法

(1) 方法选用

对同一估价对象宜选用两种以上的估价方法进行估价。根据已明确的估价目的，若估价对象适宜采用多种估价方法进行估价，应同时采用多种估价方法进行估价，不得随意取舍；若必须取舍，应在估价报告中予以说明并陈述理由。有条件选用市场比较法进行估价的，应以市场比较法为主要的估价方法。收益性房地产的估价，应选用收益法作为其中的一种估价方法。具有投资开发或再开发潜力的房地产的估价，应选用假设开发法作为其中的一种估价方法。在无市场依据或市场依据不充分而不宜采用市场比较法、收益法、假设开发法进行估价的情况下，可采用成本法作为主要的估价方法。

(2) 市场比较法

运用市场比较法估价应按下列步骤进行：①搜集交易实例；②选取可比实例；③建立价格可比基础；④进行交易情况修正；⑤进行交易日期修正；⑥进行区域因素修正；⑦进行个别因素修正；⑧求出比准价格。

(3) 收益法

运用收益法估价应按下列步骤进行：①搜集有关收入和费用的资料；②估算潜在毛收入；③估算有效毛收入；④估算运营费用；⑤估算净收益；⑥选用适当的资本比率；⑦选用适宜的计算公式求出收益价格。

(4) 成本法

运用成本法估价应按下列步骤进行：①搜集有关成本、税费、开发利润等资料；②估算重置价格或重建价格；③估算折旧；④求出积算价格。

(5) 假设开发法

运用假设开发法估价应按下列步骤进行：①调查待开发房地产的基本情况；②选择最佳的开发利用方式；③估计开发建设期；④预测开发完成后的房地产价值；⑤估算开发成本、管理费用、投资利息、销售税费、开发利润、投资者购买待开发房地产应负担的税费；⑥进行具体计算。

(6) 基准地价修正法

运用基准地价修正法估价应按下列步骤进行：①搜集有关基准地价的资料；②确定估价对象所处地段的基准地价；③进行交易日期修正；④进行区域因素修正；⑤进行个别因素修正；⑥求出估价对象宗地价格。

4) 不同估价目的下的估价

房地产估价按估价目的进行分类，主要有下列类别：①土地使用权出让价格评估；②房地产转让价格评估；③房地产租赁价格评估；④房地产抵押价值评估；⑤房地产保险估价；⑥房地产课税估价；⑦征地和房屋拆迁补偿估价；⑧房地产分割、合并估价；⑨房地产纠纷估价；⑩房地产拍卖底价评估。

规范对不同目的的房地产估价应遵循的法律、规范、适宜采用的方法均作了详细规定。

5) 估价结果

对不同估价方法估算出的结果，应进行比较分析。当这些结果差异较大时，应寻找并排除出现差异的原因。在确认所选用的估价方法估算出的结果无误之后，应根据具体情况计算求出一个综合结果。在求出一个综合结果的基础上，应考虑不可量化的价格影响因素，对该结果进行适当的调整，或取整，或认定该结果，作为最终的估价结果。当有调整时，应在估价报告中明确阐述理由。

6) 估价报告

估价报告应做到全面性、公正性和客观性、准确性、概括性。一份完整的估价报告应包括下列部分：①封面；②目录；③致委托方函；④估价师声明；⑤估价的假设和限制条件；⑥估价结果报告；⑦估价技术报告；⑧附件。

此外，房地产估价实际操作中不可避免要涉及土地的估价，对于城市规划区范围内建设用地的"基准地价"和"宗地地价"评估，可以参考国土资源部主编的《城镇土地估价规程》(GB/T 18508—2001)。《城镇土地估价规程》和《房地产估价规范》都属于国家技术标准，但两者在技术要求、专用名词术语、估价报告编制格式上存在较大的差异，这一状况不利于规范房地产市场、加强土地资产的统一管理。因此，必须考虑在适当的时机，统一两个估价技术标准。

复习思考题

1. 简述房地产估价程序。
2. 简述房地产估价报告的主要内容。
3. 资料综合分析的重点是什么？
4. 常见的房地产估价方法有哪些？
5. 房地产估价报告的主要内容有哪些？

5 成 本 法

> **本章概要**
>
> 成本法是房地产评估方法中最基本的方法之一,其基本思想是求取估价对象在估价时点时的重置价格或重建价格,然后扣除折旧,以此估算估价对象的客观合理价格或价值的方法。成本法也可以说是以房地产价格各个构成部分的累加为基础来估算房地产价格的方法。成本法又称原价法、合同法、加法、承包商法,在旧的房地产估价中通常称为重置成本法。

5.1 成本法的概念与使用范围

5.1.1 成本法的概念

成本法(Cost Approach)又称原价法、成本逼近法,是房地产估价三大基本方法之一。它是通过求取估价对象在估价时点的重新购建价格,然后扣除折旧,以此估算估价对象的客观合理价格或价值的方法。采用成本法求得的房地产价格又称积算价格。

所谓重新购建价格,是指假设在估价时点重新取得全新状况的估价对象的必要支出,或者重新开发建设全新状况的估价对象的必要支出和应得利润。所谓建筑物折旧,是指各种原因造成的建筑物价值损失,其金额为建筑物在估价时点的市场价值与在估价时点的重新购建价格之差。

因此,成本法实质上是以房地产价格各构成部分的成本累加来估算房地产价格的方法。成本法里的"成本"也不仅指通常意义上的成本,而且还指价格(包含利润)、费用、支出、代价等相关概念。该方法的优点是容易让人们了解房地产价值是由哪些部分组成,而且这些价格构成有相关文件作为依据,如费用、税金、利润等的规定标准。

5.1.2 成本法的理论依据

成本法的理论依据可以从买卖双方两个角度分别分析。

从卖方的角度看,成本法的理论依据是生产费用价值论——商品的价格是依据其生产所必要的费用决定的。房地产价格是基于其过去的"生产费用",重在过去的投入。也就是说卖方愿意接受的最低价格不能低于他为开发建设该房地产已花费的代价(包括合理的利润和税金),如果低于该代价,就要亏本。进一步来看,当一种房地产的市场价格低于它的成本(包括合理的利润和税金)时,它就不会被开发建设,除非它的市场价格升高了;而如果一种房地产的市场价格远远高于它的成本,那它将会很快进入市场,直到它的市场价格降下来。

从买方的角度来分析,成本法的理论依据是替代原理。即买方愿意支付的最高价格不能高于他预计重新开发建设该房地产的必要支出。如果高于该支出,他还不如自己开发建设(或者委托别人开发建设)。例如,当房地产为土地与建筑物的综合体时,买方在确定其购买价格时通常会这样考虑:如果自己另外购买一块类似土地的现时价格是多少,然后在该块土地上建造类似建筑物的现时费用又是多少,此两者之和便是自己所愿意支付的最高价格。

由此可见,买卖双方可以接受的共同点是包含了开发建设必要支出、利润和税费的正常成本价格。因此,房地产价格就可以根据开发或建造估价对象所需要的各项必要费用之和,加上利润、税费来评估房地产的价格。而房地产的成本价格是随时间变化而不断变化的,所以,确定估价时点是成本法的关键。

5.1.3 成本法的适用范围

由于所有房地产的开发建设都需要一定的成本,因此从理论上讲各种新近开发建设完成的房地产、可以假设重新开发建设的现有房地产、正在开发建设和计划开发建设的房地产都可以用成本法来估价。但成本法由于其特点更适用于下述情形的房地产估价。

(1) 当房地产市场规模狭小,其市场可比实例不多,或由于新开发地区形成独立的地域环境,而无法运用市场比较法或收益法估价时,可采用成本法。

(2) 无经济收益,而限制了收益法运用同时也很少发生交易的房地产。如学校、医院、图书馆、体育场馆、公园、行政办公楼、军队营房等以公益、公用为目的的房地产,特别适用成本法估价。

(3) 化工厂、钢铁厂、电厂、码头、机场之类有独特设计或者只针对个别使用者的特殊需要而开发建设的房地产。

(4) 房地产保险及其他损害赔偿中,通常也采用成本法估价。需要将房地产按照价格构成评估的房地产。例如,在房地产保险(包括投保和理赔)及其他房地产损害赔偿中,需要将投保物(如建筑物)同非投保物(如土地)区别开来;又如某种补偿为目的的估价,如动拆迁需要换地重建时,对建筑物的补偿价格也是以成本法评估。

5.2 成本法估价过程及成本构成

5.2.1 成本法的估价过程

由成本法估价的含义可知,重新购建价格以及折旧的求取是应用成本法估价的关键所在。总体说来,成本法估价一般按如下步骤进行:
(1) 弄清估价对象房地产的价格构成;
(2) 勘察估价对象房地产的状况,搜集相关成本、税费和开发利润等资料;
(3) 测算重新购建价格;
(4) 测算建筑物折旧;
(5) 求取房地产价格。

成本法估价步骤如图 5-1 所示。

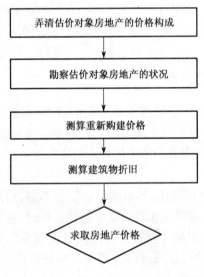

图 5-1 成本法估价步骤

5.2.2 房地产价格的成本构成

弄清房地产价格的构成是运用成本法估价的一项基础性工作。现实情况中房地产价格的构成极其复杂,由于土地取得、房地产开发建设、房地产税费等制度、政策尚不完善且时常变化,不同地区、不同时期、不同用途或不同类型的房地产,其价格构成有所不同。房地产价格的构成还可能因不同的单位和个人的划分标准和角度不同而有所差异。在实际运用成本法估价时,不论估价对象房地产价格构成多么复杂,最为关键的是要深入调查、了解当地从获取土地一直到房屋竣工验收乃至完成租售的全过程中所需要做的各项工作,以及所涉及的所有必要支出(包括各项成本、费用和税金)及其支付方式或者收取、缴纳的标准、时间和依据,既不能重复也不能遗漏。在此基础上,结合估价对象的实际情况,才能合理确定估价对象价格的具体构成,并测算出各个构成项目的金额。

以房地产开发商取得房地产开发用地进行房屋建设,然后销售所建成的商品房这种典型的房地产开发经营方式为例,房地产价格一般可以划分为七项:土地取得成本、开发成本、管理费用、销售费用、投资利息、销售税费和开发利润。

对于不同状态的估价对象,成本构成中各项的计算方法不完全相同。

1)土地取得成本

土地取得成本是指取得房地产开发用地的必要支出。在目前情况下,土地取得成本的构成因取得房地产开发用地的途径不同而不同。取得房地产开发用地的途径可归纳为以下三类情况:①通过市场购买取得;②通过征收集体土地取得;③通过城市房屋拆迁取得。在实际估价中,应根据估价对象的实际情况(如位置、当地同类土地取得的主要途径)选取上述三种途径之一来求取。

(1)市场购买下的土地取得成本

在完善、成熟的土地市场下,土地取得成本一般是由购买土地的价款和应当由买方(如房地产开发商)缴纳的税费构成。目前主要是购买政府招标、拍卖、挂牌出让的已完成征收或拆迁补偿安置的土地使用权,或者购买房地产开发商转让的已完成征收或拆迁补偿安置的土地使用权。这种情况下的土地取得成本主要由下列几项组成:①土地使用权购买价格,一般是采用市场法求取,也可以用基准地价修正法、成本法求取。②买方应当缴纳的税费,包括契税、印花税、交易手续费等,通常是根据税法及中央和地方政府的有关规定,按照土地使用权购买价格的一定比例来测算。

[例5-1] 某宗面积为5 000 m^2 的房地产开发用地,市场价格(楼面地价)为2 000元/m^2,容积率为2,受让人需按照受让价格的3%缴纳契税等税费,受让人取得该土地的总成本为土地费用加税费,即:

$$2\,000 \times 5\,000 \times 2 \times (1+3\%) = 2\,060(万元)$$

(2)市场购买下征收集体土地的土地取得成本

征收集体土地下的土地取得成本包括征地补偿安置费用、相关税费和土地使用权出让金等土地有偿使用费三个部分。

征地补偿安置费用,也称为征地补偿费用,一般由以下4项费用组成:土地补偿费、安置补助费、地上附着物和青苗补偿费和被征地农民的社会保障费用。这些费用一般是根据有关规定的标准或者采用市场法求取。

相关税费,一般包括以下4项税费:征地管理费、耕地占用税、耕地开垦费和新菜地开发建设基金。这些税费一般是依照有关规定的标准求取。

土地使用权出让金等土地有偿使用费,一般是依照有关规定的标准或采用市场法求取。

(3) 城市房屋拆迁下的土地取得成本

城市房屋拆迁下的土地取得成本包括房屋拆迁补偿安置费用、相关费用和土地使用权出让金等土地有偿使用费3部分。

房屋拆迁补偿安置费用,一般由以下5项费用组成:被拆迁房屋的房地产市场价格、被拆迁房屋室内自行装饰装修的补偿金额、拆迁补助费、安置补助费和拆迁非住宅房屋造成停产停业的补偿费。这些费用一般是采用市场法或根据有关规定的标准求取。

相关费用一般包括以下4项费用:房屋拆迁管理费、房屋拆迁服务费、房屋拆迁估价费、房屋拆除和渣土清运费。这些费用一般是依照有关规定的标准或采用市场法求取。

土地使用权出让金等土地有偿使用费,一般是依照有关规定的标准或采用市场法求取。

2) 开发成本

开发成本是指在取得的房地产开发用地上进行基础设施建设、房屋建设所必要的直接费用、税金等,主要包括下列几项内容:

(1) 勘察设计和前期工程费

例如市场调查、可行性研究、工程勘察、环境影响评价、规划及建筑设计、建设工程招投标、施工的通水、通电、通路、场地平整及临时用房等开发项目前期工作所必要的费用。要注意场地平整等费用与前面的土地取得成本的衔接,如果土地取得成本中包含了房屋拆除费(拆除房屋和清运渣土等费用)或者取得的房地产开发用地是"七通一平"等场地平整的熟地,则在此就没有或者只有部分场地平整等费用。一般情况下,规划设计费按建筑安装工程费的3%左右计算,可行性研究费用按项目总投资的1%~3%计算,水文地质勘察费按设计概算的0.5%左右计算。

(2) 建筑安装工程费

建筑安装工程费包括建造商品房及附属工程所发生的土建工程费用、安装工程费用、装饰装修工程费用等。附属工程是指房屋周围的围墙、水池、建筑小品、绿化等。要注意避免与下面的基础设施建设费、公共配套设施建设费重复计算。

(3) 基础设施建设费

基础设施建设费包括城市规划要求配套的道路、给排水(给水、雨水、污水、中水)、电力、燃气、热力、电信、有线电视等设施的建设费用。如果取得的房地产开发用地是熟地,则基础设施建设费已部分或全部包含在土地取得成本中,在此就只有部分基础设施建设费或者没有基础设施建设费。

(4) 公共配套设施建设费

公共配套设施建设费包括城市规划要求配套的教育(如幼儿园)、医疗卫生(如医院)、文化体育(如文化活动中心)、社区服务(如居委会)、市政公用(如公共厕所)等非营业性设施的建设费用。

(5) 其他工程费

其他工程费包括工程监理费、竣工验收费等。

(6) 开发期间税费

开发期间税费包括有关税收和地方政府或其有关部门收取的费用,人防工程费等。

可以将上述开发成本划分为土地开发成本和建筑物建设成本。其中,开发成本本质上应归属于土地价值的基础设施建设费等费用,属于土地开发成本;开发成本减去土地开发成本后的余额,属于建筑物建设成本。公共配套设施建设费等费用视土地市场成熟度、房地产开发用地大小等情况,归入土地开发成本或建筑物建设成本中,或者在两者之间进行合理分摊。

3) 管理费用

管理费用是指房地产开发商为组织和管理房地产开发与经营活动所必要的费用,包括房地产开发商的人员工资及福利费、办公费、差旅费等,可按照土地取得成本与开发成本之和的一定比例计取。因此,在估价时,管理费用通常可按照土地取得成本与开发成本之和与相应比例的乘积来测算。

4) 销售费用

销售费用也称为销售成本,是指销售未来开发完成的房地产或者销售已经开发完成的房地产所必要的费用,包括广告费、销售资料制作费、样板房或样板房建设费、售楼处建设费、销售人员费用或者销售代理费等。为便于投资利息的测算,销售费用应当区分为销售之前发生的费用和与销售同时发生的费用。广告费、销售资料制作费、样板房或样板间建设费和售楼处建设费一般是在销售之前发生的,销售代理费一般是与销售同时发生的。销售费用通常按照售价乘以一定比例来测算。

5) 投资利息

投资利息与财务费用不完全相同,是指在房地产开发完成或实现销售之前发生的所有必要费用应计算的利息,而不仅是借款的利息和手续费。因此,土地取得成本、开发成本、管理费用和销售费用,无论它们是来自借贷资金还是自有资金,均应计算利息。因为借贷资金要支付贷款利息,自有资金要放弃可得的存款利息,此外,从估价的角度看,为了使评估出的价值客观合理,也要把房地产开发商的自有资金应获得的利息与其应获得的利润分开,不能算作开发利润。

在计算房地产投资利息时,一般以复利计算,公式为:

$$R = Q[(1+r)^n - 1]$$

式中,R 为利息额;Q 为资金额;r 为利息率;n 为计息期。

利率的选取应参照同期银行公布的贷款利率。

应计息的项目包括土地取得成本、开发成本、管理费用和销售费用。销售税费一般不计算利息。

计息周期是计算利息的时间单位。计息周期可以是年、半年、季、月等,通常为年。

投资利息与计息期的长短有密切关系,计算投资利息的一项基础工作就是要估算开发期。在成本法中,开发期的起点一般是取得房地产开发用地的日期,终点是估价对象开发完成的日期,并由于一般假设估价对象在估价时点开发完成,所以开发期的终点一般是估价时点,如当估价对象为现房的,一般是假设估价对象在估价时点时竣工验收完成。

例如,采用成本法评估某幢旧写字楼现在的价值,根据现在开发建设类似写字楼从取得土地到竣工验收完成正常需要 24 个月,则估算该写字楼的开发期应为 24 个月。虽然该写字楼早已建成,但成本法估价要假设该写字楼是在估价时点时建成,这就相当于在 24 个月前就开始取得土地。

对于在土地上进行房屋建设的情况来说,开发期又可分为前期和建造期。前期是从取得房地产开发用地到动工开发的这段时间。建造期是从动工开发到房屋竣工验收完成的这段时间。另外需要指出的是,开发期一般能较准确地估算,但在现实中可能会由于某些特殊因素的影响,使开发期延长。由于开发期延长,房地产开发商一方面要承担更多的投资利息,另一方面要承担总费用上涨的风险。但这类特殊的非正常因素在估算开发期时一般不考虑。

确定了开发期以后,便可以估计土地取得成本、开发成本、管理费用和销售费用在该开发期间发生的时间及发生的金额。土地取得成本、开发成本、管理费用、销售费用等的金额,均应按照它们在估价时点(在此假设为现在)的正常水平来估算,而不是按照它们在实际发生时的实际或正常水平来估算。

另外,在现实中,有的费用不是集中在一个时点发生,而是分散在一个时期内发生。如一般土地取得费用应在取得土地时付清,而土地开发费用在开发期中分期投入,二者的计息期不同,在计算利息时应分别处理。

土地取得费用的利息,计息基数为土地取得费用,计息期为支付时到开发完成的时间。土地开发费用和建筑物开发费的利息可以根据具体情况分别进行处理。如果开发费用在整个开发期内均匀投入,为了计算处理方便,可以看成是将全部投资集中在开发期的中间时点一次性投入,即计息期为开发期的一半;如果开发费用在开发期内分期投入,各期投入的资金分别计算利息,有明确投入时间点的,以分期资金的投入时间点到开发完成时间点之间的时段为计息期,在各期内均匀投入的,视为在各期中间时间点一次性投入,以各期中间时间点到开发完成时间点之间的时段为计息期。

6) 销售税费

销售税费是指预售未来开发完成的房地产或者销售已经开发完成的房地产应由销售方(如房地产开发商)缴纳的税费,可分为两类:销售税金及附加,包括营业税、城市维护建设税和教育费附加(通常简称为"两税一费");其他销售税费,包括印花税、交易手续费等。

销售税费一般是按照售价的一定比例收取,实际估价中,销售税费通常按销售价格乘以一定比例来测算。

7) 开发利润

房地产企业作为"利润最大化"的经济人,房地产投资的目的是为了获取相应的回报,房地产开发投资应计算合理的利润。开发利润是指房地产开发商(业主)的利润,而不是建筑承包商的利润。建筑承包商的利润已包含在建筑安装工程费等费用中。

现实中的开发利润是由销售收入(售价)减去各项成本、费用、税金后的余额。而在成本法中,"售价"是未知的,是需要求取的,开发利润则是典型的房地产开发商进行特定的房地产开发所期望获得的利润,是需要事先估算的。

因此,运用成本法估价需要先估算出开发利润。测算开发利润应掌握以下几点:

(1) 开发利润是缴纳土地增值税和企业所得税前的,简称税前利润。
即:

开发利润 = 开发完成后房地产价值 − 土地开发取得成本 − 开发成本 − 管理费用 − 销售费用 − 投资利息 − 销售税费

(2) 开发利润是该类房地产开发项目在正常条件下房地产开发商所能获得的平均利润,而不是个别房地产开发商最终实际获得的利润,也不是个别房地产开发商所期望获得的利润。

(3) 开发利润通常按照一定基数乘以相应的利润率来估算。

开发利润的计算基数和相应的利润率主要有下列四种:

① 计算基数=土地取得成本+开发成本,相应的利润率可称为直接成本利润率,即:

开发利润 = 直接成本利润率 × (土地取得成本 + 开发成本)

② 计算基数＝土地取得成本＋开发成本＋管理费用＋销售费用，相应的利润率称为投资利润率，即：

开发利润 ＝ 投资利润率×（土地取得成本＋开发成本＋管理费用＋销售费用）

③ 计算基数＝土地取得成本＋开发成本＋管理费用＋销售费用＋投资利息，相应的利润率称为成本利润率，即：

开发利润 ＝ 成本利润率×（土地取得成本＋开发成本＋
管理费用＋销售费用＋投资利息）

④ 计算基数＝土地取得成本＋开发成本＋管理费用＋销售费用＋投资利息＋销售税费＋开发利润＝开发完成后的房地产价值（售价），相应的利润率称为销售利润率，即：

开发利润＝ 销售利润率×开发完成后的房地产价值（售价）
　　　　＝ 销售利润率×（土地取得成本＋开发成本＋管理费用＋
销售费用＋投资利息＋销售税费＋开发利润）

所以：

开发利润 ＝ 销售利润率×（土地取得成本＋开发成本＋
管理费用＋销售费用＋投资利息＋
销售税费）÷（1－销售利润率）

(4) 确定利润率需考虑的因素

利润率的确定通常考虑以下三方面因素：

① 开发土地的利用类型；

② 开发周期的长短，一般开发周期越长，占用资金时间也就越久，利润率也相应要求高些；

③ 开发土地所处地区的经济环境，一般经济发达地区的利润率较高。

由于有不同的利润率，所以在估算开发利润时要弄清利润率的内涵，注意计算基数与利润率之间的匹配，即选取不同的利润率，应采用相应的计算基数；或者反过来，采用不同的计算基数，应选取相应的利润率。

5.3 成本法的基本公式

5.3.1 成本法的基础公式

根据成本法的概念以及步骤，成本法最基础的公式为：

房地产价格 ＝ 重新购建价格 － 建筑物折旧

上述公式可以根据以下两类估价对象而具体化，一是新开发的房地产，二是旧的房地产。

5.3.2 适用于新开发的房地产的基本公式

新开发的房地产又可以分为新开发的土地、新建成的建筑物和新开发的房地产三种情况。

（1）适用于新开发土地的基本公式

新开发的土地包括填海造地、开发洼地、征用集体土地并进行"三通一平"等基础设施建设和场地平整后的土地、城市房屋拆迁并进行基础设施改造和场地平整后的土地等。在这些情况下，成本法的基本公式为：

新开发土地的价格 ＝ 土地取得成本 ＋ 土地开发成本 ＋ 管理费用 ＋
　　　　　　　　　销售费用 ＋ 投资利息 ＋ 销售税费 ＋ 开发利润

（2）适用于新建成建筑物的基本公式

新建成的建筑物价格不应包含土地取得成本、土地开发成本以及与土地取得成本、土地开发成本相应的管理费用、销售费用、投资利息、销售税费和开发利润。即：

新开发的建筑物价格 ＝ 建筑物建设成本 ＋ 管理费用 ＋ 销售费用 ＋
　　　　　　　　　　投资利息 ＋ 销售税费 ＋ 开发利润

（3）适用于新开发房地产的基本公式

将新开发土地价格和新建成建筑物的价格合起来就是新开发房地产的价格。

新开发的房地产的价格 ＝ 土地取得成本 ＋ 土地开发成本 ＋
　　　　　　　　　　　建筑物建设成本 ＋ 管理费用 ＋ 销售费用 ＋
　　　　　　　　　　　投资利息 ＋ 销售税费 ＋ 开发利润

另外，新开发的房地产采用成本法估价虽然一般不存在物质折旧，但应考虑其选址是否适当、规划设计是否合理、工程质量的优劣、周围环境景观的好坏、该类房地产的市场供求状况等，全面衡量其功能折旧、经济折旧以及可能的增值因素，予以适当的减价或增值调整。

5.3.3 适用于旧房地产的基本公式

（1）在评估旧房地产价值的情况下，成本法的基本公式为：

$$旧的房地产价格 = 房地产重新购建价格 - 建筑物折旧$$

或者

$$旧房地产的价格 = 土地重新购建价格 + 建筑物重新购建价格 - 建筑物折旧$$

（2）适用于旧建筑物的基本公式

$$旧建筑物的价格 = 建筑物重新购建价格 - 建筑物折旧$$

5.4 重新购建价格的求取

5.4.1 重新购建价格的含义

重新购建价格也称为重新购建成本，是指假设在估价时点重新取得全新状况的估价对象的必要支出，例如购置价款、税费，或者重新开发建设全新状况的估价对象的必要支出及应得利润，其中，重新取得可以简单地理解为重新购买，重新开发建设可以简单地理解为重新生产。把握重新购建价格的含义，应该注意以下3点：

（1）重新购建价格应当是估价时点的价格

在重新开发建设的情况下，重新购建价格是在估价时点的国家财税制度和市场价格体系下，按照估价时点的房地产价格构成来测算的价格。但应注意的是，估价时点并非总是"现在"，也可能是"过去"或"未来"。

（2）重新购建价格应当是客观的价格

重新取得的支出或者重新开发建设的支出和利润，不是个别单位或个人实际的支出和利润，而是必须付出的成本、费用、税金和应当获得的利润，并且为相同或者相似房地产开发建设活动的平均水平，亦即客观成本而不是实际成本。如果实际支出超出了平均水平，则超出的部分不仅不能构成价格，而且是一种浪费；反之，实际支出低于平均水平的部分，不会降低价格，只会形成个别单位或个人的超额利润。

（3）建筑物的重新购建价格应当是在全新状况下的价格，土地的重新购建价格应当是在估价时点状况下的价格

建筑物的重新购建价格中未扣除建筑物折旧，而土地的增价、减价因素一般已考虑在土地的重新购建价格中。例如，估价对象中的土地是10年前取得的商业用途法定最高年限40年的土地使用权，求取其重新购建价格时，不是求取其40年土地使用权的价格，而是求取其剩余30年土地使用权的价格。再如，如果该土地目前的交通状况比其10年前有了很大改善，求取该土地的重新购建价格时不是求取

其10年前交通状况下的价格,而是求取其目前交通状况下的价格。

5.4.2 重新购建价格的求取思路

1) 房地重新购建价格的求取思路

求取房地的重新购建价格有两大路径:一是不将该房地分为土地和建筑物两个相对独立的部分,而是模拟房地产开发商的房地产开发过程,在房地产价格构成的基础上,采用成本法来求取;二是将该房地分为土地和建筑物两个相对独立的部分,先求取土地的重新购建价格,再求取建筑物的重新购建价格,然后将这两者相加来求取。后一种路径适用于土地市场上以能直接在其上进行房屋建设的小块熟地交易为主的情况,或者适用于有关成本、费用、税金、利润,特别是基础设施建设费、公共配套设施建设费较容易地在土地和建筑物之间进行分配的情况。

2) 土地重新购建价格的求取思路

求取土地的重新购建价格,通常是假设该土地上没有建筑物,除此之外的状况均维持不变,然后采用市场法、基准地价修正法等求取该土地的重新购置价格。这种求取思路特别适用于城市建成区内难以求取重新开发成本的土地。求取土地的重新购建价格,也可以采用成本法求取其重新开发成本。因此,土地的重新购建价格可进一步分为重新购置价格和重新开发成本。在求取旧的房地特别是其中建筑物破旧的土地重新购建价格时应注意,有时需要考虑土地上已有的旧建筑物导致的土地价值减损,即此时空地的价值大于有旧的建筑物的土地价值,甚至大于有旧的建筑物的房地价值。

3) 建筑物重新购建价格的求取思路

求取建筑物的重新购建价格,是假设该建筑物占用的土地已经取得,并且该土地为没有该建筑物的空地,但除了没有该建筑物之外,其他状况均维持不变,然后在该土地上建造与该建筑物相同或者具有同等效用的全新建筑物的必要支出及应得利润;也可以设想将该全新建筑物发包给建筑承包商建造,由建筑承包商将能直接使用的全新建筑物移交给发包人,这种情况下发包人应支付给建筑承包商的全部费用(工程承发包价格),再加上发包人的其他必要支出(管理费用、销售费用、投资利息、销售税费等)及发包人的应得利润。

5.4.3 建筑物重新购建价格的求取方式

重新购建价格也称为重新购建成本,是指假设在估价时点重新取得全新状况的估价对象的必要支出,或者重新开发建设全新状况的估价对象的必要支出和应得利润。其中的重新取得可以简单地理解为重新购买,重新开发建设可以简单地理解为重新生产。值得注意的是重新购建价格应是估价时点的价格,并且是在建筑物全新状况下的价格,没有扣除折旧;同时,重新购建价格不是个别单位或个人实际的支出和利润,而是重新取得或重新开发建设建筑物所必须付出的成本、费用、税金和应当获得的利润,并且为同类或类似房地产开发建设活动的平均水平,亦即客观成本而不是实际成本。

按照建筑物重新建造方式不同,建筑物的重新购建价格可以进一步分为两种,一种是建筑物重置价格,一种是建筑物重建价格。

重建价格也称为重建成本(Reproduction Cost),是指采用与估价对象建筑物相同的建筑材料、建筑构配件、建筑设备和建筑技术及工艺等,在估价时点时的国家财税制度和市场价格体系下,重新建造与估价对象建筑物相同的全新建筑物的必要支出和应得利润。可以把这种重新建造方式理解为复制。

重置价格也称为重置成本(Replacement Cost),是指采用估价时点时的建筑材料、建筑构配件、建筑设备和建筑技术及工艺等,在估价时点时的国家财税制度和市场价格体系下,重新建造与估价对象建筑物具有同等功能和效用的全新建筑物的必要支出和应得利润。

建筑物重建价格和重置价格的相同点,都是求取在估价时点全新状态下的估价对象建筑物的重新建造成本,都是以估价时点的价格水平计算。其不同点是重置价格只要求建筑物具有同等功效,并不要求与旧建筑物完全相同,采用估价时点的建筑材料和技术即可;重建价格则要求建筑物是与旧建筑物完全相同的复制品,建筑材料和技术也必须是估价对象原有的。一般情况下,重建价格适用于有历史或美学等特殊保护价值的建筑物的估价;重置价格适用于一般建筑物。但因年代久远、已缺乏与旧建筑物相同的建筑材料、建筑构配件和建筑设备,或因建筑技术、工艺和建筑标准改变等,使"复制"有困难的建筑物,也只好使用重置价格,或者尽量做到"形似"。而由于采用新的材料、设备、结构、技术、工艺等,不仅功能更加完善,还会降低成本,因此,重置价格通常比重建价格低。

5.4.4 建筑物重新购建价格的求取方法

求取建筑物的重新购建价格,是假设该建筑物所占用的土地已经取得,并且该土地为没有该建筑物的空地,但除了没有该建筑物之外,其他状况均维持不变,然后在该土地上建造与该建筑物相同或者具有同等效用的全新建筑物的必要支出和应得利润;也可以设想将该全新建筑物发包给建筑承包商(建筑施工企业)建造,由建筑承包商将能直接使用的全新建筑物移交给发包人,这种情况下发包人应支付给建筑承包商全部的费用(即建设工程价款或工程承发包价格),再加上发包人的其他必要支出(如管理费用、销售费用、投资利息、销售税费等)及发包人的应得利润。

建筑物的重新购建价格可以用市场比较法、成本法求取,也可以通过政府或者其投资的部门、机构公布的房屋重置价格或者房地产市场价格扣除其中可能包含的土地价格来求取。建筑物的重新购建价格相当于在估价时点新建成的建筑物价

值,公式为:

$$建筑物重新购建价格 = 建筑安装工程费 + 专业费用 + 管理费用 + \\ 销售费用 + 投资利息 + 销售税费 + 开发利润$$

由于其中建筑安装工程费的求取方法不同,建筑物重新购建价格求取的常用方法有单位比较法、分部分项法、工料测量法、指数调整法、工程造价估算法等几种。

1) 单位比较法

单位比较法(Comparative-unit Method)是以估价对象建筑物为整体,选取某种与该类建筑物造价或成本密切相关的计量单位(如单位建筑面积、单位体积等)作为比较单位,然后调查、了解在估价时点的近期建成的类似建筑物的单位造价。并对其进行适当的修正、调整,来求取估价对象建筑物重新购建价格的方法。实质上,单位比较法是一种市场法,但由于其较为简单、实用,因此被广泛使用。该方法主要有单位面积法和单位体积法。

(1) 单位面积法

通过调查了解调查地点在估价时点近期建成的类似建筑物的单位建筑面积造价,并对其进行适当的修正、调整,乘以估价对象建筑物总面积来估算建筑物重新购建价格的方法。主要适用于同一类型的建筑物的单位建筑面积造价基本相同的建筑物,如住宅、办公楼等。

[例5-2] 某建筑物的建筑面积为 500 m^2,估价时点该类建筑结构和用途的建筑物单位面积造价为 3 200 元/m^2,试估算该建筑物重新购建价格。

解 $3\,200 \times 500 = 160(万元)$

(2) 单位体积法

单位体积法与单位面积法类似,是通过调查了解调查地点在估价时点近期建成的类似建筑物的单位体积造价,并对其进行适当的修正、调整,乘以估价对象建筑物体积来估算建筑物重新购建价格的方法。主要适用于同一类型的建筑物的单位建筑体积造价基本相同的建筑物,如储油库、地下油库等。

另外,如停车场的比较单位可以是每个车位,旅馆的比较单位可以是每个房间或床位等。虽然单位比较法简便迅速,但缺点是较为粗略。其准确性关键取决于基准建筑物单位面积(体积)的建造成本是否准确。

单位比较法是估算建筑成本时应用最广泛的方法,也是最实用的方法。估价师往往通过参考出版的成本手册或者个人以及企业的积累的经验数值应用该方法。在现实的房地产估价中,往往将建筑物划分为不同用途、建筑结构或等级,制作不同时期的建筑物基准重置价格表,以求取某个具体建筑物的重置价格,如表5-1所示。

表 5-1 建筑物基准重置价格表

基准日期： 年 月 日   单位：元/m²

项目	钢结构	钢筋砼结构	砖混结构	砖木结构	其他结构
普通住宅					
高档公寓					
别墅					
大型商场					
中小商场					
办公楼					
星级宾馆					
招待所					
标准厂房					
仓库					
影剧院					
体育馆					
加油站					

2) 分部分项法

通常情况下，一座典型建筑物由基础、墙体、地面、屋顶、供暖等构件组成。分部分项法是先假设将估价对象建筑物分解为各个独立的构件或分部工程，并测算每个独立构件或分部工程的数量，然后调查、了解估价时点时的各个独立构件或分部分项工程的单位价格或成本，最后将各个独立构件或分部工程的数量乘以相应的单位价格或成本后相加，再加上相应费用，来求取建筑物重新购建价格的方法。

分部分项法作为主要的成本估价技术之一，尤其适用于工业建筑物的估价。这类建筑物通常在面积、形状和高度以及结构形式方面有较大的变化，很难使用单位面积成本对其价格进行准确估算。

采用分部分项法估算某小型商业建筑物重新购建价格的一个简化例子如表 5-2 所示。

表 5-2 某项目分部分项的成本构成表

项目	数量	单位成本	金额(元)
基础工程	200 m³	250 元/m³	50 000
墙体工程	180 m²	450 元/m²	81 000
楼地面工程	140 m²	300 元/m²	42 000
屋面工程	150 m²	300 元/m²	45 000

续表 5-2

项　　目	数　　量	单位成本	金额(元)
给排水工程			20 000
供暖工程			10 000
电气工程			10 000
直接费合计			258 000
承包商间接费、税金和利润		15%	38 700
工程承发包价格			296 700
发包方管理费、利息和税费		25%	74 175
建筑物重新购建价格			370 875

3) 指数调整法

指数法是利用有关成本指数或变动率将估价对象建筑物的历史成本调整到估价时点成本来求取建筑物重新购建价格的方法。指数法的应用需要积累逐年的建筑成本信息作为背景资料计算成本指数。指数法不如其他成本估价方法准确,作为一种辅助的估价工具主要用于检验其他方法的测算结果。

[例 5-3] 某建筑物于 2008 年 7 月底建成,当时建造该类建筑物的一般成本为 2 600 元/m^2,此后建筑物建造成本的变动情况为:2008 年内平均每月比上月递减 1%;2009 年基本保持不变,2010 年和 2011 年内平均每月比上月上涨 0.5%;2012 年内平均每月比上月上涨 1.5%。试求 2012 年 6 月初该类建筑物的重新建造成本。

解 建筑物重新建造成本 $= 2\,600 \times (1-1\%)^5 \times (1+0.5\%)^{24} \times (1+1.5\%)^5 = 3\,002.36 (元/m^2)$

4) 工料测量法

工料测量法是建筑物成本估价方法中最为详细和准确的方法。工料测量法是先假设将估价对象建筑物还原为建筑材料、建筑构配件和设备,并计算重新建造该建筑物所需要的建筑材料、建筑构配件、设备的种类、数量和人工时数,然后调查、了解估价时点时相应的建筑材料、建筑构配件、设备的单价和人工费标准,最后将各种建筑材料、建筑构配件、设备的数量和人工时数乘以相应的单价和人工费标准后相加,再加上相应的专业费用、管理费用、销售费用、投资利息、销售税费和开发利润,来求取建筑物重新购建价格的方法。该方法需要详细的说明书以及设计图纸。

尽管工料测量法的优点是详细、准确,但估价实际中却极少采用。工料测量法是极为专业化的方法,需要大量关于建筑技术、工程造价方面的知识,而大部分估价师缺少这方面的知识储备。同时该方法还需要大量的时间和详细的工程资料,而应用其他的成本方法可以用较少的时间得出较合理的答案。工料测量法主要用于求取具有历史价值的建筑物的重新购建价格。采用工料估算法测算建筑物重新建造成本的一个实例如表 5-3 所示。

表 5-3 工料估算法实例

项目	数量	单价	成本(元)
现场准备			3 500
水泥			6 000
沙石			4 000
砖块			15 000
木材			6 000
瓦			4 000
铁钉			150
人工			20 000
税费		7%	1 500
其他			5 500
重新建造成本			65 650

5) 工程造价估算法

在房屋估价中可以根据现有工程图纸、预算、结(决)算资料,进行时间、结构差异修正,从而得到待估建筑物在估价时点的建筑安装工程费用,此类方法符合房地产估价的"替代性"原理,并且有大量的工程造价信息可供参考,可用于房屋的成本法估价。

(1) 重编预算法

具体做法是根据待估房屋建筑物的竣工图纸,或者评估时根据现场勘测绘制出符合工程量计算需要的工程图。根据评估基准日现行的定额、材料价格和取费标准重编预算,再根据实际情况计算间接成本,得出房屋建筑物的重置成本。

该方法估算的精度相对比较高,但所需的技术经济资料较多、评估人员需要掌握工程造价专业知识、评估人员投入的工作量大、评估工作周期较长、评估成本过高。在实际操作中,由于评估工作往往伴随着企业即将进行的某种经济行为,评估工作的周期受到企业经济行为的限制,并且估价行业人员大都缺乏专业的造价知识,因此实际应用非常有限。此方法在概预算资料未能保存,原图纸及技术资料、定额资料非常齐全,编制量又不大的情况下可以采用。

(2) 重套定额法

此方法是按照原项目工程量套用现行预算定额去估算房屋现行造价的一种房屋估价方法,一般适用于单体建筑的评估。具体做法为:以企业提供的待估房屋建筑物工程预决算资料为基础,按现行的工程预算价格、费率将其调整为按现价计算的工程造价,再加上间接成本,估算出房屋建筑物的重置成本。当委估建筑的建造期时过已久,预算定额已有变动,其建筑造价已有较大的变化,原竣工结算造价已无法作为评估依据时,一般可以采用造价换算法。但是,必须在委估建筑的各类技术资料齐全、原竣工结算资料完整的情况下采用此法。

该方法的优点为不需要对工程量进行重新计算,能大大缩短评估时间。但是,这种方法的精度是建立在房屋建筑物原工程量合理的基础上。实际上房屋建筑物原工程量合理这一点很难做到,原因有以下几点:

一是,原有的工程决算书中的工程量往往包含大量的返工、拆除的工程量,或者数个单位工程做在一份预决算内,评估时要想将这部分工程量划分出来比较困难。

二是,竣工时间较长的房屋建筑物到评估时往往经过多次改造,改造后与改造前,工程量有较大的差异,同时改造的工程量资料不易取得,如再按原有的工程量计算出入较大。

三是,对于建造年月较长的房屋建筑物,原有的工程造价计算所依据的定额指标和施工工艺规范与评估时采用的定额指标和施工工艺规范在计算口径和组成内容上有较大的差异,如再用原有的工程量来套用评估基准日现行的定额进行计算,就必须对某些子目进行换算,而这些换算通常只能根据一些经验数据进行,这些经验数据往往是工程造价编审人员通过对大量的工程预决算资料进行分析得出的综合数据,运用到具体的单项工程上就会出现较大的误差,而且对房地产估价人员的造价知识背景要求较高。

(3) 竣工结(决)算调整法

竣工结(决)算调整法一般适用于原竣工结(决)算数据齐全,准确可靠,距评估基准日又较近,现行建筑造价变动幅差不大的房屋估价情况,通常可以采用造价调整系数对原竣工结(决)算进行调整求得委估建筑的现行造价。

上述五种建筑物重新购建价格求取主要方法的特点、应用和要求如表 5-4 所示。

表 5-4 重购价格求取方法比较表

方法	如何起作用	主要应用	成本数据要求
单位比较法	使用可比新建建筑的单位面积的平均成本,最为常用方法	广泛使用,可应用于大部分建筑	基本成本来源于已公布的数据源;通过分部分项法进行改进
分部分项法	通过对建筑物部件的单位成本或总成本进行估算,比单位比较法更加准确和详细	特殊项目的主要方法;最常用于单位比较法的进一步改进	部件成本来自于公开或已知的数据源

续表 5-4

方法	如何起作用	主要应用	成本数据要求
指数调整法	从原始（历史）成本到估价时日的成本水平	特殊建筑物、大宗估价使用	趋向因子来源于建筑成本信息
工料测量法	详细的成本细目分类为劳动力、材料、机械、利润等各项；最为准确，但由于需要专业的知识极少用于普通建筑物	具有历史价值的特殊建筑物	所有材料、人工、机械、利润、费用的数量和当前价格
工程造价估算	用编制建筑物预算方法或者现有的结(决)算资料确定房屋重置价	图纸、定额、技术资料非常齐全的建筑	详细的图纸、预算、结(决)算、定额资料

5.5 折旧分析与测算

5.5.1 建筑物折旧的概念

建筑物的折旧是指建筑物使用过程中，由于物理因素、功能因素、经济因素等各种方面影响造成的建筑物效用或价值的损失。利用成本法进行估价时，必须考虑建筑物的折旧情况，扣除这种损失。折旧金额为建筑物在估价时点的市场价值与在估价时点的重新购建价格之差，相当于根据市场情况对全新状况下建筑物价值的影响方面进行相应的减价调整，即：

$$建筑物折旧＝建筑物重新购建价格－建筑物市场价值$$

5.5.2 建筑物折旧的原因

引起建筑物折旧的原因非常多，一般情况下，将建筑物折旧分为物质折旧、经济折旧和功能折旧三大类。

1) 物质折旧

物质折旧（Physical Depreciation, Physical Deterioration）也称为有形损耗，是指建筑物在实体上的老化、磨损和损坏所造成的建筑物价值损失。可以从以下四个方面来进一步认识和把握物质折旧：自然过程的老化、正常使用的磨损、意外破坏和损毁以及延迟维修的损坏残存。

（1）自然老化

自然过程的老化主要是随着时间的流逝由自然力作用引起的，例如风吹、日晒、雨淋等引起的建筑物腐朽、生锈、风化、基础沉降等,它与建筑物的实际经历年数正相关。同时要看建筑物所在地区的气候和环境条件,例如酸雨多的地区,建筑物的老化就快。

(2) 正常使用磨损

正常使用的磨损主要是由人工使用引起的,它与建筑物的使用性质、使用强度和使用年数正相关。例如,居住用途的建筑物的磨损要小于工业用途的建筑物的磨损。工业用途的建筑物又可分为受腐蚀的和不受腐蚀的。受腐蚀的建筑物,由于会受到使用过程中产生的有腐蚀作用的废气、废液等的不良影响,其受损毁的程度要大于不受腐蚀的建筑物。

(3) 意外破坏和损毁

意外破坏的损毁主要是由突发性的天灾人祸引起的,包括自然方面的,例如地震、水灾、风灾、雷击;也包括人为方面的,例如失火、碰撞等。这种折旧属于偶然因素,通常难以作有规律的预测。

(4) 延迟维修损坏残存

延迟维修的损坏主要是由于没有适时地采取预防、养护措施或者修理不够及时所引起的,它造成建筑物不应有的损坏或提前损坏,或者已有的损坏仍然存在,例如门窗有破损,墙体或地面有裂缝等。

2) 功能折旧

功能折旧(Fuctional Depreciation)也称为无形损耗,是指建筑物在功能上的缺乏、落后或过剩所造成的建筑物价值损失。功能折旧的原因可能是建筑设计上的缺陷,过去的建筑标准过低,人们的消费观念改变,建筑技术进步,出现了更好的建筑物等。

(1) 功能缺乏

功能缺乏是指建筑物没有其应该有的某些部件、设备、设施或系统等。例如住宅没有卫生间、暖气(北方地区)、燃气、电话线路、有线电视等;办公楼没有电梯、集中空调、宽带等。

(2) 功能落后

功能落后是指建筑物已有的部件、设备、设施或系统等的标准低于正常标准或有缺陷而阻碍其他部件、设备、设施或系统等的正常运营。例如设备、设施陈旧落后或容量不够,建筑式样过时、空间布局欠佳等导致建筑物价值下降。

(3) 功能过剩

功能过剩是指建筑物已有的部件、设备、设施或系统等的标准超出市场要求的标准而对房地产价值的贡献小于其成本。例如,某幢厂房的层高为 6 m,但如果当地厂房的标准层高为 5 m,则该厂房超高的 1 m 因不能被市场接受而使其所多花的成本成为无效成本。

3) 经济折旧

经济折旧(Economic Depreciation)也称为外部性折旧,是指建筑物以外的各种不利因素所造成的建筑物价值损失。其中不利因素可能是市场供给过量或需求不足、景观被破坏、自然环境恶化、环境污染、交通拥挤、城市规划改变、政府政策变化等。进一步可将经济折旧区分为永久性的和暂时性的。例如,一个高级居住区附近兴建了一座工厂,该居住区的房地产价值下降,这就是一种经济折旧,而这种经济折旧一般是永久性的。再如,在经济不景气时期房地产的价值下降,这也是一种经济折旧。但这种现象不会永久下去,当经济复苏之后,这种经济折旧也就消失了。

[例 5-4] 某套旧住宅,经测算其重置价格为 40 万元,地面、门窗等破旧引起的物质折旧为 1 万元,因户型设计不好、没有独用厕所和宽带网络线等导致的功能折旧为 6 万元,由于位于城市衰落地区引起的经济折旧为 3 万元。试求取该套旧住宅的折旧总额和现值。

解 该旧住宅的折旧总额 = 物质折旧 + 功能折旧 + 经济折旧
$$= 1 + 6 + 3 = 10(万元)$$
该旧住宅的现值 = 重置价格 − 折旧 = 40 − 10 = 30(万元)

5.5.3 建筑物折旧的求取方法

建筑物折旧的求取方法主要有三种,分别是年限法、成新折扣法和分解法。

1) 年限法

(1) 年限法和有关年限的含义

年限法是根据建筑物的经济寿命、有效年龄或剩余经济寿命来求取建筑物折旧的方法。建筑物的寿命可分为自然寿命和经济寿命。建筑物的自然寿命是指从建筑物竣工之日开始,到建筑物的主要结构构件和设备的自然老化或损坏而不能继续保证建筑物安全使用为止的时间。建筑物的经济寿命是指建筑物对房地产价值有贡献的时期,具体是从建筑物竣工之日开始,到建筑物对房地产价值不再有贡献为止的时间。

对于收益性房地产来说,建筑物的经济寿命具体是从建筑物竣工之日开始,在正常市场和运营状态下,房地产产生的收入大于运营费用,即净收益大于零的持续时间,如图 5-2 所示。

建筑物的经济寿命短于其自然寿

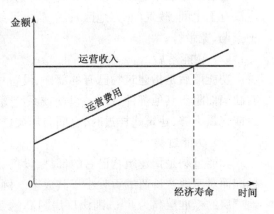

图 5-2 建筑物的经济寿命

命是由市场决定的,相同类型的建筑物在不同地区的经济寿命也可能不同。经济寿命具体可根据建筑物的结构、工程质量、用途和维修养护情况,结合市场状况、周围环境、经营收益状况等进行综合分析判断得出。建筑物在其寿命期间如果经过了翻修、改造等,自然寿命和经济寿命都有可能得到延长。

建筑物的年龄可分为实际年龄和有效年龄。建筑物的实际年龄是指从建筑物竣工之日开始到估价时点为止的日历年数。建筑物的有效年龄是指估价时点时的建筑物状况和效用所显示的年龄。

建筑物的有效年龄可能小于也可能等于或大于其实际年龄。实际年龄是估计有效年龄的基础,即有效年龄通常是在实际年龄的基础上进行适当的调整后得到。当建筑物的维修养护为正常的,其有效年龄与实际年龄相当;当建筑物的维修养护比正常维修养护好或者经过更新改造的,其有效年龄小于实际年龄;当建筑物的维修养护比正常维修养护差的,其有效年龄大于实际年龄。

建筑物的剩余寿命是其寿命减去年龄后的寿命,分为剩余自然寿命和剩余经济寿命。建筑物的剩余自然寿命是其自然寿命减去实际年龄后的寿命。建筑物的剩余经济寿命是其经济寿命减去有效年龄后的寿命,即:

$$剩余经济寿命 = 经济寿命 - 有效年龄$$

因此,如果建筑物的有效年龄比实际年龄小,就会延长建筑物的剩余经济寿命;反之,就会缩短建筑物的剩余经济寿命。建筑物的有效年龄是从估价时点向过去计算的时间,剩余经济寿命是从估价时点开始到建筑物经济寿命结束为止的时间,两者之和等于建筑物的经济寿命。如果建筑物的有效年龄小于实际年龄,就相当于建筑物比其实际竣工之日晚建成。此时,建筑物的经济寿命可视为从这个晚建成之日开始到建筑物对房地产价值不再有贡献为止的时间。

利用年限法求取建筑物的折旧时,建筑物的寿命应为经济寿命,年龄应为有效年龄,剩余寿命应为剩余经济寿命。因为只有这样,求出的建筑物折旧以及求出的建筑物价值才能符合实际。例如,两幢同时建成的完全相同的建筑物,如果维修养护不同,其市场价值就会不同,但如果采用自然寿命、实际年龄来计算折旧,那么它们的价值就会相同。进一步来说,新近建成的建筑物未必完好,从而其价值未必高;而较早建成的建筑物未必损坏严重,从而其价值未必低。

运用年限法计算建筑物折旧的具体方法主要有直线法、定率法、偿还基金法和综合折旧法等。

(2) 直线法

年限法中最主要的是直线法。直线法是最简单和迄今为止应用最普遍的方法,它假设在建筑物的经济寿命期间每年的折旧额相等。

直线法的年折旧额计算公式为:

$$D_i = D = \frac{C-S}{N} = \frac{C(1-R)}{N}$$

式中，D_i 为第 i 年的折旧额，或称第 i 年的折旧。在直线法的情况下，每年的折旧额 D_i 是一个常数 D；C 为建筑物的重新购建价格；S 为建筑物的净残值，是建筑物的残值减去清理费用后的余额。建筑物的残值是预计建筑物达到经济寿命后，不宜继续使用时，经拆除后的旧料价值。清理费用是拆除建筑物和搬运废弃物所发生的费用；N 为建筑物的经济寿命（也可称为耐用年限）；R 为建筑物的净残值率，简称残值率，是建筑物的净残值与其重新购建价格的比率。即：

$$R = \frac{S}{C} \times 100\%$$

另外，年折旧额与重新购建价格的比率称为年折旧率，如果用 d 表示，则：

$$d = \frac{D}{C} \times 100\% = \frac{C-S}{C \times N} \times 100\% = \frac{1-R}{N} \times 100\%$$

有效年龄为 t 年的建筑物折旧总额的计算公式为：

$$D_t = D \times t = (C-S)\frac{t}{N} = C \times (1-R)\frac{t}{N} = C \times d \times t$$

式中，D_t 为有效年龄为 t 年的建筑物折旧总额。

采用直线法折旧下的建筑物现值的计算公式为：

$$V_t = C - D_t = C - (C-S)\frac{t}{N} = C\left[1 - (1-R)\frac{t}{N}\right] = C(1 - d \times t)$$

式中，V_t 为建筑物的现值。

直线法以图解可表示为如图 5-3 所示。

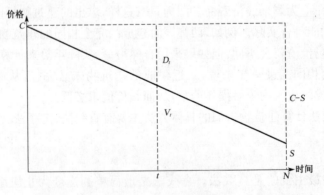

图 5-3 直线法示意图

[例 5-5] 某单元式住宅的建筑面积 150 m², 10 年前建成，单位建筑面积的重置价格为 3 000 元/m²，经判定其有效年龄与实际年龄相当，均为 10 年，经济寿命为 30 年，残值率为 2%。试用直线法计算该房屋的年折旧额、折旧总额，并计算其现值。

解 已知，$C = 3\,000 \times 150 = 450\,000$(元)；$R = 2\%$；$N = 30$ 年；$t = 10$ 年

该房屋年折旧额：

$$D = \frac{C-S}{N} = \frac{C(1-R)}{N} = \frac{450\,000 \times (1-2\%)}{30} = 14\,700 \text{（元/年）}$$

该房屋 10 年的折旧总额：

$$D_t = D \times t = 14\,700 \times 10 = 147\,000 \text{（元）}$$

该房屋的现值：

$$V_t = C - D_t = 450\,000 - 147\,000 = 303\,000 \text{（元）}$$

2) 成新折扣法

该方法属于观察法，由于一宗建筑物的损耗程度不仅与其使用年限有关，还与人们对建筑物的维护保养情况有很大关系，所以估价人员必须对目标不动产作实地勘察。成新折扣法通过估价人员勘测建筑物的建成年代、新旧程度或完损程度等，判定出建筑物的成新率，或者用建筑物的寿命、年龄计算出建筑物的成新率，然后将建筑物的重新购建价格乘以该成新率来直接求取建筑物的现值。计算公式为：

$$V = C \times q$$

式中，V 为建筑物的现值；C 为建筑物的重新购建价格；q 为建筑物的成新率。

成新法比较粗略，主要用于初步估价，或者同时得要对大量建筑物进行估价的场合，尤其是大范围建筑物现值摸底调查。

房屋完损等级是用来检查房屋维修养护情况的一个标准，是确定房屋真实新旧程度和测算房屋折旧的一个重要依据。房屋的完好程度越高，其现值就越接近于重新购建价格。房屋完损等级根据房屋的结构、装修和设备三个组成部分的各个项目完好、损坏程度来划分，可以分为下列五类：完好房、基本完好房、一般损坏房、严重损坏房和危险房。经综合整理，房屋完损等级评定有关规定见表 5-5 所示。

表 5-5 房屋完损等级的判定

等级	标准
完好房	结构构件完好,装修和设备完好、齐全完整,管道畅通,现状良好,使用正常,或虽然个别分项有轻微损坏,但一般经过小修就能修复的
基本完好房	结构基本完好,少量构部件有轻微损坏,装修基本完好,油漆缺乏保养,设备、管道现状基本良好,能正常使用,经过一般性的维修能修复的
一般损坏房	结构一般性的损坏,部分构部件有损坏或变形,屋面局部漏雨,装修局部有破损,油漆老化,设备、管道不够畅通,水卫、电照管线、器具和零件有部分老化、损坏或残缺,需要进行中修或局部大修更换部件的
严重损坏房	房屋年久失修,结构有明显变化或损坏,屋面严重漏雨,装修严重变形、破损,油漆老化见底,设备陈旧不齐全,管道严重堵塞,水卫、电照管线、器具和零部件残缺或严重损坏,需进行大修或翻修、改建的
危险房	承重构件已属危险构件,结构丧失稳定及承载能力,随时有倒塌可能,不能确保使用安全的

房屋成新率和房屋完损等级的关系如下所示:

完好房:十、九、八成;

基本完好房:七、六成;

一般损坏房:五、四成;

严重损坏房及危险房:三成以下。

在具体估价时,以上房屋新旧程度评定标准仅供参考,估价人员需要根据各地区实际情况确定房屋完损等级的具体指标。

3)分解法

分解法认为,建筑物各种类型的物质折旧、功能折旧和经济折旧,应根据各自的具体情况分别采用适当的方法来求取。所以,分解法是对建筑物各种类型的折旧分别予以分析和计算,然后将它们加总来求取建筑物新旧的方法。它是求取建筑物折旧最详细、最复杂的一种方法,其求取思路见图 5-4。

分解法求取建筑物折旧的步骤如下所示:

(1)求取物质折旧

将物质折旧分解为各个项目,分别采用适当的方法求取折旧后相加。

物质拆旧的求取方法是将物质折旧项目分为可修复项目和不可修复项目两类。修复是指恢复到新的或者相当于新的状况,有的是修理,有的是更换。预计修复所必需的费用小于或者等于修复所能带来的房地产价值增加额的(修复后房地产价值－修复前房地产价值),是可修复的;反之,是不可修复的。

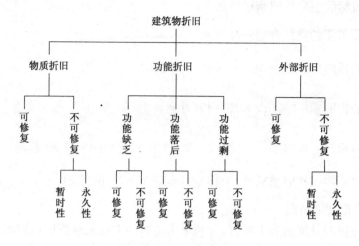

图 5-4 分解法求取建筑物折旧的思路

对于可修复项目，估算在估价时点采用最优修复方案使其恢复到新的或者相当于新的状况下所必要的费用作为折旧额。对于不可修复项目，根据其在估价时点的剩余使用寿命是否短于整体建筑物的剩余经济寿命，将其分为短寿命项目和长寿命项目两类。短寿命项目是剩余使用寿命短于整体建筑物剩余经济寿命的部件、设备、设施等，它们在建筑物剩余经济寿命期间迟早需要更换，甚至需要更换多次。长寿命项目是剩余使用寿命等于或者长于整体建筑物剩余经济寿命的部件、设备、设施等，它们在建筑物剩余经济寿命期间是不需要更换的。在实际中，短寿命项目和长寿命项目的划分，一般是在其寿命是否短于建筑物经济寿命的基础上做出的，例如，基础、墙体、屋顶、门窗、管网、电梯、空调、卫生设备、装饰装修等的寿命是不同的。

短寿命项目分别根据各自的重新购建价格（通常为市场价格、运输费、安装费等之和）、寿命、年龄或剩余使用寿命，利用年限法计算折旧额。

长寿命项目是合在一起，根据建筑物重新购建价格减去可修复项目的修复费用和各短寿命项目的重新购建价格后的余额、建筑物的经济寿命、有效年龄或剩余经济寿命，利用年限法计算折旧额。

将可修复项目的修复费用、短寿命项目的折旧额、长寿命项目的折旧额相加，即为物质折旧总额。

［例 5-6］ 某建筑物的重置价格为 180 万元，经济寿命为 50 年，有效年龄为 10 年。其中，门窗等损坏的修复费用为 2 万元；装饰装修的重置价格为 30 万元，平均寿命为 5 年，年龄为 3 年；设备的重置价格为 60 万元，平均寿命为 15 年，年龄为 10 年。残值率假设均为零。请计算该建筑物的物质折旧总额。

该建筑物的物质折旧额计算如下：

门窗等损坏的修复费用＝2(万元)

装饰装修的折旧额＝$30 \times \frac{1}{5} \times 3 = 18$(万元)

设备的折旧额＝$60 \times \frac{1}{15} \times 10 = 40$(万元)

长寿命项目的折旧额＝$(180-2-30-60) \times \frac{1}{50} \times 10 = 17.6$(万元)

建筑物的物质折旧总额＝2＋18＋40＋17.6＝77.6(万元)

（2）求取功能折旧

将功能折旧分解为各个项目，分别采用适当的方法求取折旧后相加。

功能折旧可分为功能缺乏、功能落后和功能过剩引起的三类，并进一步将它们分为可修复的和不可修复的。

对于可修复的功能缺乏引起的折旧，在采用缺乏该功能的"重建价格"下的求取方法是：

① 估算在估价时点在估价对象建筑物上单独增加该功能所必要的费用；

② 估算该功能假设在估价时点重置建造建筑物时就具有所必要的费用；

③ 将在估价时点在估价对象建筑物上单独增加该功能所必要的费用，减去该功能假设在估价时点重新建造建筑物时就具有所必要的费用，即单独增加功能的超额费用为可修复的功能缺乏引起的折旧额。

[例 5-7] 某幢应有电梯而没有电梯的办公楼，重建价格为 2 000 万元，现增设电梯需要 120 万元，假设现在建造办公楼时一同安装电梯只需要 100 万元。请计算该办公楼因没有电梯引起的折旧及扣除没有电梯引起的折旧后的价值。

该办公楼因没有电梯引起的折旧及扣除没有电梯引起的折旧后的价值计算如下：

该办公楼因没有电梯引起的折旧 ＝ 120－100 ＝ 20(万元)

该办公楼扣除没有电梯引起的折旧后的价值 ＝ 2 000－20 ＝ 1 980(万元)

如果是采用具有该功能的"重置价格"，则减去在估价对象建筑物上单独增加该功能所必要的费用，便直接得到了扣除该功能缺乏引起的折旧后的价值。

[例 5-8] 应有电梯而没有电梯的办公楼，现增设电梯需要 120 万元，类似有电梯的办公楼的重置价格为 2 100 万元。请计算该办公楼扣除没有电梯引起折旧后的价值。

该办公楼扣除没有电梯引起的折旧后的价值 ＝ 2 100－120 ＝ 1 980(万元)

对于不可修复的功能缺乏引起的折旧,可以采用下列方法来求取:求取缺乏该功能导致的未来每年损失租金的现值之和;估算该功能假设在估价时点重置建造建筑物时就具有所必要的费用;将未来每年损失租金的现值之和,减去该功能假设在估价时点重置建造建筑物时就具有所必要的费用,即得到折旧额。

对于可修复的功能落后引起的折旧,以电梯落后为例,其折旧额为该功能落后电梯的重置价格,减去该功能落后电梯已提折旧,加上拆除该功能落后电梯所必要的费用,减去该功能落后电梯可回收的残值,加上安装新的功能先进电梯所必要的费用,减去该新的功能先进电梯假设在估价时点重置建造建筑物时一同安装所必要的费用。

与可修复的功能缺乏引起的折旧额相比,可修复的功能落后引起的折旧额加上了功能落后电梯尚未折旧的价值(即功能落后电梯的重置价格减去已提折旧,这部分未发挥作用就报废了),减去了功能落后电梯拆除后的净残值(即拆除后可回收的残值减去拆除费用,这部分为可挽回的损失),即多了落后功能的服务期未满而提前报废的损失。

[**例 5-9**] 某幢旧办公楼的电梯已落后,如果将该电梯更换为功能先进的新电梯,估计需要拆除费用 2 万元,可回收残值 3 万元,安装新电梯需要 120 万元(包括购买价款、运输费、安装费等),要比在建造同类办公楼时一同安装多花费 20 万元。估计该旧办公楼的重建价格为 2 050 万元,该旧电梯的重置价格为 50 万元,已提折旧 40 万元。请计算该办公楼因电梯落后引起的折旧及扣除电梯落后引起的折旧后的价值。

该办公楼因电梯落后引起的折旧 $= (50-40)+(2-3)+20 = 29$(万元)

该办公楼扣除电梯落后引起的折旧后的价值 $= 2\,050-29 = 2\,021$(万元)

对于不可修复的功能落后引起的折旧,仍以电梯落后为例,其折旧额是在上述可修复的功能落后引起的折旧额计算中,将安装新的功能先进电梯所必要的费用,替换为功能落后电梯导致的未来每年损失租金的现值之和。

功能过剩一般是不可修复的。功能过剩引起的折旧首先应包括功能过剩所造成的"无效成本"。该无效成本可以通过采用重置价格而自动得到消除,但如果采用置建价格则不能消除。以前面讲过的层高过高的厂房为例,首先,因为重置价格将依据 5 m 层高而不是 6 m 层高,功能过剩引起的折旧还应包括功能过剩所造成的"超额持有成本"。这样,在采用重置价格的情况下:

扣除功能过剩引起的折旧后的价值 = 重置价格 − 超额持有成本

在采用重建价格的情况下:

扣除功能过剩引起折旧后的价值 = 重建价格 −(无效成本 + 超额持有成本)

将功能缺乏引起的折旧额、功能落后引起的折旧额和功能过剩引起的折旧额相加,即为功能折旧额。

(3) 求取外部折旧

将外部折旧分为不同情况,分别采用适当的方法求取折旧后相加。

外部折旧通常是不可修复的,但它可能是暂时性的,例如供给过度的市场;也可能是永久性的,例如周围环境发生了不可逆的改变。因此,求取经济折旧首先应分清它是暂时性的还是永久性的,然后可以根据收益损失的期限不同,利用"收益损失资本化法"求取未来每年因建筑物以外的各种不利因素所损失的收益的现值之和,作为经济折旧额。

求取建筑物的折旧总额,这是将上述求取的所有折旧额相加得到建筑物的折旧总额。

5.5.4 求取建筑物折旧应注意的问题

1) 准确区别估价折旧与会计折旧

在求取建筑物折旧时,应注意估价上的折旧与会计上的折旧的本质区别。估价上的折旧注重的是市场价值的真实减损,科学地说不是"折旧",而是"减价调整";会计上的折旧注重的是原始价值的分摊、补偿或回收。以直线法折旧公式为例:

$$V = C\left[1 - (1-R)\frac{t}{N}\right]$$

公式中的 C 在会计上为资产的原始价值,是当初购置时的价值,不随着时间的流逝而变化;在估价上为资产的重新购建价格,是估价时点时的价值,估价时点不同,其值可能不同。此外,会计上把资产的原始价值 C 与累计折旧额 $C(1-R)\frac{t}{N}$ 之差,称为资产的账目价值,无需与资产的市场价值一致;估价上把资产的重新购建价格 C 与折旧总额 $C(1-R)\frac{t}{N}$ 之差,视为资产的实际价值,它必须与资产的市场价值一致。

现实中经常出现这种情况:有些房地产尽管在会计账目上折旧早已提足或者快要提足,但估价结果却显示其仍然有较大的现时价值,例如保存完好的旧建筑物;而有些房地产,尽管在会计账目上折旧尚未提足甚至远未提足,但估价结果却显示其现时价值已所剩无几,例如存在严重工程质量问题的新建房屋。

2) 土地使用期限对建筑物经济寿命的影响

在土地是有期限的使用权下,建筑物经济寿命与土地使用期限可能不是同时结束,因此,在求取建筑物折旧时应注意土地使用期限对建筑物经济寿命的影响。计算建筑物折旧所采用的建筑物经济寿命遇到下列情况的处理为:

(1) 建设期

建筑物的建设期不计入经济寿命,即建筑物的经济寿命应从建筑物竣工验收合格之日算起。

(2) 建筑物经济寿命早于土地使用期限结束的

建筑物经济寿命早于土地使用期限结束的,应按照建筑物经济寿命计算建筑物折旧。如图5-5所示,假设是在出让土地上建造的普通商品住宅,土地使用权出让年限为70年,建设期为2年,建筑物经济寿命为50年。在这种情况下,应按照50年计算建筑物折旧。

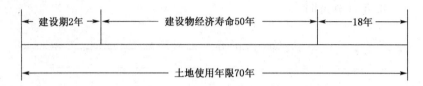

图5-5　建筑物经济寿命短于土地使用权年限的情况

(3) 建筑物经济寿命晚于土地使用期限结束的

这种情况又可按照土地使用权到期是否可以续约分为两种情形。如果土地使用权合同到期可以续约,应按建筑物经济寿命计算折旧。对于在土地使用权出让合同到期不可续期的,应按照建筑物使用年限计算建筑物折旧,即按照建筑物的实际经历年数加上土地使用权的剩余年限计算折旧。

如图5-6所示,假设是一幢在出让土地上建造的商场,土地使用权出让年限为40年,建设期为3年,建筑物经济寿命为60年。在这种情况下,建筑物经济寿命中晚于土地使用期限的那部分寿命为23年(3+60-40),因此,应按照37年(60-23)计算建筑物折旧。应注意的是,在土地使用权出让合同中已约定不可续期的情况比较少见。

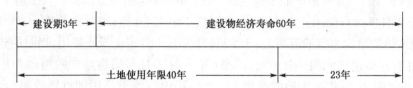

图5-6　建筑物经济寿命长于土地使用权年限的情况

(4) 旧有建筑物

建筑物出现于补办土地使用权出让手续之前,其经济寿命早于土地使用权年限而结束,应按建筑物经济寿命计算折旧。建筑物出现在补办土地使用权出让手续之前,其经济寿命晚于土地使用权年限而结束。如果土地使用权可以续期,应按建筑物经济寿命计算折旧；如果土地使用权到期不可续期，应按建筑物已使用年限加上土地使用权剩余年限计算折旧。

如图 5-7(a)所示。一幢旧办公楼，在其建成 15 年后补办了土地使用权出让手续，土地使用权出让年限为 50 年，建筑物经济寿命为 60 年。这种情况下，应按照 60 年(建筑物经济寿命)计算建筑物折旧。

如图 5-7(b)所示，一幢旧厂房改造的超级市场，在该旧厂房建成 5 年后补办了土地使用权出让手续，土地使用权出让年限为 40 年，建筑物经济寿命 50 年。如果土地使用权可以续期，应按照 50 年计算折旧；如果土地使用权不可以续期，应按照 40＋5＝45 年计算折旧。

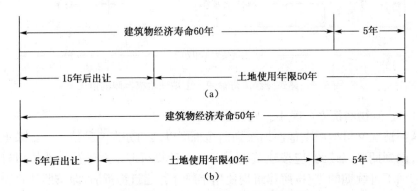

图 5-7 建筑物出现于补办土地使用权出让手续之前

5.6 成本法应用举例

[**例 5-10**] 某房地产的土地面积 1 000 m²，建筑面积 2 000 m²。土地于 2003 年 8 月 1 日通过有偿出让方式获得，使用权年限为 50 年，当时的单价为 2 000 元/m²；建筑物的结构为钢筋混凝土，于 2004 年 8 月 1 日竣工投入使用，当时的建造成本为每平方米建筑面积 1 800 元。2004 年 8 月 1 日与该房地产的地段和用途相同、使用年限为 50 年的土地的单价为 2 200 元/m²；该类房屋的重置价格(含使用权年限为 50 年的土地价格)为每平方米建筑面积 3 000 元。该类建筑物的耐用年限为 50 年，残值率为零。假设土地还原利用率为 6%。试利用以上资料估算该房地产于 2008 年 1 月 1 日的总价与单价。

项目时间节点如图 5-8 所示。

1. 土地价格的 V_L

$$V_{50} = 2\,200 \text{ 元}/m^2$$

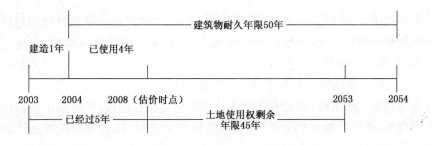

图 5-8 项目时间节点示意图

剩余土地使用年限 $n = 50 - 5 = 45$ 年

$$r_{土} = 6\%$$

$$V_{45} = V_{50} \times \frac{K_{45}}{K_{50}} = 2\,200 \times 1\,000 \times \frac{1 - \frac{1}{(1+6\%)^{45}}}{1 - \frac{1}{(1+6\%)^{50}}} = 2\,157\,285.32 \text{ 元}$$

2. 建筑物价格 V_B 的计算

$C = 3\,000 \times 2\,000 - 2\,000 \times 1\,000 = 3\,800\,000$

$N = 4 + 45 = 49$ 年

$R = 0$

$t = 4$ 年

$$V_B = C - \frac{C(1-R)}{N} \cdot t = 3\,800\,000 - \frac{3\,800\,000}{49} \times 4$$
$$= 3\,489\,795.92 \text{ 元}$$

3. 房地价格的计算

$$V_{总} = V_L + V_B = 2\,157\,285.32 + 3\,489\,795.92 = 5\,647\,081.24 \text{ 元}$$

$$V_{单} = \frac{V_{总}}{建筑面积} = \frac{5\,647\,081.24}{2\,000} = 2\,823.54 \text{ 元}/m^2$$

5.7 成本法总结

在运用成本法估价时要建立以下两点基本认识。

（1）要注意区分实际成本和客观成本

实际成本是某个开发商在开发建造该房地产时的实际花费；客观成本是在估价时点开发建造该房地产时，众多开发商的平均花费。因为现实生活中房地产的价格大多取决于其效用,而不是其花费的成本,成本的增减一定要对效用起作用才能形成价格。也就是说,房地产的投入成本多,并不一定其价值就高;房地产的投入成本少,也不一定其价值就低。

(2) 要结合市场供求分析来确定评估价格

当市场供大于求时,以正常的成本估价的价格往往偏高,甚至于市场价格有可能低于成本,此时价格应向下调整;当市场供大于求时,以正常的成本估价的价格往往偏低,此时价格应向上调整。

运用成本法估价一般分为五个步骤进行:

① 弄清估价对象房地产的价格构成;
② 勘察估价对象房地产的状况,搜集相关成本、税费和开发利润等资料;
③ 测算重新购建价格;
④ 测算建筑物折旧;
⑤ 求取房地产价格。

在了解待估价房地产价格构成后有针对性地搜集资料,再测算重新购建价格,扣除折旧后就可以求取房地产价格了。

用成本法对房地产进行估价时,涉及的费用或价格较多。每种费用或价格又分别对应一种或多种求取方法。具体操作时可参照如图 5-9 所示内容。

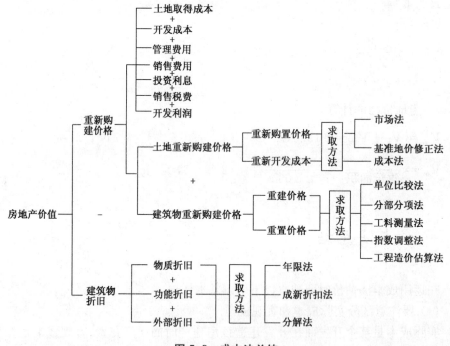

图 5-9 成本法总结

复习思考题

1. 成本法适用于哪些情形？
2. 成本法估价的基本步骤是什么？
3. 房地产价格的成本构成有哪些？
4. 怎样计算重新购建价格？
5. 什么是建筑物折旧？其造成原因有哪些？
6. 某建筑物建筑总面积为 200 m²，重置价格为 2 000 元/m²，现值为 284 800 元。该建筑物已使用 15 年，耐久年限为 50 年，建筑物价值耗损是均匀的。试用直线法求建筑物的重新建造成本、已使用折旧总额、折旧额和残值率。

6 市 场 法

> **本章概要**
>
> 市场法是参照于估价时点近期类似房地产的实际成交价格来评定待估房地产价格的一种估价方法。此方法将待估对象房地产与在较近时期内已经发生了交易的类似房地产加以比较对照,从已经发生了交易的类似的房地产的已知价格,通过交易情况修正、交易日期修正、区域因素修正和个别因素修正等,最后得出待估房地产最可能实现的合理价格。

6.1 市场法概念及使用范围

6.1.1 市场比较法的概念

市场比较法(Market Comparison Approach,Sales Comparison Approach)又称市价比较法、交易实例比较法、买卖实例比较法、市场资料比较法、交易案例比较法、现行市价法,是将估价对象与估价时点近期有过交易的类似房地产进行比较,对这些类似房地产的已知价格作适当的修正,以此估算估价对象的客观合理价格或价值的方法。采用比较法求得的房地产价格又称比准价格。

市场比较法的关键是选择类似房地产(Similar Property)。类似房地产是指与估价对象处于同一供求圈内,并在用途、规模、档次、建筑结构等方面与估价对象相同或相近的房地产。

同一供求圈(Comparable Search Area)是指与估价对象具有替代关系,价格互相影响的适当范围,包括邻近地区和类似地区。邻近地区是指待估房地产所隶属的地区,它一般以某一特定的用地类型为主要用地类型,且该类型在该地区内的空间分布是连续的,如:商业区、住宅区、工业区;类似地区是指与待估房地产所隶属的地区具有相同或相似的土地利用类型和市场供需状况,但在空间上不连续的区域,如同为城市一级地的商业用地。

6.1.2 市场比较法的理论依据

市场比较法的理论依据是经济学中的替代原理。市场经济中,经济主体的行为普遍追求效用最大化，即以最小的费用（代价），取得最大的利润（或效用）。当同一市场上出现两种或两种以上效用相同或效用可相互替代而价格不等的商品时，购买者将会选择价格较低的商品；而当价格相同，效用不等时，购买者又将选择效用较大的商品。这种选择行为的结果，是在效用均等的物品之间产生相同的价格。

替代原理作用于房地产市场，表现为效用相同，条件相近的房地产价格总是相互牵引，趋于一致，即：任何买者不会接受比市场上正常价格较高的成交价格，任何卖者也不会接受比市场正常价格较低的成交价格。因此，我们在评估某一房地产的价格时，可以用类似房地产的已知交易价格，比较求得估价对象房地产的未知价格。当然，由于房地产市场的不完全性，房地产商品的个别性，交易实例房地产与待估房地产（Subject Property）之间总是存在一定的差异，这些差异将会导致待估房地产与交易实例房地产之间的价格差异。另外，由于交易双方个人爱好、知识水平、交易时情况的不同，对市场上广泛认同的价格效用比也不一定把握准确，个别的交易也会偏离市场的正常交易。因此，采用比较法进行房地产估价时，必须将待估房地产与比较案例进行认真分析，比较两者的差异性，并定量估测由此而产生的价格差异，进而求得待估房地产的市场价格。

市场比较法以替代原理为主要理论依据，其基本原理如图 6-1 所示。

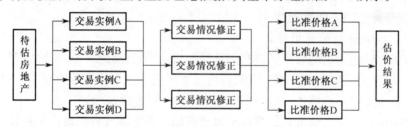

图 6-1 市场比较法原理示意图

市场比较法以替代原则为理论基础，因此具有现实性和富有说服力。同时，只要有类似的房地产买卖实例可以适用，不仅可以评估房地产价格，还可以利用相应的租赁实例，测算土地的租金，这就是租赁实例比较法。当然，市场比较法要求土地市场比较发育，可以获得足够的比较实例，因此，它更适用于市场比较发育地区的经常性交易的房地产价格的评估。

6.1.3 市场比较法的适用对象与条件

1) 市场比较法的特点

(1) 市场比较法具有现实性，有较强的说服力

市场比较法利用近期发生的与待估房地产具有替代性的交易案例作为比较标准，修正推算待估房地产具有替代性的价格，能够反映近期市场的行情，也使测算的价格具较强的现实性，容易被接受。

(2) 市场比较法以替代关系为途径

市场比较法是通过已发生的交易案例的价格,利用其与待估房地产之间的替代关系,比较求取待估房地产的价格,所以也称比准价格。

(3) 市场比较法以价格求价格

采用市场比较法评估房地产价格,是以市场交易案例为基础,通过对交易案例价格的修正求取评估对象价格,虽然反映市场规律,但如果在不正常市场条件下,如市场低迷或市场过度炒作、出现泡沫经济等,会使得估价结果容易偏离房地产的本身特征,无法与收益价格相协调。

(4) 市场比较法需要估价人员具有较高素质

应用比较法需要进行市场情况、交易日期、区域因素及个别因素等一系列项目的比较修正,这就要求房地产估价人员具备多方面的知识与丰富的经验,否则难以得到客观准确的结果。

(5) 市场比较法需要正确选择比较实例

市场比较法是以替代原则为基础,正确选择比较实例和合理修正交易价格是保证评估结果准确性的关键。因此,评估人员要全面准确地调查市场资料,合理选择比较实例,并将比较实例与评估对象进行全面细致的比较,确定适当的修正系数,以保证评估结果的准确性。

2) 市场比较法的适用对象

市场比较法适用的对象是具有交易性的房地产,如房地产开发用地、普通商品住宅、高档公寓、别墅、写字楼、商场、标准工业厂房等。不适用情形有二:一是对那些很少发生交易的房地产,如特殊工业厂房、学校、古建筑、教堂、寺庙、纪念馆等,难以采用市场比较法估价。二是在房地产市场发育不够或者房地产交易较少发生的地区,难以采用市场比较法估价。

3) 市场比较法的适用条件

市场比较法适用的条件主要有以下几个方面:

(1) 充分的交易实例资料

在充分掌握房地产的市场交易实例作为分析、比较依据的前提下,比较才能得以进行。一般认为,估价人员至少要掌握10个以上作为比较实例的相关市场交易资料,其中3个是最基本的比较实例。收集实例资料越充裕,应用市场比较法所得到的结果就越理想,因为这样才能构成比较理想的房地产价格,否则就不易得出公平合理的评估价格。需要指出的是,评估人员选用的比较实例必须是市场上已经发生的、并能反映市场真实情况的实例资料,而不能用尚无实际结果的、推断的、臆想的,或者虚报价格的"实例"作为比较的依据。

(2) 资料具有相关性

估价中所选用的可比实例必须与估价对象房地产有较大的相关性。相关性是指比较实例中的房地产与估价对象房地产之间各种价格因素是相似的,相关程度愈大,比较及评估效果就愈理想。在房地产价格诸因素中至关重要的是地域因素、规划容积率因素、建筑结构因素以及使用功能因素等。例如,估价对象房地产为都市住宅区,而比较实例为工业区或农业用地,那么两者之间就不具有相关性,不相关的实例资料不能用来作为比较的依据。估价对象房地产与可比实例房地产之间的相关程度究竟如何,估价人员要用可靠的资料加以证明。相关性愈大,替代性也愈大。

(3) 市场供求关系基本一致

供求情况相差过大的两者,不宜进行比较,比较实例与估价对象房地产在当地市场供求关系上应保持基本一致。如果实例房地产在当地、当时的市场情况下是滞销的,而估价对象房地产是紧俏的,那么用此实例作为评估时的依据,其所得评估价格结果就会严重失实。所以买卖或租赁实例房地产与估价对象房地产在供求关系上的基本一致性,即需求具有相同的态势和供给具有同等的竞争力是市场比较法运用的必要条件。

(4) 明确显示具备的条件

在运用市场比较法估价时,估价人员必须将估价对象房地产与比较实例房地产的价格因素一一列出,逐项分析比较,衡量其相关程度,并找出它们之间的差异。如果比较实例没有载明该项房地产所具备的各项基本条件,那么它将失去作为比较实例的意义。所以,比较实例与待估房地产均应能明确显示各自具备的条件。

(5) 资料必须翔实可靠

比较实例资料及其来源必须翔实可靠,若资料失实必将影响估价结果的合理性。估价师要力求了解每一笔交易背后的动机,因为买卖双方在交易时的动机有可能会导致交易结果偏离正常的市场轨迹。尤其对有利害关系人之间的交易案例必须加以确认并小心处理。估价师必须验证信息,以确保资料的正确性;坚决排除那些不合理的市场交易资料,以确保房地产价格评估的正确性。

6.1.4 市场比较法的实质与难点

1) 市场比较法的实质

市场比较法是最常用、最能反映房地产估价的价值标准的方法。其实质也就是房地产估价过程的实质,即通过大量已经成交的相同或类似房地产的成交价格来确定估价房地产在公开市场上最可能的成交价,即估价对象的公开市场价值。

2) 市场比较法的难点

如果市场上能够找到与估价对象个别因素和区域因素完全一样、交易日期和估价时点也一样、交易情况也完全符合公开市场的要求的可比实例,那么比较法不存在任何难度。但是由于上述几个"一样"实际上是不可能达到的要求,所以要求进行交易修正,比较法的难点也正正在于交易修正。

6.2 市场比较法的评估步骤

运用市场比较法对某宗房地产进行估价时,一般分为以下 7 个步骤进行:①广泛收集交易实例的资料;②从收集到的资料中选取适当的可比实例作为待估价房地产的参照物;③建立价格可比基础,即将可比实例的成交价格调整为具有比较基础的价格;④进行交易情况的修正;⑤进行交易日期的修正;⑥进行房地产状况的修正;⑦求取比准价格,即该宗房地产的最终估价额。

6.2.1 交易实例的收集

1) 收集大量交易实例的必要性

运用市场比较法估价,首先需要拥有大量真实的交易实例(一些不能反映市场真实价格行情的报价、标价是无效的)。收集大量的房地产市场交易实例资料,是运用市场比较法评估房地产价格的基础和前提条件,只有拥有了大量的真实、可靠的交易实例,才能把握正常的市场价格行情,才能评估出客观合理的价格。作为一个专业估价人员,收集交易实例不应等到采用市场比较法估价时才进行,而应注意在平时收集和积累,这样才能保证在采用市场比较法估价时有足够多的交易实例可供选用。

2) 收集交易实例的途径

收集交易实例的途径主要有下列几个:

① 查阅政府有关部门的房地产交易登记等资料,如房地产产权转让时成交价格的资料、交易登记资料、近期政府出让土地使用权的地价资料,政府确定公布的基准地价、标定地价和房屋重置价格资料等。

② 向房地产交易当事人、四邻、促使交易协议达成的经纪人、律师、财务人员、银行有关人员等了解其知晓的房地产成交价格资料和有关交易情况。

③ 与房地产出售者,如业主、房地产开发商、房地产经纪人等洽谈,获得其房地产的要价资料。

④ 查阅报刊、网络资源上有关房地产出售、出租的广告、信息等资料。

⑤ 参加房地产交易展示会,了解房地产价格行情,收集有关信息,索取有关资料。

⑥ 同行之间相互提供,估价机构或估价人员可以约定相互交换所收集的交易实例及经手的估价案例资料。

对于以上渠道收集来的资料,价格的种类是多种多样的,如:地价税、土地税、土地征用、抵押等估价额,法院公证登记估价额,标售拍卖价格,房地产销售说明书的价格,广告刊登的价格等,都不是正常价格,即不是实际交易价格,价格中含有特殊因素。如果利用这些资料进行参考,须慎重分析其内容及其与市场价格相差的比率,判断它们与正常价格的区别。

3) 收集内容的完整性和真实性

收集内容完整、真实的交易实例,是提高估价精度的一个基本保证。在收集交易实例时应尽可能收集较多的内容,一般应包括:

① 交易双方的基本情况和交易目的

交易双方的基本情况包括:交易双方的名称、性质、法人代表、住址等基本情况以及交易双方有无利害关系等,以便进一步判断交易是否属正常交易。交易目的包括:转让、抵押、入股等。

② 交易实例房地产的状况

房地产状况包括:权益状况、实物状况、环境状况等,以及坐落位置、面积、用途、交通、土地容积率、建筑物剩余使用年限、周围环境、景观等。

③ 成交日期

以确定交易实例的可比性进行日期修正。

④ 成交价格

房地产价格有房地产总价格、房屋总价格、土地总价格及相应单价。同时还应注意价格类型,如土地拍卖价格、招标价格、协议价格;币种及货币单位等情况,如美元、港币、日元等。

⑤ 付款方式

付款方式包括一次性付款、分期付款、抵押贷款的方式及比例等。

⑥ 交易情况

如交易税费负担方式,有无隐价瞒价、急卖急买、人为哄抬、亲友间的交易等特殊交易情况。

为避免在收集交易实例时遗漏重要的内容并保证所收集内容的统一性和规范化,最好事先将房地产分为不同的类型,如分为居住、商业、办公、旅馆、餐饮、娱乐、工业、农业等。针对这些不同类型的房地产,将所要收集的内容制作成统一的表格。此表格可命名为"交易实例调查表",如表6-1所示。

表6-1 交易实例调查表

房地产类型:

名 称					
坐 落					
卖 方					
买 方					
成交价格		货币种类		成交日期	
付款方式					

房地产状况说明	区位状况说明	包括面积、形状、地形、结构、建成年份、总层数、所在层数、朝向等内容	
	权益状况说明	包括商品房、福利房、出让土地使用权年限、划拨土地使用权等内容	
	实物状况说明	包括商业繁华度、交通通达性、环境景观、城市规划、公共配套设施完备程度等内容	
交易情况说明			
坐落位置图			建筑平面图
调查人员：			调查日期： 年 月 日

交易实例及其内容的真实性、可靠性是提高估价结果精确度的一个基本保证。对于收集到的每一个交易实例、每项内容都应该进行查证、核实以做到准确无误。

4) 建立交易实例库

房地产估价机构和估价人员应当建立房地产交易实例库，将一手的、基础的市场资料及时、准确地收集和积累起来。建立交易实例库不仅是运用市场比较法估价的需要，还是从事房地产估价的一项基础性工作，也是形成房地产估价机构和估价人员的核心竞争力之一。建立交易实例库，有利于交易实例资料的保存和查找、调用，提高估价工作的效率。交易实例库的建立，可通过制作交易实例卡片，分门别类存放，或通过计算机数据库技术实现。

6.2.2 基于案例推理的可比实例的选取

从交易实例库中选择符合一定条件的交易实例作为参照比较的交易实例，用于参照比较的交易实例，称为可比实例（Comparable Property）。可比实例选取得恰当与否，直接影响到市场比较法评估出的价格的准确性，因此应特别慎重。房地产市场发展过程中会积累大量的交易实例，如果能够运用人工智能方法快速识别可比实例，将会具有很大的实际意义和可操作性。基于案例推理作为人工智能中的一个新兴领域，是一种典型的利用先前实例经验进行推理的新问题求解机制，非常适用于没有确定模型而需要丰富经验的决策环境。

1) 案例推理的基本原理

案例推理的基本概念是指在解决问题的过程中，当决策者遭遇新问题时，充分运用过去的经验，运用相似性对比，寻求以过去的经验模式，作为解决问题的思考方向与解决方式，或是针对过去的案例再做进一步的修正，以运用到目前的行为。

基于案例的推理方法是由耶鲁大学的 Schank 教授在 1982 年出版的专著 *Dynamic memory: a theory of reminding and learning in computers and people* 中

提出,是人工智能领域一项重要的推理方法。随后,Aamodt在1994年提出了著名四阶段CBR循环,即案例检索、复用、修正和保存。根据定义可知案例推理的基本原理:使用以往对类似问题的求解经验,即案例,来进行推理以求解当前问题。在这种求解问题的方法中,人们将过去对问题的求解案例按一定的组织方式存储在案例库中,当用户输入待求解的新问题时,系统首先对案例库进行搜索,从中寻找待求解问题或近似于待求解问题的案例。如果找到的案例与待求解问题的描述完全一致,则将找到的案例中对问题的解输出;否则,根据对待求解问题的描述,对检索出来的案例进行修改,以产生一个符合待求解问题要求的解决方案并将其输出。同时将这个问题及其求解作为一个新的案例再存储到案例库中,为今后解决问题服务。因此,在以后系统求解过程中,便可利用案例库中所有已知的案例,而不必每次都从头开始。将上述过程简化一下,就可得到案例推理方法的工作流程图,见图6-2所示。

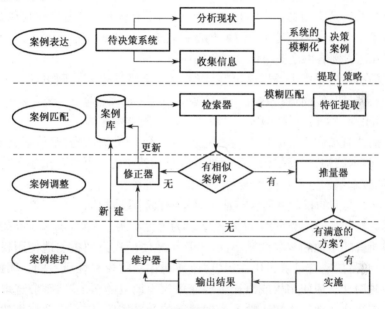

图6-2 案例推理的工作流程图

简而言之,基于案例的推理就是通过检索案例库中与当前问题相类似的案例并进行一系列的修改给当前问题提供解的一种推理模式。从推理方法角度,案例推理是从一个案例(旧案例)到另一个案例(新问题)的类比推理;从认识过程角度,案例推理是基于记忆,利用过去的经验来指导问题求解的一种方法。案例推理方法能有效地解决知识表达困难或者难以建模而经验丰富的领域问题,而且它充分模仿人类的思维方式,快速准确地分析所要解决的具体问题,非常适用于需要借鉴以往经验的情况。

2）案例表示

知识是智能的基础,需要用适当的模式表示出来才能存储到计算机中。案例推理系统所依赖的最重要的知识存储在案例中,因此设计基于案例推理的可比实例识别系统的首要任务就是将过去的实例及系统目前的信息合理有效地表示成案例的形式。

在基于案例推理的过程中,案例表示是指选择什么样的信息作为案例的描述,以及描述的结构形式是怎么样的。在实际选取可比实例时,具体从以下几个方面进行:

(1) 可比实例应与估价对象处在同一地区或同一供求范围内的类似地区

拿南京市来说,如果估价对象是坐落在新街口地区的一个商场,则选取的可比实例最好也在新街口地区;但如果在该地区内可供选择的交易实例不多,则应选择像湖南路、鼓楼这类邻近地区或同等级别的商业区中的交易实例。如果估价对象是在南京市内某个住宅小区的普通商品住宅,则选取的可比实例最好也是在同一住宅小区内的交易实例;如果在同一住宅小区内没有合适的交易实例可供选取,则应选取位于南京市内类似地区、规模、档次的住宅小区内的交易实例。

(2) 可比实例的用途应与估价对象的用途相同

这里的用途主要指大类用途,如果能做到小类用途也相同则更好。大类用途一般分为:①居住;②商业;③办公;④旅馆;⑤工业;⑥农业等。

(3) 可比实例的建筑结构应与估价对象的建筑结构相同

这里的建筑结构主要是指大类建筑结构,一般分为钢结构、钢筋混凝土结构、砖混结构、砖木结构、简易结构。如果能在大类建筑结构下再细分出小类建筑结构则更好,如砖木结构进一步分为砖木一等、二等,等等。

(4) 可比实例的权利性质应与估价对象的权利性质相同

当两者权利性质不相同时,一般不能作为可比实例。例如:国家所有的土地与农民集体所有的土地的权利性质不同;出让土地使用权与划拨土地使用权的权利性质不同;商品住宅与经济适用住房、房改所购住房的权利性质不同。因此,如果估价对象是出让土地使用权或出让土地使用权土地上的房地产,则应选取出让土地使用权或出让土地使用权土地上的房地产的交易实例,而不应选取划拨土地使用权或划拨土地使用权土地上的房地产的交易实例。

(5) 可比实例的规模应与估价对象的规模相当

例如估价对象为一宗土地,则选取的可比实例的土地面积应与该宗土地的面积差不多大小,既不能过大也不能过小。选取的可比实例规模一般应在估价对象规模的 0.5～2 范围内,即:$0.5 \leqslant$ 可比实例规模/估价实例规模 $\leqslant 2$。

(6) 可比实例的档次应与估价对象的档次相当

这主要是指在装饰装修、设备(如电梯、空调、智能化)、环境等方面的齐全、好坏程度应相当。

（7）可比实例的成交日期应与估价时点接近

这里的"接近"是相对而言的：如果房地产市场比较平稳，则较早之前发生的交易实例可能仍然有参考价值，也可以被选作可比实例；但如果房地产市场变化快，则此期限应缩短，可能只有近期发生的交易实例才有说服力。一般认为，交易实例的成交日期与估价时点相隔一年以上的不宜采用，因为难以对其进行交易日期修正。有时即使进行交易日期修正，也可能会出现较大的偏差。

（8）可比实例的交易类型应与估价目的吻合

交易类型主要有一般买卖、拍卖、租赁、土地使用权协议出让等。如果为一般买卖、拍卖、租赁、土地使用权协议出让等目的估价，则应选取相对应的交易类型的交易实例为可比实例。另外，以抵押、抵债、房屋拆迁为目的的估价，应选取一般买卖的交易实例为可比实例。

（9）可比实例的成交价格应是正常成交价格或能够修正为正常成交价格

上述选取可比实例时，一般是指估价对象为土地的，应选取类似土地的交易实例；估价对象为建筑物的，应选取类似建筑物的交易实例；估价对象为房地的，应选取类似房地的交易实例。

选取可比实例还有所谓"分配法"，其内容如下：如果估价对象为单独的土地或单独的建筑物，但缺少相应的交易实例，而有土地与建筑物合成体的交易实例时，则可将此土地与建筑物合成体及其成交价格予以分解，提取出与估价对象同类型部分的房地产及其价格，再以此为可比实例。例如，估价对象为土地，但在其所在地区或同一供求范围内的类似地区中，没有类似土地的单独交易实例，而有包含与该土地同类型土地的房地产交易实例时，则可以从该房地成交价格中扣除建筑物价格，剩余部分为土地价格，此土地便可作为可比实例。然后再对该土地价格进行适当的修正和调整，即可以求得估价对象土地的价格。假设需要评估某宗土地的价格，在附近有一幢房屋买卖，其成交总价为 200 万元，其中属于建筑物的价格为 120 万元（用其他方法求得），则其土地价格为 80 万元，再以此 80 万元的地价为基础，修正、调整出估价对象土地的价格。

选取的可比实例数量从理论上讲越多越好，但是，如果要求选取的数量过多，一是可能由于交易实例缺乏而难以做到，二是后续进行修正、调整的工作量大，所以，一般要求选取 3 个以上（含 3 个）、10 个以下（含 10 个）的可比实例即可。

3）案例检索

案例的检索和选择是案例推理系统的一个关键步骤。案例检索结果的优劣直接影响着案例的重用与修改以及系统的好坏。案例检索包括特征辨识、初步匹配和最佳选定三个过程。特征辨识是对问题进行分析，以提取有关特征；初步匹配是从案例库中找到一组与当前问题相关的候选案例；最佳选定是从初步匹配过程中获得的一组候选案例中选取一个或几个与当前问题最相关的案例。

在检索的匹配算法方面,目前比较通用的有最相邻算法和归纳式资料检索。最相邻算法实际是通过累加目标案例与案例库中案例的每个域的相似度值来确定总的相似度,然后把超过相似度阈值的案例返还给用户。它的计算公式为:

$$\text{Sim}(C_i) = \sum_{j=1}^{m} w_j \text{Sim}(C_{ij})$$

其中,$\text{Sim}(C_i)$ 表示第 i 个旧案例与问题案例的综合相似度,w_j 为第 j 个属性或特征在参与匹配检索的属性或特征指标中所占的权重,且所有权重取值之和为1,权重可以通过专家评价法、概率分析法、层次分析法等方法确定。$\text{Sim}(C_{ij})$ 表示第 i 个旧案例的第 j 个属性指标与问题案例的第 j 个属性指标的相似度,它的计算根据不同的领域有不同的计算方法。一般情况下,这些计算方法包括分类树方法(Empolis Knowledge Management),使用表或规则,以及对分属性或分概念的评价。

[**例 6-1**] 有一幢砖混结构的住宅,建筑层数为七层,地区级别为七级,现空置。要求用市场比较法评估其出售价格,请从表 6-2 所给资料中选取合适的比较实例。

表 6-2 交易实例表

房屋性质	是否空置	估价时间、目的	地区级别	市场价格
A 钢混结构七层综合大楼	空置	近期/出售	7 级	1 700 元/m²
B 砖混结构七层住宅	空置	3 年前/出售	10 级	960 元/m²
C 砖混结构七层住宅	空置	近期/出租	6 级	690 元/m²
D 砖混结构七层住宅	空置	1 年前/抵押	7 级	抵押价值 1 100 元/m²
E 砖混结构七层住宅	空置	近期/出售	7 级	1 500 元/m²

解 分析交易实例,确定可比实例:

实例 A,不适合做比较实例。因其为钢混结构综合大楼,房屋结构和使用性质与待估房地产不同。

实例 B,不适合做比较实例。因为其出售时间是在 3 年前,距今相差太长,并且其地区级为 10 级,与待估房地产的地区级相差太大。

实例 C,不适合做比较实例。因为其交易目的是出租而不是出售,在房地产的价格类型上与待估房地产不同。

实例 D,不适合做比较实例。因为其评估的目的是为了抵押而不是出售,抵押价值不能作为买卖价格评估的比较依据。

实例 E,适合做比较实例。其各种条件和房地产使用性质、结构类型、地区等级、估价时间和价格类型等均与待估房地产的条件基本相符,是较为理想的评估实例。

结论:通过分析比较各实例情况,最后选取实例 E 作为待估房地产的可比实例之一。

6.2.3 价格可比基础的建立

在对比较实例进行修正前,应先把各比较实例的成交价格调整为在比较实例之间,比较实例与待估房地产之间具有可比基础的价格。所谓具有可比基础是指:单价的含义统一,面积的内容统一,货币的单位统一。因为已选取的若干个可比实例之间及其与估价对象之间,可能在付款方式、成交单价、货币种类、货币单位、面积内涵和面积单位等方面存在不一致,无法进行直接地比较修正。因此,需要对它们进行统一换算处理,使其表述口径一致,以便进行比较修正,为后面进行交易情况、交易日期和房地产状况修正打下基础。

建立价格可比基础包括:①统一付款方式;②统一采用单价;③统一币种和货币单位;④统一面积内涵;⑤统一面积单位。

(1) 统一付款方式

由于房地产的价值量大,房地产的成交价格往往采用分期付款的方式支付,因而出现了名义价格和实际价格的不同。而且付款期限的长短不同,付款数额在付款期限内的分布不同,实际价格也会有所不同。估价中为便于比较,价格通常以一次付清所需支付的金额为基准,所以,就需要将分期付款的可比实例成交价格折算为在其成交日期时一次付清的数额。具体方法是资金的时间价值中的折现计算。

[例 6-2] 一套建筑面积 90 平方米,每平方米建筑面积 3 000 元的住房,成交价为 27 万元。双方约定,从成交日期时起分期付清,首付 7 万元,余款一年内分两期付清,每隔半年支付 10 万元。假设年利率为 10%,则在其成交日期时一次付清的价格为:

$$7+\frac{10}{(1+10\%)^{0.5}}+\frac{10}{(1+10\%)}=25.625(万元)$$

在进行价格换算时,应注意利率要和对应的周期相一致。

(2) 统一采用单价

在统一采用单价方面,通常为单位面积上的价格。例如,建筑物通常为单位建筑面积、单位套内建筑面积或者单位使用面积上的价格;土地除了单位土地面积上的价格外,还可为楼面地价。在这些情况下,单位面积是一个比较单位。根据估价对象的具体情况,还可以有其他的比较单位,如仓库以单位体积为比较单位,停车场以每个车位为比较单位,旅馆以每个房间或床位为比较单位,电影院以每个座位为比较单位,医院以每个床位为比较单位,保龄球馆以每个球道为比较单位。

(3) 统一货币种类和货币单位

在统一币种方面,不同币种的价格之间的换算,应采用该价格所对应的日期时的汇率。在通常情况下,是采用成交日期时的汇率。但如果先按原币种的价格进行交易日期修正,则对进行了交易日期修正后的价格,应采用估价时点时的汇率进行换算。汇率的取值,一般采用国家外汇管理部门公布的外汇牌价的卖出、买入的中间价。在统一货币单位方面,按照使用习惯,人民币、美元、港币等,通常都采用"元"。

(4) 统一面积内涵

在现实房地产交易中,有按建筑面积计价,有按套内建筑面积计价,也有按使用面积计价的。它们之间的换算如下:

建筑面积下的价格 = 套内建筑面积下的价格 × 套内建筑面积 / 建筑面积

建筑面积下的价格 = 使用面积下的价格 × 使用面积 / 建筑面积

套内建筑面积下的价格 = 使用面积下的价格 × 使用面积 / 套内使用面积

(5) 统一面积单位

在面积单位方面,中国内地通常采用平方米(土地的面积单位有时还采用公顷、亩),中国香港地区和美国、英国等习惯采用平方英尺,中国台湾地区和日本、韩国一般采用坪。它们之间的换算如下:

$$平方米下的价格 = \frac{亩下的价格}{666.67}$$

$$平方米下的价格 = \frac{公顷下的价格}{10\,000}$$

$$平方米下的价格 = 平方英尺下的价格 \times 10.764$$

$$平方米下的价格 = 坪下的价格 \times 0.303$$

[例 6-3] 收集有甲、乙两宗交易实例,甲交易实例的建筑面积 100 平方米,成交总价 80 万元人民币,分三期付款,首期付 16 万元人民币,第二期于半年后付 32 万元人民币,余款 32 万元人民币于一年后付清。乙交易实例的使用面积 1 500 平方英尺,成交总价 15 万美元,于成交时一次付清。如果选取此两宗交易实例为可比实例,则一般在进行有关的修正之前应先做如下处理:

(1) 统一付款方式

如果以在成交日期时一次付清为基准,假设当时人民币的年利率为 8%,则:

$$甲总价 = 16 + \frac{32}{(1+8\%)^{0.5}} + \frac{32}{(1+8\%)} = 76.422(万元人民币)$$

$$乙总价 = 15(万美元)$$

(2) 统一采用单价

$$甲价 = \frac{764\,220}{100} = 7\,642.2(元人民币/(平方米 \cdot 建筑面积))$$

$$乙价 = \frac{150\,000}{1\,500} = 100(美元/(平方英尺 \cdot 使用面积))$$

(3) 统一币种和货币单位

如果以人民币元为基准,则需要将乙交易实例的美元换算为人民币元。假设乙交易实例成交当时的人民币与美元的市场汇价为 1 美元=7.0 元人民币,则:

$$甲价 = 7\,642.2(元人民币/(平方米 \cdot 建筑面积))$$

$$乙价 = 100 \times 7.0 = 700(元人民币/(平方英尺 \cdot 使用面积))$$

(4) 统一面积内涵

如果以建筑面积为基准,另通过调查得知该类房地产的建筑面积与使用面积的关系为 1 平方米建筑面积=0.75 平方米使用面积。则:

$$甲单价 = 7\,642.2(元人民币/(平方米 \cdot 建筑面积))$$

$$乙单价 = 700 \times 0.75 = 525(元人民币/(平方英尺 \cdot 建筑面积))$$

(5) 统一面积单位

如果以平方米为基准,由于 1 平方米=10.764 平方英尺,则:

$$甲单价 = 7\,642.2(元人民币/(平方米 \cdot 建筑面积))$$

$$乙单价 = 525 \times 10.764 = 5\,651.1(元人民币/(平方米 \cdot 建筑面积))$$

6.2.4 交易情况修正

1) 交易情况修正的含义

可比实例的成交价格可能是正常的,也可能是不正常的。由于要求评估的估价对象的价格是客观合理的,所以,如果可比实例的成交价格是不正常的,则应将其调整为正常的,才能作为估价对象的价格。这种对可比实例成交价格进行的调整,称为交易情况修正。因此,经过交易情况修正后,就将可比实例的实际而可能是不正常的价格变成了正常价格。

2) 造成成交价格偏差的因素

由于房地产具有不可移动、独一无二、价值量大等特性,以及房地产市场是不完全市场,房地产的成交价格往往容易受交易中的一些特殊因素的影响,从而使其偏离正常的市场价格。交易中的特殊因素较复杂,归纳起来主要有下列几个方面:

(1) 有利害关系人之间的交易

例如,父子之间、兄弟之间、亲友之间、母子公司之间、公司与其员工之间的房地产交易,成交价格通常低于其正常市场价格。

(2) 急于出售或急于购买的交易

例如,欠债到期要还,无奈只有出售房地产偿还,此种情况下的成交价格往往偏低;相反,在急于购买情况下的成交价格往往偏高。

(3) 交易双方或某一方对市场行情缺乏了解的交易

如果买方不了解市场行情,盲目购买,成交价格往往偏高;相反,如果卖方不了解市场行情,盲目出售,成交价格往往偏低。

(4) 交易双方或某一方有特别动机或偏好的交易

例如,买方或卖方对其所买卖的房地产有特别的爱好、感情,特别是该房地产对买方有特殊的意义或价值,从而卖方惜售,或买方执意要购买,此种情况下的成交价格往往偏高。

(5) 特殊交易方式的交易

如拍卖、招标、哄抬或抛售等。房地产正常成交价格的形成方式,应是买卖双方经过充分讨价还价的协议方式。拍卖、招标方式容易受现场气氛、情绪的影响而使成交价格失常。但中国目前土地使用权出让是例外,拍卖、招标方式形成的价格较能反映市场行情,协议方式形成的价格往往偏低。其原因是管理体制尚不完善,出让方是政府(实际运作是政府的某个部门及某些个人),受让方是与自身利益较密切的个人、企业等,从而协议方式出让的结果往往是政府让利。如果出让方是理性的"经济人",就难以出现这种情况。

(6) 交易税费非正常负担的交易

在房地产交易中往往需要缴纳一些税费,如营业税、土地增值税、契税、印花税、交易手续费、补交土地使用权出让金等。按照政府(税法及中央和地方政府)的有关规定,有的税费应由卖方缴纳,如营业税、土地增值税;有的税费应由买方缴纳,如契税、补交土地使用权出让金;有的税费则买卖双方都应缴纳或各负担一部分,如印花税、交易手续费。正常成交价格是指在买卖双方各自缴纳自己应缴纳的交易税费下的价格,即在此价格下,卖方缴纳卖方应缴纳的税费,买方缴纳买方应缴纳的税费。需要评估的客观合理价格,也是基于买卖双方各自缴纳自己应缴纳的交易税费。但在现实交易中,往往出现本应由卖方缴纳的税费,买卖双方协议由买方缴纳;或者本应由买方缴纳的税费,买卖双方协议由卖方缴纳。例如,土地增值税本应由卖方负担,却转嫁给了买方;契税、补交土地使用权出让金本应由买方负担,却转嫁给了卖方;交易手续费本应由买卖双方各负担一部分,却转嫁给了其中的某一方。在某些地区,房地产价格之外还有所谓"代收代付费用"。这些"代收代付费用"也可能存在类似的转嫁问题。

(7) 相邻房地产的合并交易

房地产价格受其土地形状、土地面积、建筑规模的影响。形状不规则或面积、规模过小的房地产,价格通常较低。但这种房地产如果与相邻房地产合并后,效用通常会增加。因此,当相邻房地产的拥有者欲购买该房地产时,该房地产的拥有者通常会索要高价,而相邻房地产的拥有者往往也愿意出较高的价格购买。所以,相邻房地产合并交易的成交价格往往高于其单独存在、与其不相邻者交易时的正常市场价格。

(8) 受债权债务关系影响的交易

例如,附带着抵押、典当或拖欠工程款等的交易。《中华人民共和国合同法》第286条规定:发包人未按照约定支付价款的,承包人可以催告发包人在合理期限内支付价款。发包人逾期不支付的,除按照建设工程的性质不宜折价、拍卖的以外,承包人可以与发包人协议将该工程折价,也可以申请人民法院将该工程依法拍卖。建设工程的价款就该工程折价或者拍卖的价款优先受偿。

(9) 特殊政策造成房地产价格的偏差

新加坡、中国香港地区施行"居者有其屋"的政策,对低收入者购置居室都实施优惠价格,而对高收入者则限定他们只能购买价格较高的高级住宅;我国城镇的经济适用房与限价房,国家限定了利润率和提供了种种优惠条件,也低于房地产市场上的正常价格。

3) 交易情况修正的方法

有上述特殊交易情况的交易实例不宜选为可比实例,但当可供选择的交易实例较少而不得不选用时,则应对其进行交易情况修正。交易情况修正需估价的人员有丰富的经验,对市场行情有充分了解,具体程序为:①剔除非正常的交易案例。②测定各种特殊因素对正常价格的影响程度。测定方法可以利用已掌握的交易资料分析计算,确定修正系数。由于缺乏客观、统一的尺度,这种测算有时非常困难,因此在哪种情况下应当修正多少,只能由估价人员凭经验判断。作为估价人员平常就应收集、征集交易实例,并加以分析,在积累了丰富经验的基础上,努力把握适当的修正系数。③交易情况修正。

交易情况修正的方法,主要有百分率法和差额法。

a. 百分率法修正公式

采用百分率法进行交易情况修正的一般公式为:

$$可比实例成交价格 \times 交易情况修正系数 = 正常价格$$

b. 差额法修正公式

采用差额法进行交易情况修正的一般公式为:

$$可比实例成交价格 \pm 交易情况修正数额 = 正常价格$$

在交易情况修正中之所以要以正常价格为基准,是因为只有这样,比较的基准才会只有一个,而不会出现多个。因为在市场比较法中要求选取多个可比实例来进行比较,如果以每个可比实例的实际成交价格为基准,就会出现多个比较基准。

例如,以正常价格为基准,说可比实例成交价格比其正常价格高10%,即:

$$正常价格 \times (1 + 10\%) = 可比实例成交价格$$

如果正常价格 = 1 500元/m²,则:

$$可比实例成交价格 = 1 500 \times (1 + 10\%) = 1 650(元/m^2)$$

如果以可比实例成交价格为基准,说正常价格比可比实例成交价格低10%,即:

$$可比实例成交价格 \times (1 - 10\%) = 正常价格$$

假定可比实例成交价格 = 1 650元/m²,则:

$$正常价格 = 1 650 \times (1 - 10\%) = 1 485(元/m^2)$$

可见:1 485元/m² ≠ 1 500元/m²。所以,说"可比实例成交价格比其正常价格高10%"与说"正常价格比可比实例成交价格低10%"是不等同的。为此,在交易情况修正中应采用可比实例成交价格比其正常价格是高还是低多少的说法。

交易情况修正需要测定交易中的一些特殊因素使成交价格偏离正常价格的程度,但由于缺乏客观、统一的尺度,这种测定有时非常困难。因此,在哪种情况下应当修正多少,主要由估价人员凭其专业知识和丰富的经验加以判断。不过,估价人员平常就应收集整理交易实例,并加以分析,在积累了丰富经验的基础上,把握适当的修正系数也是不难的。

其中,对于交易税费非正常负担的修正,只要调查、了解清楚了交易税费非正常负担的情况,然后依此计算即可。具体是将成交价格调整为依照政府有关规定,无规定的依照当地习惯,交易双方负担各自应负担的税费下的价格。主要是把握下列两点:①正常成交价格－应由卖方负担的税费＝卖方实际得到的价格。②正常成交价格＋应由买方负担的税费＝买方实际付出的价格。

[例6-4] 甲卖给乙一套住宅,50平方米,10万元成交,所有交易税费均由乙负担,其中契税交纳2 000元,交易手续费共500元(按规定双方各交纳一半),办证费100元(按规定由乙负担),评估费500元(乙委托,由乙负担),问:甲乙双方正常成交价格? 乙实际支付价格?

解 正常成交价格＝卖方实际得到价格＋应由卖方负担的税费,在题中,卖方实际得到价格为10万元,应由卖方负担的税费为250元(500元的一半),因此,正常成交价格 = 100 250元。乙方实际支付价格 = 正常成交价格＋应由买方负担的税费,应由买方负担的税费 = 2 000 + 250 + 100 + 500 = 2 850(元),因此乙方实际

支付价格 = 100 250 + 2 850 = 103 100(元)。

6.2.5 交易日期修正

1) 交易日期修正的含义

可比实例的成交价格是其成交日期时的价格,是在其成交日期时的房地产市场状况下形成的。要求评估的估价对象的价格是估价时点时的价格,是应该在估价时点时的房地产市场状况下形成的。如果成交日期与估价时点不同(往往是不同的,而且通常成交日期早于估价时点),房地产市场状况可能发生了变化,如政府出台新的政策措施、利率发生变化、出现通货膨胀或通货紧缩等,从而房地产价格就有可能不同。因此,应将可比实例在其成交日期时的价格调整为在估价时点时的价格,如此才能将其作为估价对象的价格。这种对可比实例成交价格进行的调整,称为交易日期修正。

交易日期修正实质上是房地产市场状况对房地产价格影响的调整。经过交易日期修正后,就将可比实例在其成交日期时的价格变成了在估价时点时的价格。

2) 交易日期修正的方法

在可比实例的成交日期至估价时点期间,随着时间的推移,房地产价格可能发生的变化有3种情况:①平稳;②上涨;③下跌。当房地产价格为平稳发展时,可不进行交易日期修正。而当房地产价格上涨或下跌时,则必须进行交易日期修正。

实际估价中常采用百分率法进行交易日期修正,一般公式为:

$$\text{可比实例在成交日期时的价格} \times \text{交易日期修正系数} = \text{在估价时点时的价格}$$

特别强调的是,交易日期修正系数应以成交日期时的价格为基础来确定。假设从成交日期到估价时点时,可比实例价格涨跌的百分率为$\pm T\%$(从成交日期到估价时点时,当可比实例价格上涨时为$+T\%$,下跌时为$-T\%$),则:

$$\text{可比实例在成交日期时的价格} \times (1 \pm T\%) = \text{在估价时点时的价格}$$

或

$$\text{可比实例在成交日期时的价格} \times \frac{100 \pm T}{100} = \text{在估价时点时的价格}$$

上式中$(1 \pm T\%)$或$\frac{100 \pm T}{100}$是交易日期修正系数。

交易日期修正的关键,是要把握估价对象这类房地产的价格自某个时期以来的涨落变化情况,具体是调查在过去不同时间的数宗类似房地产的价格,找出这类房地产价格随着时间变化而变动的规律,据此再对可比实例成交价格进行交易日期修正。在无类似房地产的价格变动率或指数的情况下,可根据当地房地产价格的变动情况和趋势做出判断,给予调整,一般有:①利用房地产价格指数进行修正;②利用房地产价格变动率进行修正;③估价人员根据市场情况及自己的经验积累进行判断修正。

(1) 价格指数

有定基价格指数和环比价格指数。在价格指数编制中,需要选择某个时期作为基期。如果是以某个固定时期作为基期的,称为定基价格指数;如果是以上一时期作为基期的,称为环比价格指数。编制原理如表6-3所示。

表6-3 价格指数的编制原理

时 间	价 格	定基价格指数	环比价格指数
1	p_1	$p_1/p_1=100$	p_1/p_0
2	p_2	p_2/p_1	p_2/p_1
3	p_3	p_3/p_1	p_3/p_2
⋮	⋮	⋮	⋮
n	p_n	p_n/p_1	p_n/p_{n-1}

采用定基价格指数进行交易日期修正的公式为:

$$\text{可比实例在成交日期时的价格} \times \frac{\text{估价时点时的价格指数}}{\text{成交日期时的价格指数}} = \text{在估价时点时的价格}$$

采用环比价格指数进行交易日期修正的公式为:

$$\text{可比实例在成交日期时的价格} \times \text{成交日期的下一时期的价格指数} \times \text{再下一时期的价格指数} \times \cdots \times \text{估价时点时的价格指数} = \text{在估价时点时的价格}$$

(2) 房地产价格变动率

有逐期递增或递减的价格变动率和期内平均上升或下降的价格变动率两种。
采用逐期递增或递减的价格变动率进行交易日期修正的公式为:

$$\text{可比实例在成交日期的价格} \times (1 \pm \text{价格变动率})^{\text{期数}} = \text{在估价时点时的价格}$$

采用期内平均上升或下降的价格变动率进行交易日期修正的公式为:

$$\text{可比实例在成交日期时的价格} \times (1 \pm \text{价格变动率} \times \text{期数}) = \text{在估价时点时的价格}$$

在实际交易日期修正中,价格指数或变动率的选择非常关键,因为不是任何类型的房地产价格指数都可采用,适用的价格指数必须满足:①可信赖,至少经过评估人员解释后,能使评估各方的当事人感到该指数确实是比较合适的;②与待估房地产相类似的房地产的价格指数,如待估房地产为普通住宅时,就应选用普通住宅的物价指数,而不能选用其他特殊类型房地产的价格指数;③买卖实例房地产所在地区或与该地区有相似的价格变动过程的类似地区的房地产的价格指数,原则上应使用买卖实例房地产所在地区的价格指数,只是在这些地区中不能求得这一指数时,才可采用与该地区有相似的价格变动过程的地区(如周围地区)的价格变动指数。

在实际交易日期修正中,有下列几类价格指数或价格变动率可供选用:①一般物价指数或变动率;②建筑造价指数或变动率;③建筑材料价格指数或变动率;④建筑人工费指数或变动率;⑤房地产价格指数或变动率。

房地产价格指数或变动率又可细分为:①全国房地产价格指数或变动率;②某地区房地产价格指数或变动率;③全国某类房地产价格指数或变动率;④某地区某类房地产价格指数或变动率。

至于具体应选用哪种价格指数或变动率进行交易日期修正,要看具体的估价对象和有关情况。如果引起房地产价格变动的是单纯的通货膨胀因素,则可以选用一般物价指数或变动率;如果是建筑造价、建筑材料或建筑人工费方面的因素,则可以选用相应的价格指数或变动率。从理论上讲,由于房地产价格指数或变动率能全面反映引起房地产价格变化的因素,因此,宜选用房地产价格指数或变动率。但严格来说,又不是任何类型的房地产价格指数或变动率都可以采用,所以,最适用的房地产价格指数或变动率,是可比实例所在地区的同类房地产的价格指数或变动率。

[例6-5] 某宗房地产2007年3月的价格为5 000元/m²,现需将其调整到2007年8月。已知该宗房地产所在地区的同类房地产2007年1月至8月的价格指数分别为99.5,96.3,101.2,103.5,108.4,112.5,115.5,110.5(均以上个月为100),则该宗房地产2007年8月的价格为:

$$5\,000 \times \frac{103.5}{100} \times \frac{108.4}{100} \times \frac{112.5}{100} \times \frac{115.5}{100} \times \frac{110.5}{100} = 8\,054.5(元/m^2)$$

[例6-6] 评估某宗房地产2002年9月末的价格,选取了下列可比实例:成交价格3 000元/m²,成交日期2001年10月末。另调查获知该类房地产价格2001年6月末至2002年2月末平均每月比上月上涨1.5%,2002年2月末至2002年9月末平均每月比上月上涨2%。对该可比实例进行交易日期修正,修正到2002年9月末的价格为:

$$3\,000\times(1+1.5\%)^4\times(1+2\%)^7=3\,658(元/m^2)$$

[例 6-7] 某个可比实例房地产 2002 年 2 月 1 日的价格为 1 000 美元/m², 该类房地产以人民币为基准的价格变动, 平均每月比上月上涨 0.2%。假设人民币与美元的市场汇率 2002 年 2 月 1 日为 1 美元=8.26 元人民币, 2002 年 10 月 1 日为 1 美元=8.29 元人民币。对该可比实例进行交易日期修正, 修正到 2002 年 10 月 1 日的价格为:

$$1\,000\times 8.26\times(1+0.2\%)^8=8\,393(元人民币/m^2)$$

6.2.6 房地产状况修正

1) 房地产状况修正的含义

如果可比实例房地产与估价对象房地产本身之间有差异,则还应对可比实例成交价格进行房地产状况修正,因为房地产价格还反映房地产本身的状况。进行房地产状况修正,是将可比实例在其房地产状况下的价格,修正为在估价对象房地产状况下的价格。因此,经过房地产状况修正后,就将可比实例在其房地产状况下的价格变成了在估价对象房地产状况下的价格。

2) 房地产状况修正的内容

由于房地产状况可以分为区位、权益和实物三大方面,从而房地产状况修正可分为区位状况修正、权益状况修正和实物状况修正。在这三大方面的修正中,还可进一步细分为若干因素的修正。进行房地产状况修正,是市场比较法的一个难点和关键。

(1) 区位状况修正的内容

区位状况是对房地产价格有影响的房地产区位因素的状况。进行区位状况修正,是将可比实例房地产在其区位状况下的价格,修正为在估价对象房地产区位状况下的价格。区位状况比较、修正的内容主要包括:繁华程度、交通便捷程度、环境、景观、公共服务设施完备程度(属于可比实例、估价对象以外的部分)、临路状况、朝向、楼层等影响房地产价格的因素。其中,环境包括自然环境、人工环境、社会环境等。对于住宅,公共服务设施主要指教育、医疗卫生、文化体育、商业服务、金融邮电等公共设施的完备程度。对于商业用房,楼层是极其重要的区位因素。

(2) 权益状况修正的内容

权益状况是对房地产价格有影响的房地产权益因素的状况。进行权益状况修正,是将可比实例房地产在其权益状况下的价格,修正为在估价对象房地产权益状况下的价格。权益状况比较、修正的内容主要包括:土地使用年限,城市规划限制条件(如容积率)等影响房地产价格的因素。在实际估价中,遇到最多的是土地使用年限修正,其修正的具体方法参见本书"收益法"的有关内容。

(3) 实物状况修正的内容

实物状况是对房地产价格有影响的房地产实物因素的状况。进行实物状况修正,是将可比实例房地产在其实物状况下的价格,修正为在估价对象房地产实物状况下的价格。实物状况比较、修正的内容很多,对于土地来说,主要包括:面积大小、形状、基础设施完备程度(属于可比实例、估价对象之内的部分)、土地平整程度、地势、地质水文状况等影响房地产价格的因素;对于建筑物来说,主要包括:新旧程度、建筑规模、建筑结构、设备、装修、平面格局、工程质量等影响房地产价格的因素。

3) 房地产状况修正的思路和方法

房地产状况修正的思路是:首先列出对估价对象这类房地产的价格有影响的房地产状况各方面的因素,包括区位方面的、权益方面的和实物方面的;其次判定估价对象房地产和可比实例房地产在这些因素方面的状况;然后将可比实例房地产与估价对象房地产在这些因素方面的状况进行逐项比较,找出它们之间的差异所造成的价格差异程度;最后根据价格差异程度对可比实例价格进行修正。总的来说,如果可比实例房地产优于估价对象房地产,则应对可比实例价格做减价修正;反之,则应做增价修正。

房地产状况修正的方法有百分率法、差额法和回归分析法。

(1) 百分率法

采用百分率法进行房地产状况修正的一般公式为:

$$\text{可比实例的价格} \times \text{房地产状况修正系数} = \text{在估价对象房地产状况下的价格}$$

特别强调的是,房地产状况修正系数应是以估价对象的房地产状况为基准来确定。假设可比实例在其房地产状况下的价格比在估价对象的房地产状况下的价格高低的百分率为 $\pm R\%$(当可比实例在其房地产状况下的价格比在估价对象房地产状况下的价格高时为 $+R\%$,低时为 $-R\%$),则:

$$\text{可比实例在其房地产状况下的价格} \times \frac{1}{1 \pm R\%} = \text{在估价对象房地产状况下的价格}$$

或者,

$$\text{可比实例在其房地产状况下的价格} \times \frac{100}{100 \pm R} = \text{在估价对象房地产状况下的价格}$$

上式中 $\frac{1}{1 \pm R\%}$ 或 $\frac{100}{100 \pm R}$ 是房地产状况修正系数。

（2）差额法

采用差额法进行房地产状况修正的一般公式为：

$$可比实例的价格 \pm \frac{房地产状况}{修正数额} = 在估价对象房地产状况下的价格$$

在百分率法中，房地产状况修正系数应以估价对象房地产状况为基准来确定。具体进行房地产状况修正的方法，有直接比较修正和间接比较修正两种。

① 直接比较修正

一般是采用评分的办法，以估价对象房地产状况为基准（通常定为 100 分），将可比实例房地产状况与它逐项进行比较、打分。如果可比实例房地产状况比估价对象房地产状况差，则打的分数就低于 100；相反，打的分数就高于 100。然后将所得的分数转化为修正价格的比率，参见表 6-4 所示。

表 6-4 房地产状况直接比较表

房地产状况	权重	估价对象	可比实例 A	可比实例 B	可比实例 C
因素 1	F_1	100			
因素 2	F_2	100			
因素 3	F_3	100			
⋮	⋮	⋮			
因素 n	F_n	100			
综合	1	100			

采用直接比较进行房地产状况修正的表达式为：

$$可比实例在其房地产状况下的价格 \times \frac{100}{(\quad)} = 在估价对象房地产状况下的价格$$

上式括号内应填写的数字，为可比实例房地产状况相对于估价对象房地产状况的得分。

② 间接比较修正

间接比较修正与直接比较修正相似，所不同的是设想一个标准房地产状况，然后以此标准房地产状况为基准（通常定为 100 分），将估价对象及可比实例的房地产状况均与它逐项进行比较、打分。如果估价对象、可比实例的房地产状况比标准房地产状况差，则打的分数就低于 100；相反，打的分数就高于 100。再将所得的分数转化为修正价格的比率，参见表 6-5 所示。

表 6-5 房地产状况间接比较表

房地产状况	权重	标准状况	估价对象	可比实例 A	可比实例 B	可比实例 C
因素 1	F_1	100				
因素 2	F_2	100				
因素 3	F_3	100				
⋮	⋮	⋮				
因素 n	F_n	100				
综合	1	100				

采用间接比较进行房地产状况修正的表达式为：

$$\text{可比实例在其房地产状况下的价格} \times \underset{\text{修}\quad\text{正}}{\underset{\text{标准化}}{\frac{100}{(\quad)}}} \times \underset{\text{修}\quad\text{正}}{\underset{\text{房地产状况}}{\frac{(\quad)}{100}}} = \text{在估价对象房地产状况下的价格}$$

上式位于分母的括号内应填写的数字为可比实例房地产状况相对于标准房地产状况的得分，第二个括号内应填写的数字为估价对象房地产状况相对于标准房地产状况的得分。

4) 房地产状况修正应注意的问题

(1) 可比实例的房地产状况，无论是区位状况、权益状况还是实物状况，都应是成交价格所对应或反映的房地产状况，而不是在估价时点或其他时候的状况。因为在估价时点或其他时候，可比实例房地产状况可能发生了变化，从而其成交价格就不能反映了。除了期房交易的成交价格之外，可比实例的房地产状况一般是可比实例房地产在其成交日期时的状况。

(2) 由于不同使用性质的房地产，影响其价格的区位和实物因素不同，即使某些因素相同，但其对价格的影响程度也不一定相同。因此，在进行区位状况和实物状况的比较、修正时，具体比较、修正的内容及权重应有所不同。例如，居住房地产讲求宁静、安全、舒适；商业房地产看重繁华程度、交通条件；工业房地产强调对外交通运输；农业房地产重视土壤、排水和灌溉条件等。

6.3 求取比准价格

综合修正计算，即根据前面的各项修正，求取比准价格。

6.3.1 求取某个与可比实例对应的比准价格的方法

由前述内容可知,市场比较法估价需要进行交易情况、交易日期、房地产状况三大方面的修正和调整。经过了交易情况修正后,就将可比实例的实际而可能不是正常的价格变成了正常价格;经过了交易日期修正后,就将可比实例在其成交日期时的价格变成了在估价时点时的价格;经过了房地产状况修正后,就将可比实例在其房地产状况下的价格变成了在估价对象房地产状况下的价格。这样,经过了这三大方面的修正、调整后,就把可比实例房地产的实际成交价格,变成了估价对象房地产在估价时点时的客观合理价格。如果把这三大方面的修正、调整综合起来,计算公式如下:

(1) 修正、调整系数连乘形式

$$\text{可比实例的比准价格} = \text{可比实例成交价格} \times \text{交易情况修正系数} \times \text{交易日期修正系数} \times \text{房地产状况修正系数}$$

(2) 修正、调整系数累加形式

$$\text{可比实例的比准价格} = \text{可比实例成交价格} \times \left(1 + \text{交易情况修正系数} + \text{交易日期修正系数} + \text{房地产状况修正系数}\right)$$

下面以连乘形式、采用百分率法来进一步说明市场比较法的综合修正与调整计算。由于房地产状况修正有直接比较修正和间接比较修正,因此,较具体化的综合修正与调整计算公式有直接比较修正与调整公式和间接比较修正与调整公式:

(1) 直接比较修正与调整公式

$$\text{估价对象价格} = \text{可比实例价格} \times \frac{100}{(\text{交易情况修正})} \times \frac{(\text{交易日期修正})}{100} \times \frac{100}{(\text{房地产状况修正})}$$

$$= \text{可比实例成交价格} \times \frac{\text{正常市场价格}}{\text{实际成交价格}} \times \frac{\text{估价时点价格}}{\text{成交日期价格}}$$

$$\times \frac{\text{对象状况价格}}{\text{实例状况价格}}$$

上式中,交易情况修正的分子为 100,表示以正常价格为基准;交易日期修正的分母为 100,表示以成交日期时的价格为基准;房地产状况修正的分子为 100,表示以估价对象的房地产状况为基准。

(2) 间接比较修正与调整公式

$$\text{估价对象价格} = \text{可比实例成交价格} \times \frac{100}{(\text{交易情况修正})} \times \frac{(\text{交易日期修正})}{100} \times \frac{100}{(\text{标准化修正})} \times \frac{(\text{房地产状况修正})}{100}$$

$$= \text{可比实例成交价格} \times \frac{\text{正常市场价格}}{\text{实际成交价格}} \times \frac{\text{估价时点价格}}{\text{成交日期价格}}$$

$$\times \frac{标准状况价格}{实例状况价格} \times \frac{对象状况价格}{实例状况价格}$$

上式中,标准化修正分子为 100,表示以标准房地产的状况为基准,分母是可比实例房地产相对于标准房地产所得的分数;房地产状况修正的分母为 100,表示以标准房地产的状况为基准,分子是估价对象房地产相对于标准房地产所得的分数。

6.3.2 将多个可比实例的比准价格综合成一个最终比准价格的方法

每个可比实例的成交价格经过上述各项修正、调整之后,都会相应地得到一个比准价格。例如有 5 个可比实例,经过各项修正、调整之后会得到 5 个比准价格。但这些比准价格可能是不相同的,最后需要将它们综合成一个比准价格,以此作为市场比较法的测算结果。

从理论上讲,综合的方法主要有 3 种:①平均数;②中位数;③众数。

(1) 平均数

有简单算术平均数和加权算术平均数。

简单算术平均数是把修正、调整出的各个价格直接相加,再除以这些价格的个数,所得的数即为综合出的一个价格。例如:可比实例 A、B、C 经比较修正后的估价时点价格分别为 1 080 元/m²、1 078 元/m² 和 1 110 元/m²,如果认为这三个价格具有同等重要性,则可求得一个综合结果,即:

$$综合结果 = \frac{1\,080 + 1\,078 + 1\,110}{3} = 1\,089 \text{ 元}/m^2。$$

加权算术平均数是在把修正、调整出的各个价格综合成一个价格时,考虑到每个价格的重要程度不同,先赋予每个价格不同的权数,然后综合出一个价格。通常对于与估价对象房地产最类似的可比实例房地产所修正、调整出的价格赋予最大的权数,反之,赋予最小的权数。例如:上例中,若认为可比实例 C 与估价对象房地产的情况最为接近,A 次之,B 最差,则相应赋予权数为 45%、35%、20%,则可求得一个综合结果,即:

$$综合结果 = \frac{1\,080 \times 35\% + 1\,078 \times 20\% + 1\,110 \times 45\%}{100\%}$$
$$= 1\,093(元/m^2)。$$

(2) 中位数

是把修正、调整出的各个价格按从低到高或从高到低的顺序排列,当项数为奇数时,位于正中间位置的那个价格为综合出的一个价格;当项数为偶数时,位于正中间位置的那两个价格的简单算术平均数为综合出的一个价格。例如:2 600,2 650,2 800,2 860,3 950 的中位数为 2 800。2 200,2 400,2 600,2 900 的中位数

为 $\dfrac{2400+2600}{2}=2500$。

(3) 众数

众数与中位数一样,是一种位置平均数,是指将各总体单位按某一标志排序后整理成分布数列,如果其中有某一标志值出现的次数最多,即为众数值。在房地产估价中,则需要选择10个以上的可比实例,才可能用这个方法确定综合结果,目前采用较少。例如:2 200,2 600,2 300,2 600,2 300,2 600 这组数值的众数是2 600。

此外,还可以采用其他方法将修正、调整出的多个价格综合成一个价格。例如去掉一个最高价格和一个最低价格,将余下的进行简单算术平均。在实际估价中,最常用的是平均数,其次是中位数,很少采用众数。当数值较多时,可以采用中位数和众数。如果一组数值中含有异常的或极端的数值,采用平均数有可能得到非典型的甚至是误导的结果,这时采用中位数比较合适。

6.4 市场比较法应用举例

使用市场比较法,首先要找到与评估对象相类似的案例,而且要符合一定的要求,如用途相同、建筑结构相同、地区相邻或相近、价格类型相同,估价日期接近,交易情况正常或可修正为正常等,把它们按照一定的要求列表,逐项填写,这是使用市场比较法的基础。

其次,要进行可比交易实例修正。需要修正的情况主要有交易情况修正、交易日期修正、区域因素和个别因素的修正。这些修正要有客观依据并结合估价人员积累的经验进行。要求估价人员以严谨、科学、认真的态度来完成。

第三,在确认估价结果时,还可采用其他估价方法对比较法的评估结果进行必要的较正。如用其他方法得出的结果与比较法的结果比较接近,就说明采用的比较法是符合客观实际的,如果差距太大,就要查找原因。

最后,要注意细节问题,如计量单位的统一,评估依据的寻找等。

下面结合一些具体的实例,对市场比较法的评估过程进行进一步的熟悉。

6.4.1 应用实例1

估价对象是一块空地,总面积为 300 m²。估计该宗土地于 2011 年 10 月 1 日的买卖价格。估价过程如下。

(1) 选择估价方法

在估价对象所在地区和邻近地区,该类型土地存在较多的交易实例,所以采用市场比较法进行估价。

(2) 收集有关资料

① 收集估价对象资料(略)。

② 收集买卖实例资料

共调查收集了 A、B、C、D、E 五宗土地买卖实例,均可作为可比实例。实例 A 的面积为 266 m²,成交单价 1 200 元/m²,交易日期 2011 年 4 月 1 日;实例 B 的面积为 354 m²,成交单价 1 020 元/m²,交易日期 2011 年 3 月 1 日;实例 C 的面积为 300 m²,成交单价 910 元/m²,交易日期 2010 年 6 月 1 日;实例 D 的面积为 257 m²,成交单价 950 元/m²,交易日期 2010 年 7 月 1 日;实例 E 的面积为 276 m²,成交单价 1 250 元/m²,交易日期 2011 年 3 月 1 日。

(3) 确定修正系数

① 确定交易情况修正系数

实例 A、E 为正常买卖,无需进行交易情况修正;实例 B、C、D 均较正常买卖价格偏低,其中:实例 B 估计偏低 3%,实例 C 估计偏低 4%,实例 D 估计偏低 5%。各宗可比实例的交易情况修正系数如下:

实例 A:$\dfrac{100}{100-0} = \dfrac{100}{100}$

实例 B:$\dfrac{100}{100-3} = \dfrac{100}{97}$

实例 C:$\dfrac{100}{100-4} = \dfrac{100}{96}$

实例 D:$\dfrac{100}{100-5} = \dfrac{100}{95}$

实例 E:$\dfrac{100}{100-0} = \dfrac{100}{100}$

② 确定交易日期修正系数

据调查,2010 年 4 月 1 日至 2011 年 10 月 1 日之间,该类型土地的价格平均每月上涨 1%。各宗可比实例的交易日期修正系数如下:

实例 A:$(1+1\% \times 6) = \dfrac{106}{100}$

实例 B:$(1+1\% \times 7) = \dfrac{107}{100}$

实例 C:$(1+1\% \times 16) = \dfrac{116}{100}$

实例 D:$(1+1\% \times 15) = \dfrac{115}{100}$

实例 E:$(1+1\% \times 7) = \dfrac{107}{100}$

③ 确定区域因素修正系数

实例 A 与估价对象土地处于同一地区,无需作区域因素修正;实例 B、C、D、E 需作区域因素修正,比较的结果如表 6-6 所示。

表 6-6 估价对象土地所在地区的区域因素比较表

区域因素	估价对象	可比实例 A	可比实例 B	可比实例 C	可比实例 D	可比实例 E
繁华程度	20	20	19	15	20	13
道路通达度	10	10	8	5	10	11
公交便捷度	10	10	10	10	10	10
对外交通	5	5	9	5	5	13
环境质量	10	10	8	15	15	9
景观	5	5	5	10	5	12
城市基础设施	15	15	11	15	10	8
社会公共设施	15	15	9	15	15	11
规划限制	5	5	5	5	5	9
治安状况	5	5	3	5	5	12
总分值	100	100	87	100	100	108

各宗可比实例的区域因素修正系数如下:

实例 A:$\dfrac{100}{100}$

实例 B:$\dfrac{100}{87}$

实例 C:$\dfrac{100}{100}$

实例 D:$\dfrac{100}{100}$

实例 E:$\dfrac{100}{108}$

④ 确定个别因素修正系数

估价对象土地的面积较大,有利于利用,另外其环境条件较好,其他方面没有差异。经分析确定个别因素使得可比实例土地的价格均比估价对象土地的价格低 2%。所以各宗可比实例的个别因素修正系数如下:

实例 A:$\dfrac{100}{100-2} = \dfrac{100}{98}$

实例 B:$\dfrac{100}{100-2} = \dfrac{100}{98}$

实例 C:$\dfrac{100}{100-2} = \dfrac{100}{98}$

实例 D：$\dfrac{100}{100-2}=\dfrac{100}{98}$

实例 E：$\dfrac{100}{100-2}=\dfrac{100}{98}$

（4）进行因素综合修正

表 6-7 因素综合修正表

项目	实例 A	实例 B	实例 C	实例 D	实例 E
实际成交单价	1 200	1 020	910	950	1 250
交易情况修正	$\dfrac{100}{100}$	$\dfrac{100}{97}$	$\dfrac{100}{96}$	$\dfrac{100}{95}$	$\dfrac{100}{100}$
交易日期修正	$\dfrac{106}{100}$	$\dfrac{107}{100}$	$\dfrac{116}{100}$	$\dfrac{115}{100}$	$\dfrac{107}{100}$
区域因素修正	$\dfrac{100}{100}$	$\dfrac{100}{87}$	$\dfrac{100}{100}$	$\dfrac{100}{100}$	$\dfrac{100}{108}$
个别因素修正	$\dfrac{100}{98}$	$\dfrac{100}{98}$	$\dfrac{100}{98}$	$\dfrac{100}{98}$	$\dfrac{100}{98}$
比准价格	1 298	1 320	1 122	1 173	1 264

（5）计算估价结果

上述五个案例测算的结果差异不大，用五个比准价格的简单算术平均值作为最终的估价结果，则有：

$$\text{估价对象土地的单价} = \dfrac{1\,298+1\,320+1\,122+1\,173+1\,264}{5}=1\,235(元/m^2)$$

估价对象土地的总价 = 1 235 × 300 = 370 500(元)

6.4.2 应用实例 2

为了评估某商品住宅在 2006 年 9 月 1 日的正常市场价格，在该住宅附近地区调查选取了 A、B、C 三宗已成交的类似商品住宅作为可比实例，有关资料见表 6-8。

表 6-8 类似商品住宅比较表

	可比实例 A	可比实例 B	可比实例 C
成交价格	5 600 元人民币/m²	750 美元/m²	5 800 元人民币/m²
成交日期	2005 年 11 月 1 日	2006 年 1 月 1 日	2006 年 6 月 1 日
交易情况	−3%	0%	+2%
区域因素	+1%	+2%	−1%
个别因素	−2%	+4%	−2%

在表中,交易情况比较中的正(负)值表示可比实例的成交价格高(低)于其正常价格的幅度;在区域因素、个别因素比较时,以估价对象的区域因素和个别因素为基准,正(负)值表示可比实例的区域因素和个别因素优(劣)于估价对象的区域因素和个别因素所导致的价格差异幅度。另外,假设2006年1月1日人民币与美元的市场汇价为1∶8.1,2006年9月1日人民币与美元的市场汇价为1∶8.0;该类商品住宅以人民币为基准的市场价格在2005年6月1日至2006年2月28日之间平均每月比上月上涨1%,在2006年3月1日至2006年9月1日之间平均每月比上月下降1.2%。试利用上述资料评估该商品住宅在2006年9月1日的正常市场价格。

估算该商品住宅于2006年9月1日的正常市场价格如下。

(1) 计算公式

采用直接比较修正法连乘形式的公式进行评估。基本公式如下:

$$\frac{\text{估价对象}}{\text{价格}} = \frac{\text{可比实例}}{\text{成交价格}} \times \frac{1}{100+S} \times \frac{100+T}{100} \times \frac{1}{100+R} \times \frac{1}{100+G}$$

(2) 求出各可比实例的比准价格(人民币)

$$\text{比准价格 A} = 5\,600 \times \frac{100}{97} \times (1+1\%)^4 \times (1-1.2\%)^6 \times \frac{100}{101} \times \frac{100}{98} = 5\,645(\text{元}/\text{m}^2)$$

$$\text{比准价格 B} = 750 \times 8.1 \times \frac{100}{100} \times (1+1\%)^2 \times (1-1.2\%)^6 \times \frac{100}{102} \times \frac{100}{104} = 5\,434(\text{元}/\text{m}^2)$$

$$\text{比准价格 C} = 5\,800 \times \frac{100}{102} \times (1-1.2\%)^3 \times \frac{100}{99} \times \frac{100}{98} = 5\,652(\text{元}/\text{m}^2)$$

(3) 计算评估结果

若将上述三个结果的简单算术平均值作为估价结果,则有:

$$\text{估价对象价格(人民币)} = \frac{5\,645 + 5\,434 + 5\,652}{3} = 5\,577(\text{元}/\text{m}^2)$$

6.4.3 应用实例3

以下是一份完整的应用市场比较法估价土地的报告书。

评估对象为××有限公司位于××市××开发区××路××号工业用途房地产(土地为出让)。该公司因需以评估对象房地产向法院提供财产担保,委托××评估机构对该房地产的公开市场价值进行评估,评估基准日为2003年2月21日。该案例采用房屋与土地分开采用不同的评估方法估价,然后加总对房地产价值进行评估。

1)基本情况

(1)估价对象概况

此次委托评估的是位于××市××开发区内的工业用房地产。

① 估价对象的登记和权属状况

根据委托方提供的房地产权证及估价师实地查勘,估价对象产权状况如下:

权利人:××有限公司

坐落:××路××号

土地权属性质:国有出让

土地用途:工业

地号:(略)

土地使用期限:1996-01-01 至 2042-12-31 止

土地总面积:29 032 m²

建筑面积:6 791 m²

房屋类型:工厂

建筑结构:钢筋混凝土

未发现估价对象有抵押或其他权利限制现象,目前处于正常使用状态。

② 估价对象四至情况

估价对象位于××市××开发区××路××号,土地等级属××市基准地价十级地段。距××大桥30 km,距××机场52 km,距××火车站45 km,距××国际机场30 km。估价对象四至:东为待租土地,西为××路,北为××路,南为×××有限公司。

③ 估价对象土地利用状况

估价对象土地上已建设总建筑面积为6 791 m²的厂房,估价对象属大型现代化厂区,厂区道路为水泥地坪,路面平整,能承载大型货车,绿化种植有序,厂区周围有集中绿化带。

(2)影响因素说明

① 个别因素分析

a. 建筑物状况

根据实地勘察,估价对象为××有限公司位于××市××开发区××路××号内房地产,建筑物状况如表6-9所示:

表 6-9 建筑物状况一览表

幢 号	1	2	3	4	5	6	7	8
类型	工厂	工厂	工厂	工厂	工厂	工厂	工厂	工厂
部位	全幢	全幢	全幢	全幢	全幢	全幢	全幢	全幢
用途	工程楼	工程楼	危险品仓库	门卫	生产车间	仓库	综合楼	门卫
结构	钢混	钢混	钢混	钢混	钢混	钢混	钢混	钢混
层数	1	1	1	1	3	1	2	1
建筑面积(m^2)	321	458	81	50	4 045	804	982	50
层高(m)	6.0	6.0	6.0	4.8	7.5	8.0	4.0	4.8
室内地坪	水泥	水泥	水泥	地砖	水泥	水泥	地砖	地砖
内墙面	涂料刷白	涂料刷白	涂料刷白	涂料刷白	涂料刷白	涂料刷白	涂料刷白	涂料刷白
门窗	铝合金门窗	铝合金门窗	铝合金门窗	铝合金门窗	铝合金门窗	铝合金门窗	铝合金门窗	铝合金门窗
外墙面	条形面砖	条形面砖	条形面砖	条形面砖	条形面砖	条形面砖	条形面砖	条形面砖
建造年份	1998.8	1998.8	1998.8	1998.8	1998.8	1998.8	1998.8	1998.8
维护状况	较好	较好	较好	较好	较好	较好	较好	较好

b. 厂区内状况

估价对象属于大型现代化厂区,厂区道路为水泥地坪,路面平整,能承载大型货车,绿化种植有序,厂区周围有集中绿化带。

c. 交通条件

估价对象距××大桥 30 km,距××机场 52 km,距××火车站 45 km,距××国际机场 30 km,估价对象的交通条件较好,主干道为××公路。

d. 基础设施状况

估价对象红线外具备道路、上水、下水、电力、通信、供气等基础设施条件。基本生产、生活设施完善。

② 区域因素

估价对象所在的××区位于××的南翼,××湾北岸,东西长 41 km,南北宽

22 km,总面积 687 km²。××区历史悠久,人杰地灵,气候宜人,土地肥沃,资源丰富,海岸线长 31.6 km,江岸线长 13.6 km,港口码头等设施齐全,开发前景广阔,是××市的南大门。

近年来××区抓住机遇以吸收××大企业和全国大企业为方向,以开发市级工业区为重点,吸引外资,开拓国际市场,逐步形成机电设备、汽车配件等一批新型支柱产业框架,全区经济已进入适度和相对平稳发展的轨道,区内海关、商检、外汇银行、国际货运、国际商务等机构俱全。

××区水陆交通便捷,特别是近年来开展以路桥为重点的基础建设和工业园区建设,建成以"十字路"为主干道的九纵六横公路网络,与××港、××运河等组成相当容量和应变能力的综合交通体系。

③ 市场背景分析

2002年国际经济形势由于受恐怖事件的影响,呈现出复杂、低迷的局面。我国实行了适当的财政、货币等宏观应对政策,使国内政治局面稳定,经济形势平稳。国民经济在此基础上保持高速发展,据统计国民经济的增长速度已达到8%。

××是我国的特大型城市,根据国际国内形势的发展和国家的要求,××长远发展的总体目标是:到 2010 年,把××建成为国际经济、金融、贸易中心之一,在后十年××需要继续保持两位数的经济增长速度,人民生活水平接近发达国家(地区)水平。要基本实现与世界经济的全面接轨和功能的根本改变。

由于我国已加入WTO,作为国家最大经济中心的××市与国际经济活动更趋于频繁,投资增加,进出口业务量的增加,使厂房类物业需求将会增加,对其价格产生刺激作用,估计近期其价格将会稳步上升。

2) 评估价值定义

本次评估所揭示的是××有限公司位于××市××开发区××路××号的房地产(建筑总面积 6 791 m²,土地总面积 29 032 m²)在满足全部假设和限制条件下,于评估基准日的公开市场价值。

3) 评估方法的选择

(1) 估价技术路线和估价方法

根据委托方确定的估价目的以及可以收集到的资料,采取适宜的估价方法。估价对象所在区域及附近区域,存在较多与估价对象类似用途、规模、标准的土地近期成交实例,但缺乏与估价对象类似用途、规模、标准的房地产近期交易实例,故采用房地分估的估价方法,即对土地采用市场比较法估价,对建筑物采用成本法估价,然后土地使用权价格与建筑物价格之和即为评估值。

(2) 市场比较法

市场比较法是将估价对象与在估价时点近期有过交易的类似房地产进行比

较，对这些类似房地产的已知价格作适当的修正，以此估算估价对象的客观合理价格或价值的方法。即估价人员通过市场调查，选择了三个属于同一供需圈、房屋类型一致的交易案例作为参照物，然后，经过估价人员对案例的实地勘察，对交易情况、交易日期、区域因素和个别因素分别进行比较和修正，计算得出估价对象房地产在估价期日的比准价格，用算术平均法求得估价对象土地为工业用地、出让方式获得、熟地状态（红线外"六通一平"）在估价期日的市场价格。

(3) 成本法

成本法是求取估价对象在估价时点的重置价格或重建价格，扣除折旧，以此估算估价对象的客观合理价格或价值的方法。即根据委托方提供和估价人员实地勘察收集的资料，以××市同类地区建筑行业造价信息中典型工程建安费为依据，运用类比法将估价对象与典型工程的差异因素进行比较分析，增减调整后确定估价对象建筑物的建安费，在此基础上加上必要的增容及管理工程费、专业费、管理费、利息、利润和税金，得出建筑物的重置成本，按其成新率得出估价对象建筑物的现实价格。

4) 评估技术说明

(1) 土地使用权价值估算（市场比较法）

① 计算公式

$$\begin{matrix}\text{估价对象}\\ \text{比准价格}\end{matrix} = \begin{matrix}\text{比较案}\\ \text{例价格}\end{matrix} \times \begin{matrix}\text{交易日期}\\ \text{修正指数}\end{matrix} \times \begin{matrix}\text{交易情况}\\ \text{修正指数}\end{matrix} \times \begin{matrix}\text{区域因素}\\ \text{修正指数}\end{matrix} \times \begin{matrix}\text{个别因素}\\ \text{修正指数}\end{matrix}$$

② 比较实例选择

选择比较案例时，根据估价对象情况，应符合以下要求：用途相同、交易类型相同、属于正常交易、与估价期日接近、区域及个别因素相近。

③ 估价对象房地产价格测算

本次估价，选择了与估价对象条件类似的三个交易案例作为比较实例。

a. 估价对象和交易实例土地因素条件描述如表 6-10 所示。

表 6-10 土地比较因素条件说明表

对象 因素条件	待估土地	实例A××工业区××镇土地	实例B××开发区土地	实例C××工业开发区
土地区域等级	十级	十级	十级	十级
交易日期		2003.2	2003.2	2003.2
交易单价（元/m²）		210	190	180
交易情况		正常	正常	正常

续表 6-10

因素条件	对象	待估土地	实例A××工业区××镇土地	实例B××开发区土地	实例C××工业开发区
区域因素	道路级别	主干道××公路	主干道××公路	主干道××公路	主干道××公路
	产业聚集度	较高	一般	较高	较小
	距火车站、机场、码头距离	距火车站较远，机场、码头较近	距火车站较远，机场、码头较近	距火车站、机场、码头较远，码头较近	距火车站较远，机场、码头较近
	环境优劣度	较好	较好	较好	较好
个别因素	容积率	小于1	小于1	小于1	小于1
	使用年限	假设50年	50年	50年	50年
	宗地自然条件	地势平坦适于建厂	地势平坦适于建厂	地势平坦适于建厂	地势平坦适于建厂
	宗地临路条件	临主干道	临主干道	临主干道	临主干道
	宗地面积	较大,适宜建大型厂房	较大,适宜建大型厂房	较大,适宜建大型厂房	较大,适宜建大型厂房
	宗地形状	矩形较规则	矩形较规则	矩形较规则	矩形较规则
	市政配套齐全度	红线外"六通一平"	红线外"六通一平"	红线外"六通一平"	红线外"六通一平"

b. 编制比较因素条件指数表

以估价对象土地的各因素条件为基础,相应指数为100,将交易实例相应因素条件与估价对象相比较,确定相应的指数,详见表6-11所示。

表 6-11 土地比较因素条件指数表

比较因素		待估房地产	实例A	实例B	实例C
交易日期		100	100	100	100
交易情况		100	100	100	100
区域因素	道路级别	100	100	100	100
	产业聚集度	100	97	100	95
	距火车站、机场、码头距离	100	102	100	102
	环境状况优劣度	100	100	100	100

续表6-11

比较因素		待估房地产	实例A	实例B	实例C
个别因素	容积率	100	100	100	100
	使用年限	100	100	100	100
	宗地自然条件	100	100	100	100
	宗地临路条件	100	100	100	100
	宗地面积	100	100	100	100
	宗地形状	100	100	100	100
	市政配套齐全度	100	100	100	100

c. 交易实例修正后的土地价格（比准价格）

经比较修正，交易实例修正后达到估价对象条件时的价格，详见表6-12所示。

表6-12 土地比较因素修正系数表

比较因素		实例A	实例B	实例C
市场销售单价(元/m²)		210	190	180
	交易日期	100/100	100/100	100/100
	交易情况	100/100	100/100	100/100
区域因素	道路级别	100/100	100/100	100/100
	产业聚集度	100/97	100/100	100/95
	距火车站、机场、码头距离	100/102	100/100	100/102
	环境状况优劣度	100/100	100/100	100/100
个别因素	容积率	100/100	100/100	100/100
	使用年限	100/100	100/100	100/100
	宗地自然条件	100/100	100/100	100/100
	宗地临路条件	100/100	100/100	100/100
	宗地面积	100/100	100/100	100/100
	宗地形状	100/100	100/100	100/100
	市政配套齐全度	100/100	100/100	100/100
修正后的单价(元/m²)		212	190	186

d. 估价对象土地价格的确定（假设50年使用权）

对上述3个交易实例经因素条件修正后的比准价格，采用简单算术平均计算得出估价对象土地的评估单价，即：

$$\text{估价对象土地评估单价} = \frac{212 \text{元}/m^2 + 190 \text{元}/m^2 + 186 \text{元}/m^2}{3} = 196 \text{元}/m^2$$

合 13.07 万元/亩

e. 估算估价对象土地现状的市场单价和总价

估价对象土地为 1996 年 1 月出让取得,使用年限为 50 年,工业用途,使用期限自 1996 年 1 月 1 日至 2045 年 12 月 31 日止,尚可使用年限为 43.11 年。通过以下公式对估价对象土地进行年期修正,计算年期修正系数为:

$$R_y = \frac{1-1/(1+r)^n}{1-1/(1+r)^N}$$

式中:R_y 为年期修正系数;r 为土地折现率,取 $r = 6\%$;n 为土地剩余有效使用年限(43.11 年);N 为土地法定最高使用年限(工业用地 50 年)。

经计算,$R_y = 0.97$,则:

估价对象土地评估单价 = 196 元/m² × 0.97 = 190 元/m²

估价对象土地总价 = 29 032 m² × 190 元/m² = 5 516 080 元,取整为 551.61 万元

(2) 建筑物及构筑物估价(成本法)

估价过程略。

经测算,建筑物价值合计为 11 172 531 元,取整为 1 117.25 万元。

(3) 估价对象房地产价值确定

估价对象房地产评估价值 = 土地价格 + 建筑物价格
= 551.61 + 1 117.25 = 1 668.86 万元

5) 估价结论

本次估价根据估价目的,遵循估价原则和程序,以掌握的有关标的物的信息资料为依据,经估价,××有限公司位于××市××开发区××路××号的房地产(建筑面积 6 791 m² 以及相应土地面积 29 032 m²,转让方式获得土地,工业用途,开发程度为红线外"六通一平")在估价时点 2003 年 2 月 21 日的评估价值为人民币 1 668.86 万元,大写人民币壹仟陆佰陆拾捌万捌仟陆佰元整(其中:土地面积 29 032 m²,评估价值为人民币 551.61 万元;建筑面积 6 791 m²,评估价值为人民币 1 117.25 万元)。

6.5 市场比较法总结

本章主要介绍市场比较法的基本理论和评估步骤,市场比较法的含义、基本原理、相关概念以及适用范围和条件,重点阐述了市场比较法的估价步骤。并通过房地产价格评估和土地评估等例子介绍了市场比较法的应用。市场比较法的内容可

用图 6-3 得到阐释。

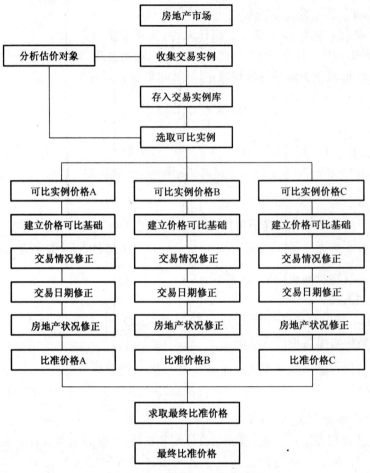

图 6-3 市场比较法内容构架

复 习 思 考 题

1. 市场比较法的理论依据是什么？
2. 市场比较法的适用条件有哪些？
3. 运用市场比较法对某宗房地产进行估价的步骤有哪些？
4. 房地产状况修正的思路是什么，方法有哪些？
5. 市场比较法的难点有哪些？
6. 某宗房地产交易，买卖双方在合同中写明，买方付给卖方 5 000 元/m²，买卖中涉及的税费均由卖方来负担。据悉，该地区房地产买卖中应由卖方缴纳的税费为正常成交价格的 1.5%，应由买方缴纳的税费为正常成交价格的 3%。则该宗房地产交易的正常成交价格为多少？

7 收益法

> **本章概要**
>
> 本章基于对收益法的基本概念、适用范围以及估价过程的阐述,全面介绍房地产估价收益法,包括净收益的求取,重点分析报酬资本化法和直接资本化法等两种方法,以及还原利率的求取,使读者全面、系统地了解收益还原法的估价过程。此外,本章还介绍了投资组合和剩余技术的基本概念和计算公式,使读者能够全面地了解收益法的相关内容。

7.1 收益法概念及适用范围

7.1.1 收益法的概念

收益法是房地产估价中预测评估对象的未来收益,然后利用报酬率或资本化率、收益乘数将其转换为价值来求取估价对象价值的方法。收益法又称收益资本化法、收益现值法、收益还原法等,是房地产估价中最常用的方法之一,是对房地产和其他具有收益性质资产评估的基本方法,其本质是以房地产的预期未来收益为导向求取估价对象的价值。

根据将未来预测收益转换为价值的方式不同,即资本化的方式不同,收益法分为报酬资本化法和直接资本化法。

报酬资本化法(Yield Capitalization)即现金流量折现法(Discounted Cash Flow,DCF),是房地产的价值等于其未来各期净收益的现值之和,具体是预测估价对象未来各期的净收益(净现金流量),选用适当的报酬率(折现率)将其折算到估价时点后相加来求取估价对象价值的方法。

直接资本化法(Direct Capitalization)是将估价对象未来某一年的某种预期收益除以适当的资本化率或者乘以适当的收益乘数来求取估价对象价值的方法。其中,将未来某一年的某种预期收益乘以适当的收益乘数来求取估价对象价值的方法,称为收益乘数法。

7.1.2 收益法适用范围

收益法是以求取房地产净收益为途径评估房地产价值的一种方法,其适用范围只能是有收益或潜在收益的房地产,如住宅(特别是公寓)、写字楼、旅馆、商店、餐馆、游乐场、影剧院、停车场、加油站、标准厂房(用于出租的)、仓库(用于出租的)、农地等。它不限于估价对象本身现在是否有收益,只要估价对象现在所属的这类房地产有获取收益的能力即可。例如,估价对象目前为自用或空闲的住宅,虽然没有实际收益,但却具有潜在收益,因为类似住宅以出租方式获取收益的情形很多,因此将该住宅设想为出租的情况下来运用收益法估价,即先根据同一市场上有出租收益的类似住宅的有关资料,采用类似于市场法的方法求出该住宅的净收益或收入、费用等,再利用收益法来估价。收益法具有清晰的理论依据而应用广泛,但对于无收益的房地产估价则不适用,如对于行政办公楼、学校、公园等公用、公益性房地产的估价,收益法大多不适用。

收益法评估出的价值,取决于人们对未来的预期,那么错误和非理性的预期就会得出错误的评估价值。因此,收益法适用的条件是房地产未来的收益和风险都能较准确的量化。对未来的预期通常是基于过去的经验和对现实的认识作出的,必须以广泛、深入的市场调研为基础。

7.2 收益法估价过程

运用收益法时,主要操作步骤为:
(1) 收集整理资料,如估价对象及其类似房地产收入、费用等数据资料。
(2) 预测估价对象的未来收益(如净收益)。
(3) 求取报酬率或资本化率、收益乘数。
(4) 选用适宜的收益法公式计算收益价格。

7.3 净收益求取

7.3.1 净收益的概念

净收益是指归属于房地产的除去各种费用后的收益,一般以年为单位。
1) 总收益
房地产收益可分为实际收益和客观收益。
实际收益是指在现状条件下实际取得的收益。由于不同的人或企业的经营能力以及外在不确定因素的影响,经营同样的房地产会有各不相同的实际收益,若以实际收益为基础进行资本化,会得到不一样的结果。因此,不能以实际收益来计算纯收益,不能直接用实际收益来评估。比如,城市商业中心有一待开发空地,无当前收益,同时还必须支付有关税费,纯收益为负值,我们不能因此而否认其价格的存在。再如,某企业占用一块交通便利的地块,但由于经营管理不善,其纯收益也可能为负数,这也不意味着这块土地没有价格,更不能认为该地块是负价值。

客观收益是指排除了房地产实际收益中属于特殊的、偶然的要素后所能得到的一般正常收益,即在正常市场条件下的房地产,用于最佳利用方向上的收益值。只有客观收益才能作为评估的依据。

此外需要注意的是,房地产收益包括有形收益和无形收益。有形收益是由房地产带来的直接货币收益。无形收益是指房地产带来的间接利益,如安全感、自豪感、提高个人的声誉和信用、增强企业的融资能力和获得一定的避税能力等。

2) 总费用

总费用指取得该收益所必需的各项支出,即为创造总收益所必须投入的正常支出。在估价时总费用也应该是客观费用。总费用应包含的项目随待估房地产的状态不同而有区别,比如,土地租赁中的总费用包括土地税、管理费、维护费等;房地租赁中的总费用包括管理费、维修费、保险费、税金等。若租赁契约规定某些费用由承租方负担,则承租方负担部分就不应作为费用扣除。折旧费、债务及利息支付、与经营无关的特殊成本等,一般不作为费用扣除,因为折旧费是收入的一部分,它不会支付给任何人,而筹资成本也在对预期资产净现金流进行折现时即从货币时间价值的角度考虑了。

需要指出的是,学术界关于利息、折旧费和空房损失费是否构成总费用的组成部分有着不同的观点。

关于利息,鹿心社主编的《中国地产估价手册》认为,利息是房屋所有者投资建房的成本利息,应在租金中予以补偿,在计算纯收益时应予扣除;而《土地估价理论与方法》(土地估价师资格考试辅导教材)一书认为,房产投资利息应包含在房产收益中,因为房产投资和其他投资一样,均以获取相应的收益为目的,房地产投资收益率高于相应的存款利率,投资者才会选择投资房地产而非将资金存入银行获取利息收入,因此,利息表现为投资收益的一部分。对于贷款资金,投资者需要从投资收益中取出一部分支付贷款利息,对于自有资金,其利息收入构成投资者全部收益的一部分,故不应将利息作为一项费用扣除。

关于折旧费,现行的房地产估价参考书中大都将房屋折旧费作为一项重要的费用构成而在收益中予以扣除,但越来越多的学者逐渐认为在收益法估价时求取纯收益不应扣除折旧费。按照资金的时间价值现值公式,被贴现的是资金的本利和,而收益还原法中被资本化的也应是包括房屋折旧在内的房地产的投资资本价值和使用价值(由资本价值带来的价值)之和。若用扣除了建筑物折旧的"纯收益"贴现,将无法还原建筑物本身的价值,在实际评估中,扣除折旧将大大降低房地产的评估值。

关于空房损失费,普遍认为空房损失费是房屋可能出现的空置现象造成的房主租金的收益损失,一般以每年空置半个月的租金损失计算。其实这种计算方法是不妥的,因为在计算客观收益时已强调这种收益是一种一般正常收益,个别房屋的空置率和空置时间不能作为计算客观收益的依据,而应以该地区类似房地产的平均空置率和平均空置时间为准来计算纯收益,把空房损失费作为扣除费用项目会导致重复计算。

3) 净收益

净收益等于总收益减去总费用。在估算净收益时,根据纯收益在过去、现在、未来的变动情况,以及估价对象的可获收益年限,确定未来(估价时点以后)的净收益流量。估价对象的未来净收益流量可能是每年基本固定不变的,也可能是每年按某个固定的数额(或比率)递增或递减,还可能按其他方式变化。

7.3.2 房地产收益的种类

运用收益法估价(无论是报酬资本化法还是直接资本化法),需要预测估价对象的未来收益。可用于收益法中转换为价值的未来收益主要有如下几种:①潜在毛收入;②有效毛收入;③净运营收益;④税前净现金流量;⑤期末转售收益。

(1) 潜在毛收入(Potential Gross Income,PGI)

是假定房地产在充分利用、无空置(即100%出租)情况下的收入。

(2) 有效毛收入(Effective Gross Income,EGI)

是由潜在毛收入扣除空置等造成的收入损失后的收入。空置等造成的收入损失是因空置、拖欠租金(延迟支付租金、少付租金或不付租金)以及其他原因造成的收入损失。

(3) 净运营收益(Net Operating Income,NOI)

通常简称净收益,是由有效毛收入扣除运营费用后得到的归属于房地产的收入。运营费用是维持房地产正常使用或营业所必需的费用。

(4) 税前净现金流量(Pre-Tax Cash Flow,PTCF)

是从净收益中扣除抵押贷款还本付息额后的数额。

(5) 期末转售收益

是在房地产持有期末转售房地产可以获得的净收益。期末转售收益可以是减去抵押贷款余额之前的收益,也可以是减去抵押贷款余额之后的收益。在估价中,未减去抵押贷款余额的期末转售收益与净收益匹配使用;如果需要利用税前净现金流量来评估房地产自有资金权益的价值,则应从净收益中减去抵押贷款还本付息额,并从期末转售收益中减去抵押贷款余额。

运用收益法估价,核心是预测净收益。在实际估价中,预测净收益甚至比求取报酬率更为困难,特别是求取净收益时哪些费用应当扣除,哪些费用不应扣除。此外,估价结果对净收益也很敏感。

7.3.3 净收益测算基本原理

收益性房地产获取收益的方式,主要有出租和营业两种。据此,净收益的测算途径可分为两种:一是基于租赁收入测算净收益;二是基于营业收入测算净收益。在英国,将前一种情况下的收益法称为投资法,将后一种情况下的收益法称为利润法。有些房地产既存在大量租赁实例又有营业收入,如商铺、餐馆、农地等。在实际估价中,只要是能够通过租赁收入测算净收益的,宜通过租赁收入测算净收益来估价。因此,基于租赁收入测算净收益的收益法是收益法的典型形式。

1) 基于租赁收入测算净收益

基于租赁收入测算净收益的基本公式为:

$$\begin{aligned}净收益 &= 潜在毛收入 - 空置等造成的收入损失 - 运营费用\\ &= 有效毛收入 - 运营费用\end{aligned}$$

在计算各参数时,应该注意:

(1) 潜在毛收入、有效毛收入、运营费用、净收益通常以年度计,并假设在年末发生。

(2) 空置等造成的收入损失一般是以潜在毛收入的某一百分率来计算。

(3) 运营费用与会计上的成本费用有所不同,是从估价角度出发的,不包含房地产抵押贷款还本付息额、会计上的折旧额、房地产改扩建费用和所得税。

第一,对于有抵押贷款负担的房地产,运营费用不包含抵押贷款还本付息额,是以测算包含自有资金和抵押贷款价值在内的整体房地产价值为前提的。由于抵押贷款债务并不影响房地产整体的正常收益,而且由于抵押贷款条件不同,则会使不同抵押贷款条件下的净收益出现差异,从而影响到这种情况下房地产估价的客观性。但当只测算房地产的自有资金价值时,就需要在扣除了运营费用的基础上再扣除抵押贷款还本付息额,即应采用税前净现金流量。

第二,这里所讲的不包含会计上的折旧额,是指不包含建筑物折旧费、土地摊提费,但包含寿命比建筑物经济寿命短的构件、设备、装饰装修等的折旧费。建筑物的有些组成部分(如空调、电梯、锅炉、地毯等)的寿命比建筑物的经济寿命短,它们在寿命结束后必须重新购置、更换才能继续维持房地产的正常使用(例如,锅炉的寿命结束后如果不重新购置、更换,房地产就不能正常运营),由于购置成本是确实发生的,因此它们的折旧费应包含在运营费用中。

第三,房地产改扩建能通过增加房地产每年的收入而提高房地产价值。收益法估价是假设房地产改扩建费用与其所带来的房地产价值增加额相当,从而二者可相抵,房地产改扩建费用大大低于其所带来的房地产价值增加额,则这种房地产属于"具有投资开发或再开发潜力的房地产",应采用假设开发法来估价。

第四,运营费用之中之所以不包含所得税,是因为所得税与特定业主的经营状况直接相关。如果包含它,则估价会失去作为客观价值指导的普遍适用性。

(4) 净收益是有效毛收入减去运营费用后的收益,但未扣除所得税、房地产抵押贷款还本付息额、会计上的折旧额、房地产改扩建费用。而在评估投资价值时,通常是采用扣除所得税后的收益,即税后现金流量,净收益占有效毛收入的比率,称为净收益率(Net Income Ratio,NIR),它是运营费用率的补集。

2) 基于营业收入测算净收益

有些收益性房地产通常不是以租赁方式而是以营业方式获取收益的,如旅馆、娱乐中心、加油站等。这些收益性房地产的净收益测算与基于租赁收入的净收益测算,主要有如下两个方面的不同:一是潜在毛收入或有效毛收入变成了经营收入,二是要扣除归属于其他资本或经营的收益,如商业、餐饮、工业、农业等经营者的正常利润。基于租金收入测算净收益由于归属于其他资本或经营的收益在房地产租金之外,即实际上已经扣除,所以就不再扣除归属于其他资本或经营的收益。

7.3.4 不同收益类型房地产净收益的求取

净收益的具体求取因估价对象的收益类型不同而有所不同,可归纳为下列四种情况:①出租的房地产;②营业的房地产;③自用或尚未使用的房地产;④混合收益的房地产。

1) 出租的房地产净收益求取

出租的房地产是收益法估价的典型对象,包括出租的住宅(特别是公寓)、写字楼、商铺、停车场、标准厂房、仓库和土地等,其净收益通常为租赁收入扣除由出租人负担的费用后的余额。租赁收入包括租金收入和租赁保证金或押金的利息收入。

出租人负担的费用,根据真正的房租构成因素(地租、房屋折旧费、维修费、管理费、投资利息、保险费、房地产税、租赁费用、租赁税费和利润),一般为其中的维修费、管理费、保险费、房地产税、租赁费用、租赁税费。但在实际中,房租可能包含真正的房租构成因素之外的费用,也可能不包含真正的房租构成因素的费用。

在实际求取净收益时,通常是在分析租约的基础上决定所要扣除的费用项目。如果租约约定保证合法、安全、正常使用所需要的一切费用均由出租人负担,则应将它们全部扣除;如果租约约定部分或全部费用由承租人负担,则出租人所得的租赁收入就接近于净收益,此时扣除的费用项目就要相应减少。当按惯例确定出租人负担的费用时,要注意与租金水平相匹配。在现实的房地产租赁中,如果出租人负担的费用项目多,名义租金就会高一些;如果承租人负担的费用项目多,名义租金就会低一些。

2) 营业的房地产净收益求取

营业的房地产的最大特点是房地产所有者同时又是经营者,房地产租金与经营者利润没有分开。

(1) 商业经营的房地产,应根据经营资料测算净收益,净收益为商品销售收入扣除商品销售成本、经营费用、商品销售税金及附加、管理费用、财务费用和商业利润。

(2) 工业生产的房地产,应根据产品市场价格以及原材料、人工费用等资料测算净收益,净收益为产品销售收入扣除生产成本、产品销售费用、产品销售税金及附加、管理费用、财务费用和厂商利润。

(3) 农地净收益的测算,是由农地年产值(全年农产品的产量乘以单价)扣除种苗费、肥料费、水利费、农药费、农具费、人工费、畜工费、机工费、农舍费、投资利息、农业税、农业利润等。

3) 自用或尚未使用的房地产净收益求取

自用或尚未使用的房地产,可以根据同一市场上有收益的类似房地产的有关资料按上述相应的方式测算净收益,或者通过类似房地产的净收益直接比较得出净收益。

4) 混合收益的房地产净收益求取

对于现实中包含上述多种收益类型的房地产,如星级宾馆一般有客房、会议室、餐饮、商场、商务中心、娱乐中心等,其净收益视具体情况采用下列三种方式之一求取:

(1) 首先测算各种类型的收入,然后测算各种类型的费用,再将总收入减去总费用。

(2) 把费用分为变动费用和固定费用,将测算出的各种类型的收入分别减去相应的变动费用,予以加总后再减去总的固定费用。变动费用是指其总额随着业务量的变动而变动的费用。当业务量增加(如生产更多产品)时,由于需要更多的原材料,费用也因此而增加。固定费用是指其总额不随着业务量的变动而变动的费用,即不论业务量发生什么变化都固定不变的费用。以一个有客房、会议室、餐饮、商场、商务中心、娱乐中心的星级宾馆来说,客房部分的变动费用是与入住客人多少直接相关的费用,会议室部分的变动费用是与使用会议室的次数直接相关的费用,餐饮部分的变动费用是与用餐人数直接相关的费用,商场部分的变动费用是与商品销售额直接相关的费用等;固定费用是指人员工资、固定资产折旧费、房地产税、保险费等,不管客房是否有客人入住,会议室是否有人租用,餐厅是否有人就餐,商场是否有人购物等,都要发生的费用。

(3) 把混合收益的房地产看成是各种单一收益类型房地产的简单组合,先分别根据各自的收入和费用求出各自的净收益,然后将所有的净收益相加。

7.3.5 求取净收益时对有关收益的取舍

1) 有形收益和无形收益

房地产的收益可分为有形收益和无形收益。

有形收益是由房地产带来的直接货币收益。无形收益是指房地产带来的间接利益,如安全感、自豪感、提高个人的声誉和信用、增强企业的融资能力和获得一定的避税能力等。在求取净收益时不仅要包括有形收益,还要考虑各种无形收益。

无形收益通常难以货币化,因而在计算净收益时难以考虑,但可以通过选取较低的报酬率或资本化率来考虑无形收益。同时值得注意的是,如果无形收益已通过有形收益得到体现,则不应再单独考虑,以免重复计算。例如,在当地能显示承租人形象、地位的写字楼,即承租人租用该写字楼办公可显示其实力,该因素往往已包含在该写字楼较高的租金中。

2) 实际收益和客观收益

房地产的收益可分为实际收益和客观收益。

实际收益是在现状下实际取得的收益,一般来说它不能直接用于估价。因为具体经营者的经营能力等对实际收益影响很大,如果将实际收益进行资本化,就会得到不切实际的结果。客观收益是排除了实际收益中属于特殊的、偶然的因素之后所能得到的一般正常收益,一般来说只有这种收益才可以作为估价的依据。所以,估价中采用的潜在毛收入、有效毛收入、运营费用或者净收益,除了有租约限制的以外,都应采用正常客观的数据。为此,除了有租约限制的以外,利用估价对象本身的资料直接测算出潜在毛收入、有效毛收入、运营费用或者净收益后,还应与类似房地产在正常情况下的潜在毛收入、有效毛收入、运营费用或者净收益进行比较。如果与正常客观的情况不符,则应对它们进行适当的修正,使其成为正常客观的。

有租约限制的,租赁期限内的租金应采用租约约定的租金(简称租约租金,又可称为实际租金),租赁期限外的租金应当采用正常客观的市场租金。因此,租约租金高于或低于市场租金,都会影响房地产的价值。从投资角度来说,当租约租金高于市场租金时,房地产的价值就要高一些;相反,当租约租金低于市场租金时,房地产的价值就要低一些。当租约租金与市场租金差异较大时,违约的可能性也比较大,这对于房地产的价值也有影响。

7.3.6 净收益流模式

运用报酬资本化法估价,在求取估价对象的净收益时,应根据估价对象的净收益在过去和现在的变动情况及未来可以获得收益的期限,确定估价对象未来各期的净收益,并判断未来净收益流属于下列哪种类型,以便于选用相应的报酬资本化法公式:①每年基本固定不变;②每年基本上按某个固定的数额递增或递减;③每年基本上按某个固定的比率递增或递减;④其他有规则变动的情形。

在实际估价中使用最多的是净收益每年不变的公式,其净收益的求取方法有下列几种:

(1) 过去数据简单算术平均法

这是通过调查,求取估价对象过去若干年(例如过去 3 年或 5 年)的净收益,然后将其简单的算术平均数作为 A。

(2) 未来数据简单算术平均法

这是通过调查,预测估价对象未来若干年(如未来 3 年或 5 年)的净收益,然后将其简单的算术平均数作为 A。

(3) 未来数据资本化公式法

这是通过调查,预测估价对象未来若干年(例如未来 3 年或 5 年)的净收益,然后利用报酬资本化法公式演变出的下列等式来求取 A(可视为一种加权算术平均数),基本公式为

$$\frac{A}{Y}\left[1-\frac{1}{(1+Y)^t}\right]=\sum_{i=1}^{t}\frac{A^i}{(1+Y)^i}$$

或者

$$A=\frac{Y(1+Y)^t}{(1+Y)^t-1}\sum_{i=1}^{t}\frac{A^i}{(1+Y)^i}$$

由于收益法采取的净收益应该是估价对象的未来净收益,而不是历史净收益或当前净收益。所以,上述 3 种方法中相对而言第 3 种最为合理,其次是第 2 种。

7.3.7 收益期限的确定

收益期限是估价对象自估价时点起至未来可以获得收益的时间。收益期限应在估价对象房地产自然寿命、法律规定(如土地使用权法定最高年限)、合同约定(如租赁合同约定的租赁期限)等的基础上,结合房地产剩余经济寿命来确定。在一般情况下,估价对象的收益期限为其剩余经济寿命,其中,土地的收益期限为土地使用权剩余年限。

对于单独土地和单独建筑物的估价,应分别根据土地使用权剩余年限和建筑物剩余经济寿命确定收益期限,选用相应的收益法公式进行计算。

对于土地与建筑物合成体的估价对象,建筑物经济寿命晚于或与土地使用年限一起结束的,应根据土地使用权剩余年限确定收益期限,选用相应的收益期限为

有限年的公式;建筑物经济寿命早于土地使用年限结束的,可先根据建筑物剩余经济寿命确定收益期限,选用相应的收益期限为有限年的公式进行计算,然后加上建筑物经济寿命结束之后的剩余年限土地使用权在估价时点时的价值。

7.4 报酬资本化法

7.4.1 报酬资本化法的计算公式

1) 最一般的公式

报酬资本化法最一般的计算公式如下

$$V = \frac{A_1}{1+Y_1} + \frac{A_2}{(1+Y_1)(1+Y_2)} + \cdots + \frac{A_n}{(1+Y_1)(1+Y_2)\cdots(1+Y_n)}$$

$$= \sum_{i=1}^{n} \frac{A_i}{\prod_{j=1}^{i}(1+Y_j)}$$

式中,V 为房地产在估价时点的收益价格,通常又称为现值;n 为房地产的收益期限,是从估价时点开始未来可以获得收益的持续时间,通常为收益年限;A_1,A_2,$\cdots$,A_n 分别为房地产相对于估价时间而言的未来的第1期,第2期,$\cdots$,第 n 期末的净运营收益,通常简称净收益;Y_1,Y_2,$\cdots$,Y_n 分别为房地产相对于估价时间而言的未来的第1期,第2期,$\cdots$,第 n 期末的报酬率(折现率)。

关于公式的说明:①此公式实际上是收益法基本原理的公式化,是收益法的原理公式,主要用于理论分析。②当公式中 A,Y,n 变化时可以导出下述各种公式。③报酬资本化法公式均是假设净收益相对于估价时点发生在期末。在实际估价中,如果净收益发生的时间相对于估价时点不是在期末,例如在期初或期中,则应对净收益或者对报酬资本化法公式做相应的调整。④公式中 A,Y,n 的时间单位是一致的,通常为月、季、半年等。例如,房租通常按月收取,基于月房租求取的是月净收益。在实际中,如果 A,Y,n 之间的时间单位不一致,例如 A 的时间单位为月而 Y 的时间单位为年,则应对净收益或者报酬率或者对报酬资本化法公式做相应的调整。

2) 净收益每年不变的公式

净收益每年不变的公式具体有两种情况:一是收益期限为有限年;二是收益期限为无限年。

(1) 收益期为有限年的公式。收益期为有限年的公式如下

$$V = \frac{A}{Y}\left[1 - \frac{1}{(1+Y)^n}\right]$$

公式原形为

$$V = \frac{A}{1+Y} + \frac{A}{(1+Y)^2} + \cdots + \frac{A}{(1+Y)^n}$$

此公式的假设前提(也是应用条件)是:净收益每年不变,为 A;报酬率不等于零,为 Y;收益期限为有限年 n。

上述公式的假设前提是公式推导上的要求(后面的公式均如此),其中报酬率 Y 在现实中是大于零的,因为报酬率也表示一种资金的时间价值或机会成本。从数学上看,当 $Y=0$ 时,$V = A \times n$。

(2) 收益年限为无限年的公式。收益年限为无限年的公式如下

$$V = \frac{A}{Y}$$

公式原形为

$$V = \frac{A}{1+Y} + \frac{A}{(1+Y)^2} + \cdots + \frac{A}{(1+Y)^n} + \cdots$$

此公式的假设前提是:净收益每年不变,为 A;报酬率大于零,为 Y;收益年限 n 为无限年。

[**例 7-1**] 某房地产,在正常使用情况下每年所获得的总收益为 20 万元,每年所需支出的总费用为 12 万元,该类房地产的报酬率为 8.5%。另外,该宗房地产是在政府有偿出让土地使用权的地块上建造的,当时获得的土地使用权年限为 50 年,现已使用了 6 年。求该房地产的收益价格。

解析:由题意知,房地产每年的净收益、报酬率相同,使用年限为有限年,应选用公式 $V = \frac{A}{Y}\left[1 - \frac{1}{(1+Y)^n}\right]$ 计算,即

$$V = \frac{20-12}{8.5\%}\left[1 - \frac{1}{(1+8.5\%)^{50-6}}\right] = 91.5(万元)$$

故该房地产的收益价格为 91.5 万元。

3) 净收益在前若干年有变化的公式

净收益在前若干年有变化的公式具体有两种情况:一是收益年限为有限年;二是收益年限为无限年。

(1) 收益年限为有限年的公式。收益期限为有限年的公式如下

$$V = \sum_{i=1}^{t} \frac{A_i}{(1+Y)^i} + \frac{A}{Y(1+Y)^t}\left[1 - \frac{1}{(1+Y)^{n-t}}\right]$$

式中,t 为净收益有变化的期限。

公式原形为

$$V = \frac{A_1}{1+Y} + \frac{A_2}{(1+Y)^2} + \cdots + \frac{A_t}{(1+Y)^t} + \frac{A}{(1+Y)^{t+1}} + \frac{A}{(1+Y)^{t+2}} + \cdots + \frac{A}{(1+Y)^n}$$

此公式的假设前提是：净收益在未来的前 t 年（含第 t 年）有变化，分别为 A_1，A_2，$\cdots$，A_t，在 t 年以后无变化，为 A；报酬率不等于零，为 Y；收益期限为有限年 n。

（2）收益期限为无限年的公式。收益期限为无限年的公式如下

$$V = \sum_{i=1}^{t} \frac{A_i}{(1+Y)^i} + \frac{A}{Y(1+Y)^t}$$

公式原形为

$$V = \frac{A_1}{1+Y} + \frac{A_2}{(1+Y)^2} + \cdots + \frac{A_t}{(1+Y)^t} + \frac{A}{(1+Y)^{t+1}} + \frac{A}{(1+Y)^{t+2}} + \cdots + \frac{A}{(1+Y)^n} + \cdots$$

此公式的假设前提是：净收益在未来的前 t 年（含第 t 年）有变化，分别为 A_1，A_2，$\cdots$，A_t，在 t 年以后无变化，为 A；报酬率不等于零，为 Y；收益期限 n 为无限年。

[例 7-2] 某宗房地产建成于 2008 年底，此后收益期限为 48 年；2009 年底至 2012 年底分别获得净收益 83 万元、85 万元、90 万元、94 万元；预计 2013 年底至 2015 年可分别获得净收益 94 万元、93 万元、96 万元，从 2016 年底起每年可获得净收益将稳定在 95 万元；该类房地产的报酬率为 9%。试利用上述资料测算该宗房地产 2012 年底的收益价格。

解析：该题主要是注意区分过去收益与未来收益的问题；价格是站在估价时点来看的未来净收益的现值之和。在弄清了此问题的基础上，该宗房地产在 2012 年底的收益价格测算如下：

计算公式为

$$V = \sum_{i=1}^{t} \frac{A_i}{(1+Y)^i} + \frac{A}{Y(1+Y)^i}\left[1 - \frac{1}{(1+Y)^{n-i}}\right]$$

$A_1 = 94$（万元）
$A_2 = 93$（万元）
$A_3 = 96$（万元）
$A = 95$（万元）
$Y_0 = 9\%$

$$N = 48 - 4 = 44(年)$$
$$t = 3(年)$$

将上述数字代入公式中计算如下：

$$V = \frac{94}{1+9\%} + \frac{93}{(1+9\%)^2} + \frac{96}{(1+9\%)^3} +$$
$$\frac{95}{9\%(1+9\%)^3}\left[1 - \frac{1}{(1+9\%)^{44-3}}\right] = 1\,029.92(万元)$$

故该宗房地产在2012年底的收益价格为1 029.92万元。

4) 净收益按一定数额递增的公式

净收益按一定数额递增的公式具体有两种情况：一是收益期限为有限年；二是收益期限为无限年。

(1) 收益期限为有限年的公式。收益期限为有限年的公式如下

$$V = \left(\frac{A}{Y} + \frac{b}{Y^2}\right)\left[1 - \frac{1}{(1+Y)^n}\right] - \frac{b}{Y} \times \frac{n}{(1+Y)^n}$$

式中，b为净收益逐年递增的数额，其中，净收益未来第1年为A，未来第2年为$(A+b)$，未来第3年为$(A+2b)$，以此类推，未来第n年为$[A+(n-1)b]$。

公式原形为

$$V = \frac{A}{1+Y} + \frac{A+b}{(1+Y)^2} + \frac{A+2b}{(1+Y)^3} + \cdots + \frac{A+(n-1)b}{(1+Y)^n}$$

此公式的假设前提是：净收益未来第一年为A，此后按数额b逐年递增；报酬率不等于零，为Y；收益期限为有限年n。

(2) 收益期限为无限年的公式。收益期限为无限年的公式如下

$$V = \frac{A}{Y} + \frac{b}{Y^2}$$

公式原形为

$$V = \frac{A}{1+Y} + \frac{A+b}{(1+Y)^2} + \frac{A+2b}{(1+Y)^3} + \cdots + \frac{A+(n-1)b}{(1+Y)^n} + \cdots$$

此公式的假设前提是：净收益未来第一年为A，此后按数额b逐年递增；报酬率大于零，为Y；收益期限n为无限年。

[例7-3] 预计某宗房地产未来第一年的净收益为16万元，此后每年的净收益会在上一年的基础上增加2万元，收益期限可视为无限年，该宗房地产的报酬率为9%。请计算该宗房地产的收益价格。

解析: 该宗房地产的收益价格计算如下:

$$V = \frac{A}{Y} + \frac{b}{Y^2} = \frac{16}{9\%} + \frac{2}{(9\%)^2} = 424.69(万元)$$

5) 净收益按一定数额递减的公式

净收益按一定数额递减的公式只有收益期限为有限年一种,其公式为

$$V = \left(\frac{A}{Y} - \frac{b}{Y^2}\right)\left[1 - \frac{1}{(1+Y)^n}\right] + \frac{b}{Y} \times \frac{n}{(1+Y)^n}$$

式中,b 为净收益逐年递减的数额,其中,净收益未来第 1 年为 A,未来第 2 年为 $(A-b)$,未来第 3 年为 $(A-2b)$,以此类推,未来第 n 年为 $[A-(n-1)b]$。

公式原形为

$$V = \frac{A}{1+Y} + \frac{A-b}{(1+Y)^2} + \frac{A-2b}{(1+Y)^3} + \cdots + \frac{A-(n-1)b}{(1+Y)^n}$$

此公式的假设前提是:净收益未来第一年为 A,此后按数额 b 逐年递减;报酬率不等于零,为 Y;收益期限为有限年 n,且 $n \leq \frac{A}{b} + 1$。

$n \leq \frac{A}{b} + 1$ 和不存在收益期限为无限年公式的原因是:当 $n > \frac{A}{b} + 1$ 时,第 n 年的净收益 <0。这可以通过令第 n 年的净收益 <0 推导求出,即

$$A - (n-1)b < 0$$

得到

$$n > \frac{A}{b} + 1$$

此后各年的净收益均为负值,任何一个"经济人"在 $\frac{A}{b} + 1$ 年后都不会再经营下去。

6) 净收益按一定比率递增的公式

净收益按一定比率递增的公式具体有两种情况:一是收益期为有限年;二是收益期为无限年。

(1) 收益期为有限年的公式。收益期为有限年的公式如下

$$V = \frac{A}{Y-g}\left[1 - \left(\frac{1+g}{1+Y}\right)^n\right]$$

式中,g 为净收益逐年递增的比率,其中,净收益未来第 1 年为 A,未来第 2 年为 $A(1+g)$,未来第 3 年为 $A(1+g)^2$,以此类推,未来第 n 年为 $A(1+g)^{n-1}$。

公式原形为

$$V = \frac{A}{1+Y} + \frac{A(1+g)}{(1+Y)^2} + \frac{A(1+g)^2}{(1+Y)^3} + \cdots + \frac{A(1+g)^{n-1}}{(1+Y)^n}$$

此公式的假设前提是：净收益未来第1年为 A，此后按比率 g 逐年递增；净收益逐年递增的比率 g 不等于报酬率 Y（当 $g = Y$ 时，$V = A \times \frac{n}{1+Y}$）；收益期限为有限年 n。

(2) 收益期为无限年的公式

收益期为无限年的公式如下：

$$V = \frac{A}{Y-g}$$

公式原形为

$$V = \frac{A}{1+Y} + \frac{A(1+g)}{(1+Y)^2} + \frac{A(1+g)^2}{(1+Y)^3} + \cdots + \frac{A(1+g)^{n-1}}{(1+Y)^n} + \cdots$$

此公式的假设前提是：净收益未来第1年为 A，此后按比率 g 逐年递增；净收益逐年递增的比率 g 大于报酬率 Y；收益期限 n 为无限年。

此公式要求 Y 大于 g 的原因是，从数学上看，如果 g 大于或等于 Y，V 就会无穷大。但是这种情况在现实中是不可能出现的，原因之一是任何房地产的净收益都不可能以极快的速度无限递增下去；原因之二是较快的递增速度通常意味着较大的风险，从而要求提高风险报酬。

[例7-4] 某宗房地产是在政府有偿出让的土地上建造的，土地使用权剩余年限为48年；预计该房地产未来第一年的净收益为16万元，此后每年的净收益会在上一年的基础上增长2%；该类房地产的报酬率为9%。试计算该宗房地产的收益价格。

解析：该宗房地产收益价格计算如下：

$$V = \frac{A}{Y-g}\left[1-\left(\frac{1+g}{1+Y}\right)^n\right] = \frac{16}{9\%-2\%}\left[1-\left(\frac{1+2\%}{1+9\%}\right)^{48}\right]$$
$$= 219.12(万元)$$

7) 净收益按一定比率递减的公式

净收益按一定比率递减的公式具体有两种情况：一是收益为有限年；二是收益为无限年。

(1) 收益为有限年的公式

收益期为有限年的公式如下：

$$V = \frac{A}{Y+g}\left[1-\left(\frac{1-g}{1+Y}\right)^n\right]$$

式中，g 为净收益逐年递减的比率，其中，净收益未来第 1 年为 A，未来第 2 年为 $A(1-g)$，未来第 3 年为 $A(1-g)^2$，以此类推，未来第 n 年为 $A(1-g)^{n-1}$。

公式原形为

$$V = \frac{A}{1+Y} + \frac{A(1-g)}{(1+Y)^2} + \frac{A(1-g)^2}{(1+Y)^3} + \cdots + \frac{A(1-g)^{n-1}}{(1+Y)^n}$$

此公式的假设前提是：净收益未来第 1 年为 A，此后按比率 g 逐年递减；报酬率不等于零，为 Y；收益期限为有限年 n。

(2) 收益期为无限年的公式

收益期为无限年的公式如下：

$$V = \frac{A}{Y+g}$$

公式原形为：

$$V = \frac{A}{1+Y} + \frac{A(1-g)}{(1+Y)^2} + \frac{A(1-g)^2}{(1+Y)^3} + \cdots + \frac{A(1-g)^{n-1}}{(1+Y)^n} + \cdots$$

此公式的假设前提是：净收益未来第 1 年为 A，此后按比率 g 逐年递减；报酬率大于零，为 Y；收益期限 n 为无限年。

净收益等于有效毛收入减去运营费用。如果有效毛收入与运营费用逐年递增或递减的比率不变，也可以利用净收益按一定比率递增或递减的公式计算估价对象的收益价格。例如，假设有效毛收入逐年递增的比率为 g_I，运营费用逐年递增的比率为 g_E，收益期限为有限年，则计算公式为

$$V = \frac{I}{Y-g_I}\left[1-\left(\frac{1+g_I}{1+Y}\right)^n\right] - \frac{E}{Y-g_E}\left[1-\left(\frac{1+g_E}{1+Y}\right)^n\right]$$

式中，I 为有效毛收入；E 为运营费用；g_I 为 I 逐年递增的比率；g_E 为 E 逐年递增的比率。

公式原形为

$$V = \frac{I-E}{1+Y} + \frac{I(1+g_I)-E(1+g_E)}{(1+Y)^2} + \frac{I(1+g_I)^2-E(1+g_E)^2}{(1+Y)^3} +$$

$$\cdots + \frac{I(1+g_I)^{n-1}-E(1+g_E)^{n-1}}{(1+Y)^n}$$

$$= \left[\frac{I}{1+Y} + \frac{I(1+g_I)}{(1+Y)^2} + \frac{I(1+g_I)^2}{(1+Y)^3} + \cdots + \frac{I(1+g_I)^{n-1}}{(1+Y)^n}\right] -$$

$$\left[\frac{E}{1+Y} + \frac{E(1+g_E)}{(1+Y)^2} + \frac{E(1+g_E)^2}{(1+Y)^3} + \cdots + \frac{E(1+g_E)^{n-1}}{(1+Y)^n}\right]$$

此公式的假设前提是：有效毛收入 I 按比率 g_I 逐年递增，运营费用 E 按比率 g_E 逐年递增；g_I 或 g_E 不等于报酬率 Y；收益期限为有限年，并且满足 $I(1+g_I)^{n-1} - E(1+g_E)^{n-1} \geqslant 0$。

同理，如果有效毛收入与运营费用逐年递增的比率不等，或者一个逐年递增一个逐年递减，其计算公式都能较容易地推导出。其中，在有效毛收入始终大于运营费用的前提下，收益期限为无限年的计算公式为

$$V = \frac{I}{Y \pm g_I} - \frac{E}{Y \pm g_E}$$

在上述公式中，有效毛收入逐年递增时，g_I 前面取"－"，逐年递减时，g_I 前面取"＋"；运营费用逐年递增时，g_E 前面取"－"，逐年递减时，g_E 前面取"＋"。

8）预知未来若干年后的价格的公式

预测房地产未来 t 年的净收益分别为 $A_1, A_2, \cdots, A_n$，第 t 年末的价格为 V_t，则其现在的价格为

$$V = \sum_{i=1}^{t} \frac{A_i}{(1+Y)^i} + \frac{V_t}{(1+Y)^t}$$

公式原形为

$$V = \frac{A_1}{1+Y} + \frac{A_2}{(1+Y)^2} + \cdots + \frac{A_t}{(1+Y)^t} + \frac{V_t}{(1+Y)^t}$$

此公式的假设前提是：已知房地产在未来第 t 年末的价格为 V_t（或第 T 年末的市场价值，或第 T 年末的残值。如果购买房地产的目的是为了持有一段时间后转售，则 V_t 为预期的第 T 年末转售时的价格减去销售税费后的净值，简称为期末转手收益）；已知房地产未来 T 年（含第 T 年）的净收益（简称为期间收益）；期间收益和期末转售收益具有相同的报酬率 Y。

如果净收益每年不变，则上述公式变为

$$V = \frac{A}{Y}\left[1 - \frac{1}{(1+Y)^t}\right] + \frac{V_t}{(1+Y)^t}$$

如果净收益按一定数额递增，则上述公式变为

$$V = \left(\frac{A}{Y} + \frac{b}{Y^2}\right)\left[1 - \frac{1}{(1+Y)^t}\right] - \frac{b}{Y} \times \frac{t}{(1+Y)^t} + \frac{V_t}{(1+Y)^t}$$

如果净收益按一定数额递减，则上述公式变为

$$V = \left(\frac{A}{Y} - \frac{b}{Y^2}\right)\left[1 - \frac{1}{(1+Y)^t}\right] + \frac{b}{Y} \times \frac{t}{(1+Y)^t} + \frac{V_t}{(1+Y)^t}$$

如果净收益按一定比率递增,则上述公式变为

$$V = \frac{A}{Y-g}\left[1-\left(\frac{1+g}{1+Y}\right)^t\right] + \frac{V_t}{(1+Y)^t}$$

如果净收益按一定比率递减,则上述公式变为

$$V = \frac{A}{Y+g}\left[1-\left(\frac{1-g}{1+Y}\right)^t\right] + \frac{V_t}{(1+Y)^t}$$

如果难以预测未来的价格,但能预测未来的价格相对于当前价格的变化率(即相对价值变动),例如增值率为 Δ,即 $V_t = V(1+\Delta)$,并假设净收益每年不变为 A,则上述公式变为

$$V = \frac{A[(1+Y)^t - 1]}{Y[(1+Y)^t - (1+\Delta)]} = \frac{A}{Y - \Delta \dfrac{Y}{(1+Y)^t - 1}} = \frac{A}{Y - \Delta a}$$

式中,a 为偿债基金系数。

公式原形为

$$V = \frac{A}{Y}\left[1 - \frac{1}{(1+Y)^t}\right] + \frac{V(1+\Delta)}{(1+Y)^t}$$

[例 7-5] 某出租的旧办公楼的租约尚有 2 年到期,在此最后 2 年的租期中,每年可收取净租金 80 万元(没有费用支出),到期后要拆除作为商业用地。预计作为商业用地的价值为 1 100 万元,拆除费用为 50 万元,该类房地产的报酬率为 10%。试求该旧办公楼的价值。

解析:该旧办公楼的价值求取如下:

$$V = \frac{A}{Y}\left[1 - \frac{1}{(1+Y)^t}\right] + \frac{V_t}{(1+Y)^t} = \frac{80}{10\%}\left[1 - \frac{1}{(1+10\%)^2}\right] + \frac{1\,100 - 50}{(1+10\%)^2}$$
$$= 1\,006.61(万元)$$

预知未来若干年后的价格公式,一是适用于房地产目前的价格难以知道,但是根据发展前景比较容易预测其未来价格相对于当前价格的变化率 Δ,特别是某地区将会出现较大改观或房地产市场行情与其有较大变化的情况下;二是对于收益期限较长的房地产,有时不是按其收益期限来估价,而是先确定一个合理的持有期,然后预测持有期间的净收益和持有期末的价值,再将它们折算为现值。

7.4.2 报酬率求取

1)报酬率的实质

报酬率(Yield Rate,Y)即折现率,是与利率、内部收益率(Internal Rate or

Return，IR 或 R，又称为内部报酬率)同类性质的比率。进一步搞清楚报酬率,需要搞清楚一笔投资回收与投资回报的概念及其之间的区别。投资回收是指所投入资本的回收,即保本。投资回报是指所投入资本全部回收之后所获得的额外资金,即报酬。以向银行存款为例,投资回收就是向银行存入本金的收回,投资回报就是从银行那里得到的利息。因此,投资回报是不包含投资回收的,报酬率为投资回报与所投入资本的比率,即

$$报酬率 = \frac{投资回报}{所投入的资本}$$

可以将购买收益性房地产视为一种投资行为。这种投资需要投入的资本是房地产价格,试图获取的收益是房地产预期会产生的净收益。投资既要获取收益,又要承担风险。所谓风险,是指由于不确定性的存在,导致投资收益的实际结果偏离预期结果造成损失的可能性。即投资的结果可能盈利较多,也可能盈利较少,甚至会亏损。以最小的风险获取最大的收益,可以说是所有投资者的愿望。盈利的多少一方面与投资者自身的能力有关,但如果抽象掉投资者自身的因素,则主要与投资对象及其所处的投资环境有关。在一个完善的市场中,投资者之间竞争的结果是:要获取较高的收益,意味着要承担较大的风险;或者,有较大的风险的投资,投资者必然要求有较高的收益,即只有较高收益的吸引,投资者才愿意进行有较大风险的投资。因此,从全社会来看,报酬率与投资风险正相关,风险大的投资,其报酬率也高,反之亦然。例如,将资金购买国债,风险小,但利率低,收益也就低;而将资金搞投机冒险,报酬率高,但风险也大。报酬率与投资风险的关系可见图 7-1 所示。

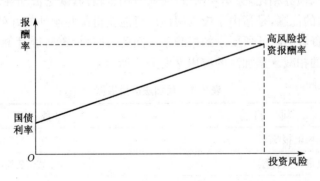

图 7-1 投资报酬率与投资风险关系示意图

认识到了报酬率与风险投资的关系,实际上就在观念上把握住了求取报酬率的方法,即所选用报酬率,应等同于与获取估价对象产生的净收益具有同等风险的投资的报酬率。

不同地区、不同时期、不同用途或不同类型的房地产,报酬率不同。同一类型

房地产由于投资的风险不同,报酬率权益、不同收益类型(如期间收益和未来转售收益),报酬率是不尽相同的。因此,在估价中并不存在一个统一不变的报酬率数值。

2) 报酬率的求取方法

(1) 累加法

累加法(Built-up Method)是将报酬率视为包含无风险报酬率和风险报酬率两大部分,然后分别求出每一部分,再将它们相加得到报酬率的方法。无风险报酬率又称安全利息,是无风险投资的报酬率,是资金的机会成本。风险报酬率是指承担额外风险所要求的补偿,即超过无风险报酬率以上部分的报酬率,具体是估价对象房地产存在具有自身投资特征的区域、行业、市场等风险的补偿。累加法的一个细化公式为

$$报酬率=无风险报酬率+投资风险补偿+管理负担补偿+缺乏流动性补偿-投资带来的优惠$$

其中,投资风险补偿,是指当投资者投资于收益不确定、具有风险性的房地产时,他必然会要求对所承担的额外风险有补偿,否则就不会投资。

管理负担补偿,是指一项投资要求的关心和监管越多,其吸引力就会越小,从而投资者必然会要求对所承担的额外管理有补偿。房地产要求的管理工作一般远远超过存款、证券。

缺乏流动性补偿,是指投资者对所投入的资金由于缺乏流动性所要求的补偿。房地产与股票、债券相比,买卖要困难,交易费用也较高,缺乏流动性。

投资带来的优惠,是指由于投资房地产可能获得某些额外的好处,如易于获得融资,从而投资者会降低所要求的报酬率。因此,针对投资估价对象可以获得的好处,要作相应的扣减。累加法的应用见表7-1所示。

表7-1 累加法应用举例

项目	数值
无风险报酬率	0.050(5.0%)
投资风险补偿	0.020(2.0%)
管理负担补偿	0.001(0.1%)
缺乏流动性补偿	0.015(1.5%)
易于获得融资的好处	-0.005(-0.5%)
所得税抵扣的好处	-0.005(-0.5%)
报酬率	0.076(7.6%)

由于在现实中不存在完全无风险的投资,所以,一般是选用同一时期相对无风险的报酬率去代替无风险报酬率,例如,选用同一时期的国债利率或银行存款利率。于是,投资风险补偿就变为投资估价对象相对于投资同一时期国债或银行存款的风险补偿;管理负担补偿变为投资估价对象相对于投资同一时期国债或银行存款管理负担补偿;缺乏流动性补偿变为投资估价对象相对于投资同一时期国债或银行存款缺乏流动性的补偿;投资带来的优惠变为投资估价对象相对于投资同一时期国债或银行存款所带来的优惠。

需要注意的是,上述无风险报酬率和具有风险性房地产的报酬率,一般是指名义报酬率,即已经包含了通货膨胀的影响。这是因为在收益法估价中,广泛使用的是名义净收益流,因而应使用与之相对应的名义报酬率。

(2) 市场提取法

市场提取法(Market Extraction Method)是利用与估价对象房地产具有类似收益特征的可比实例房地产的价格、净收益等资料,选用相应的报酬资本化法公式,反求出报酬率的方法。分三种情况讨论:

第一种情形,在 $V = \frac{A}{Y}$ 的情况下,是通过 $Y = \frac{A}{V}$ 来求取 Y,即可以将市场上类似房地产的净收益与其价格的比率作为报酬率。

第二种情形,在 $V = \frac{A}{V}\left[1 - \frac{1}{(1+Y)^n}\right] - V$ 的情况下,是通过 $\frac{A}{V}\left[1 - \frac{1}{(1+Y)^n}\right] - V = 0$ 来求取 Y。在手工计算的情况下,是先采用试错法试算,计算到一定精度后再采用线性内插法求取,即 Y 是通过试错法(试错法是先以任一方式挑选出一个认为最可能使 X 等于零的 Y,再通过计算这一选定 Y 下的 X 值来检验它)与线性内插法相结合的方法来求取的。

设 $X = \frac{A}{V}\left[1 - \frac{1}{(1+Y)^n}\right] - V$,如果计算出的 X 正好等于零,则就求出了 Y;如果计算出的 X 为正值,则通常表明必须再试一下较大的 Y;相反,如果计算出的 X 为负值,则通常表明必须再试一下较小的 Y。这个过程一直进行到找到一个使计算出的 X 值接近于零的 Y 为止。在利用计算机的情况下,只要输入 V, A, n,让计算机来做就可以了。在不利用计算机的情况下,求解 Y 必须进行反复的人工试算。

利用试错法计算到一定精度后,利用线性内插法求取 Y 的公式如下:

$$Y = Y_1 + \frac{(Y_2 - Y_1) \times |X_1|}{|X_1| + |X_2|}$$

式中,Y_1 为当 X 为接近于零的正值时的 Y;Y_2 为当 X 为接近于零的负值时

的 Y；X_1 为 Y_1 时的 X 值（正值）；X_2 为 Y_2 时的 X 值（实际为负值，但在此取其绝对值）。

第三种情形，在 $V = \dfrac{A}{Y-g}$ 的情况下，是通过 $Y = \dfrac{A}{V} + g$ 来求取 Y。

必须指出的是，市场提取法求出的报酬率反映的是人们头脑中过去而非未来的风险判断，它可能不是预计估价对象未来各期收益风险的可靠指针。对估价对象报酬率的判断，还应着眼于可比实例的典型买者和卖者对该类房地产的预期或期望报酬率。

(3) 投资报酬率排序插入法

报酬率是典型投资者在房地产投资中所要求的报酬率。由于具有同等风险的任何投资的报酬率应该是相近的，所以，可以通过与估价对象同等风险的投资报酬率来求取估价对象的报酬率。报酬率排序插入法的操作步骤和主要内容如下：

① 调查、收集估价对象所在地区的房地产投资、相关投资及其报酬率和风险程度的资料，如各种类型的银行存款利率、政府债券利率、公司债券利率、股票报酬率及其他投资的报酬率等。

② 将所收集的不同类型投资的报酬率按从低到高的顺序排列，制成图表，如图 7-2 所示。

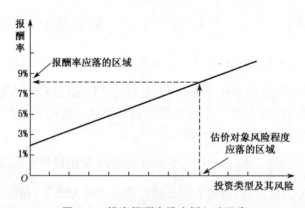

图 7-2 投资报酬率排序插入法示意

③ 将估价对象与这些类型投资的风险程度进行分析比较，考虑管理的难易、投资的流动性以及作为资产的安全性等，判断出同等风险的投资，确定估价对象风险程度应落的位置。

④ 根据估价对象风险程度所落的位置，在图表上找出对应的报酬率，从而就求出估价对象的报酬率。

值得指出的是，尽管有上述求取报酬率的方法，但这些方法并不能确切地告诉估价人员报酬率究竟应是个多大的数字，如只能是 10%，不能是 8%。这些方法对报酬率的确定都含有某些主观选择性,需要估价人员运用自己掌握的关于报酬率的理论知识,结合实际估价经验和对当地的投资及房地产市场的充分了解等,来作出相应的判断。因为,报酬率的确定同整个房地产估价活动一样,也是科学与艺术的有机结合。但在某个特定时期,报酬率大体上有一个合理的区间。

7.5 直接资本化法

7.5.1 直接资本化法概述

直接资本化法是将估价对象未来某一年的某种预期收益除以适当的资本化率或者乘以适当的收益乘数转换为价值的方法。

未来某一年的某种预期收益通常是采用未来第一年的,收益的种类有毛租金、净租金、潜在毛收入、有效毛收入、净收益等。

资本化率(Capitalization Rate,R)是房地产的某种年收益与其价格的比率,即

$$资本化率 = \frac{年收益}{价格}$$

利用资本化率将年收益转换为价值的直接资本化法的常用公式是:

$$V = \frac{NOI}{R}$$

其中,V 为房地产价值;NOI 为房地产未来第一年的净收益;R 为资本化率。因此,利用市场提取法求取资本化率的具体公式为:

$$R = \frac{NOI}{V}$$

收益乘数是房地产的价格除以其某种年收益所得的倍数,即

$$收益乘数 = \frac{价格}{年收益}$$

利用收益乘数将年收益转换为价值的直接资本化法公式为:

$$房地产收益 = 年收益 \times 收益乘数$$

7.5.2 收益乘数法

对应着不同种类的年收益,收益乘数具体有毛租金乘数(Gross Rent Multiplier，GRM)、潜在毛收入乘数(Potential Gross Income Multiplier，PGIM)、有效毛收入乘数(Effective Gross Income Multiplier，EGIM)和净收益乘数(Net Income Multiplier，NIM)。相应的，收益乘数法有毛租金乘数法、潜在毛收入乘数法、有效毛收入乘数法和净收益乘数法。

1) 毛租金乘数法

毛租金乘数法是将估价对象未来某一年或某一月的毛租金乘以对应的毛租金乘数转换为价值的方法，即

$$房地产价值 = 毛租金 \times 毛租金乘数$$

毛租金乘数是市场上房地产的价格除以其毛租金所得的倍数，即

$$毛租金乘数 = \frac{价格}{毛租金}$$

毛租金乘数也是经常所讲的"租售比价"。当采用月租金转换为价值时，应采用通过月租金与价格的关系求得的毛租金乘数；当采用年租金转换为价值时，应采用通过年租金与价格的关系求得的毛租金乘数。

毛租金乘数法的优点是：①方便易行，在市场上较容易获得房地产的价格和租金资料；②由于在同一市场上，相似房地产的租金和价格同时受相同的市场力量影响，因此毛租金乘数是一个比较客观的数值；③避免了由于多层次测算可能产生的各种误差的累计。

毛租金乘数法有下列缺点：①忽略了房地产租金以外的收入；②忽略了不同房地产的空置率和运营费用的差异。

毛租金乘数法一般用于土地或出租型住宅（特别是公寓）的估价。但由于它的计算方法比较粗糙，往往作为市场法或其他收益法的一部分。

2) 潜在毛收入乘数法

潜在毛收入乘数法是将估价对象某一年的潜在毛收入（PGI）乘以潜在毛收入乘数（PGIM）转换为价值的方法，即

$$V = PGI \times PGIM$$

潜在毛收入乘数是市场上房地产的价格除以其年潜在毛收入所得的倍数，即

$$PGIM = \frac{V}{PGI}$$

与毛租金乘数法相比，潜在毛收入乘数法相对全面一些，它考虑了房地产租金以外的收入，但同样没有考虑房地产的空置率和运营费用的差异。

如果估价对象与可比实例房地产的空置率差异是暂时的，并且运营费用比率相似，则使用潜在毛收入乘数法是一种简单可行的方法。但总的来说，该方法也比

较粗糙,适用于估价对象资料不充分或精度要求不高的估价。

3) 有效毛收入乘数法

有效毛收入乘数法是将估价对象某一年的有效毛收入(EGI)乘以有效毛收入乘数($EGIM$)转换为价值的方法。即

$$V = EGI \times EGIM$$

有效毛收入乘数是房地产的价格除以其年有效毛收入所得的倍数,即

$$EGIM = \frac{V}{EGI}$$

有效毛收入乘数法的优点是不仅考虑了房地产租金以外的收入,还考虑了房地产的空置率。因此,当估价对象与可比实例房地产的空置率有较大差异,而且这种差异预计还将继续下去时,则使用有效毛收入乘数比使用潜在毛收入乘数更为合适。因为投资者在估算房地产价值时,是会考虑空置率的差异的。有效毛收入乘数法的缺点是没有考虑运营费用的差异,因而也只适用于做粗略的估价。

4) 净收益乘数法

净收益乘数法是将估价对象某一年的净收益(NOI)乘以净收益乘数(NIM)转换为价值的方法,即

$$V = NOI \times NIM$$

净收益乘数是房地产的价格除以其年净收益所得的倍数,即

$$NIM = \frac{V}{NOI}$$

净收益乘数法能提供更可靠的价值测算。

由于净收益乘数与资本化率是互为倒数的关系,通常很少直接采用净收益乘数法形式,而采用资本化率将净收益转换为价值的形式,即

$$V = \frac{NOI}{R}$$

7.5.3 资本化率

1) 资本化率的本质

资本化率也称还原利率,是应用在直接资本化法中采用将估价对象未来某一年的某种预期收益除以适当的资本化率转换为价值的方法中的比率。

经济学上,资本化率是将纯收益还原或贴现为价格的比率,实际是一种投资收益率。用马克思的地价公式表示资本化率,则 $v = a/r$,其中 v 指小动产价格,a

指纯收益，r 指资本化率。资本化率位于算式的分母，根据微分原理，它对小动产价格的影响为其平方的负倒数倍，因此，资本化率的微小变化就会引起小动产价格的剧烈波动。

由于房地产具有投资和消费的双重属性，购买房地产（尤其是收益性房地产），实质上就是一种投资，其投资额就是该房地产的价格，而其收益即为每年的纯收益，这就像在银行存款能获得利息一样。知道了银行每年支付的利息及银行利率，就可以反求出存入的资金；同样，知道了房地产每年的纯收益及资本化率，也可反求出房地产的价格。可见，资本化率就像存款的利率一样，在本质上是房地产投资的收益率。

任何一个购置收益型房地产的投资者，购置资产后均期望房地产未来纯收益折现成现值，至少不应该小于现在的投资额，但这个折现值到底有多大，它由资本化率来确定。在市场规律作用下，投资收益率的高低与投资风险成正比，投资风险越大，投资收益率也就越高；反之则越低；同等的投资风险，其收益率应该相同。

基于此，资本化率的实质可阐述为下列四个方面：

(1) 其值必须为正值，如果资本化率<0，则表示该宗房地产投资收益亏损，不能取得年纯收益，那么收益还原法的应用将丧失其基础，计算毫无意义。

(2) 其最小值必须高于银行同期定期储蓄利率或国债利率，否则此项投资不合算，不如将资金存入银行或购买国债。

(3) 在物价变动的情况下，其应能弥补物价变动所造成的货币贬值或增值。

(4) 根据其投资房地产的风险大小，其值应有所区别。即投资风险越大的项目，其值应越大，反之则越小。

2) 资本化率的种类

在运用收益还原法评估不动产的价格时，按照评估对象的不同，即单纯的土地估价、建筑物的估价或房地产的估价，可将资本化率分为 3 类：

(1) 土地资本化率

求取单纯土地价格时所使用的资本化率，其对应的净收益是由土地单独产生的。

(2) 建筑物资本化率

求取单纯建筑物价格时所使用的资本化率，其对应的净收益是由建筑物单独产生的收益。

(3) 综合资本化率

求取土地及其地上建筑物合为一体的价格时所用的还原利率，对应的纯收益是土地与建筑物共同产生的收益。

一般情况下，土地资本化率比建筑物资本化率低 2~3 个百分点，综合资本化率基本在二者之间。由于投资房地产的行业不同，投资对象品种不同，则风险不同，其资本化率也不同。另外，由于房地产位置的固定性，使得不同地区的房地产投资的收益不同,其资本化率也有较大的差别。

综合资本化率、建筑物资本化率和土地资本化率的关系,可用公式表示如下:

$$r = \frac{r_1 L + r_2 B}{L + B}$$

或

$$r = r_1 x + r_2 y$$

$$r_1 = \frac{r(L+B) - r_2 B}{L}$$

$$r_2 = \frac{r(L+B) - r_1 L}{B}$$

式中,r 为综合资本化率;r_1 为土地资本化率;r_2 为建筑物资本化率;x 为土地价格占房地产价格的比例;y 为建筑物价格占房地产价格的比例;L 为土地价格;B 为建筑物价格。

7.5.4 资本化率和收益乘数的求取方法

资本化率和收益乘数都可以采用市场提取法,通过市场上近期交易的与估价对象的净收益流模式(包括净收益的变化、收益期限的长短)等相同的许多类似房地产的有关资料(由这些资料可求得年收益和价格)求取。综合资本化率还可以通过净收益率(NIR)与有效毛收入乘数($EGIM$)之比、资本化率与报酬率的关系及投资组合技术求取。

通过净收益率与有效毛收入乘数之比求取综合资本化率的公式为

$$R_0 = \frac{NIR}{EGIM}$$

因为

$$NIR = 1 - OER$$

所以又有

$$R_0 = \frac{1 - OER}{EGIM}$$

上述公式的来源是:因为

$$R_0 = \frac{NOI}{V}$$

将该等式右边的分子和分母同时除以有效毛收入(EGI),即

$$R_0 = \frac{\dfrac{NOI}{EGI}}{\dfrac{V}{EGI}}$$

又因为

$$\frac{NOI}{EGI} = NIR, \frac{V}{EGI} = EGIM$$

所以

$$R_0 = \frac{NIR}{EGIM}$$

如果可比实例与估价对象的净收益流模式相同,可用估价对象的净收益率或运营费用率和可比实例的有效毛收入乘数来求取估价对象的综合资本化率。

7.5.5 资本化率与报酬率的区别和联系

资本化率(R)和报酬率(Y)都是将房地产的未来预期收益转换为价值的比率,但二者又有很大的区别。资本化率是在直接资本化法中采用的,是一步就将房地产的未来预期收益转换为价值的比率;报酬率是在报酬资本化法中采用的,是通过折现的方式将房地产的未来预期收益转换为价值的比率。资本化率是房地产的某种年收益与其价格的比率(通常用未来第一年的净收益除以价格来计算),仅仅表示从收益到价值的比率,并不明确地表示获利能力;报酬率则是用来除一连串的未来各期净收益,以求得未来各期净收益现值的比率。

在报酬资本化法中,如果净收益流模式不同,具体的计算公式就有所不同。例如,在净收益每年不变并且收益期限为无限年的情况下,报酬资本化法的公式为

$$V = \frac{A}{Y}$$

在净收益每年不变但收益期限为有限年的情况下,报酬资本化法的公式为

$$V = \frac{A}{Y}\left[1 - \frac{1}{(1+Y)^n}\right]$$

在净收益按一定比率 g 递增并且收益期限为无限年的情况下,报酬资本化法的公式为

$$V = \frac{A}{Y - g}$$

在预知未来若干年后的价格相对变动的情况下,报酬资本化法的公式为

$$V = \frac{A}{Y - \frac{Y}{(1+Y)^t - 1}}$$

在上述四种情况下的报酬资本化法公式中,Y 就是我们所讲的报酬率。而资本化率是不区分净收益流模式的,在所有情况下的未来第 1 年的净收益与价格的比率(A/V)都是资本化率。所以,在上述第一种情况下,资本化率正好等于报酬

率,即

$$R = Y$$

但在上述第二种情况下,资本化率就不等于报酬率。它与报酬率的关系为

$$R = \frac{Y(1+Y)^n}{(1+Y)^n - 1}$$

在上述第三种情况下,资本化率与报酬率的关系变为

$$R = Y - g$$

在上述第四种情况下,资本化率与报酬率的关系变为

$$R = Y - \frac{Y}{(1+Y)^t - 1}$$

由此可见,报酬率与净收益本身的变化,与获得净收益期限的长短等无直接关系;而资本化率与净收益本身的变化,与获得净收益期限的长短等有直接关系。

7.5.6 直接资本化法和报酬资本化法的比较

1) 直接资本化法的优缺点

直接资本化法的优点是:①不需要预测未来许多年的净收益,通常只需要测算未来第一年的收益;②资本化率或收益乘数直接来源于市场上所显示的收益与价值的关系,能较好地反映市场的实际情况;③计算过程较为简单。

直接资本化法的不足表现在,由于直接资本化法利用的是某一年的收益来资本化,所以要求有较多与估价对象的净收益流模式相同的类似房地产来求取资本化率或收益乘数,对可比实例的依赖很强。例如,要求选取的类似房地产的收益变化与估价对象的收益变化相同,否则估价结果会有误。假设估价对象的净收益每年上涨2%,而选取的类似房地产的净收益每年上涨3%,如果以该类似房地产的资本化率8%将估价对象的净收益转换为价值,则会高估估价对象的价值。

2) 报酬资本化法的优缺点

报酬资本化法的优点是:①指明了房地产的价值是其未来各期净收益的现值之和,这既是预期原理最形象的表述,又考虑到了资金的时间价值,逻辑严密,有很强的理论基础;②每期的净收益或现金流量都是明确的,直观并容易理解;③由于具有同等风险的任何投资的报酬率应该是相近的,所以,不必直接依靠与估价对象的净收益流模式相同的类似房地产来求适当的报酬率,而通过其他具有同等风险投资也可以求取适当的报酬率。

报酬资本化法的不足体现在,由于报酬资本化法需要预测未来各期的净收益,从而较多地依赖于估价人员的主观判断,并且各种简化的净收益流模式不一定符

合市场的实际情况。

当相似的预期收益存在大量的可比市场信息时,直接资本化法会是相当可靠的。当市场可比信息缺乏时,报酬资本化法则能提供一个相对可靠的评估价值,因为估价人员可以通过投资者在有同等风险的投资上所要求的报酬率来确定估价对象的报酬率。

7.6 投资组合和剩余技术

在收益法中,报酬率和资本化率都可以从房地产的物理构成(土地与建筑物)或资金构成(抵押贷款与自有资金)中求出各构成部分的报酬率和资本化率,或者将其报酬率和资本化率运用到各构成部分上以测算其价值。

7.6.1 投资组合技术

投资组合技术(Band of Investment Technique)主要有土地与建筑物的组合和抵押贷款与自有资金的组合两种。

1) 土地与建筑物的组合

运用直接资本化法估价,由于估价对象不同,例如评估的是房地价值,还是土地价值,或是建筑物价值,采用的资本化率应有所不同,相应的3种资本化率分别是综合资本化率、土地资本化率、建筑物资本化率。

2) 抵押贷款与自有资金的组合

在房地产市场与金融市场紧密联系的现代社会,购买房地产的资金通常由两部分组成:一部分为抵押贷款;另一部分为自有资金(或称权益资本)。因此,房地产的报酬率必须同时满足这两部分资金对投资报酬的要求:贷款者要求得到与其贷款所冒风险相当的贷款利率报酬;自有资金投资者要求得到与其投资所冒风险相当的投资报酬。由于抵押贷款通常是分期偿还的,所以抵押贷款与自有资金的组合通常不是利用抵押贷款利率和自有资金报酬率来求取房地产的报酬率,而是利用抵押贷款常数和自有资金资本化率来求取综合资本化率,具体是综合资本化率为抵押贷款常数与自有资金资本化率的加权平均数,即

$$R_0 = M \times R_M + (1-M) \times R_E$$

式中,R_0 为综合资本化率;M 为贷款价值比率,即抵押贷款金额占房地产价值的比率,一般介于 $60\% \sim 90\%$ 之间;R_M 为抵押贷款常数;R_E 为自有资金资本化率。

在上述公式中,抵押贷款常数一般采用年抵押贷款常数,它是每年的偿还额

(还本付息额)与抵押贷款金额(抵押贷款本金)的比率。如果抵押贷款是按月偿还的,则年抵押贷款常数是将每月的偿还额乘以 12,然后除以抵押贷款金额;或者将月抵押贷款常数(每月的偿还额与抵押贷款金额的比率)乘以 12。在分期等额本息偿还贷款的情况下,抵押贷款常数的计算公式为:

$$R_M = \frac{Y_M(1+Y_M)^n}{(1+Y_M)^n - 1} = Y_M + \frac{Y_M}{(1+Y_M)^n - 1}$$

式中,R_M 为抵押贷款常数;Y_M 为抵押贷款报酬率,即抵押贷款利率(i);n 为抵押贷款期限。

自有资金资本化率是从净收益中扣除抵押贷款还本付息额后的数额(税前净现金流量)与自有资金金额的比率,通常为未来第一年的税前净现金流量与自有资金额的比率,可以由可比实例房地产的税前净现金流量除以自有资金得到。

综合资本化率必须同时满足贷款者对抵押贷款常数的要求和自有资金投资者对税前净现金流量的要求,下列几点有助于理解抵押贷款与自有资金组合的公式:

(1) 可以把购买房地产视作一种投资行为,房地产价格为投资额,房地产净收益为投资收益。

(2) 购买房地产的资金来源可分为抵押贷款金额、自有资金两部分,因此有:

$$抵押贷款金额 + 自有资金 = 房地产价格$$

(3) 房地产收益相应的由这两部分资金来共享,即

$$房地产净收益 = 抵押贷款收益 + 自有资金收益$$

(4) 于是有:

$$房地产价格 \times 综合资本化率 = 抵押贷款金额 \times 抵押贷款常数 +$$
$$自有资金额 \times 自有资金资本化率$$

(5) 于是又有:

$$综合资本化率 = \frac{抵押贷款金额}{房地产价格} \times 抵押贷款常数 + \frac{自有资金额}{房地产价格} \times 自有资金资本化率$$

$$= 贷款价值比率 \times 抵押贷款常数 + (1 - 贷款价值比率) \times 自有资金资本化率$$

[例 7-6] 购买某类房地产通常抵押贷款占七成,抵押贷款年利率为 6%,贷款期限为 20 年,按月等额偿还贷款本息。通过可比实例房地产计算出的自有资金资本化率为 12%。请计算该宗房地产的综合资本化率。

解析:该宗房地产的综合资本化率计算如下:

$$R_M = Y_M + \frac{Y_M}{(1+Y_M)^n - 1}$$
$$= \left[\frac{6\%}{12} + \frac{6\%/12}{(1+6\%/12)^{20\times12} - 1}\right] \times 12 = 8.60\%$$

$$R_0 = M + R_M + (1-M)R_E$$
$$= 70\% \times 8.60\% + (1-70\%) \times 12\% = 9.62\%$$

7.6.2 剩余技术

剩余技术(Residual Technique)是当已知整体房地产的净收益,其中某一构成部分的价值和各构成部分的资本化率或报酬率时,从整体房地产的净收益中扣除归属于已知构成部分的净收益,求出归属于另外构成部分的净收益,再将它除以相应的资本化率或选用相应的报酬率予以资本化,得出房地产中未知构成部分的价值的方法。此外,把求出的未知构成部分的价值加上已知构成部分的价值,就可以得到整体房地产的价值。剩余技术主要有土地剩余技术和建筑物剩余技术,另外还有抵押贷款剩余技术和自有资金剩余技术。

1) 土地剩余技术

土地与地上建筑物共同产生收益,但如果采用收益法以外的方法能求得建筑物的价值时,则可利用收益法公式求得归属于建筑物的净收益,然后从土地与地上建筑物共同产生的净收益中扣除归属于建筑物的净收益,得到归属于土地的净收益,再除以土地资本化率或选用土地报酬率予以资本化,即可求得土地的价值。这种剩余技术称为土地剩余技术。

直接资本化法的土地剩余技术的公式为

$$V_L = \frac{A_0 - V_B \times R_B}{R_L}$$

式中:V_L 为土地价值;A_0 为土地与地上建筑物共同产生的净收益;V_B 为建筑物价值;R_B 为建筑物资本化率;R_L 为土地资本化率。

在净收益每年不变、收益年限为有限年情况下的土地剩余技术公式为

$$V_L = \frac{A_0 - \dfrac{V_B \times R_B}{\left[1 - \dfrac{1}{(1+Y_B)^n}\right]}}{R_L}\left[1 - \frac{1}{(1+Y_L)^n}\right]$$

式中:Y_B 为建筑物报酬率;Y_L 为土地报酬率。

另外,如果将土地价值与建筑物价值相加,还可以得到整体房地产的价值。

土地剩余技术在土地难以采用其他估价方法时,是一种有效的方法。例如,城市商业区内的土地,有时没有可以参照的土地交易案例,难以采用市场比较法估价,成本法往往也不适用,但存在着大量的房屋出租、商业经营行为,此时可以采用土地剩余技术估价。另外,在需要对附有旧建筑物的土地进行估价时,虽然采用市场比较法可以求得设想该旧建筑物不存在时的空地价值,但对于因附有旧建筑物而导致的土地价值降低到底应减价多少,市场比较法通常难以解决,这时如果运用土地剩余技术便可以求得。

2) 建筑物剩余技术

土地与地上建筑物共同产生收益,但如果采用收益法以外的方法能求得土地的价值时,则可利用收益法求得归属于土地的净收益,然后从土地与地上建筑物共同产生的净收益中扣除归属于土地的净收益,得到归属于建筑物的净收益,再除以建筑物资本化率或选用建筑物报酬率予以资本化,即可求得建筑物的价值。这种剩余技术称为建筑物剩余技术。

直接资本化法的建筑物剩余技术的公式为

$$V_B = \frac{A_0 - V_L \times R_L}{R_B}$$

在净收益每年不变、收益年限为有限年情况下的建筑物剩余技术的公式为

$$V_B = \frac{A_0 - \dfrac{V_L \times R_L}{\left[1 - \dfrac{1}{(1+Y_L)^n}\right]}}{R_B} \left[1 - \frac{1}{(1+Y_B)^n}\right]$$

另外,如果将建筑物价值与土地价值相加,还可以得到整体房地产的价值。

建筑物剩余技术对于检验建筑物相对于土地是否规模过大或过小很有用处。此外,还可以用来测算建筑物的折旧。用建筑物的重新购建价格减去运用建筑物剩余技术求取的建筑物价值即为建筑物的折旧。

3) 抵押贷款剩余技术

抵押贷款剩余技术是在已知自有资金数量的情况下,求取抵押贷款金额或价值的剩余技术。它是从净收益中减去在自有资金资本化率下能满足自有资金的收益,得到属于抵押贷款部分的收益,然后除以抵押贷款常数得到抵押贷款金额或价值。

直接资本化法的抵押贷款剩余技术的公式为

$$V_M = \frac{A_0 - V_E \times R_E}{R_M}$$

式中：V_M 为抵押贷款金额；A_0 为房地产净收益；V_E 为自有资金权益价值；R_M 为抵押贷款常数；R_E 为自有资金资本化率。

抵押贷款剩余技术假设投资者愿意投在房地产上的自有资金数量已确定，并且假设投资者需要从房地产中得到特定的自有资金资本化率也已确定，则贷款金额取决于可作为抵押贷款偿还额的剩余现金流量和抵押贷款常数。

在正常情况下，抵押贷款剩余技术不适用于对已设立其他抵押的房地产进行估价，因为这时剩余的现金流量不完全归自有资金投资者所有，它还必须先偿还原有抵押贷款的债务。

4）自有资金剩余技术

自有资金剩余技术是在已知抵押贷款金额的情况下，求取自有资金权益价值的剩余技术。它是先根据从市场上得到的抵押贷款条件（包括贷款金额、贷款利率、贷款期限等）计算出年还本付息额，再把它从净收益中扣除，得到自有资金权益的剩余收益，然后除以自有资金资本化率就可以得到自有资金权益价值。

直接资本化法的自有资金剩余技术的公式为

$$V_E = \frac{A_0 - V_M \times R_M}{R_E}$$

自有资金剩余技术对测算抵押房地产的自有资金权益价值特别有用。如果将抵押贷款金额加上自有资金权益价值，还可以得到整体房地产的价值。

[例7-7] 某房地产公司于1994年11月以有偿出让方式取得一块土地50年使用权，并于1996年11月在此地块上建成一座砖混结构的写字楼，当时造价为每平方米2 000元，经济耐用年限为55年，残值率为2%。1998年该类建筑物重置价格为每平方米2 500元。该建筑物占地面积500平方米，建筑面积为900平方米。在出租期间，每月平均实收租金为3万元。另据调查，当地同类写字楼出租租金一般为每月每建筑平方米50元，空置率为10%，每年需支付的管理费、维修费、土地使用税及房地产税、保险费等出租费用为73 260元，土地资本化率7%，建筑物资本化率8%。试根据以上资料评估该宗地1998年11月的土地使用权价格。

解：计算过程

(1) 确定评估方法

该宗房地产有经济收益，适宜采用收益法。

(2) 计算总收益

总收益应该为客观收益而不是实际收益。

年总收益 = 50×12×900×(1−10%) = 486 000(元)

(3) 计算总费用

年总费用已知为 73 260 元。

(4) 计算房地产净收益

年房地产净收益＝年总收益－年总费用＝486 000－73 260＝412 740(元)

(5) 计算房屋净收益

① 计算房屋现值

由于土地使用年限小于房屋耐用年限,而房屋的重置价必须在可使用年限内全部收回,故本例房地产使用者剩余使用年限为 50－4＝46(年),假定不计残值,视为土地使用权年限届满,一并由政府无偿收回。

$$房屋现值＝房屋重置价 \times 房屋成新率＝2\,500 \times 900 \times \frac{46}{46+2}＝2\,156\,250(元)$$

② 计算房屋净收益

房屋年净收益＝房屋现值×房屋资本化率＝2 156 250×8％＝172 500(元)

(6) 计算土地净收益

$$土地年净收益＝年房地产净收益－房屋年净收益$$
$$＝412\,740－172\,500＝240\,240(元)$$

(7) 计算土地使用价格

土地使用权在 1998 年 11 月的剩余使用年限为 50－4＝46(年)

$$V = \frac{240\,240}{7\%} \times \left[1 - \frac{1}{(1+7\%)^{46}}\right] = 3\,279\,281 \text{(元)}$$

$$单价 = \frac{V}{500} = 6\,559 \text{(元/m}^2\text{)}$$

(8) 评估结果

本宗土地在 1998 年 11 月的土地使用权价格为 3 279 281 元,单价为每平方米 6 559 元。

7.7 收益法总结

本章主要介绍收益还原法的基本概念、适用范围、评估步骤以及基本公式等,重点阐述收益还原法的两种计算方法的相关公式。并通过一些应用实例的计算加深对收益还原法的具体应用的理解,收益还原法的具体内容可用图 7-3 概括:

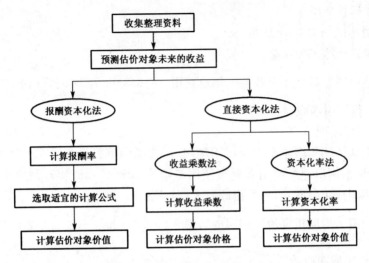

图 7-3 收益还原法内容架构图

复习思考题

1. 收益还原法的适用范围是什么？
2. 净收益的求取主要分为哪几类？每种类别的净收益的求取方法是什么？
3. 报酬率的求取方法分为哪几种？
4. 报酬资本化法与直接资本化法的区别与联系分别是什么？
5. 投资组合技术主要分为哪几类？其对应的计算方法分别是什么？
6. 某宾馆需要估价，据调查，该宾馆共有 300 张床位，平均每张床位每天向客人实收 50 元，年平均空房率为 30%，该宾馆营业平均每月花费 14 万元；当地同档次宾馆一般床价为每床每天 45 元，年平均空房率 20%；正常营业每月总费用平均占总收入的 30%；该类房地产还原利率为 10%。试选用所给资料估计该宾馆的价格。

8 假设开发法

> **本章概要**
>
> 本章着重于对假设开发法的适用条件和范围、评估过程以及评估的公式方法等进行阐述,详细介绍运用假设开发法进行房地产评估的过程和两种估价的方法,并用具体案例分析介绍了假设开发法在投标竞地、旧有房地产价格评估、在建工程价格评估等方面的应用。

8.1 假设开发法概述

8.1.1 假设开发法的概念

假设开发法(Hypothetical Development Method)又称开发法、预期开发法、剩余法,是预测估价对象未来开发完成后的价值,然后减去预测的未来开发成本、税费和利润等,以求取估价对象客观合理价格或价值的方法。假设开发法的本质是以房地产的预期收益能力为导向求取估价对象的价值。

假设开发法在本质上是一种收益法,从形式上看是成本法的逆算法,但两者是有区别的。由成本法评估新建房地产价格的公式为:新建房地产的价格=土地取得成本+土地开发成本+建筑物建造成本+管理费用+投资利息+销售税费+开发利润,可以看出,土地取得成本=新建房地产的价格-土地开发成本-建筑物建造成本-管理费用-投资利息-销售税费-开发利润。成本法中土地的价格是已知的,需要求取的是开发完成后的房地产价格;而假设开发法中,开发完成后房地产的价值通过预测已事先得到,需要求取的是土地的价格。

8.1.2 假设开发法的适用范围

1) 适用范围

假设开发法与其他估价方法一样,有其最适宜的应用范围。一般来说,假设开发法的具体适用范围有如下几个方面。

(1) 适用于对具有潜在开发价值的房地产价格的估算。

当房地产具有潜在的开发价值时,假设开发法几乎是唯一实用的估价方法,是对具有开发潜力的商业用地进行估价的最佳方法。潜在的开发土地包括未开发的土地、已开发的土地(如已"三通一平")和附有旧建筑物的土地,运用假设开发法估算这三种土地的开发价值时,只需加上相关的费用参数,就能方便地估算出结果。

(2) 适应于对待开发土地的价格及其最高地价、最大利润、最高开发费用的估算。

(3) 适应于通过熟地地价来估算生地地价。

(4) 适应于土地开发后进行转让,对已被开发土地的估价。

(5) 适应于对待拆迁改造的再开发房地产的估价。

如对原有的旧建筑物拆除后,再在原址上建造新项目的估价,适合用假设开发法。

(6) 适应于对现有新旧房地产中房价或地价的单独估算。

此时,从房地合一的总价格中减去建筑物的价格,剩余部分即为土地价格。

(7) 适应于建筑物改造或在建工程续建后进行销售,对于被改造建筑物或在建工程的估价。

(8) 适应于对房地产开发项目的财务状况评估。

运用假设开发法评估房地产开发的财务,主要为投资者提供三方面的数据资料:确定试图获取的土地开发地块的可接受的最高价格;确定开发项目的预期利润;确定开发过程中可能发生的费用的最高限额。

对于有城市规划设计条件要求,但城市规划设计条件尚未明确的待开发房地产,难以采用假设开发法估价。因为在该房地产的法定开发利用前提未确定的情况下,其价值也就不能确定。如果在这种情况下仍然需要估价的话,估价人员可根据所推测的最可能的城市规划设计条件来估价,但必须将该最可能的城市规划设计条件列为估价的假设和限制条件,并在估价报告中作特别的提示,说明它对估价结果的影响,或估价结果对它的依赖性。

2) 应用条件

假设开发法的运用,是以有关数据的预测为条件的。而这些数据的测算,又取决于以下因素:

(1) 土地最佳开发用途的确定

根据房地产估价的合法原则和最有效使用原则,结合土地的用途、容积率、建筑高度等方面的规划控制,对建筑物的用途、风格、层数以及内部布局等进行科学规划、合理设计。

(2) 房地产市场行情的判断

根据国民经济形势和房地产业发展的变化,正确判断未来房地产市场的行情。在假设开发法中,主要是对于销售价格的预测,其他如开发费用、建筑成本、期间费用、税费等,或者有经验数据可供借鉴,或者有国家规定的标准可以运用,因而较易测算。

3）参数预测的条件

在假设开发法的运用中，预测起着十分重要的作用，为了使预测的数据尽可能地符合实际需要，在运用假设开发法时，必须具备以下5个基本条件。

（1）透明、稳定的房地产业政策

政策对房地产业的发展、对房地产市场行情的变化影响极大。例如银根紧缩、产业结构调整等方面的政策，直接影响房地产商品的供需状况，继而对其销售情况和价格发生作用。

（2）完善的房地产法规体系

完善的法规体系是房地产市场规范化的有效保证。无论是城市规划中对于土地用途、容积率的规定，还是《中华人民共和国城市房地产管理法》、《中华人民共和国城镇国有土地使用权出让和转让暂行条例》中对于有关税率、税种、计税基础以及房地产销售转让、抵押、典当的有关规定，对房地产价格的作用都很重要。

（3）清晰的、全面的房地产投资与交易的税费清单和稳定的税费政策

由于房地产市场是一个典型的地区性市场，各地方政府出于种种考虑，所征收的税费项目、标准均不完全相同。只有完整、准确、清晰地了解房地产投资与交易的税费项目，列出详细清单，才有利于从房地产价格中正确扣除税费，以此来求很适宜的土地价格或建筑物本身价格。

（4）完整的、动态的和现代化的房地产信息资料库

运用假设开发法时，涉及对房地产价格、房地产建造成本和房地产开发利润等方面的预测，对这些方面的预测均要参照过去的房地产价格、房地产建造成本的变化和房地产行业平均利润率的数据或情况，没有房地产信息数据库是难以提供准确而翔实的有关信息的，更难以对房地产的未来发展趋势作出客观的预测。

（5）公开的、长期的和合理的土地供应计划

长期以来，我国城市土地的所有权掌握在国家手中，因此，国家对于土地使用权的出让计划，包括每年出让土地的数量和分布，直接影响土地市场上土地的供给量，直接影响着土地的价格及开发商的投资热情，如果土地供给缺乏计划和限度，这将为假设开发法的运用增加困难，并可能使其评估结论失真。因此，制订一个公开的、长期的和合理的土地供应计划，能够保证出让的土地既不过多，又不过少；既能满足土地使用者的需要，又能充分节约土地，减少土地的浪费，使土地处于最有效的使用状态，为估价提供坚实可靠的基础。

8.1.3 假设开发法的理论依据

假设开发法的理论依据与收益法的理论依据相同，是房地产投资的预期收益原理。

假设开发法的估价思路可由房地产开发商为取得某土地使用权而确定投标金

额时的思路来理解。

假设有一地块,预计具有良好的开发和增值潜力,政府拟对该土地使用权出让,出让方式为公开招标。对于某房地产开发商而言,如果他想取得该土地的使用权,需首先考虑该土地所在的区位条件(如交通条件、商服繁华程度等)和本身条件(如面积、形状、规划允许容积率、覆盖率等);然后拟定最佳的房地产开发类型(是商业楼,还是写字楼,或是住宅楼;是单一性功能楼,还是综合楼)和合理的出售价格或出租租金(开发价值);在此基础上,还需估算开发这样的房地产所需的开发周期和全部成本(如建安工程费、专业费、正常利税、销售费、管理费、正常利润等),以确定能支付该土地使用权出让金的最大数额,作为投标的标底。显然,如果该开发商没有准确把握该出让地块的实际情况,不能确定最佳的房地产开发类型和开发完成后的开发价值,则他所确定的标底必然较低,在竞投过程中处于不利地位,可能使其他开发商获得待开发土地,这一点也是该竞投开发商所不愿意的。因此,开发商只有在准确把握出让地块的实际情况,并合理确定最佳的房地产开发类型、开发完成后的价值、必要而正常的成本和利税的情况下,才有可能确定合理的投标底价,在竞投中处于有利地位,获得待开发土地。至于最后的投标金额的确定,在投标底价确定的前提下,还须考虑价格本身以外的因素,如社会影响度、竞投对方可能的实力甚至人为干预等。

假设开发法的理论依据类似于地租原理,地租是每年的租金剩余,而假设开发法是一次性的价格剩余。

作为租用土地的代价的地租,自然是租地人按照土地实际情况所支付的最高价格,在决定租约条件时,地主都设法使租地人所得的土地生产物份额,仅足以补偿他用以提供种子、支付工资、购置和维持耕畜与其他农具的农业资本,并提供当地农业资本的利润,这一数额,显然是租地人在不亏本的条件下所愿意接受的最小份额,而地主决不会多留给他。生产物中分给租地人的那一部分,要是多于这一数额,换言之,生产物中分给租地人的那一部分的价格,要是多于这一数额的价格,地主自然要设法把超过的数额留给己用,作为地租。因此,地租显然是租地人按照土地实际情况所能缴纳的最高额。诚然,有时由于心善,更经常是由于无知,地主接受比这一数额略低的地租;同样,有时也由于无知(但比较少),租地人缴纳比这一数额略高的地租,即甘愿接受比当地农业资本普通利率略低的利润,但这一数额,仍可视为土地的自然地租,而所谓自然地租,当然是大部分出租土地应得的地租。

区位论创始人杜能在《孤立国》中也提及了假设开发法的基本思想:"有一田庄,庄上全部房屋树木、垣篱都遇焚毁,凡想购置这一田庄的人,在估值时总首先考虑,田庄建设完备之后,这块土地的纯收益是多少,然后扣除建造房屋等的投资与利息,根据剩余之数确定买价。"

8.2 假设开发法的评估过程

8.2.1 调查待开发房地产的基本情况

调查待估房地产的基本情况是房地产估价的基本步骤之一,是运用任何一种估价方法估价时都必须做的,其目的是为了合理确定待开发房地产的最佳开发利用方式,为预测未来房地产开发价值及估算未来开发费用等奠定基础。调查的基本情况主要包括区位状况、实物状况、权益状况和市场状况。

1)区位状况

调查的区位状况的内容包括3个层次:

(1) 所在城市的类型与功能,是大城市还是小城市,是国家级的经济中心还是区域性的经济中心,是工业城市、交通港口城市还是特殊功能城市等。

(2) 所在城市内部区域的性质,是商业区、住宅区还是工业区,是新城区,还是旧城区等。

(3) 土地的具体坐落地点,如其临街情况是一面临街还是两面临街,周边环境等。这主要是为科学确定待开发房地产的最佳开发利用方式服务。

2)实物状况

调查的实物状况的内容若是土地,包括:面积、形状、地质条件、地形地貌及生熟程度等;若是房屋,包括:面积大小、建造年代、结构状况、成新程度等。

3)权益状况

调查的权益状况包括:房地产的权利性质、使用年限;土地使用权的再处置条件,如对续期、转让、出租、抵押等的限制;规划允许用途建筑容积率、建筑覆盖率、建筑高度以及其他行政管制等要求。

4)市场状况

调查的市场状况包括:土地的供应计划;房地产的市场情况。如供求状况、空置率、收益率等;近期拟开发的房地产类型、档次、数量、交付日期等。

8.2.2 选择最佳的开发利用方式

所谓最佳开发利用方式是指待开发房地产开发完成后销售或经营时能获得最高收益的利用方式。最佳开发利用方式的选择,是在客观、合理价格评估中及投资商在竞投过程中重要的环节,是假设开发法运用成功的关键。

选择最佳开发利用方式,应根据调查获得的房地产状况和房地产市场条件,在法律及城市规划所允许的范围内,确定待开发房地产的用途、规模和档次,其中最重要的是选择最佳用途。土地用途的选择,要考虑土地位置的可接受性及这种用途的现实社会需要程度和未来发展趋势,或者说,要分析当地市场的接受能力,究竟市场在项目建成这段时间内最需要什么类型的房地产。例如,某一块空地,政府规定的用途为兴建宾馆、公寓、办公大楼,要确定最佳开发用途,就要把握该类房地产的市场供求关系及其走向。若社会对宾馆、办公楼的需求开始趋于饱和,表现为客房入住率、办公楼出租率呈下降趋势,但希望能租到或买到公寓住房的人逐渐增加,而近年能提供的数量又较少时,则可以选择该块土地的用途为兴建公寓。

8.2.3 估计开发经营期

房地产开发的投资周期比较长,从立项到开发完成一般要经过数月或数年的时间。合理估算房地产开发周期是十分重要的,这是因为房地产市场是一个动态的市场,房地产价格成本等未来元素会随着市场的变化而变化。而这种变化将直接影响房地产开发完成后的市场价值及开发过程中的财务费用等的变化。

开发经营期是指从取得估价对象(待开发房地产)一直到未来开发完成后的房地产经营结束这一段时间。开发经营期可分为开发期和经营期。开发期又可称为开发建设期,其起点与开发经营的起点相同,即取得估价对象的日期,也即估价时点,终点是预计待开发房地产竣工的日期。若在土地上进行房屋建设,则开发期又可分为前期和建造期。前期是从取得土地使用权到动工开发的这段时间,建造期是从动工开发到房屋竣工的这段时间。

未来开发完成后的房地产的经营使用方式,主要包括销售(包括预售)、出租、营业、自用。据此,经营期可以相应的具体化为销售期(针对销售这种情况)和运营期(针对出租、营业、自用这些情况)。销售期是从开始销售已开发完成或未来开发完成的房地产到将其全部销售完毕的这段时间。在有预售的情况下,销售期与开发期有重合。运营期是从待开发房地产开发完成到开发完成后的房地产经纪寿命结束的这段时间。

开发经营期中各种时间间的关系可见图 8-1 所示。

开发经营期的估算一般采用比较的方法,即通过同一市场上同类型、同规模房地产正常开发所需的时间来判断。开发经营期的起点是假设取得估价对象房地产的时间,即估价时点;终点是将开发完成后的房地产全部租售完毕的时间。开发经营期可分为前期、建造期和租售期,在有预租或预售的情况下,租售期与建造期有重合。

在估计开发经营期时,应考虑现实开发过程中的特殊情况给开发时间带来的影响。如房屋拆迁中常常会因为与被拆迁户的谈判延期而影响前期;如筹措资金不能及时到位、灾害性天气的干扰、某些建筑材料的临时短缺等会影响建设期;未

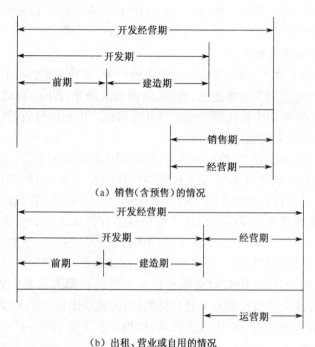

(a) 销售(含预售)的情况

(b) 出租、营业或自用的情况

图 8-1 出租、营业或自用的情况

来房地产的供求变化会影响租售期。因此,在估计房地产开发经营期时,宜在实际开发时间的基础上,加上适当的延长时间。

8.2.4 预测开发完成后的房地产价值

开发完成后的房地产价格,是指开发完成时的房地产状况的市场价格,可通过两个途径取得。

1) 对于出售的房地产

在预期市场发展较为稳定的情况下,可以采用市场比较法确定一个合理的价格,再从市场未来发展变化的角度对比较法结果作适当的修改。在有较多可供分析利用的长期历史价格资料的条件下,可以采用数理统计分析方法进行市场价格趋势预测,再根据预期开发完成后的房地产状况和市场上买卖的房地产平均状况,进行比较分析后判定预测房地产价值。这里要注意所用数理统计分析方法的局限性。

例如,已知某类公寓 2001~2005 年的每平方米销售价格分别为 3 550 元、3 680 元、4 200 元、4 500 元、4 800 元,则 2006 年该类公寓的每平方米销售价格,根据加权平均法计算,应该为 4 367 元。即

$$(3\,550\times1+3\,680\times2+4\,200\times3+4\,500\times4+4\,800\times5)/(1+2+3+4+5)$$
$$=4\,367(元/m^2)$$

2) 对于出租的房地产

对于出租的房地产,如写字楼和商业房地产等,其开发完成后的房地产总价的确定,可根据当时市场上同类用途、性质、结构和装修条件下的房地产的租金水平和出租费用水平,采用市场比较法确定所开发房地产出租的纯收益,再采用收益法将出租纯收益还原为房地产总价格。

在预测开发完成后的房地产价值时,还应考虑其以外的收益。在实际估价中,特别是评估投资价值时,有时还应考虑某些额外的收入或节省的费用。例如,深圳市1987年12月1日首次公开拍卖的一块面积为8588 m^2 的国有土地50年使用权,从当时预测的开发完成后的房地产价值减去开发成本等必要支出及应得利润后的余额来看,价值也许不高,但由于是国内首块公开拍卖的土地,购买者一旦获得了该块土地后会附带取得一些意想不到的社会效果,例如随着对这种改革开放措施的广泛宣传,实际上也就间接地对该块土地的获得者起着广告宣传作用,因此,这块土地的成交价格比较高是较自然的(当时该块土地的拍卖底价为200万元人民币,最后成交价格为525万元人民币,比拍卖底价高了很多)。

8.2.5 估算各项成本费用及利税

假设开发法中各项成本费用及利税的估算,包括开发成本、管理费用、投资利息、销售费用、销售税费、开发利润及投资者购买待开发房地产应负担的税费及折现率等的估算。

1) 估算开发成本、管理费用、销售费用、销售税费

可根据估价对象所在地的房地产价格构成情况来分项估算。其估算方法与成本法相同,所不同的是成本法中的各项构成是已经发生的,而假设开发法的各项构成成是尚未发生的。所以,假设开发法的各项构成需要通过预测来求取。

以开发成本、管理费用为例,其测算可采用类似于市场比较法的方法,即通过当地同类房地产开发项目当前的开发成本和管理费用来推算,如果预计建筑材料价格、建筑设备价格、建筑工人费等在未来可能有较大变化,还要考虑其未来变化对开发成本和管理费用的影响。

销售费用是指销售开发完成后的房地产所必需的广告宣传、销售代理等费用。销售税费是指销售开发完成后的房地产应缴纳的税金及附加,以及交易手续费等其他销售税费。销售费用和销售税费通常是按照开发完成后的房地产价格的一定比率来计算。

2) 估算投资利息

投资利息的计算只有在计息的方法中才需要,它的计算思路与成本法的利息

计算相同。估算投资利息需要把握以下6个方面。

(1) 应计息的项目

假设开发法中应计息的项目一般包括：未知需要求取的待开发房地产的价值、投资者购买待开发房地产应负担的税费、开发成本和管理费用。即使这些费用是自有资金，也要计算利息。销售费用和销售税费一般不计息。

(2) 计息期

计息期是某项费用应计息的时间的长短。由于计息项目发生的时间不一，因此不同的费用其计息期各不相同。某项费用计息期的起点是该项费用发生的时间点，终点通常是开发期结束的时间点（不考虑预售和延迟销售的情况）。在此，需要格外注意的是某些不是发生在某个时间点的费用的利息计算。当费用不是发生在一个时间点，而是在某个时间段（如开发期或建造期）内连续发生，计息时通常将其假设为在所发生的时间段内均匀发生，具体视为发生在该时间段中。如开发成本的计息期应以其实际投入期的中间时点至整个开发期或建造期末为止。

(3) 计息方式

计息方式有单利计息和复利计息两种方式，通常以复利计息为主。单利计息是指每期均按原始本金计算利息，即只有本金计算利息，本金所产生的利息不计算利息。在单利计息的情况下，每期的利息是常数。复利计息是指以上一期的利息加上本金为基数计算当期的计息。在复利计息的情况下，不仅本金要计算利息，利息也要计算利息，即通常所说的利滚利。如果 P 表示本金，i 表示利率，n 表示计息周期数，I 表示总利息，F 表示计息期末的本利和，则有

① 单利计息下的总利息、本利和为

$$I = P \times i \times n$$
$$F = P \times (1 + i \times n)$$

② 复利计息下的总利息、本利和为

$$I = P[(1+i)^n - 1]$$
$$F = P(1+i)^n$$

(4) 利率的大小

资金的时间价值是同量资金在两个不同时点的价值之差，用绝对量来反映为"利息"，用相对量来反映为"利率"。利率有单利利率和复利利率两种。选用不同的利率，应选用相对应的计息方式；反过来，选用不同的计息方式，应选用相对应的利率，不能混淆。利率是用百分比表示的单位时间内增加的利息与本金之比，即

$$利率 = \frac{单位时间内增加的利息}{本金} \times 100\%$$

(5) 计息周期

计息周期是计算利息的单位时间。计息周期可以是年、半年、季、月、周或天等,但通常为年。

(6) 名义利率和实际利率

在复利计息的情形下,当利率的时间单位与计息周期不一致时,例如,利率的时间单位为一年,而计息周期为半年、季、月、周或天等,就出现了名义利率和实际利率的概念。假设名义利率为 r,一年中计息 m 次,则每次计息的利率为 r/m,至 n 年末时,在名义利率下的本利和为

$$F = P(1+r/m)^{n \times m}$$

关于名义利率和实际利率之间的关系,可以通过令一年末名义利率与实际利率的本利和相等来解决。在名义利率下的一年末本利和为

$$F = P(1+r/m)^m$$

假设实际利率为 i,则在实际利率下的一年末本利和为

$$F = P(1+i)$$

令一年末名义利率与实际利率的本利和相等,即

$$P(1+r/m)^m = P(1+i)$$

由此等式可以得出名义利率和实际利率的关系如下

$$i = (1+r/m)^m - 1$$

名义利率与实际利率的关系,还可以通过利率的计算公式得出,即

$$i = \frac{F-P}{P} = \frac{P(1+r/m)^m - P}{P} = (1+r/m)^m - 1$$

3) 估算开发利润

开发利润的计算一般在计息的方法中需要单独进行,有时在折现的方法中也会单独显现。估算开发利润的方法与成本法相同,即以一定的基数乘以相应的利润率。开发利润的计算基数可取待开发房地产价值与开发成本之和,或取开发完成后的房地产价值;利润率可取同一市场上类似房地产开发项目相应的平均利润率。在实际测算过程中,要特别注意开发利润计算基数与利润率的相互对应关系,不可混淆。

4) 估算投资者购买待开发房地产应负担的税费

投资者购买待开发房地产应承担的税费,是指一旦购买了待开发房地产,在交易时作为买方应负担的有关契税、交易手续费等,该项税费通常是根据税法及中央

和地方政府的有关规定,无规定的依照当地习惯,按未知的待开发房地产价值的一定比率估算,即投资者购买待开发房地产应承担的税费=待开发房地产价值×买方应负担的税费率。

5) 估算折现率

折现率是在采用现金流量折现法时需要确定的一个重要参数,与报酬资本化法中报酬率的性质和求取方法相同,具体应等同于同一市场上类似房地产开发项目所要求的平均报酬率,它体现了资金的利率和开发利润率两部分。因此,在现金流量折现方式中,不需要再考虑投资利息与开发利润。

8.2.6 计算价值

具体计算,求出待开发房地产价值。将上述各项数据代入下列公式进行计算:

待开发房地产价值=预期开发完成后价值－开发成本－管理费用－投资利息－销售费用－销售税费－开发利润－购买待开发房地产应负担的税费

此时,公式右边的购买待开发房地产应负担的税费中,用计息方法计算的利息中及以投资利润率计算的利润中,都含有未知的待开发房地产价值,可以通过解一元一次方程的方法求得估价对象房地产的价格。在具体计算时,若采用计息的方法,则不考虑各项价格或费用的时间差异,即不将各项价格与费用统一到同一时点上,但要计算有关费用的利息。若采用折现的方法,则须将各项价格或费用通过折现统一到同一时点上,即估价时点上。

8.3 假设开发法的估价公式和方法

8.3.1 基本的公式

假设开发法最基本的公式为

待开发房地产的价值=开发完成后房地产总价值－开发成本－管理费用－
　　　　　　　　　　投资利息－销售费用－销售税费－开发利润－
　　　　　　　　　　投资者购买待开发房地产应负担的税费

根据估价对象的不同,基本公式会有所变形,但实质是不变的。

1) 求生地价值的公式

(1) 适用于将生地建成房屋的公式

生地价值=开发完成后的房地产价值－由生地建成房屋的开发成本－
　　　　　管理费用－投资利息－销售费用－销售税费－开发利润－

买方购买生地应负担的税费

(2) 适用于将生地开发成熟地的公式

生地价值＝开发完成后的熟地价值－由生地开发成熟地的开发成本－
　　　　　管理费用－投资利息－销售费用－销售税费－土地开发利润－
　　　　　买方购买生地应负担的税费

2) 求毛地价值的公式

(1) 适用于将毛地建成房屋的公式

毛地价值＝开发完成后的房地产价值－由毛地建成房屋的开发成本－
　　　　　管理费用－投资利息－销售费用－销售税费－开发利润－
　　　　　买方购买毛地应负担的税费

(2) 适用于将毛地开发成熟地的公式

毛地价值＝开发完成后的熟地价值－由毛地开发成熟地的开发成本－
　　　　　管理费用－投资利息－销售费用－销售税费－土地开发利润－
　　　　　买方购买毛地应负担的税费

3) 求熟地价值的公式

熟地价值＝开发完成后的熟地价值－由熟地建成房屋的开发成本－
　　　　　管理费用－投资利息－销售费用－销售税费－开发利润－
　　　　　买方购买熟地应负担的税费

4) 求在建工程价值的公式

在建工程的价值＝续建完成后房地产价值－续建成本－管理费用－
　　　　　　　　投资利息－销售费用－销售税费－续建投资利润－
　　　　　　　　买方购买在建工程应负担的税费

5) 求旧房价值的公式

旧房的价值＝装修改造完成后的房地产价值－续建成本－管理费用－
　　　　　　投资利息－销售费用－销售税费－装修改造投资利润－
　　　　　　买方购买旧房应负担的税费

8.3.2 假设开发法的估价方法

房地产开发具有周期长的特点,其开发成本、管理费用、销售税费、开发完成后的价值等实际发生的不尽相同,特别是一项大型的房地产开发项目,因此运用假设开发法估价必须考虑货币的时间价值。考虑货币时间价值的方法有计算利息和采用折现两种,依据考虑货币时间价值的不同,将假设开发法的估价方法分为两种,即计息的方法和折现的方法。

1) 计息方法

(1) 基本公式

$$\frac{待开发房}{地产的价值} = \frac{开发完成后的}{房地产价值} - 开发成本 - 管理费用 - 投资利息 -$$

$$销售税费 - 开发利润 - 购买待开发房地产应负担的税费$$

(2) 计息方法的特点

计息的方法对开发完成后的房地产价值、开发成本、管理费用、销售税费等的估算主要是根据估价时点的房地产市场状况作出的,它们基本上是静止的数额,既不考虑预售,也不考虑延迟销售。另外,在计息方法中,投资利息和开发利润单独显现出来。

[例 8-1] 有一宗"七通一平"的待开发建筑地,土地面积为 2 000 m², 建筑容积率为 2.5,拟开发建设写字楼,建设期为 2 年,建筑费为 3 000 元/m²,专业费为建筑费的 10%,建筑费和专业费在建筑期内均匀投入。该写字楼建成后即出售,预计售价为 9 000 元/m²,销售费用为楼价的 2.5%,销售税费为楼价的 6.5%,当地银行年贷款利率为 6%,开发商要求的直接成本利润率为 10%。试估算该宗土地目前的单位地价和楼面地价。

① 计算预期楼价

楼价 = 2 000 × 2.5 × 9 000 = 45 000 000(元)。

② 计算建筑费和专业费

建筑费 = 3 000 × 2 000 × 2.5 = 15 000 000(元);

专业费 = 15 000 000 × 10% = 1 500 000(元)。

③ 计算销售费用和销售税费

销售费用 = 45 000 000 × 2.5% = 1 125 000(元);

销售税费 = 45 000 000 × 6.5% = 2 925 000(元)。

④ 计算利润

利润 = (地价 + 建筑费 + 专业费) × 10% = (地价 + 16 500 000) × 10%。

⑤ 计算利息

利息 = 地价 × $[(1+6\%)^2 - 1]$ + (15 000 000 + 1 500 000) × $[(1+6\%)^1 - 1]$
= 0.123 6 × 地价 + 990 000。

⑥ 求取地价

地价 = 45 000 000 − 16 500 000 − 1 125 000 − 2 925 000 − 0.1 ×

地价 − 1 650 000 − 0.123 6 × 地价 − 990 000;

地价=21 810 000÷1.223 6=17 824 452（元）。

⑦ 评估结果

单位地价=17 824 452÷2 000=8 912(元/m²)；

楼面地价=8 912÷2.5=3 565(元/m²)。

根据上面的计算过程在图 8-2 上表示如下：

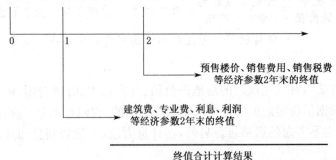

图 8-2 时间节点示意图

2) 折现方法

(1) 基本公式

① 当开发利润隐含在折现过程中，其基本公式为

待开发房地产的价值=开发完成后的房地产价值－开发成本－
　　　　　　　　　管理费用－销售税费－购买待开发房地产税费

② 当开发利润单独显现时，其公式为

待开发房地产的价值=开发完成后的房地产价值－开发成本－
　　　　　　　　　管理费用－销售税费－开发利润－
　　　　　　　　　购买待开发房地产税费

(2) 折现方法的特点

现金流量折现的方法对开发完成后的房地产价值、开发成本、管理费用、销售税费等的估算是模拟开发过程，预测它们在未来的时间及发生的数额，并将它们折算到估价时点后再相加减。现金流量折现法在投资项目评估中通常要求折现率既包含作为安全收益的利息率，又包含作为风险收益的利润率部分；在估价中亦可将利润单独显现出来。当同类房地产估价采用不同的处理方式时，它们的折现率的大小是不同的，利润单独显现的折现率小于其隐含在折现过程中的折现率。

[例 8-2] 某房地产公司打算参与一商业、居住综合熟地的投标，该土地总面积 20 000 m²，建筑容积率为 2.5，土地出让时间为 2004 年 5 月，使用年限为 50 年。初步计划建造 6 000 m² 的商场，其余为住宅。预计开发期 3 年；包括建筑安装、勘察设计、

前期工程和管理等的开发建设费用预计为每平方米2 200元;估计在未来的开发期内第一年均匀投入20%的开发费用,第二年均匀投入50%的开发建设费用,第三年均匀投入30%的开发建设费用。根据市场调查分析,估计商场部分在建成后可全部售出,居住部分在建成后可售出30%、半年后可再售出50%、其余部分20%需一年后才能售出;商场部分在出售时的平均价格为每平方米建筑面积7 500元,居住部分为5 000元。广告宣传和销售代理费预计为售价的3%,营业税、交易手续费等为售价的6%,得到该土地还需要按取得价款的3%交纳有关税费。折现率选取14%,试估算该块土地于2004年5月出让时的正常购买价格(土地总价及楼面地价)。

总建筑面积$= 20\ 000 \times 2.5 = 50\ 000\ (m^2)$

居住部分建筑面积$= 50\ 000 - 6\ 000 = 44\ 000\ (m^2)$

熟地投标价$(V) = $预期开发完成后价值$(A) - $建筑安装等费用$(B) - $
$\qquad$广告、代理费$(C) - $销售税费$(D) - $购地税费$(E)$

$A = 17\ 051.19$(万元)

$B = 8\ 957.32$(万元)

$C = A \times 3\% = 511.54$(万元)

$D = A \times 6\% = 1\ 023.07$(万元)

$E = V \times 3\% = 0.03V$

$V = A - B - C - D - E$
$\quad = 17\ 051.19 - 8\ 957.32 - 511.54 - 1\ 023.07 - 0.03V$

$V = 6\ 368.21$ 万元

$V_{楼} = \dfrac{V}{总建筑面积} = \dfrac{63\ 682\ 100}{50\ 000} = 1\ 273.64$(元$/m^2$)

[例8-3] 需要评估一宗"七通一平"的待建筑土地在2004年9月的价格。获知该宗土地总面积50 000 m^2,建筑容积率为2,适宜建造某种类型的商品住宅;预计取得该土地后建造该类商品住宅的建设期为2年,建筑费为1 200元$/m^2$,专业费用为建筑费的8%,第一年投入60%的建筑费及专业费用,第二年投入40%的建筑费及专业费用;销售税费为未来楼价的6%;购地税费为购买价格的1.5%;投资利润率为20%;该商品住宅在建成后半年一次全部售出,售出时的价格平均为4 000元$/m^2$。试利用所给资料用动态方式估计该宗土地在2004年9月的总价、单价及楼面地价(折现率为8%)。

建筑面积$= 50\ 000 \times 2 = 10$ 万m^2

土地价格$(V) = $未来楼价$(A) - $建筑费$(B) - $专业费$(C) - $销售税费$(D) - $利
$\qquad$润$(E) - $购地税费$(F)$

$A = \dfrac{4\ 000 \times 10}{(1 + 8\%)^{2.5}} = 32\ 998.99$(万元)

$$B = \frac{1\,200 \times 10 \times 60\%}{(1+8\%)^{0.5}} + \frac{1\,200 \times 10 \times 40\%}{(1+8\%)^{1.5}} = 11\,204.87(万元)$$

$$C = B \times 8\% = 896.39(万元)$$

$$D = A \times 6\% = 1\,979.94(万元)$$

$$E = (V + B + C) \times 20\% = 0.2V + 2\,420.25(万元)$$

$$F = V \times 1.5\% = 0.015V$$

$$V = A - B - C - D - E - F$$

$$V = \frac{32\,998.99 - 11\,204.87 - 896.39 - 1\,979.914 - 2\,420.25}{1 + 0.2 + 0.015}$$

$$= 13\,578.22(万元)$$

$$V_{单} = \frac{V}{5} = 2\,715.64(元/m^2)$$

$$V_{楼} = \frac{V}{10} = 1\,357.82(元/m^2)$$

3) 计息方法和折现方法的优缺点

计息的方法和折现的方法相比较，前者比较粗略，但测算过程相对简单一点；后者比较精确，但测算过程较复杂。现金流量折现的方法如果能够做到正确估计开发期的租赁期，正确估计各项支出和收入发生的时间及数额，就能估算出较准确的结果。但由于存在众多的变化因素会使预测偏离实际，正确的估计是十分困难的，尽管如此，在估价实务中还是提倡使用现金流量折现法，在难以采用折现的方法时可采用计息的方法。

8.4 假设开发法的应用及举例

8.4.1 可接受的地价评估

在我国现行土地使用制度下，政府有偿出让建设用地使用权的地块，主要是房地产开发用地，它可能是熟地，也可能是毛地或生地。政府出让建设用地使用权的方式主要有招标、拍卖、挂牌和协议四种。无论是哪种出让方式，对于这类房地产开发用地，政府都需要估价，以确定招标标底(底价)、拍卖底价(保留价)、起叫价、挂牌底价、起始价、协议出让最低价或者做到心中有数；投标人、竞买人、土地使用者也需要估价，以确定其报价或出价。

用假设开发法来评估房地产开发项目可接受的地价，可以模拟一个典型的房地产开发商的思想活动的例子来较好地反映出来。假如我是一个房地产开发商，同时有一块可供开发建设的土地，我将愿意以多高的价格来购买它？无疑，我明白购买这块土地的目的不是为了自己享有,而是要通过它赚取利润。我也清楚知道想得到这块土地的房地产开发商不止我一个,他们都怀有与我一样的动机。因此,我不能企求从这块土地的开发建设中获得超出寻常的利润,否则,争夺这块土地的竞争将使我得不到它,从而我会一无所获。但是,我打算从这块土地的开发建设中获得的利润也不能比别人所愿意获得的最低利润少,否则我还不如将此资金、时间和精力投到其他方面。所以,我只求得到社会上同类房地产开发项目的一般正常利润。而为了得到这块土地,我首先得仔细分析这块土地的内外部条件,如坐落位置、面积大小和形状、地质和水文状况,基础设施完备程度和土地平整程度、规划允许的用途、建筑高度和容积率,等等。根据土地的内外部条件,我知道了这块土地在规划允许的范围内最适宜做何种用途、建筑规模多大、什么档次,例如,是商场,还是建写字楼或住宅。在做了这些工作之后,我要预测这个建筑物假如建成后连同土地一起出售,将会卖到多高的价钱;为了建造这个建筑物我将要花多少费用,包括投资利息;此外,我不能忘了在交易中要缴纳有关税费,以及要获得开发利润。确定了这些之后,我便知道了这块土地支付的最高价格是多少。

[**例 8-4**] 1988 年上海虹桥经济技术开发区第 26 号地块,面向国际招标。该地块面积 12 927 m^2,可利用方式为商住综合用途,容积率为 5。该地块最终由日本孙氏企业有限公司于 1988 年 6 月 30 日,以 10 416 万元人民币取得。中国香港一家地产咨询公司受托为孙氏企业进行投标报价的评估。该咨询公司评估过程如下。

1) 上海市高级宾馆、高级公寓的市场调查

(1) 高级宾馆市场调查

调查结果表明,到上海市或途径上海市的海外游客数量每年按 110% 的速度递增,而高级宾馆类客房年增长率为 130%,到 1990 年高级客房数量将达到 2 万间。1987 年客房空置率为 25%,今后随着几家高级宾馆的建成投入使用,客房空置率将进一步上升。目前,华亭等高级宾馆或酒店已经开始采取降低价格吸引顾客的措施。

(2) 高级公寓市场调查

1984~1987 年,外商在上海设立的公司或办事机构年增长率为 77%,到 1990 年底预计达到 3 000 家左右。这些外企的白领阶层都希望租到或买到高级公寓住房,而目前市场所能够提供的数量较少。外国驻上海领事和商务代办处的外职人员,今年以 26% 的年速度递增,1988 年初包括外职人员及其家属大约有 4 000 人,到 1990 年可望达到 8 000 人。上海的归侨及华侨家属约有 60 万人,今后这一数量将会增加,他们也对高级公寓有需求。

(3) 市场调查分析

市场分析表明,兴建多功能高级公寓是一种最佳利用方式。通过对国内主要

城市的高级公寓及上海市近期开盘出售的高级公寓和写字楼价格的调查分析,预期建成后的高级公寓出售价格不低于 10 760 港元/建筑平方米。

2) 造价估算

由国内建筑承包商施工,每平方米造价可以控制在 5 382 港元内,建筑成本大约占楼价的 50%。

3) 单位面积地价及总地价测算

假定售价为 11 840 港元/建筑平方米,开发每平方米的资本投入利息及利润为 3 229 港元,则楼面地价为 11 840－5 382－3 229＝3 229(港元/m^2)。容积率为 5,因而每平方米地价大约为 16 145 港元。总地价为 20 870 万港元,兑换成美元为 2 676 万美元(美元兑港元汇率 1988 年 6 月 30 日为 1∶7.8)。

日本孙氏企业有限公司董事长孙忠利先生 1988 年 6 月 30 日以 10 416 万元人民币报价夺标,按当日国家外汇买入价折算成 2 805 万美元支付。实际成交地价高出评估地价 4.8%。

[**例 8-5**] 某估价对象为一熟地,总面积 5 000 m^2,土地使用权年限为 50 年。城市规划为商业服务业,规划容积率为 6,覆盖率不超过 45%,建筑总高度不超过 80 m。评估在 2000 年 4 月 30 日购买该地块时的土地价格。经过分析,运用假设开发法进行评估。评估过程如下:

1) 最佳利用方式分析

估价对象规划用途为商业服务业,可建成商服性质的综合大厦。容积率为 6,因而最大建筑面积为 30 000 m^2。覆盖率不超过 45%,最大建筑基地面积为 2 250 m^2。拟建大厦 1～4 层以裙房形式建商场、餐饮及娱乐中心,层高 4.5 m,建筑面积 9 000 m^2。其余部分(5～25 层)建写字楼,层高 2.95 m,每层建筑面积 1 000 m^2。

2) 开发周期、资金投入比例及预期租售价格分析

本工程为较大规模的高层建筑,建筑结构拟采用现浇框架结构。结合建设工期定额标准分析,估计该工程建设需要 3 年时间,若买地后开始建设,预计 2003 年 4 月竣工。结合该工程特点,建设投资资金第 1 年投入 50%,第 2 年投入 30%,第 3 年投入 20%。大厦建成后,预计写字楼售价为 5 000 元/m^2,写字楼的 50% 在建成后 1 年内售出。裙房部分出租经营,预计净收入为 90 元/(月·m^2),平均租出时间为半年。

3) 估算建筑费用(含管理费)、专业费用、销售费用、税费、开发利润

估计裙房部分建筑费为 3 000 元/m^2,写字楼部分建筑费为 2 200 元/m^2,专业费为建筑费的 7%。销售费用为楼价的 5%,其他税费(不包括租赁经营的有关税费)为出售部分楼价的 10%。市场贷款利率为 19%,开发投资的总利润率为地价与开发费用的 18%。

4) 求取地价

(1) 计算预期建成后的房地产价值

裙房部分在2003年10月时(平均半年时间租出)的货币价值为：$9\,000\,m^2 \times 12$月$\times 90$元$/(月 \cdot m^2) \times [1-1/(1+0.1)^{46.5}] \div 0.1 = 9\,604$(万元)，相当于在2000年4月30日的价值为：$9\,604/1.1^{3.5} = 6\,880$(万元)。

写字楼部分价值为：

$[5\,000 \times 21\,000 \times 50\% + 5\,000 \times 21\,000 \times 50\%/1.1^{0.5}] \div 1.1^3 = 7\,705$(万元)

(2) 估算建筑费用及专业费用

建筑总费用为：

$9\,000\,m^2 \times 3\,000$元$/m^2 + 21\,000\,m^2 \times 2\,200$元$/m^2$
$= 7\,320$(万元)

建筑费用为：

$(7\,320 \times 50\% \div 1.1^{0.5}) + (7\,320 \times 30\% \div 1.1^{1.5}) + (7\,320 \times 20\% \div 1.1^{2.5})$
$= 6\,547$(万元)

专业费为：

$6\,547 \times 7\% = 458$(万元)

(3) 估算销售费用、税费、总利润

销售费用及总税费为：

$7\,705 \times (5\% + 10\%) = 1\,156$(万元)

总利润为：

(地价+建筑费+专业费)×利润率=地价×0.18=1 261(万元)

(4) 计算地价

地价为：$(6\,880 + 7\,705 - 6\,547 - 458 - 1\,156 - 1\,261) \div 1.18 = 4\,375$(万元)

单位地价为：$43\,750\,000 \div 5\,000 = 8\,750$(元$/m^2$)

楼面地价为：$8\,750 \div 6 = 1\,458$(元/建筑平方米)

[例8-6] 估价对象房地产为一宗"七通一平"的待建空地；土地总面积为$10\,000\,m^2$，且土地形状规则；允许用途为商业、居住；允许建筑容积率为7；允许建筑覆盖率不大于50%；土地使用权年限为50年；出售时间为1996年10月。需要评估出该块土地在1996年10月出售时的购买价格。估价过程如下。

1) 选择估价方法

该块土地为待建筑土地。适宜于用假设开发法进行估价。

2) 选择最佳开发利用方式

通过调查研究得知这块土地最佳的开发利用方式如下：用途为商业居住混合；建筑容积率为7；建筑覆盖率50%；建筑总面积$70\,000\,m^2$；建筑物层数为14层；各层建筑面积均为 5 000 m²;地上 1～2 层为商店,建筑面积为 10 000 m²;地上 3～14 层为住宅,建筑面积为 60 000 m²。

3) 预计建设期

预计共需 3 年时间才能完全建成投入使用,即 1999 年 10 月完成。

4) 预计出售楼价

估计建成完成后,其中的商业楼即可全部售出;住宅楼的 30% 在建造完成后即可售出,50% 半年后才能售出,其余 20% 一年后才能售出。预计商业楼出售当时的平均售价按建筑面积计算为 4 500 元/m²,住宅楼出售当时的平均售价按建筑面积计算为 2 500 元/m²。

5) 估计开发费以及开发商利润

估计总建筑费为 5 000 万元;专业费用为建筑费的 8%;年利息率为 15%;销售费用为楼价的 3%;税费为楼价的 6%,即建成出售时所需由卖方承担的那部分营业税、印花税、交易手续费等,其他类型的税费已考虑在建筑费之中;投资利润率为 25%。

在未来 3 年的建设期内,开发费用的投入情况如下:第一年需投入 20% 的建筑费及相应的专业费用;第二年需投入 50% 的建筑费及相应的专业费用;第三年投入余下的 30% 的建筑费及相应的专业费用。

6) 求取地价

拟采用静态和动态两种方式试算地价。计算过程如下:

(1) 采用静态方式试算地价

总楼价为:4 500×10 000＋2 500×60 000＝19 500(万元)

总建筑费为:5 000 万元

总专业费用为:总建筑费×8%＝5 000×8%＝400(万元)

总利息为:总地价×利息率×计息期＋总建筑费×利息率×计息期＋总专业费用×利息率×计息期＝总地价×15%×3＋5 000×(1＋8%)×20%×15%×2.5＋5 000×(1＋8%)×50%×15%×1.5＋5 000×(1＋8%)×30%×15%×0.5＝总地价×0.45＋1 134(万元)

上述总利息的计算采用的是单利,计息期到 1999 年 10 月止。各年建筑费用和专业费用的投入实际上是覆盖全年的,但计息时是假设各年建筑费用和专业费用的投入集中在各年的年中,这样,就有上述总利息计算中的计息年数分别是 2.5、1.5、0.5 的情况。

总销售费用为:总楼价×3%＝19 500×3%＝585(万元)

总税费为:总楼价×6%＝19 500×6%＝1 170(万元)

总利润为:(总地价＋总建筑费＋总专业费用)×利润率＝总地价×25%＋(5 000＋400)×25%＝总地价×0.25＋1 350(万元)

将上述参数代入假设开发法中,即:

总地价＝19 500－5 000－400－(总地价×0.45＋1 134)－585－1 170－(总地价×0.25＋1 350)

得：

总地价＝(19 500－5 000－400－1 134－585－1 170－1 350)÷(1＋0.45＋0.25)
＝5 800(万元)

(2) 采用动态方式试算地价

计算的基准时间定为该块土地的出售时间，即 1996 年 10 月，年贴现率取 15%。

总楼价为：$4\,500 \times 10\,000 \div (1+15\%)^3 + 2\,500 \times 60\,000 \times [30\% + 50\% \div (1+15\%)^{0.5} + 20\% \div (1+15\%)^1] \div (1+15\%)^3 = 12\,230$(万元)

总建筑费为：$5\,000 \times 20\% \div (1+15\%)^{0.5} + 5\,000 \times 50\% \div (1+15\%)^{1.5} + 5\,000 \times 20\% \div (1+15\%)^{2.5} = 4\,017$(万元)

各年建筑费的投入实际上是覆盖全年的，但为贴现计算的方便起见，假设各年建筑费的投入是集中在各年的年中，这样，就有上述总建筑费计算公式中的贴现年数分别是 0.5、1.5、2.5 的情况。

总专业费用为：总建筑费×8%＝4 017×8%＝321(万元)

由于总地价、总建筑费、总专业费用在动态方式中均已考虑了时间因素，实际上均已含利息，故在此不再单独计算总利息。

总销售费用为：总楼价×3%＝12 230×3%＝367(万元)

总税费为：总楼价×6%＝12 230×6%＝734(万元)

总利润为：(总地价＋总建筑费＋总专业费用)×利润率＝总地价×25%＋(4 017＋321)×25%＝总地价×0.25＋1 085(万元)

将上述参数代入假设开发法公式中，即

总地价＝12 230－4 017－321－367－734－(总地价×0.25＋1 085)

得：

总地价＝(12 230－4 017－321－367－734－1 085)÷(1＋0.25)＝4 565(万元)

(3) 评价结果

上述采用静态方式和动态方式计算出的总地价有较大的差异，由于一般认为动态方式更为精确，故估价结果以动态方式计算的结果为主，但同时兼顾静态方式计算的结果，并参考估价经验，将总地价定为 4 800 万元。对于待建筑土地的估价，通常要给出三种价格形式，即总地价、单位地价和楼面地价。这样，该块土地 1996 年 10 月出售时的价格最终评估结果如下：

总地价为：4 800(万元)

单位地价为：4 800(元/m²)
楼面地价为：685.7(元/m²)

8.4.2 旧有房地产价格评估

旧有房地产是房地产估价的重要内容。房地产估价对象大多是在用或已经用过的房地产。虽然没有统计确切已用过房地产估价在整个房地产估价中所占的比例，但从实践中看，已用房地产估价在估价总数中占有很大比重。本章介绍的用假设开发法求旧房价值的公式，适用于将旧房重新装饰装修改造或改变用途成新房。

[例8-7] 某旧厂房的建筑面积为 5 000 m²。根据其所在地点和周围环境，适宜装修改造成商场出售，并可获得政府批准，但需补交土地使用权出让金等 400 元/m²(按建筑面积计)，同时取得 40 年的土地使用权。预计装修改造期为 1 年，装修改造费按建筑面积算为 1 000 元/m²；装修改造完成后即可全部售出，售价按建筑面积算为 4 000 元/m²；销售税费为售价的 8%；购买该旧厂房买房需要缴纳的税费为其价格的 4%。试利用上述资料用动态方式估算该旧厂房的正常购买总价和单价(折现率为 12%)。

① 设该旧厂房的正常购买总价为 P。
② 装修改造后的总价值为：$4\,000 \times 5\,000 \div (1+12\%) = 1\,785.71$(万元)
③ 装修改造总费用为：$1\,000 \times 5\,000 \div (1+12\%)^{0.5} = 472.46$(万元)
④ 销售税费总额为：$1\,785.71 \times 8\% = 142.86$(万元)
⑤ 购买该旧厂房的税费总额为：$P \times 4\% = 0.04P$(万元)
⑥ 需补交土地使用权出让金等的总额为：$400 \times 5\,000 = 200$(万元)
⑦ $P = 1\,785.71 - 472.46 - 142.86 - 0.04P - 200$

得，$P = 933.07$(万元)

故：
旧厂房总价为：933.07 万元
旧厂房单价为：1 866.13 元/m²。

8.4.3 在建工程价格评估

1) 在建工程评估概述
(1) 在建工程含义
在建工程是指在房地产评估时尚未完工或虽已完工但尚未交付使用的建设工程项目。
(2) 在建工程分类
根据在建工程的含义，在建工程可分为两类：一是尚未完工，正在建设当中的在建工程；二是已经完工，尚未经过竣工验收的在建工程。

(3) 在建工程评估特点

在建工程作为房地产估价中重要的一类,具有其自身的特点。

① 在建工程的范围十分广,情况复杂,专业技术性强。

② 在建工程资金投入与工程实际进度存在着时差和量差。建设资金的投入量与实际形成的工程资产价值量和形象进度往往不尽一致。

③ 大中型尤其是特大型工程项目建设周期长,资金成本较高,其所含实物资产价值与货币资金的时值存在着价值背离问题。

④ 在建工程存在着债权债务问题和投资风险问题,而且在其竣工投产之前表现为投资的积累,通常无收益可言,且未来预期收益难以确定。

⑤ 在建工程涵括了从刚刚投资兴建的工程到已完工建设但尚未交付使用的工程。这些完工进度差异巨大的在建工程,自身可比性较差,评估时不易找到合适的参照物。

2) 在建工程评估范围界定

在建工程与已建成或旧有的房地产不同,其权利状态中的某些情况由于种种原因,具有一定的隐蔽性。因此,科学的在建工程评估应建立在对在建工程评估范围的准确界定上。

(1) 土地权属

在建工程的土地权属有两种性质,四种情况,即以出让方式取得的国有土地使用权;以租赁方式取得的土地使用权;以无偿划拨方式取得的国有土地使用权;集体所有制土地使用权。不同的权属性质和情况,其评估价值内涵和被评估在建工程即将发生的经济行为是不完全相同的。

(2) 项目权属

对在建房地产项目的抵押贷款评估,要查明委估房地产项目是否属联建项目或是否有参建单位,委托单位对委估的在建项目整体或部分是否确实拥有所有权。若委托单位是委估对象的主建单位,另有一个或两个参建单位,则参建单位的价值不属于委托单位所有,其价值不属于委估房地产的抵押范围;若委估房地产项目是联建项目则委托单位对委估对象拥有的权利部分是多少。因此评估人员必须对上述情况进行充分的调查并把握,其中特别是要搞清楚项目公司的组成各方的权利状况以及各方之间的经济合同在法律上是否有效等。评估人员只能对委托单位对委估房地产项目所实际拥有的权利部分进行抵押价值评估。

(3) 工程进度

在估价实务中,各个委估在建项目完成的在建工程量各不相同,有的是刚刚完成了设计地坪以下的基础工程(包括地下室结构部分);有的是刚刚完成了裙房的结构部分;有的是已完成全部的结构封顶等。大部分的项目,其装修及设备安装工程还没有进行。对于上述不同的情况,评估时必须准确地把握在建工程项目的实际完成进度,即把握其已完成的实物工程量,对于那些未安装并固定在建筑物主体上的材料和设备,就不能纳入在建房地产项目的评估范围。因此在对在建工程进行抵押价值评估时,不能简单地根据工程的实际投资进度来评估其价值。

（4）销售状况

有些委估的房地产在建项目,已领有商品房预售许可证,并已预售了部分楼盘。评估抵押价值时,必须清楚地把握两个问题,一是预售许可证所允许预售的楼层及其建筑面积,即可售部分;二是开发商已实际出售了多少建筑面积。评估时必须将已售部分的在建实物工程量价值和相应的土地使用权价值从整个在建房地产项目的评估值中扣除。因为已售部分楼盘的权利已不属于委托单位所有,委托人无权将其抵押。

3) 在建工程评估

在建工程的评估方法多种多样,不同的方法适用于不同情况的在建工程评估。这里主要讨论假设开发法这种评估方法。用假设开发法来对在建工程进行估价,必须注意有一个前提条件,即该项目的开发方向是合理的。具体而言就是该在建工程所设计的建筑物用途、容积率、覆盖率、户型等是适合其土地的区位的。即该开发方向是该区位土地的最佳利用方式。另外,运用假设开发法时,必须是正确判断土地开发完成后的土地连同建筑物的售价以及正确确定尚未投入的开发成本费用和正常利润。

[例8-8] 某栋位于珠海市南水镇的在建住宅楼,于1993年7月开工,框架结构七层,建筑面积 $3\,184\,m^2$,主体已基本完工,内外墙砖已砌筑,地面、天棚、墙面、楼梯间、阳台、栏板等均未粉刷,门窗工程、水电工程、装修工程尚未完成,自1994年建成上述状况后闲置至今,楼板、栏板等钢筋外露,无人管理,周围杂草丛生,观感较差,属于烂尾工程。

估价目的:为委托方拍卖估价对象提供价值参考依据。

土地权属性质:国有出让土地。用途:住宅楼。土地使用年限:住宅70年。土地开发程度为宗地红线外"五通"（通路、供水、排水、通电、通信）及宗地红线内场地平整,评估该估价对象于估价时点时公开市场的客观合理的房地产市值。根据本估价对象的特点和估价目的的要求,我们对委托估价的房地产采用假设开发法。

最高最佳使用分析:

根据规划限制等因素分析,估价对象房地产的最高最佳用途为保持现状使用前提,即住宅楼。

评估测算过程:

（1）思路

预计评估对象开发完成后的价值,扣除预计的正常开发成本,税率和利润等,以此估算估价对象的客观价格或价值的方式。

（2）计算公式

在建工程价格＝续建完成后的房地价值－续建成本－续建专业费用－续建设投资利息－续建销售税费－续建设投资利润－买方购买续建工程的税费。

(3) 计算过程

① 续建完成后的房地价值

南水镇商品销售市场低迷,类似房地产售价经市场调查为 680 元/m²。

注:可用市场比较法求取完成后的房地产价值。

② 续建成本

查阅《珠海工程造价信息》2001 年第 3 期,根据南水镇建材行情及估价对象结构状况和估价经验判断,建造类似建筑物的全新完工状态开发成本为 650 元/m²。

③ 根据估价对象结构的不同部分确定工程形象进度为 62.35%。(具体过程略)续建成本:650(1−62.35%)=245 元/m²。

④ 续建专业费用(包括工程勘察、设计、招投标、质检、监理费等):专业费用通常为开发成本的 8%~10%,根据估价对象规模及珠海市统计资料分析和估价经验确定,工程勘察、设计费为开发成本的 3%,工程招标费为开发成本的 1.5%,质检费为开发成本的 1.5%,监理费为开发成本的 2%,所以,专业费用为开发成本的 8%。

专业费用=245×8%=20 元/m²。

⑤ 续建投资利息

根据工程定额,类似房地产的完工工期为八个月,续建工期=8×(1−62.5%)=3 个月。假设续建成本在建设期均匀投入,续建投资利息=(245+20)×[(1+5.85%) 3÷24 −1]=2 元/m²。

注:对超过正常建设工期所引起的贷款利息及其他费用超支额不应作为在建工程价值的组成部分,而应按照正常工程建设周期来计算投资利息。

⑥ 续建投资利润

采用南水镇房地产开发行业平均利润率,据统计资料表明在 3%~10%,取 5%。假设在建工程的房地产市值为 V,续建工程房地产市值 = 680−V。

续建投资利润 = 5%×(680−V)。

注:不能以在建工程投入时点计算利润,而是应以评估基准日的相同类型工程客观合理的社会平均利润率来求取投资利润。

⑦ 买方购买续建工程的税费

营业税及附加为 5.5%,整盘销售代理费率为 1%,合计 6.5%。

买方购买续建工程的税率 = 6.5%×(680−V)。

⑧ 估价计算

$V = 680 − 245 − 20 − 2 − 5\% \times (680 − V) − 6.5\% \times (680 − V)$

$88.5\% V = 334.8$

$V = 378$ 元/m²

⑨ 确定估价结果

a. 建筑面积单位确定

在建工程建筑面积单价＝378(元/m²)

b. 建筑面积确定

评估中仅对建筑物进行一般性查看，未进行结构测试和实地丈量，建筑面积暂以前述《珠海市建筑安装施工合同》记载的 3 184 m² 计算，实际应以房地产管理部门确权数为准，估价结果亦应相应调整。

c. 估价结果

在建工程房地产市值 ＝ 378×3184 ＝ 1 203 552(元) ≈ 120.3(万元)

采用假设开发法求得估价时点估价对象的公开市场价值为人民币壹佰贰拾万零叁仟元(120.3万元)，单价为每平方米人民币叁佰柒拾捌元整(378元/m²)。

[例8-9] 某在建工程于2000年3月31日开工，总占地面积3 000 m²，规划总建筑面积12 400 m²，用途为写字楼。土地使用权年限为50年，从开工之日起计；当时取得土地的花费为楼面价800元/m²。该项目的正常开发期为2.5年，建设费用(包括前期工程费、建筑安装工程费、管理费等)按建筑面积计为2 300元/m²。至2001年9月30日实际完成了主体结构，已投入50%的建设费用。但估计至建成尚需1.5年，还需投入60%的建设费用。建成后半年可租出。可出租面积的月租金为60元/m²，可出租面积为建筑面积的70%，正常出租率为85%，出租的运营费用为有效毛收入的25%。当地购买在建工程买房需要交纳的税费为3%，同类房地产开发项目的销售税费为售价的8%。试利用上述资料估算该在建工程2001年9月30日的正常购买总价和按规划建筑面积折算的单价(资本化率为9%，折现率为13%)。

(1) 设该在建工程的正常购买总价为 P

(2) 续建完成后的总价值 $= \dfrac{a}{r} \times \left[1 - \dfrac{1}{(1+r)^n}\right] \times \dfrac{1}{(1+r_d)^t}$

式中，r_d 表示折现率，t 表示需要折现的年数，其他符号的含义同收益法。故续建完成后的总价值为：

$60 \times 12 \times 12\ 400 \times 0.7 \times 85\% \times (1-25\%) \div 9\% \times \left[1 - \dfrac{1}{(1+9\%)^{50-3.5}}\right] \times \dfrac{1}{(1+13\%)^2} = 3\ 403.80(万元)$

(3) 续建总费用为：$2\ 300 \times 12\ 400 \times 60\% \div (1+13\%)^{0.75} = 1\ 561.32(万元)$

(4) 销售税费总额为：$3\ 403.80 \times 8\% = 272.30(万元)$

(5) 购买该在建工程的税费总额为：$P \times 3\% = 0.03P$

得：$P = 1\ 524.45(万元)$

故：

在建工程总价为：1 524.45(万元)

在建工程单价为：1 524.45÷1.24＝1 229.39(元/m²)

8.4.4 开发商预期利润的测算

[例 8-10] 某开发商已经取得某宗地 70 年土地使用权，该宗地为"七通一平"空地，面积 2 000 m²，土地价格为 6 000 000 元，取得土地使用权过程中所支付的法律费用、估价及登记等费用为地价的 2%。城市规划规定该地块用途为住宅，最大容积率为 4。估算开发商在该项目开发建设中的预期利润。评估过程如下：

(1) 该宗地为待开发空地，适宜采用假设开发法估价。

(2) 根据规划要求，该宗地最佳利用方式为修建住宅，容积率为 4。

(3) 根据该开发商的市场调查和可行性研究，该项工程在取得土地使用权后 3 个月即可动工，建筑时间为 2 年，建成后即可全部售出。根据目前的市场行情，住宅售价预计为 3 000 元/m²；建筑费和专业费预计为 1 000 元/m²；在建筑期间的投入情况为：第一年投入 40%，第二年投入 60%；目前资金贷款年利率为 12%；房地产销售的税费为房地产总价的 6%。

(4) 测算开发商预期利润

① 房地产总价为：3 000×2 000×4＝24 000 000(元)

② 建筑费及专业费为：1 000×2 000×4＝8 000 000(元)

③ 地价及法律、估价等费用：6 000 000×(1＋2%)＝6 120 000(元)

④ 总利息为：

6 120 000×[(1＋12%)$^{2.25}$－1]＋8 000 000×40%×[(1＋12%)$^{1.5}$－1]＋8 000 000×60%×[(1＋12%)$^{0.5}$－1]＝2 650 335(元)

注：地价计息期为 2 年 3 个月，即 2.25 年。

(5) 销售税费为：24 000 000×6%＝1 440 000(元)

(6) 将上述数据代入公式，则

开发商利润＝24 000 000－8 000 000－6 120 000－2 650 335－1 440 000＝5 789 665(元)

利润占房地产总价的百分比＝5 789 665÷24 000 000＝24.12%

利润占开发总成本的百分比＝5 789 665÷(8 000 000＋6 120 000＋2 650 335＋1 440 000)＝5 789 665÷18 210 335＝31.8%

由上述测算可知，该项目投资回报良好，预期利润可观，项目可行。

8.4.5 建筑费及专业费最高控制标准的测算

[例 8-11] 某开发公司已取得某宗地 50 年土地使用权，该宗地为"七通一平"空地，面积 10 000 m²，地价及相关的法律、估价等费用为 3 000 000 元，城市规划规定该宗地用途为工业厂房，最大容积率为 1。确定该开发公司在该项目中的

建筑费及专业费的最高控制标准。测算过程如下：

（1）该宗地为待开发空地，适宜采用假设开发法测算。

（2）根据该开发公司的市场调查和项目可行性研究，该项工程在取得土地使用权后即可开工，建筑时间为2年，建成后即可全部售出，根据目前的市场行情，同类工业厂房的售价预计为1 300元/m²，开发资金的投入为均匀投入，当地目前贷款年利率为12%，开发商要求的利润为房地产总价的18%，房地产销售的税费为房地产总价的6%。

（3）测算建筑费及专业费的最高控制标准。假设建筑费和专业费的最高控制额为X元。

① 房地产总价为：$1\,300 \times 10\,000 \times 1 = 13\,000\,000$（元）

② 地价及法律、估价等费用为：$3\,000\,000$（元）

③ 总利息为：$3\,000\,000 \times [(1+12\%)^2 - 1] + X \times [(1+12\%)^1 - 1] = 763\,200 + 0.12X$

④ 开发商利润为：$13\,000\,000 \times 18\% = 2\,340\,000$（元）

⑤ 销售税费为：$13\,000\,000 \times 6\% = 780\,000$（元）

⑥ 将上述数据代入公式，则：

建筑费及专业费最高控制额 $X = 13\,000\,000 - 3\,000\,000 - (763\,200 + 0.12X) - 2\,340\,000 - 780\,000$

得：

$X = 6\,116\,800 \div 1.12 = 5\,461\,429$（元）

单位面积建筑费及专业费控制标准为：

$5\,461\,429 \div 10\,000 \times 1 = 546.1$（元/m²）

8.4.6 土地最佳利用分析

假设开发法的另外一个用途是，它可以决定一个地点的房地产改良工程的类型。假定有一宗土地，如果开发为办公楼用来出租的话，在第一年可以带来5 000 000元的收入，并随后以每年3%（g）的速度增长。市场调查表明类似办公建筑投资的投资者预期能得到13%（r）的回报率。因而可以预期该土地开发后的房地产价值的现值为5 000 000元。现在假定建造一座新楼房的成本为4 000 000元，那么剩余的金额及房地产总价值与建造成本之间的差额就是土地的价值，为5 000 000 − 4 000 000 = 1 000 000元。但是，如果将这块土地用作零售场所、仓库或是公寓会不会更好呢？这个问题涉及的就是土地怎样利用能体现出最佳的价值。在表8-1中，提供了该土地开发为各种类型房地产的净收益（NOI）。假设已经进行了市场调查，租金和费用已经作出了预计。投资商承担了可能出现的风险，所以必须要达到一个回报率，如表8-1所示。

表 8-1　土地最佳利用分析表

用途	(1)第一年 NOI(元)	(2)$(r-g)$	(3)R	(1)÷(3)=(4) 预期房地产价值(元)	(5)建筑成本(元)	(4)-(5) 预期土地价值(元)
办公	500 000	0.13-0.03	0.10	5 000 000	4 000 000	1 000 000
零售	600 000	0.12-0.04	0.08	7 500 000	4 000 000	3 500 000
公寓	400 000	0.12-0.03	0.09	4 444 444	4 000 000	444 444
仓库	400 000	0.10-0.02	0.08	5 000 000	4 000 000	1 000 000

表 8-1 说明该土地用于零售业房地产是最高和最好的土地利用类型。这样的一宗房地产可以带来 7 500 000 元的总价值,暗含的土地价值为 3 500 000 元。如果该土地要价为 1 000 000 元的话,那么开发商就可以把这块土地开发为零售场所。当开发商致力于开发零售场所时,相邻土地的价格也会跟着增加,零售场所供应量的增加又会导致土地价格下降到一个正常的水平。总之,这是土地利用的最好方法。土地未来的收益决定了它的价值。作为投资商和开发商,他们要对何种用途可带来最高房地产价值作出预想。地点的竞争和开发地点所用的费用最终决定了土地的价值。

复习思考题

1. 假设开发法适用于哪些房地产估价?
2. 假设开发法的基本思路是什么?
3. 假设开发法中如何解决各种投资的时间因素不同造成的影响?
4. 开发经营期、开发期、前期、建造期、租售期的含义及区别与联系是什么?
5. 投资利息如何求取?
6. 假设开发法有哪些估价方法,它们各自的特点是什么?
7. 某在建工程开工于 2004 年 3 月 1 日,总用地面积 3 000 m²,规划总建筑面积 12 400 m²,用途为写字楼。土地使用年限为 50 年,从开工之日起计;当时取得土地的花费为楼面地价 800 元/m²。该项目的正常开发期为 2.5 年,建设费用(包括前期工程费、建安工程费、管理费等)为每平方米建筑面积 2 300 元。至 2005 年 9 月 1 日实际完成了主体结构,已投入 50%的建设费用。但估计至建成尚需 1.5 年,还需投入 60%的建设费用。建成后半年可租出,可出租面积的月租金为 60 元/m²,可出租面积为建筑面积的 70%,正常出租率为 85%,出租的运营费用为有效毛收入的 25%。当地购买在建工程买房需要缴纳的税费为购买价的 3%,同类房地产开发项目的销售费用和销售税费为售价的 8%。试利用上述资料用现金流量折现法测算该在建工程 2005 年 9 月 1 日的正常购买总价和按规划建筑面积折算的单价(报酬率为 9%,折现率为 3%)。
8. (1) 待估对象概况

待估对象为一"七通一平"的待开发土地,土地总面积为 10 000 m²,形状规则;

允许用途为商业、居住；

规划容积率为7,允许建筑覆盖率≤50%；

土地使用权年限为50年,招标出让,出让时间为2004年10月31日。

(2) 估价要求：需要评估该土地在2004年10月31日出让时的价格。

(3) 估价计算过程

① 勘察待估土地(略)

② 确定最佳开发利用方式

通过调查研究,确定该土地最佳开发利用方式如下：

用途为商业、居住混合用途；

建筑容积率为7；

建筑覆盖率为50%；

建筑总面积为70 000 m^2；

建筑费层数为14层；

各层建筑面积均为5 000 m^2；

地上一至二层为商业用途,建筑面积共10 000 m^2；

地上三至十四层为住宅用途,建筑面积共60 000 m^2。

③ 预计开发周期

预计该房地产的开发周期为3年,即2007年10月全部完成,并投入使用。

④ 预计出售楼价

估价该房地产建造完成后,商业楼可全部售出,其平均售价为每建筑平方米4 500元；住宅楼的30%在建造完成后即可售出,50%在半年后才能售出,其余的20%一年后售出(假设在期末售出),其平均售价为每建筑平方米2 500元。

⑤ 估计开发费用及开发商利润

估计总建筑费为5 000万元,其中第一年投入总建筑费的20%,第二年投入50%,第三年投入余下的30%；

专业费用为建筑费的8%,投入时间与建筑费投入时间相同；

一年期年利息率为8%,二年期年利息率为10%,三年期年利息率为12%(不计复利)；

销售费用为楼价的3%；

税费为楼价的6%,即建成出售时所需由卖方承担的那部分营业税、印花税、交易手续费等,其他类型的税费已考虑在建筑费之中；

买方需要缴纳的契税等为招标价格的3%；

投资利润率为直接投资资本的25%；

在未来三年的开发建设期内,假定开发费用的投入在投资年度范围内在时间、强度上均匀、相同。在上述假定情况下,各投资年度内的投入可视集中在各投资年度内的年中投入。

⑥ 地价计算

根据上述开发费用,采用的估价公式如下：

地价＝楼价－(建筑费＋专业费用＋利息＋销售费用＋税费＋开发商利润)

试采用静态法和动态法两种方法估算地价,并进行结果差异分析。

9 土地价格评估

> **本章概要**
>
> 地价体系是一定区域范围内,由若干相互联系、互有区别且互为补充的土地质量等级和地价构成的,各自发挥不同作用,共同满足土地市场管理和运行需要的一组价格系列。土地价格评估,是房地产价格评估重要的基础性评估,在整个房地产评估中意义重大。本章主要介绍土地评估中最常用的路线价法和基准地价评估。路线价法可适用于城市商业路线区段的土地估价。基准地价是指在城镇规划区范围内,对现状利用条件下不同级别或不同均质地域的土地,按照商业、居住、工业等用途,分别评估确定的某一估价期日上法定最高年期土地使用权区域平均价格。

9.1 地价概念

9.1.1 基本概念

由于土地区位、地产权利、供求关系等的差别以及不同层次土地管理的现实需要,在土地市场上逐渐形成了不同级别、不同标准和起不同作用的地价形式。为区分同一时期、不同形式、不同用途的土地价格的差异,满足全面管理土地资产和规范土地市场的要求,将其赋予相应的价格内涵,并形成一组具有相互联系且互有区别的土地价格系列。这些价格系列在一定的管理制度和市场条件下运行,构成了整个城镇的地价体系。

我国地域辽阔,区域基础、区位条件、城市规模、经济发展水平等存在明显的差异。从一定区域范围乃至全国范围来看,其地价体系不仅应满足某个城镇土地管理和土地市场发育与运行的需要,而且应能使不同城镇间的地价水平具备良好的可比性。否则,在土地市场逐渐发育过程中,在土地使用权有偿出让和依法转让、出租、抵押、入股、联营等经济活动中,有些地方存在盲目制定、故意压低或抬高地价水平,造成国有土地资产的浪费和流失;而土地投资者和土地利用者也将缺乏对土地市场中地价水平及其走向的了解,无法满足其对土地利用、投资等的需要。

由此可见,地价体系不仅是一个城镇的一组相互联系、互有区别、发挥不同作用的土地价格系列,而且应包括不同城镇之间的土地质量等级。地价体系中的价格具有广义性,即不仅包括土地价格本身,而且也包括土地(经济)质量等级。因此,地价体系是一定区域范围内,由若干相互联系、互有区别且互为补充的土地质量等级和地价构成的,各自发挥不同作用,共同满足土地市场管理和运行需要的一组价格系列。

9.1.2 地价体系构成

我国土地有偿使用制度中,各级政府土地管理部门既要作为国有土地的产权代表,代表国家出让和收回国有土地使用权,行使国家土地所有者的权力,又要作为政府管理部门,代表政府对地产市场中的各类交易行为进行宏观调控和微观管理。为满足上述双重职能,各级政府土地管理部门既要了解其管辖区域内土地市场的地价水平及其分布,同时要了解正常市场情况下的宗地价格及其实际的宗地交易价格。土地投资者和土地使用者也需要了解其所在市场上的地价水平及其投资或使用土地的价格水平。因此,地价体系既要与我国的土地管理制度、土地使用权出让转让制度相配套,同时也要满足各级政府、土地投资者和土地使用者等对地价的宏观调控、微观管理和市场交易等多方面、多层次的需求。

借鉴国内外土地管理的成功经验,根据我国土地管理的特点以及有关法律法规,我国地价体系应包括以下几个层次的土地质量等级和土地价格:

① 反映一定区域范围内或全国不同城镇间城镇整体土地质量水平,作为上一级政府对全区域的土地价格进行宏观管理和控制的土地质量分等,即区域性城镇土地分等。土地质量分等应在省级控制,并宜在全国范围内统一评定。

② 反映城镇内部土地区位条件和利用效益差异的土地质量定级,即城镇土地定级,或反映城镇土地条件相似和样点地价相近的均质地域。

③ 反映城镇不同土地质量级或均质地域中不同土地利用类型的土地使用权平均价格水平的基准地价和反映路线区段的路线价。

④ 反映具体宗地在正常土地市场和正常经营管理水平下某一时点土地使用权价格的标定地价。标定地价是政府对土地市场和地价进行具体管理的依据,它与基准地价一起构成我国地价体系的核心、地价管理的基础。

⑤ 反映宗地在不同市场条件和不同交易形式下,供交易双方作为交易最低价或期望参考的交易底价或交易评估价。

⑥ 反映具体宗地在土地交易活动中,由交易双方认可并据此支付地价款的成交地价。

⑦ 由上述有关价格类型衍生或派生的供抵押贷款、土地税收、征地拆迁、资产核算等方面使用的地价。

上述七个地价系列,相互影响、相互联系、相互补充,共同构成了我国的地价体系,同时在地价体系中发挥着各自不同的作用,具有不同的功能和特点。从地价性质来看,城镇土地质量分等、土地质量定级或均质地域是根据城镇区位、集聚规模、产业结构、商服繁华程度、交通条件、基本设施、环境状况、样点地价等,通过一定的方法,如多因素权重叠置法综合评定的;基准地价是在土地质量定级或均质地域划分的基础上,根据过去的成交地价、土地收益情况等,采用级差收益法或均质地域法,应用房地产估价方法并结合统计方法(回归模型)而评定的;路线价多适用于商业路线区段,标定地价、交易底价及由此衍生的其他宗地地价,是在城镇土地质量级或均质地域与基准地价评定的基础上,采用房地产估价方法而评定的;成交地价则是在土地市场中实际成交的现实价格。

从地价特点来看,基准地价属于区域平均地价,是我国目前常见的区域平均地价形式;路线价属于线段平均地价;标定地价、交易底价、成交地价及其派生的地价则是对于具体宗地而言的宗地价格类型。

若按土地质量等级和各地价在地价体系中的作用和功能分析,城镇土地分等定级、基准地价和标定地价是政府为宏观管理土地资产而组织或委托专业评估机构评估的,对地价体系中的其他地价具有较强的导向和控制作用,基准地价与标定地价是我国地价体系的核心;商业路线价是对基准地价的补充;标定地价、交易底价或交易评估价是土地市场中常见的地价形式,是地价体系的重要组成部分;而成交地价反映了土地市场中现实的供需关系,在城镇土地质量分等、定级及各类地价的评估中具有重要的参考作用。整个地价体系的结构如图9-1所示。

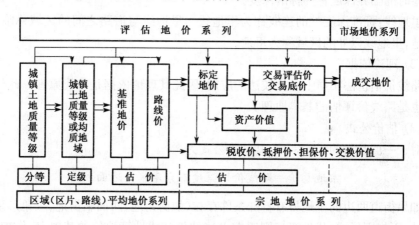

图9-1 地价体系结构示意图

9.2 路线价法

路线价实质是一种均质地域的基准地价,只是其均质地域为商业路线区段,而非面域范围,是一类大量宗地同时评估的土地估价方法,适合于土地管理、课税、征地拆迁或其他需对大量土地进行同时估价的场合。路线价法一般只用于城市商业路线区段的土地估价。

9.2.1 基本原理

(1) 基本概念

对面临特定(商业)街道而可及性相当的城市土地,设定标准深度,求取在该深度上数宗宗地的平均单价并附设于该特定街道上,此单价称为路线价,以此路线价为基础,进行深度修正和其他因素修正,求取其他临街宗地地价的估价方法称路线价法(Unit Foot Appraisal Method)。

其中有以下几个内容:

可及性:一宗临街宗地,其接近街道部分的利用价值高于离开街道的部分,距离街道越近利用价值越大,价格越高;距离街道越远利用价值越小,价格越低。

标准宗地:根据街道繁华程度、公共设施接近状况、房屋疏密程度等条件划分区段,从区段范围内选定的在深度、宽度、形状等方面属众数的宗地称为标准宗地。

标准深度:城市土地中,随着土地离道路距离的增加,道路对土地利用价值影响为零时的临界深度称为标准深度。

里地线:标准深度处的连线称为里地线。里地线与道路之间的区域称临街地或表地,里地线以外的区域称为里地。

(2) 理论依据

路线价估价法实质上是比较法的应用,因此其理论依据是替代原理。此外,可及性也是路线价评估的基本原理。

(3) 估价公式

对于一面临街的矩形宗地,其估价公式为:

$$宗地总价 = 路线价 \times 深度百分率 \times 宗地面积$$

如果街道两边的土地另有特殊条件存在(如街角地、两面临街地、三角形地、梯形宗地、不规则形地、袋地等),则需在上述估价公式计算地价的基础上,作相应的修正。此时,其估价公式为:

$$宗地总价 = 路线价 \times 深度百分率 \times 宗地面积 \pm 其他修正额$$

或

$$宗地总价 = 路线价 \times 深度百分率 \times 宗地面积 \times 其他修正率$$

(4) 方法特点与适用范围

路线价估价法是一种迅速、公平、合理,又节省人力、财力,并可同时对大量宗地进行估价的方法,特别适用于土地课税、土地重划、征地拆迁或其他需要在大范围内对多宗土地进行估价的场合。

路线价估价法仅适合于城市土地估价,并主要适合于商业区段的土地估价。

9.2.2 估价步骤

根据路线价估价法的基本原理,其估价步骤为:

(1) 划分路线价区段

一个路线价区段,是指具有同一路线价的地段,即可及性大致相等的地段。因此,在划分路线价区段时,可及性相当的地段应划分为同一路线价区段。原则上,可以地价有显著差异的地点作为路线价区段的分界点,如街道十字路口或丁字路口的中心,或其他明显标的物点,两分界点之间的地段则为一个路线价区段。但在城市繁华街道,由于土地区位差异比较强烈,有时两个十字路口之间的区段,仍有较大的可及性差异,此时宜将一个自然路段划分为两个或多个路线价区段。而某些欠繁华地段,往往可以将多个十字路口之间的路段合并为一个路线价区段。此外,若同一街道上一侧的繁华程度与另一侧有显著差异时,即使同一路线价区段也可附设两个不同的路线价,以应对各侧街道上不同的繁华程度。这实际上是两个路线价区段。

(2) 设定标准深度

标准深度是地价变化的转折点,由此向街道方向,地价受街道的影响而逐渐增加;由此远离街道方向,其地价急剧下降。估价实务中,标准深度的设定一般是路线价区段内临街各宗地深度的众数,这相当于比较法中设定的标准比较案例。如美国城市临街宗地多以 100 英尺(合 30.48 m,1 英尺=0.304 8 m)为标准深度,我国台湾地区则以 18 m 为标准深度;我国内地路线价估价中,对标准深度没有统一规定。

(3) 评估并确定路线价

路线价的评估与均质地域基准地价的估价相同,包括地价案例调查、宗地地价计算、宗地数据检验及路线价确定等方面。

(4) 深度指数表与其他修正系数表

同一路线价区段内的各宗地,由于宽度、深度、形状、面积、临街状况等的不同,单位面积地价仍有一定的差异。在这些影响因素中,随深度不同而表现出的价格变化规律,称深度价格递减率,以百分率表示这种随深度变化而引起的相对价格变化关系,编制成表,则为深度指数表,或称深度百分率表、深度价格递减率表。一些经过长期估价实践而总结出的供估价参考的深度指数表,称路线价法则,如四三二一法则、苏慕斯法则等。

除宗地深度这一路线价法中最重要的参数外,对临街状况(两面临街地、街角地、袋地等)和宗地形状(平行四边形、梯形、三角形、不规则形地等)也应作适当的修正。

此外,对宗地深度、临街状况和宗地形状以外的其他因素,如临街宽度、宗地宽深比例、土地使用权年期、容积率等因素对宗地地价水平的影响情况,需制定相应的修正系数,或建立修正系数表。

(5) 地价计算

根据确定的路线价、深度指数(表)和其他修正系数(表),即可由路线价估价公式计算各临街宗地的地价水平。

9.2.3 深度指数

1) 深度指数表的制作

对于商业用地而言,街道的可及性是影响其价格的首要因素。为方便,其可及性对土地价格的影响与变化情况,一般被编制成表格,即深度指数表。

(1) 深度指数递减原理

若将临街宗地划分为许多与街道平行的子宗地,由于越接近街道的子宗地,其利用价值越大,越远离街道的子宗地,其利用价值越小,故接近街道的子宗地,其价值高于离开街道的子宗地。

假设:在一临街宽度为 m m,深度为 n m 的矩形宗地,平均每平方米的价格为 A 元,则此宗地的总价格为 $m \times n \times A$ 元。

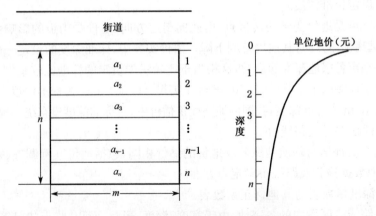

图 9-2 深度指数递减原理示意图(单位:m)

如图 9-2 所示,假设沿平行街道的方向,将深度以单位深度(m)划分为 n 个子宗地,并从临街方向按顺序赋各单位土地价格分别为 a_1,a_2,a_3,…,a_n,则越接近街道的子宗地,其利用价值越大,即有 a_1 大于 a_2,a_2 大于 a_3,…,a_{n-1} 大于 a_n。另外,虽然各子宗地间同为单位距离,但从利用价值上,有 a_1 与 a_2 的差最大,a_2 与 a_3 的差次之,以下逐渐缩小,至 a_{n-1} 与 a_n 之差几乎接近于零。因此,a_1,a_2,a_3,…,a_n 存在下列数量关系:

① 单独深度指数:

$a_1 > a_2 > a_3 > \cdots > a_n$

② 累计深度指数：

$$a_1 < a_1+a_2 < a_1+a_2+a_3 < \cdots < a_1+a_2+a_3+\cdots+a_n$$

③平均深度指数：

$$a_1 > \frac{a_1+a_2}{2} > \frac{a_1+a_2+a_3}{3} > \cdots > \frac{a_1+a_2+a_3+\cdots+a_n}{n}$$

(2) 主要路线价法则

路线价估价法在欧美流行较早，并逐渐形成了许多值得参考的深度指数表，即路线价法则。其中最具代表性的有四三二一法则、霍夫曼法则、苏慕斯法则等。以四三二一法则为例，该法则将标准深度(100英尺)四等分，随着离道路距离的增加，每一等份(25英尺)的价值占路线价的比例分别为40%、30%、20%和10%。如果超过100英尺，则以九八七六法则来补充，即随着离道路距离的增加，每一等份(25英尺)的价值占路线价的比例分别为9%、8%、7%和6%。

我国台湾地区的路线价评估也有较好的发展，并形成了台湾做法。该做法将标准深度设为18 m，深度指数见表9-1所示。

表9-1 台湾做法的深度指数

深度(m)	4以下	4~8	8~12	12~16	16~18	18以上
深度指数(%)	130	125	120	110	100	40

对于超过标准深度(里地线)的宗地，则里地线以内，按标准宗地计算，里地部分的单价按路线价的四成(40%)计算。

2) 临街状况与宗地形状的修正

除宗地深度外，临街状况与宗地形状对宗地地价的影响也极大，需进行适当修正。宗地的临街状况包括一面临街地、两面临街地、街角地、袋地等，宗地形状包括矩形、平行四边形、梯形、三角形、不规则形等。不同临街状况与宗地形状的修正详见路线价法的应用。

3) 其他修正系数的制作

对于同一路线价区段内的临街宗地，它们的地价差异主要来源于土地微观因素的不同。除了临街深度、临街状况与宗地形状外，其他因素也对地价产生较大的影响，需要进行适当的修正。

(1) 宽度修正

对临街土地，如其临街宽度不同，则其地价也不相同。由于临街商店铺面的宽窄不一，商店对顾客的吸引力有所差异，影响到商店的营业额，进而影响到地价水平，因此，应进行宽度修正，其修正方法是收集在同一路线价区段内深度相同的样本，考虑在不同宽度情况下反映在土地价格上的变动情况，最后确定不同宽度条件下的修正系数。

(2) 宽深比率修正

在一般情况下,大型的商业建筑物,进深较大,地价会随着宗地深度的增加,土地价值逐渐降低。另一方面,由于商店大,铺面宽度宽,外观醒目,同样会增加对顾客的吸引。因此,对大型商店单独采用宽度和深度修正,不符合实际的,应分析商店的宽度与深度的配比关系,即宽深比率来反映这种地价的修正情况。

(3) 容积率修正

路线价只是代表一定容积率水平下的地价,随着容积率的增加,地价一般会上升。因此,在同一路线价区段内,抽查不同容积率水平下的平均地价,可得到容积率修正系数。

(4) 收益年期修正

由于我国纳入市场的土地是土地使用权,而土地使用权具有一定的年期限制,因此,对于不同收益年期的土地使用权,其地价需作收益年期修正。

(5) 地价分配率修正

地价分配率是将土地单价调整、分摊到各楼层的比率。一般而言,随着楼层数的增多,地价分配呈递减趋势,当趋于某一临界值后,地价分配又呈递增趋势。为了评估需要,宜制定一个统一的地价分配率以反映各楼层的楼面地价在宗地总价值中所占的比例。

9.2.4 路线价法的应用

为方便见,下面的应用示例中,深度指数采用表9-1的指数值。

1) 一面临街地

(1) 矩形地

这是一类最简单的宗地,只要进行深度修正即可。如图9-3所示的宗地1,临街深度为17.5 m,由深度指数表(见表9-1),可知宗地1的单价为:

$$5\,000 \times 100\% = 5\,000(元/m^2)$$

对于超过标准深度(里地线)的宗地,如图9-3所示的宗地3,则里地线以内按标准宗地计算,里地部分的单价按路线价的40%计算。故宗地3的单价为:

$$5\,000 \times 100\% \times \frac{18}{22} + 5\,000 \times 40\% \times \frac{4}{22} = 4\,454.5(元/m^2)$$

(2) 平行四边形地

对于这类形状的宗地,如图9-3所示的宗地8,可将其近似看作矩形地,按其深度测算,则宗地8的深度为13 m,其单价为:

$$5\,000 \times 110\% = 5\,500(元/m^2)$$

(3) 梯形地

梯形地有两种,一种是平行边与街道平行的梯形,如图 9-3 所示的宗地 6 和宗地 7;另一种是平行边与街道垂直的梯形,如图 9-3 所示的宗地 2。

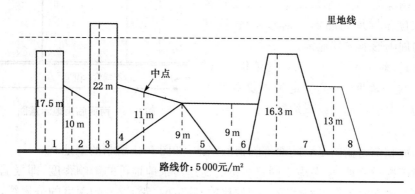

图 9-3 路线价估价示意图

对于第一种情况,与平行四边形的计算一样,将其近似看作矩形地,按其深度测算,然后根据临街边的长短情况进行加价或减价修正。长边临街者加价(见图 9-3 的宗地 7),短边临街者减价(见图 9-3 的宗地 6)。一般加价或减价的修正幅度不超过原价的 20%。故宗地 7 的单价为:

$5\,000 \times 100\% \times (1+10\%) = 5\,500 (元/m^2)$

对于第二种情况,即平行边垂直于街道的梯形地。可以以其中位线的深度为临街深度,按矩形地计算。故宗地 2 的中位线深度为 10 m,其单价为:

$5\,000 \times 120\% = 6\,000 (元/m^2)$

(4) 三角形地

对三角形地,可分为正三角形(底边为临街者)和逆三角形(顶点为临街者)两种。对于正三角形地,如图 9-3 所示的宗地 5,近似于一个具有与其同等临街宽度和面积的矩形地,故可按三角形顶点至街道距离的 1/2 为临街深度,按矩形地地价计算方法来计算。则宗地 5 的高度为 9 m,取其高度的一半(4.5 m)为临街深度,其单价计算如下:

$5\,000 \times 125\% = 6\,250 (元/m^2)$

对于逆三角形地,如图 9-3 所示的宗地 4,按袋地方法计算。

(5) 不规则形宗地

对于不规则形宗地,有三种处理方式:①如果宗地可借助于一些辅助线划分为规则宗地,将其分割为规则形宗地,然后分别求其规则形宗地的地价后相加;②对于宽度和深度大致均匀的不规则形宗地，承认其现实的临街宽度，并以其"$\frac{面积}{宽度}$"作为其临街深度，按规则矩形地计算；③对宽度和深度不够均匀的不规则形宗地，按其近似的规则形地求其地价。

但是，对于不规则形宗地的估价，应根据其不规则程度，审慎确定是否要对其不规则的情况进行加价或减价修正。

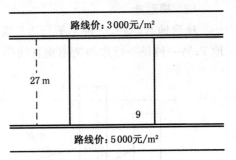

图 9-4　两面临街地示意图

2）两面临街地

两面临街地指的是后两面都临街的宗地，如图 9-4 所示的宗地 9。

对于这类宗地，应考虑不同路线价的街道对宗地地价的影响程度，即根据各街道的路线价在两条街道路线价总和的比重，确定两条街道影响深度的分界线，然后分别求其地价并加总。故宗地 9 的单价计算如下：

$$高价街影响深度 = \frac{高价街路线价}{高价街路线价 + 低价街路线价} \times 总深度$$

$$= \frac{5\,000}{5\,000 + 3\,000} \times 27 = 16.875(\text{m})$$

低价街影响深度＝总深度－高价街影响深度＝27－16.875＝10.125(m)

故单价为

$$5\,000 \times 100\% \times \frac{16.875}{27} + 3\,000 \times 120\% \times \frac{10.125}{27} = 4\,475(元/\text{m}^2)$$

3）街角地

街角地是指宗地同时受两条相交街道影响的宗地。街角地地价的计算是先按宗地所面临的街道中高路线价街道（正街）计算地价，再加因另一低路线价街道（旁街）而产生的地价的增加值。旁街对街角地地价的影响程度和深度需视实际情况而定。

我国台湾地区的街角地加价则是以每 4.5 m 为一级，依次加价，加价的幅度与所在地区的性质和路线价高低有关：①在省辖市地区，正旁街路线价每平方米在 2 万元新台币以下的，加价不超过 10%；正旁街路线价每平方米在 2 万至 4 万新台币之间的，按顺序分别加价 20% 和 10%；正旁街路线价每平方米超过 4 万新台币的，按顺序分别加价 30%、20% 和 10%。②在县辖市地区，正旁街路线价每平方米在 1.5 万元新台币以下的，加价不超过 10%，正旁街路线价每平方米在 1.5 万至 3 万新台币之间的，按顺序分别加价 20% 和 10%，正旁街路线价每平方米超过 3 万新台币的，按顺序分别加价 30%、20% 和 10%。③在乡镇地区，正旁街路线价每平方米在1万元新台币以下的,加价不超过10%,正旁街路线价每平方米在1万至2万新台币之间的,按顺序分别加价20%和10%,正旁街路线价每平方米超过2万新台币的,按顺序分别加价30%、20%和10%。

设标准深度为18 m,如图9-5所示的宗地10、11、12为街角地,根据以上规划求单位地价如下:

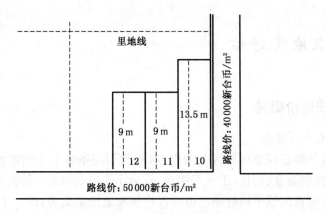

图9-5 街角地示意图

宗地10的单位地价=50 000×110%+40 000×0.3=67 000(新台币/m²)
宗地11的单位地价=50 000×120%+40 000×0.2=68 000(新台币/m²)
宗地12的单位地价=50 000×120%+40 000×0.1=64 000(新台币/m²)

4) 袋地

有些宗地并不沿街,但是离街道比较近,其价格受到街道的影响,这类宗地称为袋地,将比较靠近街道一边的临街深度称为起深度,远离街道一边的临街深度称为讫深度,其指数由宗地的起讫深度共同决定。我国台湾地区的估价中,袋地的深度指数如表9-2所示。

表9-2 台湾袋地深度指数表(%)

起深度 深度指数 讫深度	未满4 m	4~8 m	8~12 m	12~16 m	16~18 m
未满4 m	78%	77%	75%	73%	70%
4~8 m		75%	74%	71%	68%
8~12 m			72%	69%	66%
12~16 m				66%	63%
16~18 m					
大于18 m					

对于倒三角形地不论其顶点是否临街,均按袋地计算,如图 9-3 所示的宗地 4。其起深度在三角形顶点与底边中点垂直距离的 1/2 处,讫深度为底边中点处的临街深度。

故宗地 4 的起深度为 5.5 m,讫深度为 11 m,其单价为:
$5\,000 \times 74\% = 3\,700(元/m^2)$

9.3 基准地价评估

9.3.1 基准地价概述

1) 基准地价的概念

基准地价是指在城镇规划区范围内,对现状利用条件下不同级别或不同均质地域的土地,按照商业、居住、工业等用途,分别评估确定的某一估价期日上法定最高年期土地使用权区域平均价格。也可以将基准地价定义为:以一个城镇为对象,在该城镇一定区域范围内,根据用途相似、地块相连、地价相近的原则划分土地级别或地价区段,然后调查评估出的各土地级别或地价区段一定使用期限的建设用地使用权在某一时点的平均价格。

基准地价是目前区域平均价的最常见形式。通常由政府组织或委托评估,评估结果须经政府认可。

2) 基准地价的特点

(1) 全域性

基准地价作为一个城市平均土地价格的反映,应该能够代表城市所有的土地,也就是说,城市中的任何一个区域、任何一种类型的土地,都能够找到对应的基准地价。

(2) 平均性

基准地价反映一个区域中土地收益或土地租金、价格的平均水平,可以采取平均数或众数表示一个区域中的基准地价标准。

(3) 分用途

基准地价虽然反映城市中平均的地价水平,但是不区分用途的平均地价是没有意义的。因此,即使在同一区域中,不同利用类型的土地,也应当有不同的基准地价标准。

(4) 有限期

基准地价是有限年期的土地使用权价格。土地价格与其使用年限有很强的相关性,因此,在基准地价评估时,应当设定一个明确的土地使用期限。

(5) 时效性

在基准地价评估时还应当设定一个评估基准日。基准地价只反映特定时间点的土地价格标准。

(6) 公示性

按照法律规定,基准地价应当定期向社会公布,以便社会及时了解城镇的地价水平及变化,使土地市场更有透明度,并且为调控和指导土地市场的发展提供依据。

3) 基准地价的作用

城市基准地价是由政府土地管理的有关部门通过科学的方法确定的,主要有以下作用:

(1) 显示我国城镇土地在已有利用过程中所能产生的各类经济收益,显示城市土地质量的优劣程度。

(2) 为各级政府的土地使用权有偿出让提供依据,同时也可为土地使用权在土地使用者之间转让提供参考依据。

(3) 各地价区段及不同用途的基准地价水平,也对国家加强土地市场的管理以及资源的合理配置起到了作用,使有限的城市土地发挥最大的经济和社会效益创造了条件。

(4) 为政府征收土地税费提供客观依据。按照国际惯例,土地税是从价征收。科学、合理、公开的基准地价可以为科学征收土地税费提供依据。

(5) 国家和各级政府可以依据基准地价制定出灵活的地价政策,通过地价的差别和调整来引导或控制各类经济社会活动,落实城市规划、经济发展战略和产业政策。

(6) 基准地价的确立可进一步促进我国地价体系的建立和完善,也有利于进一步完善我国的国民经济统计和核算体系。基准地价作为平均价的最常见形式,反映土地市场上的地价水平和变动趋势,为政府制定管理措施和投资者进行投资决策提供依据。

4) 基准地价的内涵

(1) 土地用途的划分

基准地价评估时选择的样点土地用途以实际用途为主。与宗地地价和房地产价格评估中的最高最佳使用原则不同,基准地价的评估应以样点宗地的实际用途为基础,以反映现实土地收益和地租地价的支付能力,体现基准地价的市场导向性。

(2) 土地使用权出让期限的规定

基准地价按照所对应用途的法定最高使用年限评估,即商业用地基准地价的设定使用年限为 40 年,住宅用地基准地价的设定使用年限为 70 年,工业和办公用地基准地价的设定使用年限为50年。

（3）容积率

容积率对土地的使用价值有显著影响，从而影响土地价格，因此在基准地价评估结果中应当写明所设定的容积率，基准地价对应的容积率是按照所调查的样点宗地的平均容积率设定的。

（4）对应的权益

基准地价评估的是无他项权利限制下的国有土地使用权价格。

（5）开发程度

以各级别分用途的土地平均开发程度为基础评定基准地价，比如市区的土地通常以"七通一平"为评估时的设定状态。

（6）地价单位的选用

基准地价评估，根据实际情况，可以以楼面地价表示，也可以以土地单价表示，通常市中心繁华地段的土地或商业用地价格较高，以楼面地价表示，其他以土地单价表示。在运用基准地价成果时要注意关于地价单位的说明。

9.3.2 基准地价评估

基准地价评估应按照同一市场供需圈内，土地使用价值相同、等级一致的土地，具有同样的市场价格的原理进行。首先，将城市土地按影响土地使用价值优劣的土地条件和区位优劣，划分为土地条件均一或土地使用价值相等的区域或级别，并进行不同区域的归类；然后在同一土地级别或均质地域中，从土地使用者已取得的土地超额利润、土地交易中成交的地租和市场交易价格入手，测算不同待用地在不同土地级别或土地条件均质地域上形成的土地收益或地价，进而评估出基准地价。

在评估出基准地价的基础上，要分析基准地价同宗地地价、租金与土地条件的关系建立起城市土地级别或均质地域分用途的宗地地价修正体系。其评估程序为：

1）确定评估区域

基准地价反映了一定区域内的平均地价，因此，应首先划分城镇内的评估区域，其划分标准是影响土地价格的因素指标的相对一致性。一般有两种：一是利用影响城镇土地使用价值的因素，依据其在城镇内部的差异性和一致性，划分出土地级别(城镇土地定级)；二是直接在城镇土地利用分区的基础上，按区域内条件差异，划分出不同的土地条件均质区域(均质地域)。

2）资料收集与整理

基准地价评估是一类区域平均地价的评估，涉及的范围和资料较广，而资料的客观性和准确性直接影响到基准地价的评定结果。因此，基准地价评估的一个重要环节是资料的收集与整理。

(1)资料收集

基准地价中需收集的资料主要有：

① 土地定级或均质地域划分成果资料，如土地级别图、土地定级技术报告等。

② 土地利用效益资料，包括不同行业资金利润率标准，同一行业、不同规模资金利用效益资料，不同行业、不同规模的企业劳动力资料，行业产值、营业额与利润资料，单位或企业土地利用效益资料等。

③ 市场交易资料，包括土地使用权出让、转让、出租、抵押及土地征用拆迁安置补偿中涉及的费用等地租地价资料，房屋买卖、房屋与柜台出租、土地联营入股、以地换房、企业兼并、房屋拆迁补偿与重置价格等隐含的地租地价资料。

④ 其他资料，如地价影响因素、城市规划、历史地价、地价与房价综合指数等资料。为了使收集的资料全面、客观和正确，资料收集过程中，宜根据不同资料类型编制相应的调查表。调查表的编制可参考国家标准《城镇土地估价规程》(GB/T 18508—2001)。

(2)资料整理

在资料收集的基础上，应对所调查收集的资料进行检查，对于缺少主要项目的、填报数据不符合要求的和数据明显偏差的资料，应予剔除，并按土地级别或均质地域、土地用途、企业用地效益、地价交易方式和地价计算方法进行归类，建立资料数据库。在计算机日益普及、性能日益提高、软件使用日益方便的今天，资料的整理应计算机化，如利用FoxPro等数据库软件建立数据库。

所收集的资料，应满足统计分析的要求，即要有一定的样本量且分布相对均匀的交易资料，同一土地级或均质地域的样本总数应不少于30个，如样本数据太少，可补充调查。

3) 基准地价测算

在资料收集与整理的基础上，进行基准地价评估，其途径一般有两条，即：(1)以土地定级为基础，土地收益为依据，市场交易资料为参考，评估基准地价，简称级差收益法；(2)用土地条件划分均质地域，用市场交易价格等资料评估基准地价，简称均质地域法。

(1)级差收益法

级差收益评定基准地价的思路如下：

① 土地利用收益资料量化

首先，根据城镇土地质量级和不同土地利用类型的经济效益差异，将土地进行划分，一般可分为商业、住宅和工业等类用地。为了提高基准地价的评估精度，可以将土地单元总分值或计算单元土地质量指数用于收益测算。单元土地质量指数计算公式为：

$$X_m = \frac{f_t}{n}$$

式中，X_m 为某评价单元土地质量指数；f_t 为某评价单元总分值；t 为土地级别数。

由于资本投入到不同企业会产生不同的收益率，造成单元土地收益相同的情况下，支付地租、地价的能力仍有较大的差别，因此，需将企业资本折算成统一可比的标准资本额，然后计算出企业合理的工资量，进而测算企业土地实际利用效益。企业标准资本额和企业合理工资量的计算公式如下：

a. 企业标准工资额

$$C_s = C_e \times K_{ci} \times K_{cs}$$

式中，C_s 为企业标准资本额；C_e 为企业实际使用的资本额；K_{ci} 为某用地类型中某行业或类别企业资本效益折算系数；K_{cs} 为某行业或类别某一规模下的资本效益折算系数。

b. 企业合理工资量

$$L_{cs} = L_{ce} \times L_{ps} \times L_{pe}$$

式中，L_{cs} 为企业在标准定员情况下应支出的工资额；L_{ce} 为该企业实际支出的工资额；L_{ps} 为某一技术水平下同等规模的企业应有劳动力的标准数量；L_{pe} 为企业实际占有的劳动力数量。

其次，在样点资料处理的基础上，应进行资料处理方法的一致性检验，以避免样点资料处理中可变参数的选择而造成的地价水平的系统误差。资料处理方法的检验应满足：同样使用价值的土地，在相同市场条件下具有同样的价格。即在同一个区域中，不同方法处理的结果，应服从样本来自同一总体的检验。常用的检验方法是秩和检验法。

再次，在资料处理方法检验的基础上，对样点资料以基准地价评估区域，即土地级别或均质地域为单位，按商业、住宅、工业等土地利用类型，进行分类整理；并对每个土地级别或均质地域不同土地利用类型的样本数据进行总体分布类型的检验。其常用的检验方法是 χ^2 检验法。

此外，在样本总体分布类型检验的基础上，利用数理统计方法，剔除各土地级别或均质地域内的异常样本。样本数据是否正常或异常的检验方法通常是：对样本总体呈正态分布时，用 t 检验法；当样本数据是非正态分布时，采用均值—方差法进行检验。

② 常用地价测算模型

目前，常用的级差收益测算模型主要有：

a. 指数模型

$$Y_n = A(1+r)^{X_{1n}} \quad 或 \quad Y_n = A(1+r)^{aX_n}$$

式中，Y_n 为第 n 级土地上样本每平方米土地的利润值；r 为利润级差系数；X_{1n} 为第 n 级土地级别指数或单元土地质量指数；A 为常数；a 为待定系数。

土地质量从优到劣的级别系数按 $1, 2, \cdots, n$ 排列，土地级别指数取值为 $n, \cdots, 2, 1$。该模型适用于地价、土地收益和土地质量已知或有交易实例地价的情况。

b. 多元线性回归模型

$$Y_n = b_0 + b_1 X_{1n} + b_2 X_2 + b_3 X_3$$

式中，Y_n、X_{1n} 含义同前；X_2 为每平方米土地上标准资金占有量；X_3 为每平方米土地上标准工资占有量；b_0 为常数，大于零；b_1、b_2、b_3 分别为土地、资本、劳动力的回归系数。

c. 生产函数模型（多元非线性模型）

$$Y_n = A(1+r)^{X_{1n}} X_2^{b_2} + X_3^{b_3}$$

式中各符号含义同前。

d. 分级回归模型

$$Y_n = F(X_{1n}) + b_2 X_2 + b_3 X_3 + \varepsilon$$

式中，$F(X_{1n})$ 为某级别土地上，土地给企业带来的利润，为自有变量 X_{1n} 的未知函数；ε 为误差项，其他符号含义同前。

上述三个模型适合于企业利润、土地级别、资本与劳动力工资级差收益要素已知的情况。

上述模型是基本模型，实际应用中，可根据具体资料情况做适当的变形，各模型各有特点和适用条件，应通过分析，选用其中的一种或多种模型或其变形进行测算。如 2004 年南京市主城区土地级别与基准地价更新评估中，其商业用地级差收益测算共选用了 9 个模型。

③ 参数估计与级差收益测算

在测算模型选用以后，应根据模型中的参数变量与资料，进行参数估计。参数估计通常采用最小二乘法。对估计的参数，应对其可靠性进行检验。其检验内容既包括数理统计方面的，如回归模型的统计显著性检验、模型的拟合优度检验；也包括经济方面的，如参数符号是否与实际经济意义相符、测算模型是否满足所要求的基本假定。

根据估计的参数和检验结果，选择最合适的模型作为测算基准地价的最终模型，并计算各级别的地价或土地收益。

(2) 均质地域法

均质地域法是利用土地市场交易资料评估基准地价，其基本思路是：

① 均质地域划分

根据用途相似、地段相连、地价相近的原则划分均质地域。在均质地域划分过程中，应在充分分析影响地价的区域因素和微观因素的基础上，采用指标判别归类法，将区域因素和微观因素相同或相近的区域或区段划分为一个均质地域。

② 样点地价计算

在均质地域划分的基础上，根据收集到的各类市场交易资料，如土地使用权出让、转让、出租资料，房地出租、柜台出租资料，土地联营入股、以地换房资料、房屋买卖、商品房出售以及新增城市建设用地资料等，采用前述估价方法测算样点地价。

在此基础上，对样点地价进行包括交易情况、交易时间、土地使用年限、容积率等项目的修正，然后，对样点地价进行分类统计，编制样点地价分布图，建立样点地价信息数据库。

此外，对样点地价应进行数据检验，内容包括：同一均质地域或同一交易方式的样本地价的同一性检验，检验方法为 χ^2 检验法或秩和检验法；样本总体的可靠性检验，检验方法为 t 检验法或均值—方差法。

根据统计要求，经检验的合格样本量应不少于影响因素数的 4 倍。对样本数据量较少的均质地域，可通过同一性判别，进行适当归并。

③ 均质地域平均地价计算

均质地域法中测算区域平均地价，由于样点地价数据比较丰富，用算术平均法计算。

4) 基准地价确定

在土地级别级差收益测算或均质地域平均地价水平计算的基础上借鉴市场交易资料评估结果或级差收益测算结果，并结合城镇土地利用与管理政策及市场发展趋势，经过城市规划、土地管理、高等院校等相关领域的专家论证、调整，确定城镇不同土地级别或不同均质地域内不同用地类型（商业、住宅、工业和综合用地类型）基准地价，并公布。如南京市主城区不同用途土地级别基准地价见表 9-3 所示。

表 9-3　南京市主城区土地级别基准地价表　　　（单位：元/m²）

用地类型＼级别	一	二	三	四	五	六	七	八
商业用地	22 000	16 000	13 200	9 500	6 700	4 650	3 200	2 000
地价变幅	18 000～26 000	12 800～19 200	10 700～15 700	7 500～11 500	5 100～8 300	3 450～5 850	2 300～4 100	1 300～2 700
住宅用地	10 000	7 750	5 800	3 900	2 600	1 600		
地价变幅	8 400～11 600	6 450～9 050	4 700～6 900	3 000～4 800	1 900～3 300	1 100～2 100		
工业用地	1 300	1 100	800	680				
地价变幅	1 080～1 520	900～1 300	650～950	580～780				

9.3.3　基准地价修正系数表的编制

1）目的

基准地价是城镇土地市场地价水平的综合反映，对宏观控制地价、引导土地交易和流动具有重要的作用。但是，在土地市场管理和土地交易活动中，往往需要快捷、方便地得到宗地地价，如政府实施土地优先购买权、对土地交易申报价的管理、征收土地增值税、各类宗地地价评估等。为了更好地发挥基准地价的作用，满足土地管理和土地交易活动等的现实需要，宜分析宗地地价影响因素与基准地价、宗地地价的关系，应用替代原理，建立基准地价、宗地地价及其影响因素间的关系，编制出基准地价在不同因素条件下修正为宗地地价的系数体系，以便能在宗地条件调查的基础上，按对应的修正系数，快速、高效、及时地评估出宗地地价，满足各方面对掌握宗地价格的要求。

2）基准地价修正因素

地价影响因素有宏观因素、区域因素和微观因素三大类。就城镇基准地价修正因素而言，宏观因素可不考虑，即基准地价修正因素主要考虑区域因素和微观因素。

（1）区域因素

区域因素是构成区域具体特征，同时又对地价有重要影响的各项因素。对于不同的土地利用类型，影响地价的区域因素是有差异的，但主要有以下几类：

① 区位

区位即评估对象在城市中所处的具体位置，如距商服中心或人们活动集聚中心的距离。

② 交通条件

主要有区域交通类型、对外联系方式与方便程度、整体性交通结构、道路状况与等级、公共交通状况等。

③ 基本设施条件

基本设施条件主要包括基础设施和服务设施两类,具体有上下水、电力、电讯、液化气以及幼儿园、学校、公园等设施的等级、结构、保证程度、距离等。

④ 环境质量

环境质量包括人文环境和自然环境,如地质、地势、坡度、空气与噪音污染程度等各种自然环境以及居民职业类别、受教育程度、收入水平等人文环境条件。

⑤ 城市规划限制

如规划区域的土地利用性质、用地结构、用地限制(容积率)、区域交通管制等。

(2) 微观因素

微观因素是指构成宗地具体特征,同时又对宗地价格具有重要影响的因素。如:

① 宗地面积、形状。

② 宗地在区域中的微观区位。

③ 宗地环境质量。如与宗地直接有关的环境地质条件、自然灾害等。

④ 宗地市政设施条件。如与宗地直接相关的上下水、电力、电讯、液化气等设施。

⑤ 城市规划限制。如宗地容积率、建筑物高度、建筑密度、宗地用途等。

上述影响因素是一般性的,对于不同的用地类型,如商业、住宅、工业,其影响宗地的区域因素和微观因素具有一定的差异,甚至是较明显的差异,在具体分析时应予注意和考虑。

3) 修正系数表的编制

基准地价修正系数表的编制,分级别基准地价和均质地域基准地价两类,其编制方法与步骤基本相同。这里仅介绍级别基准地价修正系数表的编制。

(1) 确定各土地级别内商业、住宅与工业用地的基准地价

具体详见基准地价评估内容。

(2) 选择编制基准地价修正系数表的因素

具体详见基准地价修正因素内容。

(3) 样点地价、土地收益资料整理

以土地质量级为单位,将所有收集到的样点地价、土地收益资料,按商业、住宅与工业用地分别归类。然后,将已选取的用于基准地价因素的有关因素,逐个列出,分别确定各样点地价、土地收益对应的因素条件。将价格和因素条件进行归

类,并计算出各类地价和因素条件的平均值,按价格高低和条件优劣对样点地价和类型排序。对于异常样点,应予分析、剔除。

(4) 确定各级别土地中各用地类型的修正幅度

根据各土地的级别基准地价、选择的因素和地价与土地收益资料,建立各土地级别基准地价与样点地价、土地收益间的关系(见图9-6)。并从图中选择同类可比较的五种正常收益标准。据此,将5个土地收益或地价标准分别确定为优、较优、一般、较劣和劣5个档次。在5个档次确定的基础上,采用等分法,确定5个档次优劣于平均水平的程度(中间的档次),进而确定各档次相应的修正幅度。

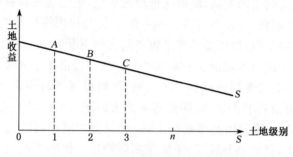

图9-6 土地级别与土地收益关系图

(5) 修正系数表编制与因素条件说明

在各土地级别、不同用地类型、优劣档次和相应修正幅度确定的基础上,即可编制基准地价修正系数表,并对各级别各用地类型相应档次的因素条件作相应的说明。

9.3.4 基准地价的应用与更新

1) 基准地价的应用

基准地价是地价体系的核心,是土地管理和土地市场正常发育中基础的和标准的价格,在土地管理和土地市场发育中具有重要的作用。鉴于此,许多发达国家和地区对基准地价均十分重视并且制定了相应的基准地价定期公告制度。如德国的土地公开参考价制度,我国台湾地区的公告地价制度等。《中华人民共和国城市房地产管理法》也明确规定:基准地价、标定地价和房屋重置价应定期确定并公布。

在城镇基准地价评估及其修正体系建立后,基准地价报告中应明确评估的基准地价的内涵,并说明基准地价的应用条件和注意事项。

为了充分发挥基准地价的作用,应注意以下两点:

(1) 建立和完善基准地价定期公告制度

基准地价作为政府指导土地一级市场、控制土地二三级市场的基础的和标准的价格,需建立和完善由政府向社会定期公布基准地价及其修正体系的公告制度,让社会公众了解基准地价水平,并且参与对基准地价实施的监督,发挥基准地价的基础作用,促进土地市场的健康有序发育。

(2) 确立基准地价的权威性

要充分发挥基准地价在土地市场与土地管理中的作用,必须确立其权威性,并订立相应的实施原则,严格执行。如确定土地一级市场的土地使用权出让价格、征收有关土地税(费)、对有资质的估价机构所评估的不同目的的宗地地价结果进行审查与确认等。

2) 基准地价的更新

随着社会经济的不断发展,城市化进程的加快,土地这一具有特殊意义和作用的稀缺资源、生产要素,在社会经济发展中的地位与作用将日益明显,土地的自然增值特性也将日益显现,城镇地价水平也将随之而不断变化。因此,土地市场是一个动态市场。为了使基准地价这一基础的与标准的价格在土地管理与土地市场中发挥正常的作用,有必要根据社会经济的发展、城市规划的调整、土地市场的变化等,及时调整和更新基准地价,以保持基准地价的现时性。另一方面,我国目前的基准地价评定,在土地利用类型划分上,一般只分为商业、住宅、工业和综合等大类,价格弹性较大,类别划分较粗,不便于实际操作。伴随着城镇土地使用权各类交易活动的日益频繁,土地投资者和土地使用者对土地利用的多样化和复杂化,对土地管理提出了更高的要求,仅以几大类划分土地利用类型已不能满足日益发展的土地管理的需要,有必要将城镇基准地价向面积更小、均质性更高、类别更细的方向发展,适时评定和更新城镇基准地价水平。

此外,随着土地房地产市场的发育,各类土地交易资料的增加和积累,建立地价动态监测点和地价指数编制的条件日趋成熟,应适时开展地价指数的编制,并将其与城镇土地定级相结合,快速实现基准地价的更新。

9.3.5 标定地价

标定地价是政府根据土地管理的需要,评估的具体宗地在正常土地市场和正常经营管理条件下,某一期日的土地使用权价格。标定地价是宗地地价的一种,由政府组织或委托评估,并被政府所认可。作为土地管理的依据,标定地价是仅次于基准地价并在地价体系中具有重要地位的地价形式,其评估方法与一般宗地(房地产)估价方法相同。

标定地价在土地管理中的作用主要表现为:

(1) 政府出让土地使用权时确定出让金的依据。

(2) 清产核资中核定单位占用的土地资产和股份制改造中企业土地作价入股的标准。

(3) 是否行使土地优先购买权的衡量标准。

（4）核定土地增值税和管理土地市场的具体标准。

（5）在土地使用权转让、出租、抵押时,确定补交土地出让金的标准。

复习思考题

1. 影响土地价格的因素有哪些?
2. 什么是路线价法,其估价步骤有哪些?
3. 基准地价的作用是什么?
4. 基准地价修正因素有哪些?
5. 为何要对基准地价进行修正?

10 特殊物业估价

本章概要

随着市场经济的快速发展,我国房地产评估领域的涉及面越来越广泛,房地产估价不仅仅局限于一般的土地估价,还涉及一些特殊物业的估价。本章主要针对高压电线下土地估价、高尔夫球场用地估价、墓地估价、地铁沿线房地产价值、征地评估、拆迁评估等方面作了分析研究。

10.1 高压电线下土地估价

10.1.1 高压电线下土地价格影响因素

如果土地上面有高压电线通过,基于下列因素会导致其土地价格降低:
(1) 高压设施引起的心理上的不愉快感觉;
(2) 强风时会产生噪音;
(3) 收音机、电视等电波接收常受干扰;
(4) 妨碍土地的最有效利用。

以上(1)~(3)项,不仅直接造成高压电线下土地价值的降低,对附近地区的不动产价格也有影响。不过这些减价因素与土地使用类别有密切的关系,如果当地为林地或农地则影响力不大,如果为住宅地、工业地、商业地或宅地预备地等地区,则其影响力较强,故估价时需要就该高压电线对土地做最有效利用的影响加以分析。

10.1.2 高压电线下土地估价方法

1) 高压电线下估计土地减价额的方法

有高压电线通过,必然造成土地价值的降低,所以估价时先要估计该土地如果没有高压电线通过,即素地时的价格(可运用比较法及收益还原法等),然后估计减价额,再从素地价格扣除减价额,则可求得高压线下的土地价格。

减价额的估计方法,要考虑高压电线对土地利用的妨碍,以及为适应高压电线而增加土地利用的费用两部分因素,必须就高压电线的电压种类、线下土地部分的面积及其在对象土地中所占的位置等方面加以分析。

在日本,对于高压电线下土地的减价,有以下几种情况:

(1) 取得公共用地损失补偿基准的规定

① 大都市的商业等用地,由于高压电线的关系导致建筑受到限制时,原则上以减价 50% 为标准,再考虑土地利用状况、限制内容及其他情况加以调整。

② 除①情形外,就要对是否限制建筑及其内容,土地利用情形等加以考虑后决定减价率,但是,如果该电线不妨碍土地利用,则不予减价。

(2) 东京高压电线下土地减价率

东京对于高压电线下的土地,原则上参照表 10-1 所示进行减价。

表 10-1　东京高压电线下土地减价率

电压 \ 种别	170 V 以上	170 V 以下
宅地	50%	30%
农地	20%	
林地	15%	

(3) 财团法人不动产流通的减价率

不动产中介向顾客说明不动产价格时,如果遇到高压线问题,通常是参照表 10-2 所示基准所示进行减价。

表 10-2　财团法人不动产流通的减价率

线下部分	减价率
不能建筑	60%～70%
可以建筑	10%～30%
伤害轻微	10%～20%

总减价率参照如下公式计算:

$$减价率 \times \frac{高压线下面积}{总面积} = 差距$$

2) 高压电线下土地减价内容

(1) 与使用电压的关系

我国高压电线的使用电压在 220 kV 以下或以上,土地利用的妨碍程度存在比较大的差异。如果对象不动产为宅地,则作为建筑基地并不能达到最有效利用。但有以下几点仍应予以考虑:

① 土地所有人有建筑基地以外的使用目的。

② 作为宅地使用时,仍可算入容积率计算的基础面积内。

③ 不会构成妨碍日照、通风等条件。

(2) 与土地使用分区管制的关系

如果高压线下土地是作为建筑物基地的宅地,而且有相当高的容积率时,高压电线限制的间隔距离,对土地利用将构成重大的阻碍,导致高压线下土地大幅减价,具体判定其减价程度,需要考虑立体利用阻碍率的问题。例如假设没有高压电线通过,其最有效利用状态为兴建五层楼,现在由于高压电线通过而只能兴建三层,则少建二层。在这种情况下,其价格的减损并非减少五分之二,而是要通过减少兴建的二层,其原有的效用占总效用的比率来判定。

(3) 与高压线高度的关系

高压线电压在 220 kV 以下时,高压线下的土地可以当建筑基地使用,如果电线越高,则对其限制利用的影响越小,所以在判定减价程度时,对电线高度也应该予以充分的考虑。

(4) 与宗地的形状、面积等关系

对象不动产的形状、面积与高压电线的位置关系,对土地的减价程度有重大的影响。

就与面积的关系来说,如果对象土地是大规模的可供开发地,尤其是宅地预备地,可以将高压线下土地规划为道路、公园、绿地等使用,而将有效的宅地部分做适当的配置,其减价程度就低一些。如果对象不动产属于大工厂地区,而且该宗地的面积相当大,可将高压线下土地规划为各种材料、原料等放置场所,所以其减价程度也少。

其次,就宗地形状与高压电线位置的关系来说,如果对象不动产是 150~300 m² 程度大的住宅地,则不管线下位置如何,都对其价格有显著影响。如高压线下土地在对象土地的某一部分,而该部分不宜作为建筑基地使用(如图 10-1 中 a、b),则其减价程度低。如果线下土地是在中央部位,最适宜做建筑基地的位置(如图 10-1 中 c 所示),则不仅线下土地要减价,也会构成残地部分的减价,所以其减价程度会显著提高。

如图 10-1 中 d、e 的情形,需要就高压线下土地对该宗土地的实际利用的影响情况来判断其减价程度,不能直观地判断 d 或 e 哪种情形减价程度更大。

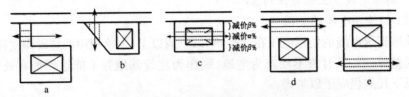

图 10-1 宗地位置与高压电线位置的关系图

10.1.3　高压线下土地估价案例

1) 案例简介

本案例中土地面积为 159.61 m²，属市郊区建筑用地，最有效利用应当是建设平房住宅，土地上面有高压线通过，电压为 220 kV，电线下土地面积为 39.12 m²，其地形如图 10-2 所示。

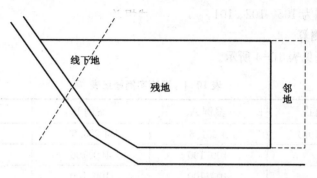

图 10-2　待估土地示意图

2) 估价方法

本案例估价方法是先不考虑高压线，将估价对象当成一般土地，并运用市场比较法及收益还原法(基本估价方法)，求得正常价格后，进一步考虑由于高压电线通过所造成的价值减损部分，及土地利用的费用增加部分，由此求得土地价格。其过程如下：

(1) 无高压线影响时的价格

① 运用市场比较法求取土地价格，可比实例如表 10-3 所示：

表 10-3　可比实例情况表

项目案例	可比实例 A	可比实例 B	可比实例 C
面积(m²)	165.48	263.3	165.48
交易价格(元/m²)	4 251.6	4 266.6	4 647.3
交易情况	正常	正常	正常

② 估价分析

a. 交易情况修正

交易案例均为正常交易价格，均为现房，故不需要进行交易情况修正。

b. 交易日期修正

交易日期修正，是指将可比实例在其成交日期的价格修正到估价时点时的价格。价格变动较小，可比实例 A、B、C 均为近期交易案例，故不作修正。

c. 区域因素修正

案例 A、B、C 与估价对象在同一供需圈,设待估对象区域因素为 100,根据各案例的区域因素状况,A 的区域因素为 102,B 的区域因素为 100,C 的区域因素为 102。

d. 个别因素修正

估价对象的用途与比较实例的用途基本相同,但考虑环境、物业管理等各因素对土地价格的影响,设估价对象个别因素为 100,判断案例 A、B、C 的价格与估价对象相比分别为 105、102、101。

③ 价格测算

价格测算见表 10-4 所示。

表 10-4 可比实例修正表

项　　目	案例 A	案例 B	案例 C
实际交易价格(元)	4 251.6	4 266.6	4 647.3
交易情况修正	100/100	100/100	100/100
交易日期修正	100/100	100/100	100/100
区域因素修正	100/102	100/100	100/102
个别因素修正	100/105	100/102	100/101
修正后单位价格(元)	3 969.75	4 182.94	4 511.07

则待估土地单价=(3 969.75+4 182.94+4 511.07)÷3=4 221.25(元/m²)

(2) 运用收益还原法求土地价格

估价过程:

a. 待估对象收入预测

参考同一供需圈内类似土地的收益实例价格(见表 10-5),结合本项目的地理位置、物业管理水平及现阶段的租赁价等各方面因素。

表 10-5 可比实例情况表

案例	租赁价
本案	
案例 A	1.6 元/(m²·天)
案例 B	1.2 元/(m²·天)
案例 C	1.5 元/(m²·天)
案例 D	1.3 元/(m²·天)

b. 个别因素修正

估价对象的用途与比较实例的用途基本相同,考虑物业管理、所在区位、容积率因素对租赁价格的影响,设估价对象个别因素为100,判断案例A、B、C、D的价格与估价对象相比分别为175、135、148、108、142,详见表10-6所示。

表10-6 个别因素修正说明表

	物业管理	地块用途	区位	容积率	合计
本案	30	20	30	20	100
案例A	50	40	50	35	175
案例B	35	30	45	25	135
案例C	40	30	45	33	148
案例D	33	20	35	20	108

c. 价格测算

收益单价的确定见表10-7所示。

表10-7 收益单价表

项目	案例A	案例B	案例C	案例D
实际租赁价	1.6	1.2	1.5	1.3
个别因素修正	100/175	100/135	100/148	100/108
修正后价格	0.91	0.89	1.01	1.20

确定本项目的租赁价 $=\dfrac{0.91+0.89+1.01+1.20}{4}=1.0$(元/(m²·天))。

则年有效毛收入 $=1.0$ 元/(m²·天)$\times 365$ 天$\times 159.61 m^2 = 58\ 257.65$(元)。

d. 成本费用预测

本次评估的出租方成本费用仅为缴纳营业税等税金费用,综合取定税率为17.56%(以出租收入为税基)。

年成本费用 $=58\ 257.65\times 17.56\% = 10\ 230.04$(元)

故年净收益 $A=$ 年有效毛收入 $-$ 年成本费用 $=58\ 257.65-10\ 230.04=48\ 027.61$(元)

e. 报酬率的选取

本次评估的报酬率采用累加法计算,报酬率=安全利率+风险调整值。其中安全利率采用一年期定期存款利率为2.25%;风险调整值考虑通货膨胀、投资风险等因素,结合目前房地产市场状况,综合分析确定风险调整值上调为5%,则报酬率 $i=2.25\%+5\%=7.25\%$。

f. 评估值的计算过程

本次评估值计算的公式为 $P=\dfrac{A}{i}$,其中:

P 为评估值；A 为年净收益；i 为报酬率。

评估值 $P = \dfrac{48\,027.61}{7.25\%} = 662\,449.79(元)$。

则待估土地单价 $= 4\,150.43(元/m^2)$。

(3) 待估土地价格的确定

以上两种方法计算出的估价结果如表 10-8 所示。

表 10-8 评估值表

评估方法	评估值(元/m^2)
市场比较法	4 221.25
收益法	4 150.43

两个结果分别从市场交易、收益状况反映出估价对象的市场价值，由于类似的估价对象位置、用途、档次的物业市场活跃，交易资料充足，评估结果以市场比较法为主，收益法验证，将两个结果取权重如表 10-9 所示。

表 10-9 评估值权重表

评估方法	权重值
市场比较法	0.6
收益法	0.4

则土地单价为：$4\,192.92$ 元/m^2。

(4) 待估土地价格

由于对象土地的西北方有电压 220 kV 的高压电线，对象土地的西北部位有 12 m 宽的水平隔离范围，该部分(即线下土地)全部禁止建筑，因此对象土地的价格一定受到减损。

因此需先判断线下土地的减价率，再决定本件对象土地的估价额。

对不动产进行区域分析、个别分析之后，判定其最有效利用应当是平房独立住宅基地，故评估其减价率，可分两种情形来进行。

① 线下土地部分全部禁止建筑的减价率

通常线下地部分受到禁止建筑的限制，加上嫌恶感、担保价值降低致价值受到相当的伤害，而一般是以减价 50% 为上限。但本案土地由于下面三个因素而判断其减价率为 20%。

a. 线下地部分为 39.12 m^2 的三角地，实际上不可能独立做住宅基地利用。

b. 线下地部分比道路高约 2 m，可当做车库、仓库等的地下设施来利用。

c. 对象不动产全体做基地利用来考虑时，一般是会将该线下地部位做庭院来利用,因此虽然有高压电线,但对基地整体的利用影响不大,减价率应当降低。

② 线下地部分以外的土地的减价额应被认为是线下地的减价。

这种情形的减价率按以下步骤进行考虑:

a. 先以对象不动产全体作为建筑用地来进行标准的建筑设计。

b. 由于线下土地部分禁止建筑而必须变更标准设计,由此增加的建筑费用。

c. 变更标准设计改为兴建2层楼时,由此增加的费用。

d. 不变更标准设计,但为兴建标准性设计的建筑物而需要购买邻地所需增加的费用。

e. 以上三种情况造成费用的增加,是因为高压线通过本案土地,导致它的整体利用受到阻碍而变更,产生新的费用,这应当由线下地来承担,而由此造成的减价率计算式如下:

$$减价率 = \frac{费用增加额}{不考虑高压线时土地的价格}$$

以上述 b、c、d 三种情况可以算出三种费用增加额,但就本案例来判断,第二种情形即变更设计,但仍然建平房比较合理,因此采用此方案所计算而得到的减价率为40%。

③ 线下土地的减价率

由上面两种情形,可以确定线下土地的减价率为 20%+40%=60%。

3) 估价结果

本案例的土地价格,经以上估价结果可以求得其总价额如下:

(1) 线下土地的价格

线下土地价格 = 土地单价×减价率×线下土地面积 = 4 192.92×60%×39.12 = 98 416(元)

(2) 除线下土地以外部分的价格

线外土地价格 = 土地单价×土地面积 = 4 192.92×120.49 = 505 205(元)

(3) 总地价

总地价 = 线下土地价格+线外土地价格 = 98 416+505 205 = 603 621(元)

根据以上案例,可以看出,在对高压线下的土地进行估价时,应注意以下几个方面:

① 根据电压的级别,准确计算出线下地及残地的面积,确定受高压线影响的范围及大小;

② 对土地作最佳效用分析,合理选取减价率;

③ 选取合理的估价方法,对假设不受高压线影响的土地进行估价。

10.2 高尔夫球场用地估价

10.2.1 高尔夫球场用地概述

高尔夫球场主要是供体育活动或娱乐等使用,面积较为广大,故可与附近土地分开来单独估价。

但是高尔夫球场通常是要与各种设施、建筑物等合成一体,才能发挥高尔夫球场等的效用,所以就高尔夫球场等进行估价时,纵然有一部分的建筑物存在,但是以建筑物基地以外的土地利用为主时,该建筑物应当被认为是附带设施,而将全部土地做整体性的估价。不过,如果以道路、沟渠或其他设施而将建物基地明显划分出来,则建物基地部分可以以住宅用地来进行估价。因此,例如高尔夫球场内的俱乐部基地,可以以住宅用地进行估价,但如道路、停车场、球道、练习场等自应被认为是高尔夫球场的一部分。球场内如果有草皮的栽植培养地,而且能与球场严格区分,并且不是临时性的,则可以考虑以一般旱田的状态来评估其价格。

如果高尔夫球场内,有保存的树林地时,对于这些树林地究竟应该以高尔夫球场用地或一般林地估价,常有争论,因为有些高尔夫球场为了将来增设球道的方便,而预先购买广大面积的林地,因此对这种保存树林地的估价,应先判断其与球场的关系,即判断这些保存树林地的存在对高尔夫球场是否绝对需要,如果认为该高尔夫球场没有这一部分保存树林地也不影响其营运,则该部分树林地应以一般林地估价比较合理。

10.2.2 高尔夫球场用地估价方法

1) 高尔夫球场用地估价方法概述

高尔夫球场土地的估价,是以开设该球场当时取得土地的价额,加上该球场的建造费用,并考虑该球场的位置、利用状况。但是如果取得价额及建造费用,在该土地取得后或造成后价格情况有发生变动时,或其取得价额或建造费用不明时,则应该以附近的土地价额或最近的建造费用来估价。即高尔夫球场等用地的估价过程如下:

(1) 原则

公式一:(高尔夫球场等用地的购置费用+高尔夫球场等的建造费用)×位置、利用状况等修正率

(2) 取得价额等价格情况发生变动时

公式二：(附近土地的购置费用＋最近的建造费用)×位置、利用状况等修正率

2) 取得价额的计算方法

（1）能够以取得土地时所花费用来计算取得价额时

最近取得高尔夫球场等的用地，在取得后价格情况没有变动时，以实际取得费用为基础计算。不过，如此求得的取得价额，有时候并不能直接作为估价的基础，因为这种取得价额，虽然有扣除补偿费等经费，但毕竟是现实的交易价额，可能含有不正常的因素，所以应当先就其交易内容加以充分的了解（即进行交易情况修正），并考虑附近土地的价格，然后才能决定其购置费用。

（2）不能以取得土地时的费用来计算取得价额时

如果用地取得后，价格情况有变动，或取得土地所花的费用不明，或该土地是租赁而不能求得适当的购置费用时，应以附近土地的价格来估计购置费用。

3) 建造费用的计算方法

高尔夫球场等的建造费用，是以建造该球场一般所必要的费用来计算，但是如果当时的建造费用不明确，或造成后价格情况有变动时，则以最近的建造费用来评估。建造费用的组成，应当包括定额直接费、综合间接费、劳动保险费、税金等。

4) 位置、利用状况等修正

高尔夫球场土地的购置费用及建造费用即使相同，如果它们的位置及利用状况有差别，它们的价格也会发生变化，因此应当再根据物业的位置条件及球道与设施、利用人数、利用状况、收费情况等因素加以修正。

上述所介绍的估价方法与成本法的内涵近似，区别是需对它们进行位置、利用状况等修正。另外，如该场地每年的收益是固定或者是可预期的，在理论上用收益还原法也是可行的。

10.2.3　高尔夫球场用地估价案例

1) 案例简介

江宁区×××高尔夫远期规划达到81洞，其总占地面积达到了6 000余亩，是目前南京占地最大的一个高尔夫项目。该球场目前仅18洞对外开放，一般散客的收费是平常680元/场，假日是880元/场，每天的平均客流量在80人左右。

本案例只对该球道进行估价，虽然单独对一个高尔夫球场的某条球道估价是没有意义的，因为单独一条球道不可能形成市场价格，不可能在市场上转让单独一条球道，因此单独一条球道也不存在抵押价值。本案例目的是为了提供高尔夫球场等特殊物业估价的参考。

2) 估价方法

由于高尔夫球场属于一种特殊形态的房地产，经营方主要靠出售会员证收回大部分投资，在会员证已售出的情况下，可以采用收益还原法估价计算。

(1) 年有效毛收入的确定

① 会员证收入

遵照国际通行的做法,×××高尔夫球会的运营采用会员制,一个 18 洞的球场容纳的会员数为 1 000 个。会员又分为法人会员和个人会员两种,会员 250 000 元/个。根据球会提供的资料,已销售金卡 767 个,尚余金卡 233 个。据此,我们可估算出未销售金卡的收益为:250 000×433=10 825(万元)。

② 会员年费收入及消费收入

a. 会员年费收入

金卡会员每年需缴纳会员费 3 000 元,预计剩余的 233 个金卡可在两年内销售完,因此在计算会员年费收入时我们按全部 1 000 个会员年费计算:

会员年费收入=3 000×1 500=450(万元)

b. 会员消费收入

该部分收入含高尔夫球会会员及贵宾打球的果岭费、球车费、球杆、球鞋、球衣出租等费用。收费标准如表 10-10 所示。

表 10-10 高尔夫球场收费标准　　　　　　　　　　（单位:元）

项　　目	会员	会员陪同的嘉宾	访客
平日果岭费	免	200	500
周末果岭费	免	400	800
球童费	100	100	100
球车费	150	150	150
租杆费	150	150	150
租鞋费	50	50	50

根据上表,将会员、会员陪同的嘉宾、访客的消费进行平均分摊,我们推算出球道每天平均每人次的消费约为 400 元,根据调研资料显示球会每天入场约为 100 人次,扣除球道草苗的日常保养及球会经营淡旺季影响等不确定因素,确定每天入场为 80 人次,则年收费收入为 400×80×365=1 168(万元)。

两项合计为:450+1 168=1 618(万元)。

(2) 年总运营费用的计算

a. 成本费用

根据调研资料显示,年成本费用约为 300(万元)。

b. 管理费用及人工工资

根据调研资料显示,年管理费用及人工工资约为 750(万元)。

c. 设备更新维护费

根据调研资料显示,年设备更新维护费用约为 100(万元)。

d. 营业税及所得税

根据调研资料显示,每年需缴纳的营业税及所得税约为 160 万元。

e. 四项合计为

$$300+750+100+160=1\,310(万元)$$

（3）净收益计算

净收益＝年有效毛收入－年总运营费用＝1 618－1 310＝308(万元)

（4）收益价格计算

计算公式为：

$$V = \frac{A}{R}\left[1 - \frac{1}{(1+R)^n}\right]$$

式中,V 为土地价格；A 为土地的净收益；R 为土地的还原利率,考虑银行一年期存款利率、市民平均生活指数、房地产利润等,综合确定现时的报酬率为 8.5％；n 表示使用年限,A 球道尚有使用年限 35 年。

则土地价格 $V = \frac{3\,080\,000}{8.5\%}\left[1 - \frac{1}{(1+8.5\%)^{35}}\right] = 3\,415.036\,6(万元)$

3）估价结果

总价值为未销售金卡收益与土地价格之和,即 10 825＋3 415.036 6＝14 240.036 6 万元。

10.3 墓地估价

10.3.1 墓地价格影响因素

墓地作为一类特殊物业,其价格形成会受到土地所有属性、当地风俗习惯、殡葬管理特点及与之相关的法律法规的影响。除此之外,墓地价格还会受到交通便利情况和土地风水好坏情况的影响。因而,墓地估价无论是在国内还是在国外都表现出特异性和一定的难度。

10.3.2 墓地的估价方法

墓地估价通常是为了取得公共设施用地而必须用到墓地时,对发放补偿费进行估价,一般没有买卖实例可以运用,更难运用收益还原法求取收益价格,可见墓地估价相当困难,但仍然要设法加以评估。

1) 比较法与收益法

通常向墓园购买一块墓地,是购买其永久使用权,并非购买使用权,所以墓地价格的评估,一般要包括永久使用权价格,底地价格及素地价格等几种情形。

永久使用权价格的评估,可以收集各墓园的永久使用费、保证金及管理费等资料,然后运用比较法求得对象墓地的永久使用权价格。

至于墓地的底地价格,可由底地价格占素地价格的比率来计算,但其比率并非固定的,而是要视各墓园收取费用的条件而有差别,但大致上认为墓地的永久使用权价格与底地价格的比为9:1。不过估计底地价格时,必须考虑底地的收益情形(由每年收取的管理费还原为价格),以及还原为素地的难易程度。

将墓地的使用权价格加上底地价格,可以得到墓地的素地价格。

例如某墓园,一单位的永久使用费为40万元,另外需征入园费10万元,则墓地使用权价格为50万元。另一方面,使用该墓地,每年需缴纳1 200元的管理费,但墓园管理单位实际支付的管理费只为1/3,其余2/3则为底地权的收益,将此以某利率还原(设利率为4%),则底地价格为2万元。

$$\frac{1\,200 \times 2/3}{0.04} = 2(万元)$$

即墓地的素地价格为50+2=52万元。

运用比较法求墓地的永久使用费时,必须就交通接近程度、墓园配置、寺庙或墓园的品味、墓地的品味、周边的环境等条件加以充分的比较考量。

2) 还原法

通过假设在合法的前提下,开辟一个与对象墓地同样的墓地时需要多少费用,由此来评估墓地价格,不过运用此种方法估价,最大的困难在于开发前的素地价格该以何种土地价格来评定。

运用还原法的估价公式如下:

$$A = (G + D + I) \div S$$

上式中,A为一座墓地价格;G为素地的取得价格(开发区域全体的素地取得价格);D为开发工程费(包括测量调查费、设计费、道路构筑费、排水工程费等直接工程费及搬运费、准备费、临时设施费、现场管理费等间接工程费);I为附带费用(通常所必要的贩卖费、一般管理费等其他经费的合计额);S为宅地面积:实质墓地总面积(墓园中扣除道路水沟、凉亭等公共设施后的面积)。

例如某一墓园的资料如下:

G:50万元/m²×1.3万m²=65亿元

D:2万元/m²×1.3万m²=2.6亿元

I:附带费用=22.412亿元

内容 $\begin{cases} 素地费用 & 24 个月×0.01×65 亿元 = 15.6 亿元 \\ 工程费利息 & 12 个月×0.01×2.6 亿元 = 0.312 亿元 \\ 邻近对策费 & 65 亿×0.1 = 6.5 亿元 \end{cases}$

$S = 7\,000 \text{ m}^2$

墓地总面积 = 13 000 m²

道路面积 = 2 200 m²

管理设施、停车场面积 = 1 800 m²

绿地面积 = 2 000 m²

则以开发原价为基础所求得的永久使用费如下：

$(G+D+I) \div S = 900\,120 \text{ 万元} \div 7\,000 \text{ m}^2 = 129 \text{ 万元}/\text{m}^2$

墓地价格

129 万元/m² ÷ 0.9 = 143.3 万元/m²

（假设永久使用权价格的比率为 90%）

3）台北市坟墓迁葬补偿价格评定办法

台北市为了取得公共设施用地必须迁葬墓地时，按坟墓面积的大小分成七类，并规定给予的补偿金额如表 10-11 所示：

表 10-11 台北市坟墓迁葬补偿标准

坟墓类别	补偿面积/m²	补偿金额/万元
第 1 类	2	0.9
第 2 类	4	1.8
第 3 类	6	2.7
第 4 类	8	3.6
第 5 类	12	5.4
第 6 类	14	6.3
第 7 类	16	7.2

注：(1) 补偿金额按台北市富德公墓每平方米平均建墓费 4 500 元计算；
(2) 不能捡骨必须连棺迁葬者，另补助运棺费 1 万元；
(3) 二次葬按公立公墓收费标准补偿墓地使用费，6 m² 以下者 4 000 元，8 m² 者 6 000 元，12 m² 以上者 1.5 万元；
(4) 本表自 1978 年 8 月 29 日公布实施。

10.3.3 墓地估价案例

1）案例简介

本墓地位于高雄市某车站东北约 1 km，地势平坦，呈长方形形状，面积 64 m²，邻接约5m宽的铺装道路,目前供墓地使用属于最有效利用状态。

2) 估价方法

一般市场上所谓墓地价格,通常是指墓地地区内一块坟墓用地的永久使用费,并非指墓地的完全所有权价格。换句话说,墓地的完全所有权价格,是由该墓地的永久使用费为基础所形成的权利价格,以及该墓地的底地价格所构成,所以本墓地的估价是依据永久使用费等求取比准价格,再考虑判定的永久使用费比率,由此求得墓地的完全所有权价格。

(1) 永久使用权价格

运用比较法求取永久使用权价格,其相关资料如表10-12所示:

① 公园墓地

表10-12 公园墓地价格构成表

规格	永久使用费(万元)	管理费(万元)	工程许可证费(万元)
0.9 m×0.9 m	25	0.4	1.2
1.2 m×1.2 m	44	0.6	2.2
1.2 m×1.5 m	55	0.9	2.7
1.5 m×1.5 m	69.5	1.35	3.5
1.8 m×1.8 m	100	1.6	5
1.8 m×2.7 m	150	2.4	7.5

工程许可证费用可认为是永久使用费的附带费用,由此求取平均价格为32.4万元/m^2。

② 灵苑绿地公园(表10-13)

表10-13 灵苑绿地公园墓地价格构成表

规格	永久使用费(万元)	管理费(万元)	保证金(万元)
0.9 m×0.9 m	21	0.5	3
0.9 m×1.8 m	45	0.6	5
1.2 m×1.5 m	53	0.7	7
1.8 m×1.8 m	105	0.8	10
1.8 m×2.7 m	165	0.9	15

依据使用规定,需要圆满解约,将使用区域完全恢复原状时才可以退还保证金,通常并无解约的情形,所以可以认为是永久使用费的附带费用,由此求取平均价格为33.3万元/m^2。

③ 寺灵园(表10-14)

表10-14 寺灵园墓地价格构成表

规格	永久使用费(万元)	管理费(万元)	保证金(万元)
0.9 m×1.8 m	45	0.4	1.2
1.2 m×1.2 m	35	0.4	1.2
0.9 m×0.9 m	23	0.3	0.9
2.5 m×3.0 m	220	1.2	3.6

保证金依使用规定属永久性预缴费用,可认为是永久使用费的附带费用,由此求取平均价格为28.3万元/m²。

根据以上资料求取比准价格如下:

a. $32.4 \times \dfrac{100}{100} \times \dfrac{100}{100} \times \dfrac{100}{88} \times \dfrac{100}{100} = 36.8$ 万元

b. $33.3 \times \dfrac{100}{100} \times \dfrac{100}{100} \times \dfrac{100}{90} \times \dfrac{100}{100} = 37$ 万元

c. $28.3 \times \dfrac{100}{100} \times \dfrac{100}{100} \times \dfrac{100}{76.5} \times \dfrac{100}{100} = 37$ 万元

（交易价格(万元/m²)　期日修正　标准化补正　区域因素比较　个别因素比较）

根据以上计算结果,判定永久使用权价格为36.9万元/m²。

(2) 墓地底地价格

墓地底地价格没有交易实例可以运用,以管理费来求收益价格也有困难。现实中墓地的底地缺乏市场性,也不具备担保价值。但在名目上既然有使用权,则应当认为至少是有某些价值存在的。

日本大分县征收委员会裁决"永久使用权价格为9,底地价格是1",据此认定该墓地的底地价格占所有权价格的比率为10%。

3) 估价结果

如上所述,则永久使用权价格与墓地底地价格的比率为9∶1。
单位价格:36.9万元/m² ÷ 0.9 = 41万元/m²
总　　价:41万元/m² × 64 m² = 2 624万元

10.4　地铁沿线房地产价值

随着城市化进程的加快,中国城市轨道交通事业发展迅速,截至2011年底,我国地铁运营里程已达 1 688 km;而根据规划预测,到 2015 年,我国地铁运营里程将达 3 000 km,2020 年将达 6 100 km。地铁将成为市民通勤的重要方式,以及市民快速出入中心城区的交通手段,城市地铁对提高沿线区域的可达性、方便沿线周边居民出行乃至选择居住地等均产生了举足轻重的影响。越来越多的人在购买住房时把城市地铁作为重要的考虑因素,因而对沿线房地产的价格产生了一定影响,并呈现出一定的规律。

10.4.1 地铁对沿线房地产价值的影响机理

地铁具有明显的外部效益,能够给沿线的土地(房地产)带来显著的增值效益。地铁具有高度的能达性效能,不仅能够节省地铁利用者的出行时间和经济成本,而且也能够减少道路交通的拥挤程度,节省道路交通使用者的走行时间和经济成本。这种高度能达性还具有"磁力效应",能够吸引各种生活、商务、商业、文化、娱乐等设施向轨道站点周围集中,刺激站点周围土地的高密度开发,繁荣地铁沿线的经济。地铁的高能达性,以及由此所促进的沿线土地的高密度开发与经济繁荣,必将促进沿线房地产增值。

1) 改善交通可达性

土地是稀缺资源,城市土地区别于其他生产要素的最大特点之一,是由于土地的相对位置不同而引起不同的地租。城市中心地区(CBD)由于可达性较好,土地价格昂贵,距离市中心较近的土地,由于其有较低的运输成本,人们则竞相选择这里,所以地价也就越高,随着与市中心距离的扩大,地价呈降低的趋势。地铁改变了土地的区位可达性和便利性,决定了土地区位的优劣。地铁从根本上提高了运输效率,能够明显地改善周边物业的可达性,缩短了出行时间,致使地铁沿线土地升值。改善后的交通设施使得城市发展向地铁沿线集聚,形成了轴向发展的态势,从而提升了沿线整体的土地价格。

2) 改变土地利用性质和提高土地开发强度

地铁改变了沿线土地的可达性,产生了廊道效应。这种效应随着距车站的距离增加而逐渐衰减,各类城市用地的比例随之发生变化,同时土地利用强度也相应变化。地铁为人们提供了快速出入市中心的交通方式,从而使居住用地疏散出市中心区。地铁沿线对城市居住用地或商业用地开发的吸引最明显,所以在住宅和商业聚集的区域,地铁对工业用地的排斥性最大,由此导致商业和居住以及公共设施用地更倾向在地铁沿线范围高度集聚。在大的地铁站点处,站点周边地区借助地铁强大的内聚力孕育形成城市新的经济增长点,大量商业、房地产建筑及就业、居住人员向该地区聚集,促使沿线土地的高度开发和高强度利用,从而提高房地产价值。

3) 增强沿线区域经济活力

地铁建设通过改善城市交通条件,周边物业的可达性和便利性大大提高,其强大的廊道效应渐渐凸显,商业和住宅设施向地铁沿线高度集聚,而密集的设施又会吸引居民到该区域的出行,包括购物和娱乐等,更多的客流会刺激更多功能设施的聚集,形成一种相互循环促进的效应,从而增强沿线区域经济活力。其次,地铁在一定程度上拓展了城市空间,在城市地铁沿线发展过程中,原有城市中心区的功能得到进一步强化,传统的商业优势、地位、特色得以加强,同时必将会使城市尚未得到充分开发的土地得到更高强度的开发,并带动周边地区的共同发展,最终连接成片,成为城市新的经济增长点。

10.4.2 地铁对房地产的影响分析

上海地铁 1 号线 1995 年 5 月通车前后,给房地产价格带来明显的变化。1991 年长桥地区房价比梅陇地区高 1 100～1 200 元/m²;梅陇通地铁后,因长桥远离地铁,1994 年长桥地区商品房基价不足 3 000 元/m²,而梅陇地铁口的房价已高于 3 000 元/m²。据统计,1993～1994 年,梅陇、田林和康健地铁口附近地区的房价涨幅在 150%以上,远远超过上海市区的平均涨幅。地铁 1 号线的莘庄站,2 km 圈内平均房价 1991 年为 600 元/m²,2001 为 3400 元/m²,增长了 470%;2 km 圈外平均房价 1991 年为 929 元/m²,2001 年为 1 800 元/m²,增长了 100%。

地铁对沿线房地产价值的影响是有限的,仅对其周边一定范围内的房地产价值构成影响。一般认为在 2 km 以内出行者愿意采取步行、自行车或常规公交等方式到达地铁站换乘地铁,超过这个范围,地铁对房地产价值的影响很小。一般而言,站点周围的房产价格与其至站点的距离成反比,随着距离的增大,地铁对房地产的增值效应减弱。但是也有专家研究发现,并不是距离地铁站点越近房地产价格就会越高,距离地铁太近反而会使增值效果下降。实际上,地铁站点附近 100 m 以内的范围,人流密集、噪音污染、社会治安等问题会对房价起一定的负面作用。这里并不是说距离地铁站点太近会带来负面的影响,只是说增位效果下降。总体来看,地铁的高度可达性带来的正面影响要远大于地铁噪声污染等因素带来的负面影响。房价最高处在距离地铁站点 100～200 m 的范围,而不是在距离地铁站点 100 m 以内的范围。地铁对沿线房地产价值的影响如图 10-3 所示。

根据国外经验,一般认为在车站 2 km 外就可以忽略地铁的影响,即 2 km 外房价增值为 0,那么简单的车站附近楼盘的增值曲线见图 10-4 所示。图中,ΔP 为房地产增值(元/m²),ΔP_{max} 为某车站附近楼盘增值最大值(元/m²),d 为房地产距该车站距离(m)。

地铁对沿线房地产价格的影响可总结为:

(1) 距离衰减

研究表明地铁对于房地产价格的影响具体表现为距离衰减作用,即随着与地铁距离增加,房地产价格呈现下降趋势。这主要是由于距离地铁较近,则房地产可

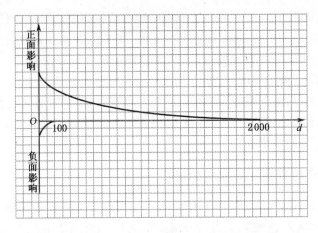

图 10-3　地铁对沿线房地产影响示意图

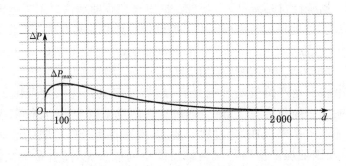

图 10-4　地铁边楼盘增值示意图

达性较好,房地产价格则较高;反之,价格较低。这反映出地铁作为提升房地产可达性的重要方面,对于房地产价格存在影响。

(2) 地铁站点的影响

地铁在开通前后对于站点周围 2 km 以内的房地产价格存在一定的影响程度,而影响程度的大小随距地铁站距离成反比,但是距离地铁太近反而会使增值效果下降,地铁站点附近 100 m 以内的范围,人流密集、噪音污染、社会治安等问题会对房价起一定的负面作用。

(3) 存在指数影响

地铁对于房地产价格的影响程度随着两者距离的增加而呈指数递减的趋势,即随着与地铁距离的增大,房地产价格下降程度由降幅明显以指数变化形式过渡到逐渐趋于缓和。这表明,在距地铁较近的范围内,房地产价格受地铁影响程度较为明显;而随着距离的增大,地铁对房地产价格的影响程度逐步减弱。

(4) 多方因素影响

决定房地产价值的因素是多方面的,除交通条件外,还有市场、政策、规划水平、周边环境和配套水平等。上海的一项调查发现,决定房价的影响因素中,交通的便利性所占权重为 0.31,环境因素所占权重为 0.282,生活配套设施的完善程度所占权重为 0.233,三项合计达 0.825。可见,地铁对提高房地产价值有积极的作用。但房地产能否升值,有多大的升值空间,还应综合考虑各方面的因素。即房地产的升值不能单靠地铁来拉动,最终还要看楼盘自身素质、周边配套、人文、环境等因素。

10.5 征地评估

土地对于农民而言,犹如水之于鱼,是农民可靠的收入来源和农村社会保障的载体。由于生活观念、劳动技能等方面的原因,农民失去土地就意味着失去传统的获取生活来源的条件,失去其基本的就业方式。倘若对于失地农民的评估和补偿方式不合理,其基本的生存条件可能无法保障。现行的征地补偿标准由政府制定,既是政府实施国家政策的行为,也是社会关注的焦点问题。如果征地补偿标准定得过低,农民必将通过其他途径增加收入或抵制征地行为,征地实施的社会成本就高;征地补偿标准定得过高,就会限制政府对集体土地的必要征用,不利于公共利益事业建设和国家的经济发展,同时降低了农民对土地的利用效率和保护意识。

10.5.1 征地补偿法律依据

《中华人民共和国土地管理法》及其他相关法律法规对征地补偿要求作了具体的规定,为征地评估提供了法律依据。

该法规定征收土地应按照被征收土地的原用途给予补偿。征收耕地的补偿费用包括土地补偿费、安置补助费以及地上附着物和青苗的补偿费。

1) 土地补偿费

征收耕地的土地补偿费,为该耕地被征收前三年平均年产值的六至十倍。

2) 安置补助费

征收耕地的安置补助费,按照需要安置的农业人口数计算。需要安置的农业人口数,按照被征收的耕地数量除以征地前被征收单位平均每人占有耕地的数量计算。每一个需要安置的农业人口的安置补助费标准,为该耕地被征收前三年平均年产值的四至六倍。但是,每公顷被征收耕地的安置补助费,最高不得超过被征收前三年平均年产值的十五倍。

征收其他土地的土地补偿费和安置补助费标准,由省、自治区、直辖市参照征收耕地的土地补偿费和安置补助费的标准规定。

3）地上附着物和青苗的补偿

被征收土地上的附着物和青苗的补偿标准，由省、自治区、直辖市规定。

征收城市郊区的菜地，用地单位应当按照国家有关规定缴纳新菜地开发建设基金。依照基本规定支付土地补偿费和安置补助费，尚不能使需要安置的农民保持原有生活水平的，经省、自治区、直辖市人民政府批准，可以增加安置补助费。但是，土地补偿费和安置补助费的总和不得超过土地被征收前三年平均年产值的三十倍。国务院根据社会、经济发展水平，在特殊情况下，可以提高征收耕地的土地补偿费和安置补助费的标准。

10.5.2 征地程序

征地的程序分征地的批准程序和征地的实施程序。

1）征地的批准程序

（1）建设项目依法经国务院或省政府批准。

（2）建设单位向市、县政府土地行政部门提出建设用地申请。

（3）市、县政府土地行政部门审查后拟订征用土地等方案。

（4）经市、县人民政府审查同意后逐级上报上级人民政府。

（5）征用土地等方案依法由国务院或者省政府批准。

经过批准后，就进入了具体实施征地程序。

2）征地的实施程序

（1）发布征地公告

① 发布机关：市、县人民政府。

② 发布范围：被征用土地所在地的乡（镇）、村。

③ 公告内容：批准征地机关、批准文号、征用土地用途、范围、面积以及征地补偿标准、农业人员安置办法、办理征地补偿的期限等。

④ 发布后果：在告知后，凡被征地农村集体经济组织和农户在拟征土地上抢栽、抢种、抢建的地上附着物和青苗，征地时一律不予补偿。

（2）办理征地补偿登记

① 登记机关：征地公告指定的政府地政部门。

② 登记申请人：被征用土地的所有权人、使用权人。

③ 登记期限：征地公告规定的期限。

④ 登记所需材料：土地权属证书、地上附着物产权证明等文件。

⑤ 不办理登记的后果：不列入补偿范围。

（3）拟订征地补偿或安置方案并公告

① 拟订机关：市、县政府土地行政部门会同有关单位。

② 拟订根据：土地登记资料、现场勘测结果、经核对的征地补偿登记情况、法律法规规定的征地补偿标准等。

③ 方案内容：土地补偿费、安置补助费、青苗补偿费、附着物补偿费等事项。

④ 方案公告：市、县政府土地行政部门在被征用土地所在地的乡(镇)、村公告方案，听取被征用土地的农村集体经济组织和农民的意见。

⑤ 报批：由市、县政府土地行政部门报市、县人民政府批准。

⑥ 确定征地补偿安置方案：市、县人民政府确定和批准，并报省政府地政部门备案。

(4) 实施征地补偿安置方案

① 组织实施机关：县级以上人民政府的土地行政部门。

② 费用支付：在方案批准之日起 3 个月内支付给被征地的单位和个人。未按规定支付费用的，被征地的单位和个人有权拒交土地。

(5) 土地交付

被征地单位和个人应当按规定的期限交付土地。

10.5.3 征地评估基本原则

1) 预期收益原则

是指农用地估价应以估价对象在正常利用条件下的未来客观有效的预期收益为依据。

2) 替代原则

是指农用地评估应以近邻地区或类似地区的功能相同、条件相似、交易方式一致的农用地交易实例的市场价格为参考，经比较修正后估算出待估农用地价格。

3) 报酬递增递减原则

是指在技术不变，其他要素不变的前提下，对相同面积的土地不断追加某种要素的投入所带来的报酬的增量（边际报酬）迟早会出现下降。这一规律在农业生产经营中普遍存在，估价中应充分依据这一原则。

4) 贡献原则

是指农用地的总收益是由土地、劳动力、资本、经营管理等各种投入要素共同作用的结果，估价时要充分考虑上述各要素对农用地总收益的实际贡献水平。

5) 合理有效利用原则

是指在一定的社会经济条件下，农用地的利用方式应能充分发挥其土地的效用，产生良好的经济效益，而且要保持土地质量不下降，并对其周围的土地利用不会造成负面影响或危害。判断和确定农用地合理有效利用方式应考虑：

(1) 持续的使用

根据农用地所处的区域环境和自身条件，所确定的农用地利用方式应是可持续的。

(2) 有效的使用

在确定的利用方式下,农用地所产生的经济效益应是最佳的。

(3) 合法的使用

合理有效的农用地利用方式,应符合现行的法规、政策、规划等规定。

6) 变动原则

是指农用地价格是由各种价格影响因素互相作用而形成的,这些价格影响因素经常在变化,农用地价格就在这些价格影响因素的不断变化中形成。估价人员应把握价格影响因素及价格变动规律,准确地评估价格。

7) 供需原则

是指农用地估价应以农用地市场供需决定农用地价格为依据,同时充分考虑农用地供需的特殊性和农用地市场的地域性。

10.5.4 征地评估影响因素

影响被征地价格的因素主要包括自然因素、社会经济因素和特殊因素。本章节确定农用地价格的指导性影响因素体系如下:

1) 自然因素

自然因素是指影响被征地生产力的各种自然条件,包括≥10℃有效积温、降雨量、降雨均衡度、无霜期、灾害性气候状况、地形坡度、土壤质地、土层厚度、有机质含量、盐碱化程度、地下水埋深、农田基本设施状况、地块形状等。

2) 社会经济因素

社会经济因素是指影响被征地收益的社会经济发展条件、土地制度和交通条件等,包括区域城市化水平、城市规模、农业生产传统、人均土地指标(人均耕地、人均农用地)、农民人均收入水平、单位土地投入资本量、单位土地投入劳动量、农产品市场供求、农机应用方便度、土地利用规划限制、交通通达性等。

3) 特殊因素

特殊因素是指影响被征地生产力和收益所独有的条件或不利因素,如特殊的气候条件、土壤条件、环境条件、环境污染状况等。

10.5.5 征地评估方法

1) 收益还原法

估算待征耕地的补偿标准,比照《农用地估价规程》,主要采用收益还原法。收益还原法是以土地收益价格为理论依据,将待估农地在未来每年预期的纯收益,以一定的还原率统一还原为评价时日总收益的一种方法。其计算公式为:

$$P = \frac{a}{r}\left[1 - \frac{1}{(1+r)^n}\right]$$

式中，P 为土地价格；a 为土地年纯收益；r 为土地还原率；n 为土地使用年限。

农用地价格，按照最高最佳使用原则，重点是进行耕地价格的评估。由于耕地的所有权是属于农村集体经济组织所有，征地将使其土地所有权发生永久性转移，由集体所有转变为国家所有。被征耕地价格的计算公式就转化为：$P = a/r$，式中，P 表示单位面积耕地的地价；a 表示面积耕地取得的纯收益，a = 总收益－总费用；r 表示土地收益还原率。

耕地总收益主要通过市场调查确定其产值；耕地总费用包括耕地基本配套设施的费用和农业生产年经常性费用两种，耕地基本配套设施的费用主要包括沟渠、田林路配套费用等；生产年经常性费用包括苗种费、肥料费、水费、人工费、机工费、农药费、农田水利设施维修费和有关利息等。一般主要作物种植的人工费和土地成本，按抽样调查数的相关数据确定。收益还原利率的确定一般应考虑投资的风险。目前，耕地实行有限年期的承包方式，其投资具有一定的政策性折旧，同时，考虑到耕种因自然灾害的风险，其还原利率应高于一年期银行存款利率，同时又较社会平均投资利率低。

2）市场比较法

即把每个基本乡镇看作一个评估对象，根据本乡镇已发生征地案例的实际补偿标准，通过比较修正求取。其基本公式为：

$$P = R \times \frac{100}{Q} \times \frac{100}{G} \times T$$

式中，P 为待定乡镇征地补偿标准；R 为征地案例标准；Q 为区域因素修正系数；G 为个别因素修正系数；T 为时间修正指数。对于在同一乡镇的征地案例，区域因素基本一致，不用修正，对于个别因素由于在具体的征地过程中，都是同一种政策，因此也不用修正，但是有时要进行时间修正。进行时间修正可采用地价指数变动率来分析计算，将交易价格修订为估价期日的价格。公式为：

$$\frac{\text{修正为估价期日的}}{\text{交易实例价格}} = \text{交易实例价格} \times \frac{\text{估价期日的价格指数}}{\text{交易时期价格指数}}$$

3）收益倍数法

收益倍数法是收益还原法的拓展，在还原利率不变的条件下，土地的价格与土地的纯收益呈现正相关关系，而土地纯收益同时又与农业总产值呈正相变化，从而土地价格就表现为农业总产值的若干倍。近年来，非农建设征收农民集体的补偿费呈逐步提高的趋势，特别是基础设施建设项目（包括水利水电建设项目）的征地补偿费有了较大程度的提高。根据这一发展趋势,各地在确定补偿倍数时,土地补偿费和安置补助费两项之和原则上不得低于16倍且不能大于30倍。

4) 假设开发法

根据假设开发法原理,征地补偿标准可用下式表示:

征地补偿标准＝土地价格－土地开发成本－利息－利润－税费－
土地所有权转移增值－土地用途变换增值

上式中,土地价格表示正常市场的土地价格或政府的出让价格,本次测算主要采用城镇工业用地基准地价近似表示;土地开发成本是把生地开发为熟地的费用;政府为了吸引投资,降低成本,一般把利润、土地所有权转移增值、土地用途变换增值确定为零,因此上述公式简化为:

征地补偿标准＝土地价格－土地开发成本－利息－税费

5) 净现值法

按照现有的征地政策,新的征地补偿标准,不得低于现行的征地补偿标准,并且不因征地而使被征地农民的生活水平降低,满足农民的最低生活需求。

根据农民生活水平不降低测算征地补偿标准,其本质上是根据目前农民年均纯收入及其增长趋势,测算未来收入的净现值。净现值法又称财务净现值法,是把项目建设期和投产期间发生的资金流入量和资金流出量,都按折现系数换算成现值收入和现值支出,然后对比现值收入和现值支出,来评价投资财务效益的方法。净现值＝未来报酬总现值－建设投资总额,净现值为正值,表示发生投资净收益,有财务效益,该项目可取;如净现值为负值,表示发生投资亏损,没有财务效益,该项目不可取。

比照征地补偿的情况,可以假设征地补偿费为未来报酬总现值,而农民未来来自被征耕地的收入的折现为建设投资总额,如果征地补偿费大于农民未来来自被征耕地的收入,则说明农民的生活水平不会因征地而降低,反之,生活水平则会降低。也就是说,农民在被征地后若干年内来自被征耕地的收入折现后的结果是保障农民生活水平不降低的临界值,人均补偿标准应不低于这个水平。根据国家相关社会保障政策、农地联产承包责任制规定,把未来耕地的收益时间范围定为20年。那么被征地农民未来来自被征耕地的收入的折现可用下面公式算出:

$$P = \frac{a \times b}{g \times (r-s)} \times \left[1 - \left(\frac{1+s}{1+r}\right)^n\right]$$

式中,P 为失地农民未来20年从单位面积耕地获得收入的净现值;a 为目前农民年均纯收入；b 为耕地纯收入占农民年均纯收入的比重；s 为未来农民年均纯收入的增长速率；r 为资本贴现率；g 为人均耕地面积。

10.6 拆迁评估

城市房屋拆迁，是建设单位根据建设规划要求和政府批准的用地文件，在取得拆迁许可证的情况下，依法拆除建设用地范围内的房屋和附属物，将该范围内的单位和居民重新安置，并对其所受损失予以补偿的一系列法律行为。

城市房屋拆迁估价，是指为确定被拆迁房屋货币补偿金额，根据被拆迁房屋的区位、用途、建筑面积等因素，对其房地产市场价格的评估。

10.6.1 房屋拆迁补偿法律依据

《城市房屋拆迁管理条例》及其他相关法律法规对拆迁补偿或安置要求作了具体的规定，为拆迁评估提供了法律依据。

城市房屋拆迁管理条例规定拆迁人应当依照条例要求对被拆迁人给予补偿。拆除违章建筑和超过批准期限的临时建筑，不予补偿；拆除未超过批准期限的临时建筑，应当给予适当补偿。拆迁补偿的方式可以实行货币补偿，也可以实行房屋产权调换。货币补偿的金额，根据被拆迁房屋的区位、用途、建筑面积等因素，以房地产市场评估价格确定。具体办法由省、自治区、直辖市人民政府制定。实行房屋产权调换的，拆迁人与被拆迁人应当依照本条例规定，计算被拆迁房屋的补偿金额和所调换房屋的价格，结清产权调换的差价。

10.6.2 房屋拆迁流程

鉴于以招、拍、挂的方式获取土地开发权为当前法律法规规定常态，房屋拆迁的流程便以此为基础。通常而言，城市房屋拆迁应遵守以下流程。

（1）规划部门提供待拆迁开发土地位置、范围、使用性质和规划管理的经济技术指标；开发企业了解相关控制性详细规划、各项经济技术指标及相关公建配套设施要求。

（2）土地管理部门采用招标、拍卖、挂牌等方式公开出让土地；开发企业通过竞争方式获得土地开发权。

（3）开发企业与国土部门签订国有土地使用权出让合同。

（4）开发企业凭土地使用权出让合同向规划部门申请建设工程选址，取得《建设工程选址意见书》。

（5）开发企业向房屋拆迁主管部门提出《暂停办理有关手续的申请》冻结

申请。

（6）开发企业向市、县房屋拆迁管理部门申领《房屋拆迁许可证》，申请时应当提交以下资料：

① 建设项目批准文件（发改委的立项批复）；
② 建设用地规划许可证；
③ 国有土地使用权批准文件（用地批准书）；
④ 拆迁计划和拆迁方案；
⑤ 办理存款业务的金融机构出具的拆迁补偿安置资金证明。

（7）拆迁管理部门应从收到申请之日起 30 日内进行审查，符合条件的，应当颁发《房屋拆迁许可证》，同时公布《房屋拆迁公告》，公告内容包括《房屋拆迁许可证》中载明的拆迁人、拆迁范围、拆迁期限等事项。

（8）颁发《房屋拆迁许可证》。

公布《房屋拆迁公告》的同时，冻结拆迁范围内的下列行为：

① 新建、扩建、改建房屋；
② 改变房屋和土地用途；
③ 租赁房屋。

冻结方式为：主管部门 7 日内决定是否同意冻结；若同意，则在 7 日内通知相关部门暂停办理相关手续，这些部门包括计划部门、规划部门、土地部门、建设部门、房管部门、工商部门等。冻结时限：最长不超过 1 年；经申请，可延长，但延长不得超过 1 年。

（9）在拆迁期限内，被拆迁房屋未租赁的，由拆迁人与被拆迁人协商拆迁事宜（协商补偿方式、补偿金额、安置房屋面积、安置地点、搬迁期限、搬迁过渡方式和期限等）；协商一致的，双方签订《拆迁补偿安置协议》。被拆迁房屋已被租赁且租赁协议未解除的，由拆迁人、被拆迁人、承租人三方协商签订《拆迁补偿安置协议》。

（10）拆迁当事人不能协商签订《拆迁补偿安置协议》的，经当事人申请，由房屋拆迁管理部门裁决。房屋拆迁管理部门是被拆迁人的，由同级政府裁决。裁决应当自收到申请之日起 30 日内作出。

（11）对裁决不服的，当事人可以自裁决书送达之日起 3 个月内向法院提起行政诉讼，但只要拆迁人已按条例规定给被拆迁人给予货币补偿或者提供安置房屋和周转用房的，诉讼期间不停止拆迁的执行。

（12）被拆迁人或承租人在裁决规定的搬迁期限内未搬迁的，由房屋所在地的市县人民政府责成有关部门强拆或由房屋拆迁管理部门依法申请人民法院强拆。

（13）拆迁补偿安置协议订立后，被拆迁人或房屋承租人未搬迁的，拆迁人可以向仲裁委员会申请仲裁，也可以向人民法院提起民事诉讼。诉讼期间可以申请先予执行。

10.6.3 房屋拆迁评估影响因素

城市被拆迁房屋的房地产价格,是受众多因素互相作用的结果。按照拆迁房屋价格构成,可分为拆迁房屋自身因素和拆迁房屋外部因素。其中自身因素可再分为区位因素、实物因素和权益因素三类,外部因素可分为人口因素、经济因素、社会因素、行政因素、国际因素、心理因素以及其他因素。

1) 拆迁房屋自身因素

(1) 区位因素

区位因素直接决定了房屋的自然属性,决定区位好坏主要是由于房地产的自然条件以及人为因素的影响,具体而言,主要包括以下三个方面,位置环境、交通条件以及公共设施完备程度等。

① 位置环境

房地产的位置环境具体包含拆迁该房屋所处的方位、距离、朝向等基本属性,同时也包含房屋的光照时间、容积率、周围的污染程度以及噪音情况。

② 交通条件

交通条件主要包括两点:一是房地产所处位置是否位于当地交通干道的附近;二是房地产是否利于对外交通,是否在地铁站、火车站、公交车站的附近,是否有利于业主出行及归返。

③ 公共服务设施完备程度

公共服务设施主要包括"七通一平"以及科教、文体、卫生等公共设施,给水、排水、供电、通信、供暖、供气等基本设施是否完善,学校区位(因素)、医疗机构、文艺场馆、体育设施等也与房屋的区位息息相关。除此之外,房地产周围的商贸服务设施,诸如超市等商业机构也影响被拆迁房屋的房地产价格。

(2) 实物因素

实物因素主要是指房地产本身的建筑因素,包含土地和房屋两个基本部分,主要解释如下:

① 土地实物

土地实物主要是指土地的基本属性,包括其面积、地势以及形状等,但是在本书提及的城市房屋拆迁估价过程中,对土地实物基本不予考虑,只做举例说明。

② 房屋实物

对于房屋实物因素,除了房屋本身的价格,还应该考虑其室内附属物、装修重置成本、完好程度、外观形象等因素,这些因素对房屋的价格都有着很直接的影响。在城市房屋拆迁估价过程中,估价应该主要考虑房屋本身的价格、室内附属物的价格、房屋的建筑结构、建筑材料的重置成本以及完损程度等因素。

(3) 权益因素

由于房地产的特殊性决定了其在利用上有着很多的限制和条件,这些因素也间接影响着房地产的价值或者价格,本文所列举的权益因素主要有以下三点:

① 权利限制状况

权利限制状况指的是房屋的产权归属等限制条件,这些条件对于房屋的交易、转让有着直接关系,因此也影响着房地产的价值。

② 使用管制

使用管制主要指的是地缘的属性条件,住宅用地、农业用地、商业用地还是工业用地,房地产所在土地的使用条件也大大制约着房地产的升值空间与开发利用状况。

③ 相邻关系

相邻关系指的是业主是否需要按照当地的民俗习惯对于自身的活动有所限制或者有所约束。从社区义务的视角来看,这种相邻条件的制约对房地产价格有着一定的影响,因为其影响到了房地产的使用价值。

2) 拆迁房屋外部因素

(1) 人口因素

人口是房地产的主要使用者,人口数量、人口素质、人口结构等情况在很大程度上影响着人口所在当地的房地产价格。人口因素对房地产价格的影响主要通过人口数量、人口素质和家庭人口规模三个方面。

(2) 经济因素

影响房地产价格的经济因素主要包括经济发展状况,储蓄、消费以及投资水平,财务与金融状况、物价、居民收入及就业水平、税收负担状况、技术革新及产业结构状况、城市交通体系状况以及国际化状况等,这些因素综合作用于房地产的价格,共同影响房地产的价格。

(3) 社会因素

社会因素主要是指社会状态和一般社会行为等对于房地产价格的作用影响,主要包含以下几个大方面:

① 政治安定状况

政治局势的安定与否,将极大影响投资和置业者的信心。政局稳定,则投资运转渠道正常,风险易于估计,投资回报目的容易实现,从而增加人们对房地产投资和置业的需求,带动房地产价格上涨;反之,投资者会抽走资金,抛售物业,使房地产价格下降。

② 社会治安状况

社会治安状况对房地产价格的影响比较明显。社会秩序安好则人们具有安全感,愿意置业和消费,从而带动房地产价格上涨;反之,若治安状况不好,人们的生命财产情况缺乏保障,影响人们置业的愿望,因而会造成不动产的价格下降。

③ 房地产投机

有些投机者会把房产的购买与出售作为一种投资行为,通过一系列的买进卖出,从中获取巨额的利润,这种投机行为在很多层面上都使房地产价格过快或者非理性的上涨,极大地影响房地产的价格。

④ 城市化

城市发展会促进城市化进程,城市化水平的高低反映了国家或地区的经济实力。人口密集、经济发达的城市就业机会较多,对于人口的吸引较为强劲,因此,城市化程度对于区域的房地产价格有着正相关的影响,北京、上海的高房价很好地反映了这一现象。

(4) 行政因素

影响房地产价格的行政因素,主要是指相关的法律法规、条例规范以及行政行为等情况,主要有土地制度、住房制度、土地利用规划及城市规划、建筑规范、相关税制、交通管制以及行政隶属关系变更。

(5) 国际因素

国际关系状况直接影响到国与国之间的往来,一方面影响到国家之间的外贸出口,从而影响外向型企业的供求关系及投资取向;另一方面也影响到国家质检人员往来和机构设置,这些情况的变更对房地产价格都有着不可忽视的影响。而具体国际因素主要包括世界经济、国际竞争、政治对立以及军事冲突等四个范畴领域。

(6) 心理因素

心理因素是影响房地产的重要因素,也是个人因素。根据消费者行为学的相关理论,消费者偏好、消费者消费某种物品所感到的满足程度都与心理因素有关。正是这样,它对物品的需求有很大影响,从而作用于该物品的价格使之产生变动。人们急于出售或购买房地产的心理,往往会导致房地产成交价格偏离其正常价格。另外,风水、门牌号码等也是常见的影响房地产价格的心理因素。

(7) 其他因素

除了上述论述的因素之外,还有其他无法归为某一类别的因素会对房地产的价格产生影响,如某些敏感信息的发布或者曝光,往往会引起房地产价格的起伏。

10.6.4 房屋拆迁评估方法

纵观国内外相关法规及实践操作,房屋拆迁补偿评估主要采用两种方法,即:房地合一和房地分离。目前我国城市房屋拆迁评估一般采用房地合一法,也称作房屋拆迁货币补偿基准价系数修正法。

1) 房地合一评估方法

房地合一评估方法是目前城市拆迁补偿中比较通用的一种计算模型,其基本思路就是根据拆一还一、就地安置的补偿原则,以评估时点被拆迁片区同地段、同用途新建商品房的交易平均价格为基数,作为被拆迁人房屋和土地使用权的补偿价格,它与房屋设施补偿、装修补偿一起构成房屋拆迁补偿总额。该方法的计算公式是:拆迁补偿金额=同地段、同用途新建商品房的交易平均价格×被拆迁面积×(1±住宅状况修正系数)+设施补偿费+装修补偿费+其他费用。

(1) 同地段、同用途新建商品房交易平均价格

一是采用市场比较法。在评估时点将评估对象与同地段、同用途新建商品房的市场价格进行比较,对这些类似房地产的已知价格作适当的修正,以此估算评估对象的客观合理价值;二是采用收益法。该方法预计评估对象未来的正常收益,选用适当的资本化率将其折现到评估时点后累加,以此估算评估对象的客观合理价值。

(2) 住宅状况修正系数

结合我国北京、上海等地方政府出台的相关政策,住宅状况修正系数的计算公式是:

住宅状况修正系数=年限修正系数+水、电、气修正系数+墙体修正系数+
　　　　　　　　　结构修正系数+门窗修正系数+区位因素调节系数+
　　　　　　　　　其他修正系数

(3) 设施补偿费

设施指水、电、气等设施,一般采用重置成本法,按照市场价格进行估算。

设施补偿费= 自有设施数量×重置价格

(4) 城市房屋装修补偿费

装修必须依附于建筑物,本身无法作为独立财产体现其价值,无法运用比较法、收益法评估,且同等装修价格在市场上差别很小,采用成本法即可以体现其价值。

装修补偿金额= 装修成本一折旧

2) 房地分离评估方法

在市场经济高速发展的时代,城市房屋拆迁补偿金额应与被拆迁的土地市场价值紧密联系在一起。目前我国土地价值评估的方法有基准地价法和成本逼近法。成本逼近法根据土地出让各项费用的总和来确定土地的市场价值,土地整治成本差异较大,因此不利于形成标准的计算方法。基准地价法是通过对被拆迁土地所在片区地价的动态化监测,通过容积率修正等方法获得土地的市场价值,计算方法较为简单,也易于建立比较严格的补偿标准。该方法的计算公式是:拆迁补偿费用=土地使用权补偿费+地上附着物补偿费+装修补偿费。

(1) 土地评估值

评估地价=基准地价×[1+(成熟度修正系数)+(区域和个别因素

修正系数)＋(土地使用权类型修正系数)]×容积率修正系数×年限修正系数×期日修正系数

(2) 土地使用权补偿价格标准

土地使用权补偿价格标准＝(拆迁后的土地使用权价格评估＋政策优惠部分－其他拆迁成本)÷拆迁面积

(3) 地上附着物费

地上附着物包括房屋及水、电、气等设施,一般采用重置成本法,按照评估时点的市场价格进行估算。房屋补偿金额＝房屋建筑面积×重置价格,房屋建筑面积包括自用面积和公共部位的分摊面积。水、电、气等设施补偿费＝自有设施数量×重置价格。

(4) 城市房屋装修费

该部分的补偿方法与前文中房地合一评估法中相关部分的补偿方法一致,不再重复。

3) 两种评估方法的比较分析

房地合一评估法通过市场比较法或收益法计算拆迁补偿金额,但是,该方法将房地产开发过程和土地的拆迁过程割裂开来,忽略了影响土地市场价值的重要因素——土地的规划指标,土地的市场价值未能得到充分的体现,不利于保护被拆迁人的权益。房地分离评估法则将土地的拆迁过程和房地产开发过程联系起来,以动态的土地基准地价为核心,充分考虑区位、规划指标等土地价值影响因素,真实地反映了土地的市场价值,因此,房地分离的评估法相对更加科学合理。土地基准地价和容积率调整系数一般由政府基于房地产市场的发展进行动态调整,政府需要建立一套完整的市场监控体系,定期公布土地市场和房地产开发市场的动态信息,为评估提供准确的基础数据。

10.6.5 房屋拆迁评估案例

1) 案例简介

2004年重庆市沙坪坝区工人村拆迁,由于危旧房较多,被沙坪坝区政府列为旧城改造项目。该项目水、电、气、通信、道路五通,各项条件一般;总占地面积14 575 m², 拆迁面积26 565 m²。拆迁房屋类型为住宅,拆迁房屋结构为砖混结构,补偿方式选择货币安置。根据沙坪坝区国土局公示函,该项目用地性质为住宅,最大建筑面积不超过86 444 m², 容积率为5.93。住户陈××拆迁面积65 m², 占地92 m², 房屋为木柱穿逗结构,住房曾在2001年装修过,装修成本8 560元。

2) 评估方法

(1) 房地合一的城市拆迁补偿评估

① 同地段、同用途住宅交易价格

a. 交易实例的选择。比较实例 A、B 和 C 均紧邻本项目，土地级别均为住宅五级，2004 年末扣除公摊后的折合住宅销售均价分别为 2 361.2 元/m²、2 335 元/m² 和 2 566.5 元/m²。

b. 住宅平均价格的计算。上述比较实例均紧邻本项目，环境、配套设施及繁华程度等因素极为相似，均为普通商品房，故不做差别调整，经简单算术平均得：

$$住宅平均价格 = \frac{2\,361.2 + 2\,335 + 2\,566.5}{3} = 2\,420.9 \ 元/m^2$$

② 住宅状况修正系数

根据被拆迁人陈××房屋的实际情况，其住宅状况修正系数如表 10-15 所示，合计为 −10.5%。

表 10-15 住宅状况修正系数

年限修正系数	−15%
水、电、气修正系数	0
墙体修正系数	−1%
结构修正系数	−2.5%
门窗修正系数	0
区位修正系数	+3%
其他因素调整系数	+5%
合计	−10.5%

③ 设施补偿费

按照重置价格法，陈××房屋的设施补偿费如表 10-16 所示，为 4 243 元。

表 10-16 设施补偿费

项目名称	单价(元/户)	数量(户)	金额(元)
天然气	2 250	1	2 250
水表	500	1	500
电表	660	1	660
闭路	450	1	450
宽带	300	1	300
电话	83	1	83
合计			4 243

④ 装修补偿费

按照每年 10% 的折旧计算，采用直线折旧法：

装修残值＝8 650×(1－10％×4)＝5 190元

⑤ 陈××拆迁补偿金额合计

$$\text{拆迁补偿金额} = \text{同地段、同用途新建商品房的交易平均价格} \times \text{被拆迁面积} \times (1 \pm \text{住宅状况修正系数}) + \text{设施补偿费} + \text{装修补偿费}$$

$$= 2\,420.9 \times 65 \times (1-10.5\%) + 4\,243 + 5\,190 = 15.02 \text{ 万元}$$

(2) 房地分离的城市拆迁补偿评估

① 评估样本点土地使用权价值评估

根据《重庆市人民政府关于调整国有土地使用权土地级别基准地价和土地出让金标准的通知》、《重庆地价指南》以及《重庆市国有土地使用权基准地价》等相关规定,可得下列数据(具体计算过程省略):

(a) 土地面积＝14 575 m²;(b) 区段均价＝1 237元/m²;(c) 成熟度修正系数＝－0.015;(d) 容积率修正系数＝2.548 8;(e) 土地使用权类型修正系数＝0;(f) 区域和个别因素修正系数＝0.104 9;(g) 期日修正系数＝1.297 38;(h) 年限修正系数＝1。

根据上文相关数据,单位土地使用权评估价值＝1 237×(1－0.015＋0.104 9＋0)×2.548 8×1×1.297 38＝4 458.19元/m²,土地使用权价值总额＝4 458.19×14 575＝6 497.8万元。

② 拆迁房屋土地使用权补偿价格

根据重庆市有关税收优惠措施,对于旧城改造项目,城市建设配套费和土地出让金实行拆1 m² 免1.5 m²,每平方米应缴纳土地出让金为270元,每平方米应缴纳城市建设配套费为140元,由此可得:

(a) 应缴纳土地出让金＝270×86 444＝2 333.998万元;(b) 土地出让金优惠＝1.5×26 565×270＝1 075.88万元;(c) 应缴纳城市建设配套费＝140×86 444＝1 210.216万元;(d) 城市建设配套费优惠＝1.5×26 565×140＝557.86万元;(e) 实际应缴纳土地出让金＝2 333.998－1 075.88＝1 258.118万元;(f) 实际应缴纳的城市建设配套费＝1 210.216－557.86＝652.356万元;(g) 政府转移补贴＝557.86万元;(h) 其他拆迁成本＝土地使用权价值×5％＝6 497.8×0.05＝324.89万元。

根据上文相关数据,被拆迁房屋实际补偿价格＝(6 497.8－1 258.118＋557.86－324.89)÷14 575＝3 754.82元/m²。

③ 分户土地使用权补偿价值

土地使用权补偿价值＝片区土地使用权平均补偿价格×占地面积＝3 754.82×92＝34 5443元。

④ 地上附着物价格补偿费

按照重置价格法对地上附着物进行补偿。

(a) 房屋补偿。根据重庆房屋评估标准，木柱穿逗结构房屋丙级的重置价格为 120 元/m²，房屋补偿金额＝120×65＝7 800 元。

(b) 设施补偿。按照重置价格法，陈××房屋的设施补偿费如表，为 4 243 元。

⑤ 装修补偿费

根据前文计算结果，装修补偿为 5 190 元。

⑥ 陈××拆迁补偿金额合计

拆迁补偿金额＝土地使用权补偿费＋地上附着物补偿费＋装修补偿费＝345 443＋7 800＋4 243＋5 190＝362 676 元。

3）评估结果

上述两种不同方法的评估结果，陈××的拆迁补偿金额相差近 21 万元。在城市房屋拆迁中，必须平衡开发商、政府、被拆迁人三者之间的经济利益，才能真正有效解决拆迁过程中的矛盾。就房地分离评估法的结果而言，该项目的土地使用权价值为 6 497.8 万元，折合楼面地价约为 751 元/m²，完全在开发商可承受的范围之内，而政府也获取多达 1 258 万元的土地出让金，同时，被拆迁人也多获得了将近 21 万元的补偿费。因此，从利益的分配角度看，房地分离的拆迁补偿计算方法有效实现了开发商、政府、被拆迁人的利益均衡，充分体现了土地使用权的市场价值，是一种比较科学的城市经营性土地拆迁补偿的评估方法。

复习思考题

1. 哪些因素会导致高压线下土地价格减损？
2. 高压线下土地价格与哪几方面存在着关系，存在什么样的关系？
3. 高尔夫球场用地估价的过程是怎样的？
4. 高尔夫球场用地取得价格的方法包括哪两方面？
5. 墓地估价的影响因素有哪些？
6. 墓地估价方法中还原法的过程？
7. 地铁对沿线房地产价值的影响机理包括哪几方面？
8. 地铁对沿线房地产价值的影响呈现出什么样的规律？
9. 征地评估的评估因素有哪些？
10. 征地评估的影响因素有哪几方面？
11. 征地评估主要有哪几种方法？
12. 房地产拆迁估价的评估原则包括哪几方面？
13. 房地产拆迁估价主要有哪些影响因素？
14. 房地产拆迁估价有哪几种方法？

附 录

附录1 中华人民共和国国家标准房地产估价规范

中华人民共和国国家标准房地产估价规范 GB/T 50291—1999
（一九九九年六月一日起执行）

1 总 则

1.0.1 为了规范房地产估价行为,统一估价程序和方法,做到估价结果客观、公正、合理,根据《中华人民共和国城市房地产管理法》、《中华人民共和国土地管理法》等法律、法规的有关规定,制定本规范。

1.0.2 本规范适用于房地产估价活动。

1.0.3 房地产估价应独立、客观、公正。

1.0.4 房地产估价除应符合本规范外,尚应符合国家现行有关标准、规范的规定。

2 术 语

2.0.1 房地产　real estate, real property
土地、建筑物及其他地上定着物,包括物质实体和依托于物质实体上的权益。

2.0.2 房地产估价　real estate appraisal, property valuation
专业估价人员根据估价目的,遵循估价原则,按照估价程序,选用适宜的估价方法,并在综合分析影响房地产价格因素的基础上,对房地产在估价时点的客观合理价格或价值进行估算和判定的活动。

2.0.3 估价对象　subject property
一个具体估价项目中需要估价的房地产。

2.0.4 估价目的　appraisal purpose
估价结果的期望用途。

2.0.5 估价时点　appraisal date, date of value
估价结果对应的日期。

2.0.6 客观合理价格或价值　value

某种估价目的特定条件下形成的正常价格。

2.0.7 公开市场 open market

在该市场上交易双方进行交易的目的在于最大限度地追求经济利益,并掌握必要的市场信息,有较充裕的时间进行交易,对交易对象具有必要的专业知识,交易条件公开并不具有排他性。

2.0.8 公开市场价值 open market value

在公开市场上最可能形成的价格。

采用公开市场价值标准时,要求评估的客观合理价格或价值应是公开市场价值。

2.0.9 类似房地产 similar property

与估价对象处在同一供求圈内,并在用途、规模、档次、建筑结构等方面与估价对象相同或相近的房地产。

2.0.10 同一供求圈 comparable search area

与估价对象具有替代关系、价格会相互影响的适当范围。

2.0.11 最高最佳使用 highest and best use

法律上允许、技术上可能、经济上可行,经过充分合理的论证,能使估价对象产生最高价值的使用。

2.0.12 市场比较法 market comparison approach, sales comparison approach

将估价对象与在估价时点近期有过交易的类似房地产进行比较,对这些类似房地产的已知价格作适当的修正,以此估算估价对象的客观合理价格或价值的方法。

2.0.13 收益法 income approach, income capitalization approach

预计估价对象未来的正常净收益,选用适当的资本化率将其折现到估价时点后累加,以此估算估价对象的客观合理价格或价值的方法。

2.0.14 成本法 cost approach

求取估价对象在估价时点的重置价格或重建价格,扣除折旧,以此估算估价对象的客观合理价格或价值的方法。

2.0.15 假设开发法 hypothetical development method, residual method

预计估价对象开发完成后的价值,扣除预计的正常开发成本、税费和利润等,以此估算估价对象的客观合理价格或价值的方法。

2.0.16 基准地价修正法 land datum value method

在政府确定公布了基准地价的地区,由估价对象所处地段的基准地价调整得出估价对象宗地价格的方法。

2.0.17 潜在毛收入 potential gross income

假定房地产在充分利用、无空置状态下可获得的收入。

2.0.18 有效毛收入 effective gross income
由潜在毛收入扣除正常的空置、拖欠租金以及其他原因造成的收入损失后所得到的收入。

2.0.19 运营费用 operating expenses
维持房地产正常生产、经营或使用必须支出的费用及归属于其他资本或经营的收益。

2.0.20 净收益 net income, net operating income
由有效毛收入扣除合理运营费用后得到的归属于房地产的收益。

2.0.21 建筑物重置价格 replacement cost of building
采用估价时点的建筑材料和建筑技术，按估价时点的价格水平，重新建造与估价对象具有同等功能效用的全新状态的建筑物的正常价格。

2.0.22 建筑物重建价格 reproduction cost of building
采用估价对象原有的建筑材料和建筑技术，按估价时点的价格水平，重新建造与估价对象相同的全新状态的建筑物的正常价格。

2.0.23 物质上的折旧 physical depreciation, physical deterioration
建筑物在物质实体方面的磨损所造成的建筑物价值的损失。

2.0.24 功能上的折旧 functional depreciation, functional obsolescence
建筑物在功能方面的落后所造成的建筑物价值的损失。

2.0.25 经济上的折旧 economic depreciation, economic obsolescence
建筑物以外的各种不利因素所造成的建筑物价值的损失。

2.0.26 估价结果 conclusion of value
关于估价对象的客观合理价格或价值的最终结论。

2.0.27 估价报告 appraisal report
全面、公正、客观、准确地记述估价过程和估价成果的文件，给委托方的书面答复，关于估价对象的客观合理价格或价值的研究报告。

3 估 价 原 则

3.0.1 房地产估价应遵循下列原则：
1 合法原则；
2 最高最佳使用原则；
3 替代原则；
4 估价时点原则。

3.0.2 遵循合法原则，应以估价对象的合法使用、合法处分为前提估价。

3.0.3 遵循最高最佳使用原则,应以估价对象的最高最佳使用为前提估价。当估价对象已做了某种使用,估价时应根据最高最佳使用原则对估价前提作出下列之一的判断和选择,并应在估价报告中予以说明:

1 保持现状前提:认为保持现状继续使用最为有利时,应以保持现状继续使用为前提估价;

2 转换用途前提:认为转换用途再予以使用最为有利时,应以转换用途后再予以使用为前提估价;

3 装修改造前提:认为装修改造但不转换用途再予以使用最为有利时,应以装修改造但不转换用途再予以使用为前提估价;

4 重新利用前提:认为拆除现有建筑物再予以利用最为有利时,应以拆除建筑物后再予以利用为前提估价;

5 上述情形的某种组合。

3.0.4 遵循替代原则,要求估价结果不得明显偏离类似房地产在同等条件下的正常价格。

3.0.5 遵循估价时点原则,要求估价结果应是估价对象在估价时点的客观合理价格或价值。

4 估 价 程 序

4.0.1 自接受估价委托至完成估价报告期间,房地产估价应按下列程序进行:

1 明确估价基本事项;

2 拟定估价作业方案;

3 搜集估价所需资料;

4 实地查勘估价对象;

5 选定估价方法计算;

6 确定估价结果;

7 撰写估价报告;

8 估价资料归档。

4.0.2 明确估价基本事项主要应包括下列内容:

1 明确估价目的;

2 明确估价对象;

3 明确估价时点。

注:1 估价目的应由委托方提出;

2 明确估价对象应包括明确估价对象的物质实体状况和权益状况;

3 估价时点应根据估价目的确定,采用公历表示,精确到日;

4 在明确估价基本事项时应与委托方共同商议,最后应征得委托方认可。

4.0.3 在明确估价基本事项的基础上,应对估价项目进行初步分析,拟定估价作业方案。

估价作业方案主要应包括下列内容:

1 拟采用的估价技术路线和估价方法;

2 拟调查搜集的资料及其来源渠道;

3 预计所需的时间、人力、经费;

4 拟定作业步骤和作业进度。

4.0.4 估价机构和估价人员应经常搜集估价所需资料,并进行核实、分析、整理。

估价所需资料主要应包括下列方面:

1 对房地产价格有普遍影响的资料;

2 对估价对象所在地区的房地产价格有影响的资料;

3 相关房地产交易、成本、收益实例资料;

4 反映估价对象状况的资料。

4.0.5 估价人员必须到估价对象现场,亲身感受估价对象的位置、周围环境、景观的优劣,查勘估价对象的外观、建筑结构、装修、设备等状况,并对事先收集的有关估价对象的坐落、四至、面积、产权等资料进行核实,同时搜集补充估价所需的其他资料,以及对估价对象及其周围环境或临路状况进行拍照等。

4.0.6 完成并出具估价报告后,应对有关该估价项目的一切必要资料进行整理、归档和妥善保管。

5 估 价 方 法

5.1 估价方法选用

5.1.1 估价人员应熟知、理解并正确运用市场比较法、收益法、成本法、假设开发法、基准地价修正法以及这些估价方法的综合运用。

5.1.2 对同一估价对象宜选用两种以上的估价方法进行估价。

5.1.3 根据已明确的估价目的,若估价对象适宜采用多种估价方法进行估价,应同时采用多种估价方法进行估价,不得随意取舍;若必须取舍,应在估价报告中予以说明并陈述理由。

5.1.4 有条件选用市场比较法进行估价的,应以市场比较法为主要的估价方法。

5.1.5 收益性房地产的估价,应选用收益法作为其中的一种估价方法。

5.1.6 具有投资开发或再开发潜力的房地产的估价,应选用假设开发法作为其中的一种估价方法。

5.1.7 在无市场依据或市场依据不充分而不宜采用市场比较法、收益法、假设开发法进行估价的情况下,可采用成本法作为主要的估价方法。

5.2 市场比较法

5.2.1 运用市场比较法估价应按下列步骤进行:

1 搜集交易实例;

2 选取可比实例;

3 建立价格可比基础;

4 进行交易情况修正;

5 进行交易日期修正;

6 进行区域因素修正;

7 进行个别因素修正;

8 求出比准价格。

5.2.2 运用市场比较法估价,应准确搜集大量交易实例,掌握正常市场价格行情。

搜集交易实例应包括下列内容:

1 交易双方情况及交易目的;

2 交易实例房地产状况;

3 成交价格;

4 成交日期;

5 付款方式。

5.2.3 根据估价对象状况和估价目的,应从搜集的交易实例中选取三个以上的可比实例。

选取的可比实例应符合下列要求:

1 是估价对象的类似房地产;

2 成交日期与估价时点相近,不宜超过一年;

3 成交价格为正常价格或可修正为正常价格。

5.2.4 选取可比实例后,应对可比实例的成交价格进行换算处理,建立价格可比基础,统一其表达方式和内涵。

换算处理应包括下列内容:

1 统一付款方式;

2 统一采用单价;

3 统一币种和货币单位;

4 统一面积内涵和面积单位。

注：1 统一付款方式应统一为在成交日期时一次总付清；

2 不同币种之间的换算，应按中国人民银行公布的成交日期时的市场汇率中间价计算。

5.2.5 进行交易情况修正，应排除交易行为中的特殊因素所造成的可比实例成交价格偏差，将可比实例的成交价格调整为正常价格。

有下列情形之一的交易实例不宜选为可比实例：

1 有利害关系人之间的交易；
2 急于出售或购买情况下的交易；
3 受债权债务关系影响的交易；
4 交易双方或一方对市场行情缺乏了解的交易；
5 交易双方或一方有特别动机或特别偏好的交易；
6 相邻房地产的合并交易；
7 特殊方式的交易；
8 交易税费非正常负担的交易；
9 其他非正常的交易。

注：1 当可供选择的交易实例较少，确需选用上述情形的交易实例时，应对其进行交易情况修正；

2 对交易税费非正常负担的修正，应将成交价格调整为依照政府有关规定，交易双方负担各自应负担的税费下的价格。

5.2.6 进行交易日期修正，应将可比实例在其成交日期时的价格调整为估价时点的价格。

交易日期修正宜采用类似房地产的价格变动率或指数进行调整。在无类似房地产的价格变动率或指数的情况下，可根据当地房地产价格的变动情况和趋势作出判断，给予调整。

5.2.7 进行区域因素修正，应将可比实例在其外部环境状况下的价格调整为估价对象外部环境状况下的价格。

区域因素修正的内容主要应包括：繁华程度，交通便捷程度，环境、景观，公共配套设施完备程度，城市规划限制等影响房地产价格的因素。

区域因素修正的具体内容应根据估价对象的用途确定。

进行区域因素修正时，应将可比实例与估价对象的区域因素逐项进行比较，找出由于区域因素优劣所造成的价格差异，进行调整。

5.2.8 进行个别因素修正，应将可比实例在其个体状况下的价格调整为估价对象个体状况下的价格。

有关土地方面的个别因素修正的内容主要应包括：面积大小，形状，临路状况，基础设施完备程度，土地平整程度，地势，地质水文状况，规划管制条件，土地使用权年限等;有关建筑物方面的个别因素修正的内容主要应包括:新旧程度,装修,设施设备,平面布置,工程质量,建筑结构,楼层,朝向等。

个别因素修正的具体内容应根据估价对象的用途确定。

进行个别因素修正时,应将可比实例与估价对象的个别因素逐项进行比较,找出由于个别因素优劣所造成的价格差异,进行调整。

5.2.9 交易情况、交易日期、区域因素和个别因素的修正,视具体情况可采用百分率法、差额法或回归分析法。

每项修正对可比实例成交价格的调整不得超过 20%,综合调整不得超过 30%。

5.2.10 选取的多个可比实例的价格经过上述各种修正之后,应根据具体情况计算求出一个综合结果,作为比准价格。

5.2.11 市场比较法的原理和技术,也可用于其他估价方法中有关参数的求取。

5.3 收益法

5.3.1 运用收益法估价应按下列步骤进行:

1 搜集有关收入和费用的资料;

2 估算潜在毛收入;

3 估算有效毛收入;

4 估算运营费用;

5 估算净收益;

6 选用适当的资本化率;

7 选用适宜的计算公式求出收益价格。

注:潜在毛收入、有效毛收入、运营费用、净收益均以年度计。

5.3.2 净收益应根据估价对象的具体情况,按下列规定求取:

1 出租型房地产,应根据租赁资料计算净收益,净收益为租赁收入扣除维修费、管理费、保险费和税金。

租赁收入包括有效毛租金收入和租赁保证金、押金等的利息收入。

维修费、管理费、保险费和税金应根据租赁契约规定的租金含义决定取舍。若保证合法、安全、正常使用所需的费用都由出租方承担,应将四项费用全部扣除;若维修、管理等费用全部或部分由承租方负担,应对四项费用中的部分项目作相应调整。

2 商业经营型房地产,应根据经营资料计算净收益,净收益为商品销售收入扣除商品销售成本、经营费用、商品销售税金及附加、管理费用、财务费用和厂商利润。

3 生产型房地产,应根据产品市场价格以及原材料、人工费用等资料计算净收益,净收益为产品销售收入扣除生产成本、产品销售费用、产品销售税金及附加、管理费用、财务费用和厂商利润。

  4 尚未使用或自用的房地产,可比照有收益的类似房地产的有关资料按上述相应的方式计算净收益,或直接比较得出净收益。

  5.3.3 估价中采用的潜在毛收入、有效毛收入、运营费用或净收益,除有租约限制的之外,都应采用正常客观的数据。

  有租约限制的,租约期内的租金宜采用租约所确定的租金,租约期外的租金应采用正常客观的租金。

  利用估价对象本身的资料直接推算出的潜在毛收入、有效毛收入、运营费用或净收益,应与类似房地产的正常情况下的潜在毛收入、有效毛收入、运营费用或净收益进行比较。若与正常客观的情况不符,应进行适当的调整修正,使其成为正常客观的。

  5.3.4 在求取净收益时,应根据净收益过去、现在、未来的变动情况及可获收益的年限,确定未来净收益流量,并判断该未来净收益流量属于下列哪种类型:

  1 每年基本上固定不变;
  2 每年基本上按某个固定的数额递增或递减;
  3 每年基本上按某个固定的比率递增或递减;
  4 其他有规则的变动情形。

  5.3.5 资本化率应按下列方法分析确定:

  1 市场提取法:应搜集市场上三宗以上类似房地产的价格、净收益等资料,选用相应的收益法计算公式,求出资本化率。

  2 安全利率加风险调整值法:以安全利率加上风险调整值作为资本化率。安全利率可选用同一时期的一年期国债年利率或中国人民银行公布的一年定期存款年利率;风险调整值应根据估价对象所在地区的经济现状及未来预测估价对象的用途及新旧程度等确定。

  3 复合投资收益率法:将购买房地产的抵押贷款收益率与自有资本收益率的加权平均数作为资本化率,按下式计算:

$$R = M \cdot R_M + (1-M)R_E \quad (5.3.5)$$

  式中,R 为资本化率(%);M 为贷款价值比率(%),抵押贷款额占房地产价值的比率;R_M 为抵押贷款资本化率(%),第一年还本息额与抵押贷款额的比率;R_E 为自有资本要求的正常收益率(%)。

  4 投资收益率排序插入法:找出相关投资类型及其收益率、风险程度,按风险大小排序,将估价对象与这些投资的风险程度进行比较,判断、确定资本化率。

  5.3.6 资本化率分为综合资本化率、土地资本化率、建筑物资本化率,它们之间的关系应按下式确定：

$$R_0 = L \cdot R_L + B \cdot R_B \tag{5.3.6}$$

式中：R_0 为综合资本化率(%)，适用于土地与建筑物合一的估价；R_L 为土地资本化率(%)，适用于土地估价；R_B 为建筑物资本化率(%)，适用于建筑物估价；L 为土地价值占房地价值的比率(%)；B 为建筑物价值占房地价值的比率(%)，$L+B=100\%$。

5.3.7 计算收益价格时应根据未来净收益流量的类型，选用对应的收益法计算公式。

收益法的基本公式如下：

$$V = \sum_{i=1}^{n} \frac{A_i}{(1+R)^i} \tag{5.3.7}$$

式中，V 为收益价格(元，元/m²)；A_i 为未来第 i 年的净收益(元，元/m²)；R 为资本化率(%)；n 为未来可获收益的年限(年)。

5.3.8 对于单独土地和单独建筑物的估价，应分别根据土地使用权年限和建筑物耐用年限确定未来可获收益的年限，选用对应的有限年的收益法计算公式，净收益中不应扣除建筑物折旧和土地取得费用的摊销。

对于土地与建筑物合一的估价对象，当建筑物耐用年限长于或等于土地使用权年限时，应根据土地使用权年限确定未来可获收益的年限，选用对应的有限年的收益法计算公式，净收益中不应扣除建筑物折旧和土地取得费用的摊销。

对于土地与建筑物合一的估价对象，当建筑物耐用年限短于土地使用权年限时，可采用下列方式之一处理：

1 先根据建筑物耐用年限确定未来可获收益的年限，选用对应的有限年的收益法计算公式，净收益中不应扣除建筑物折旧和土地取得费用的摊销；然后再加上土地使用权年限超出建筑物耐用年限的土地剩余使用年限价值的折现值。

2 将未来可获收益的年限设想为无限年，选用无限年的收益法计算公式，净收益中应扣除建筑物折旧和土地取得费用的摊销。

5.3.9 当利用土地与地上建筑物共同产生的收益单独求取土地价值时，在净收益每年不变、可获收益无限期的情况下，应采用下式：

$$V_L = \frac{A_0 - V_B \cdot R_B}{R_L} \tag{5.3.9-1}$$

当利用土地与地上建筑物共同产生的收益单独求取建筑物价值时，在净收益每年不变、可获收益无限期的情况下，应采用下式：

$$V_B = \frac{A_0 - V_L \cdot R_L}{R_B} \quad (5.3.9\text{-}2)$$

式中，A_0 为土地与地上建筑物共同产生的净收益(元，元/m²)；V_L 为土地价值(元，元/m²)；V_B 为建筑物价值(元，元/m²)。

5.4 成本法

5.4.1 运用成本法估价应按下列步骤进行：
1 搜集有关成本、税费、开发利润等资料；
2 估算重置价格或重建价格；
3 估算折旧；
4 求出积算价格。

5.4.2 重置价格或重建价格，应是重新取得或重新开发、重新建造全新状态的估价对象所需的各项必要成本费用和应纳税金、正常开发利润之和，其构成包括下列内容：
1 土地取得费用；
2 开发成本；
3 管理费用；
4 投资利息；
5 销售税费；
6 开发利润。

注：开发利润应以土地取得费用与开发成本之和为基础，根据开发、建造类似房地产相应的平均利润率水平来求取。

5.4.3 具体估价中估价对象的重置价格或重建价格构成内容，应根据估价对象的实际情况，在第5.4.2条列举的价格构成内容的基础上酌予增减，并应在估价报告中予以说明。

5.4.4 同一宗房地产，重置价格或重建价格在采取土地与建筑物分别估算、然后加总时，必须注意成本构成划分和相互衔接，防止漏项或重复计算。

5.4.5 求取土地的重置价格，应直接求取其在估价时点状况的重置价格。

5.4.6 建筑物的重置价格或重建价格，可采用成本法、市场比较法求取，或通过政府确定公布的房屋重置价格扣除土地价格后的比较修正来求取，也可按工程造价估算的方法具体计算。

建筑物的重置价格，宜用于一般建筑物和因年代久远、已缺少与旧有建筑物相同的建筑材料，或因建筑技术变迁，使得旧有建筑物复原建造有困难的建筑物的估价。

建筑物的重建价格，宜用于有特殊保护价值的建筑物的估价。

5.4.7 成本法估价中的建筑物折旧,应是各种原因造成的建筑物价值的损失,包括物质上的、功能上的和经济上的折旧。

5.4.8 建筑物损耗分为可修复和不可修复两部分。修复所需的费用小于或等于修复后房地产价值的增加额的,为可修复部分,反之为不可修复部分。对于可修复部分,可直接估算其修复所需的费用作为折旧额。

5.4.9 扣除折旧后的建筑物现值可采用下列公式求取:

1 直线法下的建筑物现值计算公式:

$$V = C - (C - S)\frac{t}{N} \tag{5.4.9-1}$$

2 双倍余额递减法下的建筑物现值计算公式:

$$V = C\left(1 - \frac{2}{N}\right)^t \tag{5.4.9-2}$$

3 成新折扣法下的建筑物现值计算公式:

$$V = Cq \tag{5.4.9-3}$$

式中,V 为建筑物现值(元,元/m²);C 为建筑物重置价格或重建价格(元,元/m²);S 为建筑物预计净残值(元,元/m²);t 为建筑物已使用年限(年);N 为建筑物耐用年限(年);q 为建筑物成新率(%)。

注:无论采用上述哪种折旧方法求取建筑物现值,估价人员都应亲临估价对象现场,观察、鉴定建筑物的实际新旧程度,根据建筑物的建成时间,维护、保养、使用情况,以及地基的稳定性等,最后确定应扣除的折旧额或成新率。

5.4.10 建筑物耐用年限分为自然耐用年限和经济耐用年限。估价采用的耐用年限应为经济耐用年限。

经济耐用年限应根据建筑物的建筑结构、用途和维修保养情况,结合市场状况、周围环境、经营收益状况等综合判断。

5.4.11 估价中确定建筑物耐用年限与折旧,遇有下列情况时的处理应为:

1 建筑物的建设期不计入耐用年限,即建筑物的耐用年限应从建筑物竣工验收合格之日起计;

2 建筑物耐用年限短于土地使用权年限时,应按建筑物耐用年限计算折旧;

3 建筑物耐用年限长于土地使用权年限时,应按土地使用权年限计算折旧;

4 建筑物出现于补办土地使用权出让手续之前,其耐用年限早于土地使用权年限而结束时,应按建筑物耐用年限计算折旧;

5 建筑物出现于补办土地使用权出让手续之前,其耐用年限晚于土地使用权年限而结束时,应按建筑物已使用年限加土地使用权剩余年限计算折旧。

5.4.12 积算价格应为重置价格或重建价格扣除建筑物折旧,或为土地的重置价格加上建筑物的现值,必要时还应扣除由于旧有建筑物的存在而导致的土地价值损失。

5.4.13 新开发土地和新建房地产可采用成本法估价,一般不应扣除折旧,但应考虑其工程质量和周围环境等因素给予适当修正。

5.5 假设开发法

5.5.1 运用假设开发法估价应按下列步骤进行:

1 调查待开发房地产的基本情况;
2 选择最佳的开发利用方式;
3 估计开发建设期;
4 预测开发完成后的房地产价值;
5 估算开发成本、管理费用、投资利息、销售税费、开发利润、投资者购买待开发房地产应负担的税费;
6 进行具体计算。

5.5.2 假设开发法适用于具有投资开发或再开发潜力的房地产的估价。运用此方法应把握待开发房地产在投资开发前后的状态,以及投资开发后的房地产的经营方式。

待开发房地产投资开发前的状态,包括生地、毛地、熟地、旧房和在建工程等;投资开发后的状态,包括熟地和房屋(含土地)等;投资开发后的房地产的经营方式,包括出售(含预售)、出租(含预租)和自营等。

5.5.3 运用假设开发法估算的待开发房地产价值应为开发完成后的房地产价值扣除开发成本、管理费用、投资利息、销售税费、开发利润和投资者购买待开发房地产应负担的税费。

5.5.4 预测开发完成后的房地产价值,宜采用市场比较法,并应考虑类似房地产价格的未来变动趋势。

5.5.5 开发利润的计算基数可取待开发房地产价值与开发成本之和,或取开发完成后的房地产价值。利润率可取同一市场上类似房地产开发项目相应的平均利润率。

5.5.6 运用假设开发法估价必须考虑资金的时间价值。在实际操作中宜采用折现的方法;难以采用折现的方法时,可采用计算利息的方法。

5.6 基准地价修正法

5.6.1 运用基准地价修正法估价应按下列步骤进行:

1 搜集有关基准地价的资料;
2 确定估价对象所处地段的基准地价;
3 进行交易日期修正;

4 进行区域因素修正；

5 进行个别因素修正；

6 求出估价对象宗地价格。

5.6.2 进行交易日期修正，应将基准地价在其基准日期时的值调整为估价时点的值。

交易日期修正的方法，同市场比较法中的交易日期修正的方法。

5.6.3 区域因素和个别因素修正的内容和修正的方法，同市场比较法中的区域因素和个别因素修正的内容和修正的方法。

5.6.4 运用基准地价修正法评估宗地价格时，宜按当地对基准地价的有关规定执行。

6 不同估价目的下的估价

6.0.1 房地产估价按估价目的进行分类，主要有下列类别：

1 土地使用权出让价格评估；

2 房地产转让价格评估；

3 房地产租赁价格评估；

4 房地产抵押价值评估；

5 房地产保险估价；

6 房地产课税估价；

7 征地和房屋拆迁补偿估价；

8 房地产分割、合并估价；

9 房地产纠纷估价；

10 房地产拍卖底价评估；

11 企业各种经济活动中涉及的房地产估价；

12 其他目的的房地产估价。

6.1 土地使用权出让价格评估

6.1.1 土地使用权出让价格评估，应依据《中华人民共和国城市房地产管理法》、《中华人民共和国土地管理法》、《中华人民共和国城镇国有土地使用权出让和转让暂行条例》以及当地制定的实施办法和其他有关规定进行。

6.1.2 土地使用权出让价格评估，应分清土地使用权协议、招标、拍卖的出让方式。协议出让的价格评估，应采用公开市场价值标准。招标和拍卖出让的价格评估，应为招标和拍卖底价评估，参照 6.10 房地产拍卖底价评估进行。

6.1.3 土地使用权出让价格评估，可采用市场比较法、假设开发法、成本法、基准地价修正法。

6.2 房地产转让价格评估

6.2.1 房地产转让价格评估,应依据《中华人民共和国城市房地产管理法》、《中华人民共和国土地管理法》、《城市房地产转让管理规定》以及当地制定的实施细则和其他有关规定进行。

6.2.2 房地产转让价格评估,应采用公开市场价值标准。

6.2.3 房地产转让价格评估,宜采用市场比较法和收益法,可采用成本法,其中待开发房地产的转让价格评估应采用假设开发法。

6.2.4 以划拨方式取得土地使用权的,转让房地产时应符合国家法律、法规的规定,其转让价格评估应另外给出转让价格中所含的土地收益值,并应注意国家对土地收益的处理规定,同时在估价报告中予以说明。

6.3 房地产租赁价格评估

6.3.1 房地产租赁价格评估,应依据《中华人民共和国城市房地产管理法》、《中华人民共和国土地管理法》、《城市房屋租赁管理办法》以及当地制定的实施细则和其他有关规定进行。

6.3.2 从事生产、经营活动的房地产租赁价格评估,应采用公开市场价值标准。

住宅的租赁价格评估,应执行国家和该类住宅所在地城市人民政府规定的租赁政策。

6.3.3 房地产租赁价格评估,可采用市场比较法、收益法和成本法。

6.3.4 以营利为目的出租划拨土地使用权上的房屋,其租赁价格评估应另外给出租金中所含的土地收益值,并应注意国家对土地收益的处理规定,同时在估价报告中予以说明。

6.4 房地产抵押价值评估

6.4.1 房地产抵押价值评估,应依据《中华人民共和国担保法》、《中华人民共和国城市房地产管理法》、《城市房地产抵押管理办法》以及当地和其他有关规定进行。

6.4.2 房地产抵押价值评估,应采用公开市场价值标准,可参照设定抵押权时的类似房地产的正常市场价格进行,但应在估价报告中说明未来市场变化风险和短期强制处分等因素对抵押价值的影响。

6.4.3 房地产抵押价值应是以抵押方式将房地产作为债权担保时的价值。

依法不得抵押的房地产,没有抵押价值。

首次抵押的房地产,该房地产的价值为抵押价值。

再次抵押的房地产,该房地产的价值扣除已担保债权后的余额部分为抵押价值。

6.4.4 以划拨方式取得的土地使用权连同地上建筑物抵押的,评估其抵押价

值时应扣除预计处分所得价款中相当于应缴纳的土地使用权出让金的款额,可采用下列方式之一处理:

1 首先求取设想为出让土地使用权下的房地产的价值,然后预计由划拨土地使用权转变为出让土地使用权应缴纳的土地使用权出让金等款额,两者相减为抵押价值。此时土地使用权年限设定为相应用途的法定最高年限,从估价时点起计。

2 用成本法估价,价格构成中不应包括土地使用权出让金等由划拨土地使用权转变为出让土地使用权应缴纳的款额。

6.4.5 以具有土地使用年限的房地产抵押的,评估其抵押价值时应考虑设定抵押权以及抵押期限届满时土地使用权的剩余年限对抵押价值的影响。

6.4.6 以享受国家优惠政策购买的房地产抵押的,其抵押价值为房地产权利人可处分和收益的份额部分的价值。

6.4.7 以按份额共有的房地产抵押的,其抵押价值为抵押人所享有的份额部分的价值。

6.4.8 以共同共有的房地产抵押的,其抵押价值为该房地产的价值。

6.5 房地产保险估价

6.5.1 房地产保险估价,应依据《中华人民共和国保险法》、《中华人民共和国城市房地产管理法》和其他有关规定进行。

6.5.2 房地产保险估价,分为房地产投保时的保险价值评估和保险事故发生后的损失价值或损失程度评估。

6.5.3 保险价值应是投保人与保险人订立保险合同时作为确定保险金额基础的保险标的的价值。

保险金额应是保险人承担赔偿或给付保险金责任的最高限额,也应是投保人对保险标的的实际投保金额。

6.5.4 房地产投保时的保险价值评估,应评估有可能因自然灾害或意外事故而遭受损失的建筑物的价值,估价方法宜采用成本法、市场比较法。

6.5.5 房地产投保时的保险价值,根据采用的保险形式,可按该房地产投保时的实际价值确定,也可按保险事故发生时该房地产的实际价值确定。

6.5.6 保险事故发生后的损失价值或损失程度评估,应把握保险标的房地产在保险事故发生前后的状态。对于其中可修复部分,宜估算其修复所需的费用作为损失价值或损失程度。

6.6 房地产课税估价

6.6.1 房地产课税估价应按相应税种为核定其计税依据提供服务。

6.6.2 有关房地产税的估价,应按相关税法具体执行。

6.6.3 房地产课税估价宜采用公开市场价值标准,并应符合相关税法的有关规定。

6.7 征地和房屋拆迁补偿估价

6.7.1 征地和房屋拆迁补偿估价,分为征用农村集体所有的土地的补偿估价(简称征地估价)和拆迁城市国有土地上的房屋及其附属物的补偿估价(简称拆迁估价)。

6.7.2 征地估价,应依据《中华人民共和国土地管理法》以及当地制定的实施办法和其他有关规定进行。

6.7.3 拆迁估价,应依据《城市房屋拆迁管理条例》以及当地制定的实施细则和其他有关规定进行。

6.7.4 依照规定,拆除违章建筑、超过批准期限的临时建筑不予补偿;拆除未超过批准期限的临时建筑给予适当补偿。

6.7.5 实行作价补偿的,可根据当地政府确定公布的房屋重置价格扣除土地价格后结合建筑物成新估价。

6.7.6 依法以有偿出让、转让方式取得的土地使用权,根据社会公共利益需要拆迁其地上房屋时,对该土地使用权如果视为提前收回处理,则应在拆迁补偿估价中包括土地使用权的补偿估价。此种土地使用权补偿估价,应根据该土地使用权的剩余年限所对应的正常市场价格进行。

6.8 房地产分割、合并估价

6.8.1 房地产分割、合并估价应注意分割、合并对房地产价值的影响。分割、合并前后的房地产整体价值不能简单等于各部分房地产价值之和。

6.8.2 分割估价应对分割后的各部分分别估价。

6.8.3 合并估价应对合并后的整体进行估价。

6.9 房地产纠纷估价

6.9.1 房地产纠纷估价,应对纠纷案件中涉及的争议房地产的价值、交易价格、造价、成本、租金、补偿金额、赔偿金额、估价结果等进行科学的鉴定,提出客观、公正、合理的意见,为协议、调解、仲裁、诉讼等方式解决纠纷提供参考依据。

6.9.2 房地产纠纷估价,应按相应类型的房地产估价进行。

6.9.3 房地产纠纷估价,应注意纠纷的性质和协议、调解、仲裁、诉讼等解决纠纷的不同方式,并将其作为估价依据,协调当事人各方的利益。

6.10 房地产拍卖底价评估

6.10.1 房地产拍卖底价评估为确定拍卖保留价提供服务,应依据《中华人民共和国拍卖法》、《中华人民共和国城市房地产管理法》和其他有关规定进行。

6.10.2 房地产拍卖底价评估,首先应以公开市场价值标准为原则确定其客观合理价格,之后再考虑短期强制处分(快速变现)等因素的影响确定拍卖底价。

6.11 企业各种经济活动中涉及的房地产估价

6.11.1 企业各种经济活动中涉及的房地产估价,包括企业合资、合作、联营、股份制改组、上市、合并、兼并、分立、出售、破产清算、抵债中的房地产估价。这种估价首先应了解房地产权属是否发生转移,若发生转移,则应按相应的房地产转让行为进行估价;其次应了解是否改变原用途以及这种改变是否合法,并应根据原用途是否合法改变,按"保持现状前提"或"转换用途前提"进行估价。

6.11.2 企业合资、合作、股份制改组、合并、兼并、分立、出售、破产清算等发生房地产权属转移的,应按房地产转让行为进行估价。但应注意破产清算与抵押物处置类似,属于强制处分、要求在短时间内变现的特殊情况;在购买者方面在一定程度上与企业兼并类似,若不允许改变用途,则购买者的范围受到一定限制,其估价宜低于公开市场价值。

6.11.3 企业联营一般不涉及房地产权属的转移。企业联营中的房地产估价,主要为确定以房地产作为出资的出资方的分配比例服务,宜根据具体情况采用收益法、市场比较法、假设开发法,也可采用成本法。

6.12 其他目的的房地产估价

6.12.1 其他目的的房地产估价,包括房地产损害赔偿估价等。

6.12.2 房地产损害赔偿估价,应把握被损害房地产在损害发生前后的状态。对于其中可修复部分,宜估算其修复所需的费用作为损害赔偿价值。

7 估价结果

7.0.1 对不同估价方法估算出的结果,应进行比较分析。当这些结果差异较大时,应寻找并排除出现差异的原因。

7.0.2 对不同估价方法估算出的结果应做下列检查:

1 计算过程是否有误;
2 基础数据是否准确;
3 参数选择是否合理;
4 是否符合估价原则;
5 公式选用是否恰当;
6 选用的估价方法是否适宜估价对象和估价目的。

7.0.3 在确认所选用的估价方法估算出的结果无误之后,应根据具体情况计算求出一个综合结果。

7.0.4 在计算求出一个综合结果的基础上,应考虑一些不可量化的价格影响因素,对该结果进行适当的调整,或取整,或认定该结果,作为最终的估价结果。

当有调整时,应在估价报告中明确阐述理由。

8 估价报告

8.0.1 估价报告应做到下列几点:

1 全面性:应完整地反映估价所涉及的事实、推理过程和结论,正文内容和附件资料应齐全、配套;

2 公正性和客观性:应站在中立的立场上对影响估价对象价格或价值的因素进行客观的介绍、分析和评论,作出的结论应有充分的依据;

3 准确性:用语应力求准确,避免使用模棱两可或易生误解的文字,对未经查实的事项不得轻率写入,对难以确定的事项应予以说明,并描述其对估价结果可能产生的影响;

4 概括性:应用简洁的文字对估价中所涉及的内容进行高度概括,对获得的大量资料应在科学鉴别与分析的基础上进行筛选,选择典型、有代表性、能反映事情本质特征的资料来说明情况和表达观点。

8.0.2 估价报告应包括下列部分:

1 封面;

2 目录;

3 致委托方函;

4 估价师声明;

5 估价的假设和限制条件;

6 估价结果报告;

7 估价技术报告;

8 附件。

8.0.3 对于成片多宗房地产的同时估价,且单宗房地产的价值较低时,估价结果报告可采用表格的形式。除此之外的估价结果报告,应采用文字说明的形式。

8.0.4 估价报告应记载下列事项:

1 估价项目名称;

2 委托方名称或姓名和住所;

3 估价方(房地产估价机构)名称和住所;

4 估价对象;

5 估价目的;

6 估价时点;

7 价值定义;

8 估价依据;

9 估价原则;

10 估价技术路线、方法和测算过程;

11 估价结果及其确定的理由；
　　12 估价作业日期；
　　13 估价报告应用的有效期；
　　14 估价人员；
　　15 注册房地产估价师的声明和签名、盖章；
　　16 估价的假设和限制条件；
　　17 附件，应包括反映估价对象位置、周围环境、形状、外观和内部状况的图片，估价对象的产权证明，估价中引用的其他专用文件资料，估价人员和估价机构的资格证明。

　　8.0.5　估价报告中应充分描述说明估价对象状况，包括估价对象的物质实体状况和权益状况，其中：
　　1 对土地的描述说明应包括：名称，坐落，面积，形状，四至、周围环境、景观，基础设施完备程度，土地平整程度，地势、地质、水文状况，规划限制条件，利用现状，权属状况。
　　2 对建筑物的描述说明应包括：名称，坐落，面积，层数，建筑结构，装修，设施设备，平面布置，工程质量，建成年月，维护、保养、使用情况，地基的稳定性，公共配套设施完备程度，利用现状，权属状况。

　　8.0.6　估价报告中注册房地产估价师的声明应包括下列内容，并应经注册房地产估价师签名、盖章：
　　1 估价报告中估价人员陈述的事实是真实的和准确的。
　　2 估价报告中的分析、意见和结论，是估价人员自己公正的专业分析、意见和结论，但受到估价报告中已说明的假设和限制条件的限制。
　　3 估价人员与估价对象没有(或有已载明的)利害关系，也与有关当事人没有(或有已载明的)个人利害关系或偏见。
　　4 估价人员是依照中华人民共和国国家标准《房地产估价规范》进行分析，形成意见和结论，撰写估价报告。
　　5 估价人员已(或没有)对估价对象进行了实地查勘，并应列出对估价对象进行了实地查勘的估价人员的姓名。
　　6 没有人对估价报告提供了重要专业帮助(若有例外，应说明提供重要专业帮助者的姓名)。
　　7 其他需要声明的事项。

　　8.0.7　估价报告应由注册房地产估价师签名、盖章并加盖估价机构公章才具有法律效力。在估价报告上签名、盖章的注册房地产估价师和加盖公章的估价机构，对估价报告的内容和结论负责任。

9 职业道德

9.0.1 估价人员和估价机构不得作任何虚伪的估价,应做到公正、客观、诚实。

9.0.2 估价人员和估价机构应保持估价的独立性,必须回避与自己、亲属及其他有利害关系人有关的估价业务。

9.0.3 估价人员和估价机构若感到自己的专业能力所限而难以对某房地产进行估价时,不应接受该项估价委托。

9.0.4 估价人员和估价机构应妥善保管委托方的文件资料,未经委托方的书面许可,不得将委托方的文件资料擅自公开或泄漏给他人。

9.0.5 估价机构应执行政府规定的估价收费标准,不得以不正当理由或名目收取额外的费用,或降低收费标准,进行不正当的竞争。

9.0.6 估价人员和估价机构不得将资格证书借给他人使用或允许他人使用自己的名义,不得以估价者身份在非自己估价的估价报告上签名、盖章。

附录 A 估价报告的规范格式

A.0.1 封面:

(标题:)房地产估价报告

估价项目名称:(说明本估价项目的全称)

委托方:(说明本估价项目的委托单位的全称,个人委托的为个人的姓名)

估价方:(说明本估价项目的估价机构的全称)

估价人员:(说明参加本估价项目的估价人员的姓名)

估价作业日期:(说明本次估价的起止年月日,即正式接受估价委托的年月日至完成估价报告的年月日)

估价报告编号:(说明本估价报告在本估价机构内的编号)

A.0.2 目录:

(标题:)目录

一、致委托方函

二、估价师声明

三、估价的假设和限制条件

四、估价结果报告

(一)

(二)

……

五、估价技术报告(可不提供给委托方,供估价机构存档和有关管理部门查阅等)

(一)

(二)

……

六、附件

(一)

(二)

……

A.0.3 致委托方函:

(标题:)致委托方函

致函对象(为委托方的全称)

致函正文(说明估价对象、估价目的、估价时点、估价结果)

致函落款(为估价机构的全称,并加盖估价机构公章,法定代表人签名、盖章)

致函日期(为致函的年月日)

A.0.4 估价师声明:

(标题:)估价师声明

我们郑重声明:

1 我们在本估价报告中陈述的事实是真实的和准确的。

2 本估价报告中的分析、意见和结论是我们自己公正的专业分析、意见和结论,但受到本估价报告中已说明的假设和限制条件的限制。

3 我们与本估价报告中的估价对象没有(或有已载明的)利害关系,也与有关当事人没有(或有已载明的)个人利害关系或偏见。

4 我们依照中华人民共和国国家标准《房地产估价规范》进行分析,形成意见和结论,撰写本估价报告。

5 我们已(或没有)对本估价报告中的估价对象进行了实地查勘(在本声明中应清楚地说明哪些估价人员对估价对象进行了实地查勘,哪些估价人员没有对估价对象进行实地查勘)。

6 没有人对本估价报告提供了重要专业帮助(若有例外,应说明提供重要专业帮助者的姓名)。

7 (其他需要声明的事项)

参加本次估价的注册房地产估价师签名、盖章(至少有一名)

A.0.5 估价的假设和限制条件:

(标题:)估价的假设和限制条件

(说明本次估价的假设前提,未经调查确认或无法调查确认的资料数据,估价

中未考虑的因素和一些特殊处理及其可能的影响,本估价报告使用的限制条件)

A.0.6　估价结果报告:
(标题:)房地产估价结果报告
(一)委托方(说明本估价项目的委托单位的全称、法定代表人和住所,个人委托的为个人的姓名和住所)
(二)估价方(说明本估价项目的估价机构的全称、法定代表人、住所、估价资格等级)
(三)估价对象(概要说明估价对象的状况,包括物质实体状况和权益状况。其中,对土地的说明应包括:名称,坐落,面积,形状,四至、周围环境、景观,基础设施完备程度,土地平整程度,地势、地质、水文状况,规划限制条件,利用现状,权属状况;对建筑物的说明应包括:名称,坐落,面积,层数,建筑结构,装修,设施设备,平面布置,工程质量,建成年月,维护、保养、使用情况,公共配套设施完备程度,利用现状,权属状况)
(四)估价目的(说明本次估价的目的和应用方向)
(五)估价时点(说明所评估的客观合理价格或价值对应的年月日)
(六)价值定义(说明本次估价采用的价值标准或价值内涵)
(七)估价依据(说明本次估价依据的本房地产估价规范,国家和地方的法律、法规,委托方提供的有关资料,估价机构和估价人员掌握和搜集的有关资料)
(八)估价原则(说明本次估价遵循的房地产估价原则)
(九)估价方法(说明本次估价的思路和采用的方法以及这些估价方法的定义)
(十)估价结果(说明本次估价的最终结果,应分别说明总价和单价,并附大写金额。若用外币表示,应说明估价时点中国人民银行公布的人民币市场汇率中间价,并注明所折合的人民币价格)
(十一)估价人员(列出所有参加本次估价的人员的姓名、估价资格或职称,并由本人签名、盖章)
(十二)估价作业日期(说明本次估价的起止年月日)
(十三)估价报告应用的有效期(说明本估价报告应用的有效期,可表达为到某个年月日止,也可表达为多长年限,如一年)

A.0.7　估价技术报告:
(标题:)房地产估价技术报告
(一)个别因素分析(详细说明、分析估价对象的个别因素)
(二)区域因素分析(详细说明、分析估价对象的区域因素)
(三)市场背景分析(详细说明、分析类似房地产的市场状况,包括过去、现在和可预见的未来)

（四）最高最佳使用分析（详细分析、说明估价对象最高最佳使用）

（五）估价方法选用（详细说明估价的思路和采用的方法及其理由）

（六）估价测算过程（详细说明测算过程，参数确定等）

（七）估价结果确定（详细说明估价结果及其确定的理由）

A.0.8 附件：

（标题：）附件

估价对象的位置图，四至和周围环境图，土地形状图，建筑平面图，外观和内部照片，项目有关批准文件，产权证明，估价中引用的其他专用文件资料，估价人员和估价机构的资格证明等。

A.0.9 制作要求：

估价报告应做到图文并茂，所用纸张、封面、装订应有较好的质量。纸张大小应采用 A4 纸规格。

规范用词用语说明

1. 为便于在执行本规范条文时区别对待，对要求严格程度不同的用词说明如下：

（1）表示很严格，非这样做不可的用词：

正面词采用"必须"，反面词采用"严禁"；

（2）表示严格，在正常情况下均应这样做的用词：

正面词采用"应"，反面词采用"不应"或"不得"；

（3）表示允许稍有选择，在条件许可时首先应这样做的用词：

正面词采用"宜"，反面词采用"不宜"；

表示有选择，在一定条件下可以这样做的，采用"可"。

2. 规范中指定应按其他有关标准、规范执行时，写法为：

"应符合……的规定"或"应按……执行"。

附录2 房地产估价报告实例

房地产估价报告

估价项目名称：××××一期在建工程项目评估

委托估价方：南京××物业有限公司

受托估价方：东南房地产评估有限公司

估 价 人 员：×××　×××

评估基准日：2002年5月20日

估价作业日期：2002年3月25日至2002年5月20日

估价报告编号：东南估房字〔2002〕第035号

一、致委托方函

南京××物业有限公司：

受贵公司委托，我公司组织有关专业技术人员，本着客观、公正、科学的原则，对贵公司投资建设的，位于南京市××一期01、02、03、04、05、06、07、08、19、20、21幢在建工程及其所占相应土地的市场价值进行了评估。我们按照国家有关法规、制度，遵循评估程序，对贵公司所提供的项目报建资料及文件、房屋权属文件、图纸等资料进行了验证和实地勘察、核实，并根据评估对象的实际情况，运用科学的评估方法，通过周密的分析和测算，结合估价实务经验确定被评估标的物在2002年5月20日的市场价值为人民币4525万元，大写人民币肆仟伍佰贰拾伍万元整。

致礼！

东南房地产评估有限公司
2002/5/20

二、估价师声明

我们郑重声明：

1. 我们在本估价报告中陈述的事实是真实的和准确的。

2. 本估价报告中的分析、意见和结论是我们自己公正的专业分析、意见和结论，但受到本估价报告中已说明的假设和限制条件的限制。

3. 我们与本估价报告中的估价对象没有利害关系，也与有关当事人没有个人利害关系或偏见。

4. 我们依照中华人民共和国国家标准 GB/T 50291—1999《房地产估价规范》进行分析，并形成意见和结论，撰写本估价报告。

5. 我们对本估价报告中的估价对象进行了实地查勘。

6. 本估价报告为在委托估价方提供现有资料的基础上评估的，仅为委托估价方以估价对象作抵押贷款提供客观的价值依据，估价机构对非法使用本报告或用作他项用途者，均不负任何法律或经济责任。

7. 本估价报告自估价期日起一年内有效，若过期使用，应根据市场情况进行相应修正或重新评估。

8. 本报告由东南大学投资评估咨询有限公司负责解释。

估价师(签字)：×××　×××

2002/5/20

三、估价的假设和限制条件

1. 本次估价的前提条件
(1) 该房地产的权属清晰；
(2) 该房地产可以在市场上公开转让、出租；
(3) 买卖双方、租赁双方均有合理的洽谈时间，对目前的市场有充分的了解；
(4) 委估方对委估标的拥有合法的权属。

2. 本次评估结果是反映评估对象在本次评估目的下，根据公开市场原则确定的现行公允市价，没有考虑将来可能的特殊交易方法（如强制拍卖）对该评估价的影响，也未考虑国家宏观经济政策发生变化、城市总体规划发生重大调整以及遇有自然力和其他不可抗力对评估价的影响。

3. 本次评估的价格仅为以被评估物业进行抵押贷款提供参考依据。未经本评估公司同意，不得作为其他用途。

4. 本评估报告结果包含与房地产不可分割的满足其使用功能的水、电、气，以及配套的所有相关辅助设施。

5. 本次评估的总建筑面积、各层建筑面积及公共分摊面积，均以委估方提供的、南京市房产管理局颁发的《商品房销售许可证》及相关图纸为依据，如面积有变化，均按南京市房产局产权监理处的测定结果为准，其价值应作相应的调整。

6. 根据国务院颁发的《中华人民共和国城镇国有土地使用权出让和转让暂行条例》中所规定的各类用途土地最高使用年限，住宅用地为70年，故本次评估是按70年的土地使用年限考虑，即自1999年06月28日起至2069年06月27日止。

四、估价结果报告

(一) 委估项目

××一期01、02、03、04、05、06、07、08、19、20、21幢在建工程评估。

(二) 委托估价方

单位名称:南京××物业有限公司

单位地址:南京市鼓楼区北京西路65号135室(西苑宾馆)

法定代表人:

联系人:

联系电话:86212305

(三) 受托估价方

单位名称:东南房地产评估有限公司

单位地址:南京市四牌楼2号

资质证书号:苏房估字第061号

法定代表人:×××

联系人:×××

联系电话:83782222

(四) 估价对象状况

1. 权属状况

位于南京市鼓楼区湘江路的××一期工程,是南京××物业有限公司投资建设的高档住宅小区。项目总占地面积约9万 m²,建筑面积约12万 m²,880套颇具现代居住理念的商品房。××一期工程2001年9月开工,分三期滚动开发,预计2003年10月全部竣工,交付使用。经过半年多的建设,已打完工程桩,一期工程已建到2至6层不等。到目前为止,工程安排合理,项目管理科学,整个工程进展顺利。

本次评估标的物为××一期在建工程,总建筑面积为37 360.63 m²,按照配比原则求得相应土地面积为27 072.92 m²(容积率为1.38),目前已建的在建工程面积为20 608.73 m²,则相应分摊可抵押土地面积为14 933.86 m²。《国有土地使用证》权证编号为:宁鼓国用(2001)字第07040号。土地用途为商业、住宅。一期规划用途为住宅,土地使用期限为70年,自1999年06月28日起至2069年06月27日止。经核实,该项目土地使用权证真实有效,项目建设手序完备有效,项目权属明确、合法。

2. 基础设施及配套状况

××一期工程位于鼓楼区湘江路,地处南京河西中保。经过多年的开发建设,南京河西已逐步形成较浓的商业氛围和良好的居住环境,各种生活服务设施不断完善,区域交通便利,与城市主干道联结畅通。城市供水、排水、供电、通信等配套设施齐全。

(五) 估价目的

本次评估是为委估方以评估标的物向银行申请抵押贷款提供客观的价值依据。

(六) 估价时点

本报告确定估价时点为二〇〇二年五月二十日。

(七) 估价原则

1 遵循客观、公正、科学、合理的原则;
2 遵循合法原则,应以估价对象的合法使用、合法处分为前提估价;
3 遵循最高最佳使用原则,应以估价对象的最高最佳使用为前提估价;
4 遵循替代原则,要求估价结果不得明显偏离类似房地产在同等条件下的正常价格;
5 遵循估价时点原则,要求估价结果应是估价对象在估价时点的客观合理价格。

(八) 估价依据

1 《中华人民共和国城市房地产管理法》;
2 《中华人民共和国城镇国有土地使用权出让和转让暂行条例》;
3 国务院、建设部、江苏省、南京市政府颁布的有关法规和政策文件;
4 中华人民共和国国家标准 GB/T 50291—1999《房地产估价规范》;
5 南京市城市总体规划,近期、远期规划;
6 南京市社会发展水平及有关统计资料;
7 近年来中国人民银行存贷款利率和国债利率波动情况;
8 近年来本地区同类物业价格波动情况以及交易行情;
9 近年来类似地区、类似房地产租赁市场价格波动情况;
10 近期房地产市场信息;
11 委估方提供的土地权属、项目进展情况等有关资料;
12 估价人员实地勘察收集的相关资料。
13 江苏省建筑工程预算定额、单位估价表、近期造价信息。

(九)估价方法

本次评估采用假设开发法和市场比较法进行综合评估。其理论依据和技术路线是：

1 假设开发法

假设开发法是将估价对象房地产的预期开发后的价值，扣除其预期的正常开发费用、销售费用、销售税金、贷款利息及开发利润，根据剩余之数来确定估价对象房地产价格的一种估价方法。计算公式为：

售价＝土地价＋建造成本＋专业费用＋利息＋销售费用＋税金＋利润

由于本次被评估物业为在建工程，且有较明显市场性。因此，本次评估采用假设开发法较为合理。

2 市场比较法

目前与委估标的物近似物业的市场交易比较活跃，我公司估价人员选择了相同区域、相同用途、相似结构等同类房地产交易实例，通过对交易实例与委估标的分析、比较，在对交易实例进行交易情况、交易日期、区域因素和个别因素的修正后，估算委估物业完全竣工后的市场价值，并将其代入假设开发法中进行计算，得出评估结果。

(十)估价结果

本次评估确定委估房地产在2002年5月20日的市场价格为人民币4 525万元，大写人民币肆仟伍佰贰拾伍万元整。

(十一)估价员

项目负责人：　（签字）×××。
注册房地产估价师证书号：3298046
估 价 师：　（签字）×××　×××。
注册房地产估价师证书号：3220000125

(十二)估价作业日期

2002年3月25日起至2002年5月20日止。

(十三)估价报告应用的有效期

一年(自2002年5月20日起至2003年5月19日止)。

东南房地产评估有限公司
2002/05/20

五、房地产估价技术报告

(一) 房地产价格影响因素分析

1. 一般因素

南京市位于沪宁、宁芜、津浦铁路的交汇处,富饶的长江下游,城市性质为著名古都、省会、沿海地区和长江流域重要的中心城市。南京港是目前最深入内地的开放港口,辐射长江中上游广大腹地,是内地经济从长江走向世界的一条重要通道。铁路、公路、水运、航空衔接配套,使南京成为长江中下游地区的交通枢纽。南京市目前已成为长江三角洲经济核心区,是我国四大科研和教育中心城市之一。房地产业作为南京市经济的增长点,经过前几年波及全国的房地产虚热后,目前已步入平稳发展的时期,尤其是南京市市政府近几年对基础设施投资大幅度增加,供水、排水、供电、供气、电讯等条件的改善,道路改造步伐加快,增强了城市房地产价格潜在升值的趋势。随着市场化进程的加快,政府制定了一系列的法律、法规来规范房地产市场,从而限制了土地供给总量,使城市房地产价格水平总体上稳中有升。

2. 个别因素

××一期工程位于南京市鼓楼区湘江路,是南京××物业有限公司投资建设的高档住宅小区。项目总占地面积约 9 万 m^2,建筑面积约 12 万 m^2,880 套颇具现代居住理念的商品房。××一期工程 2001 年 9 月开工,分三期滚动开发,预计 2003 年 10 月全部竣工,交付使用。经过半年多的建设,已打完工程桩,一期工程已建到 2 至 6 层不等。到目前为止,工程安排合理,项目管理科学,整个工程进展顺利。

本次评估标的物为××一期在建工程,建筑面积 37 360.63 m^2,相应土地面积为 27 072.92 m^2。《国有土地使用证》编号为:宁鼓国用〔2001〕字第 07040 号,规划用途为住宅,住宅用地使用期限为 70 年,自 1999 年 06 月 28 日起至 2069 年 06 月 27 日止。经核实,该项目土地使用权证真实有效,项目建设手续完备有效,项目权属明确、合法。

××一期工程位于鼓楼区湘江路,地处南京河西中保。经过多年的开发建设,南京河西已逐步形成较浓的商业氛围和良好的居住环境,各种生活服务设施不断完善,区域交通便利,与城市主干道联结畅通。城市供水、排水、供电、通信等配套设施齐全。

(二) 估价方法选用

一般而言,估价方法主要有重置成本、收益还原法、市场比较法、假设开发法、基准地价系数修正法和路线价法等多种方法。不同估价方法从不同角度反映了所估物业在一定权利状态和一定时间点的价格水平，但各方法的适用条件、方法特点、资料要求有所不同。估价实务中，需根据待估物业的估价目的、利用类型、实际情况、所在地区的房地产市场资料等选择合适的估价方法。

根据委估方提供的有关资料和受托方掌握的市场地价资料，在遵循有关法规、政策、符合评估的技术标准的基础上，经过评估人员的实地勘查和认真分析，本次评估选用假设开发法辅以市场比较法进行评估，综合确定评估结果。

（三）评估过程

1. 求取评估标的物竣工后的市场价现值

评估标的物竣工后的市场价现值是指××一期工程竣工验收后，办理齐所有销售手续进入市场的价格的现值。此现值的求取采用市场比较法进行。

（1）选择比较案例

根据替代原则，选取近期同一区域内的几个相类似项目作为交易案例进行比较。具体案例见表1。

表1 比较案例及比较因素表

比较因素		委估房地产	案例一	案例二	案例三
名 称		××一期工程	聚福园	雅瑰园	长江之家
交易价格（均价）		待定	3 700	3 500	3 400
交易日期		2002.3	2002.3	2002.3	2002.3
交易方式			出售	出售	出售
交易情况		正常	正常	正常	正常
区域因素	距主干道程度	临街	临街	临街	临街
	区域繁华程度	一般	一般	一般	一般
	道路通达度	一般	较高	较高	一般
	交通便利度	便利	较好	较好	便利
	基础设施完善度	良好	良好	良好	良好
	公用设施完备度	一般	一般	一般	一般
	环境质量优劣度	一般	一般	一般	一般
个别因素	临街状况	良好	良好	良好	良好
	规划水平	较好	较好	较好	较好
	配套水平	齐全	齐全	齐全	齐全
	市场形象	一般	较好	较好	较好

(2) 比较因素的选择

根据估价对象与交易案例实际情况,选用影响房地产价格的比较因素,主要包括:交易情况、交易方式、交易日期、区域因素和个别因素等,详见表2。

表2　因素条件指数表

比较因素		委估房地产	案例一	案例二	案例三
交易日期		100	100	100	100
交易方式		100	100	100	100
交易情况		100	100	100	100
区域因素	距主干道距离	100	100	100	100
	区域繁华程度	100	100	100	100
	道路通达度	100	105	105	100
	交通便利度	100	100	100	100
	基础设施完善度	100	100	100	100
	公用设施完备度	100	100	100	100
	环境质量优劣度	100	100	100	100
个别因素	临街状况	100	100	100	100
	规划水平	100	100	100	100
	配套水平	100	100	100	100
	市场形象	100	104	104	104

(3) 比较因素修正

将交易案例与估价对象进行比较,从交易情况、交易方式、交易日期、区域因素和个别因素等方面进行系数修正,得出估价对象的比准价格,详见表3。

表3　因素比较修正系数表

比较因素		案例一	案例二	案例三
交易日期		100/100	100/100	100/100
交易方式		100/100	100/100	100/100
交易情况		100/100	100/100	100/100
区域因素	距主干道距离	100/100	100/100	100/100
	区域繁华程度	100/100	100/100	100/100
	道路通达度	100/100	100/100	100/100
	交通便利度	100/101	100/101	100/100
	基础设施完善度	100/100	100/100	100/100
	公用设施完备度	100/100	100/100	100/100
	环境质量优劣度	100/100	100/100	100/100

续表3

	比较因素	案例一	案例二	案例三
个别因素	临街状况	100/100	100/100	100/100
	规划水平	100/100	100/100	100/100
	配套水平	100/100	100/100	100/100
	市场形象	100/101	100/101	100/101
	比准价格	3 627 元/m²	3 431 元/m²	3 394 元/m²

（4）评估标的物竣工后的市场价现值

由于比较案例与评估对象在同一区域内，故采取算术平均法求取评估标的物竣工后的市场价现值，则评估标的物竣工后的市场价现值为：

$$标的物竣工后的市场价现值 = \frac{3\,627+3\,431+3\,394}{3} = 3\,484(元/m^2)$$

2. 土地现价求取

(1) 计算公式

根据假设开发法可知：

销售价格＝地价＋建造成本＋专业费用＋利息＋销售费用＋税金＋利润

则　地价＝售价－（建造成本＋专业费用＋利息＋销售费用＋税金＋利润）

(2) 参数求取

a. 建造成本：

建造成本应包括土建、配套、规费等内容。而土建费用应包括桩、基础、主体等方面。根据南京建筑工程市场现状及××具体情况，以上各项费用取值为：

桩：150 元/m²；

主体工程：650 元/m²；

规费：180 元/m²；

配套工程：250 元/m²。

则　建造成本＝150＋650＋180＋250＝1 230(元/m²)

另外，由于公司技术力量较强，销售也是自行进行，向外咨询、广告宣传等均投入很少。因此各项费用均较少。

b. 专业费用率：1.0%；

c. 销售费率：1%；

d. 利息率：4.0%；

e. 利润率:5%;
f. 税率:2.5%。

(3) 计算过程

a. 建造成本=1 230(元/m²)
b. 专业费用=建造成本×专业费用率=1 230×1%=12.3(元/m²)
c. 销售费 =销售价×1%=3 484×1%=34.8(元/m²)
d. 利息 =(地价+建造成本+专业费用)×4.0%
       =(地价+1 230+12.3)×4.0%=49.7+4.0%地价
e. 利润 =(地价+建筑费+专业费用)×5%
       =(地价+1 230+12.3)×5%=62.1+5%地价
f. 税 =销售价×2.5%=3 484×2.5%=87.1(元/m²)

则有：

$$售价=地价+a+b+c+d+e+f$$

即：

3 484=地价+1 230+12.3+34.8+49.7+4.0%地价+62.1+5%地价+87.1
地价×(1+4%+5%)=3 484−1 230−12.3−34.8−49.7−62.1−87.1
地价×109%=2 008.2

$$地价=\frac{2\,008.2}{1.09}=1\,842.4(元/m^2)$$

土地总价=土地单价×抵押土地面积=1842.4×14 933.86
       =27 514 143.66(元)

取整数为2 751万元。

(4) 在建建筑物现值求取

由于目前在建项目的形象进度为2~6层不等,因此目前完成工程量为项目总量的0.552左右$\left(\frac{20\,608.73}{37\,360.63}=0.552\right)$,而此时项目装修工程尚未开始;水电工程已达75%(水电工程约占主体工程的25%);配套已达85%。因此,在建建筑物现值为：

在建建筑物现值=桩基费用+规费+0.552主体工程×(70%土建+
            75%水电×25%)+85%配套
           =150+180+(70%+25%×75%)×650×0.552+250×85%
           =150+180+318.44+212.5=860.9(元/m²)

根据《预售商品房屋面积测算表》所示,××一期01、02、03、04、05、06、07、08、19、20、21幢目前已建成的建筑面积如表4所示：

表4 在建建筑物目前的建筑面积表

幢 号	面 积(m²)	幢 号	面 积(m²)
01幢	1 533.10	07幢	1 308.62
02幢	2 787.13	08幢	994.95
03幢	1463.98	19幢	2 400.35
04幢	1 698.08	20幢	1 240.1
05幢	843.62	21幢	3 414.87
06幢	2 923.93	合计	20 608.73

则在建建筑物评估值为：

在建建筑物评估值＝在建建筑物现值单价×建筑物评估面积
＝860.9×20 608.73＝17 742 055(元)

取整数为1 774万元。

(5) 评估值计算

评估对象总值＝地价总值＋在建建筑物总值＝2 751＋1 774
＝4 525(万元)

(四) 估价结果确定

根据评估对象的实际情况,运用科学的评估方法,通过周密的分析和测算,结合估价实务经验,取计算结果整数,确定××一期在建工程在2002年5月20日的市场价值为人民币4 525万元,大写人民币肆仟伍佰贰拾伍万元整。

东南房地产评估有限公司
2002/5/20

六、附　件

1　委估方营业执照复印件
2　委估标的国有土地使用证复印件
3　建设工程规划许可证复印件
4　建筑工程施工许可证复印件
5　商品房销售许可证复印件
6　委估方有关施工合同复印件
7　受托估价方营业执照复印件
8　受委托估价方资格证书复印件
9　估价师资格证书复印件

参考书目

[1] 赵财福,赵小虹. 房地产估价[M]. 上海:同济大学出版社,2004
[2] 陈湘芹,崔东平. 房地产估价[M]. 北京:化学工业出版社,2005
[3] 卢新海. 房地产估价——理论与实务[M]. 上海:复旦大学出版社,2006
[4] 戴学珍. 房地产估价教程[M]. 北京:清华大学出版社,2007
[5] 周寅康. 房地产估价[M]. 南京:东南大学出版社,2006
[6] 俞明轩. 房地产评估[M]. 北京:中国人民大学出版社,2004
[7] 柴强. 房地产估价[M]. 6版. 北京:首都经济贸易大学出版社,2008
[8] 李安明. 我国房地产估价业的现状及发展趋势[J]. 中国房地产,2001(7)
[9] 杨希琴. 当议房地产估价行业现状及发展趋势[J]. 建设科技,2010(2)
[10] 宗永红. 房地产估价[M]. 北京:科学出版社,2010
[11] 付光辉. 房地产估价[M]. 北京:化学工业出版社,2011
[12] 薛姝. 房地产估价[M]. 北京:高等教育出版社,2003
[13] 郭斌,姬海君,宋宏. 房地产估价[M]. 北京:科学出版社,2011
[14] 汤鸿,郭贯成. 房地产估价[M]. 南京:东南大学出版社,2010
[15] 曲卫东,叶剑平. 房地产估价[M]. 北京:中国人民大学出版社,2009
[16] 祝平衡. 房地产估价理论与实务[M]. 大连:东北财经大学出版社,2007
[17] 吴翔华,等. 房地产估价案例与分析[M]. 北京:化学工业出版社,2008
[18] 盛承懋. 房地产估价案例与分析[M]. 南京:东南大学出版社,2000
[19] 周迎春. 市场经济条件下的房地产估价研究[J]. 西南农业大学学报(社会科学版),2012(3)
[20] 余世杰. 房地产估价中市场比较法的改进研究[J]. 科技信息,2012(16)
[21] 刘宇衡. 房地产估价中市场法改进探讨[J]. 科技与管理,2012(4)
[22] 吴红华,赖华勇. 房地产估价的区间数灰色模糊法[J]. 湖南大学学报(自然科学版),2012(10)
[23] 程可达. 论估价机构对房地产市场体系的完善[A]//中国房地产估价师与房地产经纪人学会. 中国房地产估价师与房地产经纪人学会2012年年会——市场变动与估价、经纪行业持续发展论文集[C]. 2012
[24] 黄段晨,李季. 房地产估价方法若干问题的思考[J]. 山西建筑,2011(14)
[25] 杨爽. 房地产估价制度的建立与完善[J]. 中外企业家,2011(17)
[26] 黄启蒙. 不动产估价中收益法应用参数研究[D]. 北京:首都经济贸易大

学,2011

[27] 常青.房地产估价基本理论问题研究[J].兰州大学学报(社会科学版),2010(4)

[28] 朱雅莉.房地产估价师职业道德问题及对策[J].山西财经大学学报,2010(S2)

[29] GB/T 50291—1999 房地产估价规范

[30] GB/T 18508—2001 城镇土地估价规程

[31] 庄华.房地产成交价格与房地产估价关系探析[J].现代经济信息,2011(14)

[32] 姜琳.浅论房地产成交价格与房地产估价[J].科技咨询导报,2007(9)

[33] 韩晓燕.房地产估价的风险分析与评价[J].现代商业,2010(30)

[34] 刁云龙,王瑷晖.房地产估价师执业风险与防范措施[J].民营科技,2008(9)

[35] 耿继进,李妍.房地产整体估价与实证分析[J].武汉大学学报(工学版),2012(3)

[36] 樊群.房地产估价中收益法的资本化率新探[J].现代经济信息,2011(2)

[37] 彭赤兵.房地产评估收益法下资本化率的确定[J].财会月刊,2007(36)

[38] 聂水斌.确定资本化率准确评估房地产价格[J].北京房地产,2007(8)

[39] 张麒麟.论房地产估价方法的完善[J].中华建设,2009(8)

[40] 钟鸣.论不动产产权估价[J].金融经济,2008(20)

[41] 孟庆茹.房地产估价方法浅析[J].黑龙江科技信息,2010(23)

[42] 赵明娟.浅析市场比较法在我国房地产估价中的应用[J].黑龙江科技信息,2009(35)

[43] 颜祜鑫.测量资源在房地产估价中的应用探讨[J].市场论坛,2010(12)

[44] 聂琦波.关于房地产估价理论中四个矛盾问题的若干分析[J].华中科技大学学报(城市科学版),2003(4)

[45] 舒海红.浅谈房地产估价师执业风险与防范[J].科技情报开发与经济,2007(21)

[46] 石振武,项昀.关于房地产基本估价方法的探析[J].技术经济,2006(1)

[47] 耿咏梅,周荣福.基于GIS的房地产市场比较法的研究[J].地矿测绘,2010(1)

[48] 胡泳灵.通过职业道德建设促进房地产估价业健康发展[J].科技情报开发与经济,2006(7)

[49] 宋春华.促进中国房地产估价业有序健康发展[J].中国房地信息,2004(1)

[50] 薛姝,周晖.基于假设开发法的房地产拆迁评估思考[J].湖南城市学院学报,2005(6)

[51] 郭景先.假设开发法在房地产估价中的运用解析[J].商业会计,2011(30)

[52] 唐莹. 假设开发法在地产评估实务中的应用[J]. 财会月刊,2011(28)

[53] 金建清. 在建工程抵押估价的假设开发法研究[J]. 天津师范大学学报(自然科学版),2012(1)

[54] 于新颖. 浅谈房地产估价的假设开发法[J]. 现代经济(现代物业下半月刊),2009(8)

[55] 吴水泉,吴松华. 论假设开发法在评估中的应用[J]. 科技创新导报,2010(9)

[56] 肖旭. 评估土地价值的最有效办法——假设开发法[J]. 科技资讯,2010(17)

[57] 乐建明. 假设开发法的探讨[J]. 常州工学院学报,2010(Z1)

[58] 袁鹰."两利"综合法在房地产估价假设开发法中的应用[J]. 中国市场,2007(26)

[59] 钟悦红. 假设开发法在建房地产评估中的应用[J]. 湖南大学学报(社会科学版),2002(S1)

[60] 李光洲. 地产假设开发法的两种不同算法比较[J]. 立信会计高等专科学校学报,2000(4)

[61] 李安. 假设开发法有关参数的确定和计算[J]. 中国土地,1994(12)

[62] 金洪良. 假设开发法中的资金时间价值问题[J]. 中国房地产,1998(4)

[63] 王人己. 正确运用假设开发法[J]. 上海房地,1998(10)

[64] 宋建. 假设开发法拿地成本案例分析[J]. 辽宁经济,2013(4)

[65] 彭进. 房地产价值评估收益还原法研究[D]. 南昌:华东交通大学,2009

[66] 郑燕鸣,李启明. 房地产估价收益还原法中的折旧费探讨[J]. 东南大学学报(自然科学版),2000(4)

[67] 陈圻. 关于收益还原法中收益与利率的界定问题[J]. 审计与经济研究,2000(1)

[68] 黄万新. 收益还原法中的纯收益计算[J]. 华北矿业高等专科学校学报,2000(3)

[69] 张洪力,毛建新,王宏. 收益还原法评估中房地产折旧费问题的探讨[J]. 河南城建高等专科学校学报,2001(1)

[70] 张劲松. 收益法中资本化率的确定[J]. 合肥学院学报(自然科学版),2005(4)

[71] 龚水燕,黄秀梅. 房地产估价:对收益还原法下资本化率求取方法的探讨[J]. 商业研究,2003(19)

[72] 张洪力. 收益还原法在房地产估价中的应用[J]. 北京房地产,2005(3)

[73] 吴丽娜. 收益型房地产评估方法中还原利率的研究[D]. 西安:西安建筑科技大学,2001

[74] 张晓宏. 房地产估价中资本化率的研究[D]. 哈尔滨:哈尔滨工业大学,2006

[75] 王玉. 收益性房地产估价的方法研究[D]. 武汉:武汉理工大学,2002

[76] 赵留军,戴加盼,周复旦. 房地产估价中资本化率分析[J]. 商场现代化,2009(10)

[77] 李亚男. 收益还原法中还原利率的确定方法探析[J]. 现代农业科技,2009(21)

[78] 王筑. 收益还原法在土地估价中的应用[J]. 贵阳学院学报(自然科学版),2010(1)

[79] 宗明华. 房地产价格评估收益还原法评估公式与投资效用分析[J]. 云南工学院学报,1994(2)

[80] 王吓忠. 探析房地产收益还原法的实际操作性[J]. 福州大学学报(社会科学版),1998(3)

[81] 李国蓉,曹明. 收益还原法中的净收益求取研究[J]. 重庆科技学院学报(社会科学版),2011(16)

[82] 魏敏. 浅析资本化率确定的几种方法[J]. 宁夏师范学院学报,2007(6)

[83] 李琦. 城市房屋拆迁评估估价时点及方法[J]. 现代商业,2009(4)

[84] 马超群,杨富社,王玉萍,等. 轨道交通对沿线住宅房产增值的影响[J]. 交通运输工程学报,2010(4)

[85] 冯长春,李维瑄,赵蕃蕃. 轨道交通对其沿线商品住宅价格的影响分析——以北京地铁5号线为例[J]. 地理学报,2011(8)

[86] 吴春彭,董捷. 城市轨道交通对房地产价值的影响研究——以武汉市轨道交通为例[J]. 广东土地科学,2011(2)

[87] 龚国光,应尚军. 我国城市房地产拆迁补偿评估方法研究[J]. 会计之友,2012(14)

[88] 郑捷奋. 城市轨道交通与周边房地产价值关系研究[D]. 北京:清华大学,2004

[89] 张兆良. 地铁对沿线住宅价格的影响研究[D]. 西安:西安建筑科技大学,2010

[90] 李顺祥. 基于房地产估价体系的城市房屋拆迁估价研究[D]. 大连:大连理工大学,2010

[91] 郑俊,甄峰. 南京地铁对房产开发的影响及沿线土地开发策略研究[J]. 安徽师范大学学报(自然科学版),2007(2)

[92] 陈莉. 轨道交通对沿线房地产价格影响的研究[J]. 特区经济,2007(8)

[93] 谷一桢,徐治乙. 轨道交通对房地产价值影响研究综述[J]. 城市问题,2007(12)

[94] 廖凡幼. 关于征地拆迁评估的几个问题[J]. 中国房地产,2008(1)

[95] 王华成,王刚. 浅析房地产征地拆迁中存在的一些问题与对策[J]. 科技资讯,2008(18)

[96] 方向阳,陈忠暖. 国外城市轨道交通对房地产价值的影响研究[J]. 热带地理,2004(3)

[97] 汪军红. 特殊物业价值评估理论与实践的研究[D]. 南京:东南大学,2006

[98] 丁成日. 中国征地补偿制度的经济分析及征地改革建议[J]. 中国土地科学,2007(5)

[99] 吴剑波. 征地拆迁市场化评估探析[J]. 中华建设,2008(9)

[100] 丁懿. 集体土地房屋拆迁征收与安置补偿法律问题研究[D]. 重庆:重庆大学,2012

[101] 惠瑞. 集体土地征地拆迁补偿价格研究[D]. 重庆:重庆大学,2011

[102] 刘照云. 基于《物权法》的征地拆迁补偿创新[J]. 中国房地产,2009(9)

[103] 金建清. 房屋拆迁补偿价格评估方法的研究[J]. 郑州大学学报(哲学社会科学版),2002(4)

[104] 张安录,匡爱民,王一兵,等. 征地补偿费分配制度研究[M]. 北京:科学出版社,2010

[105] 敬松,唐浩. 在建工程评估理论和方法探讨[J]. 经济师,2003(3)

[106] 杨小雄,黄小兰,朱晓刚,等. 征地补偿标准多途径测算及结果确定方法研究[J]. 广西师范大学学报(哲学社会科学版),2007(1)

[107] TD/T 1006-2003 农用地估价规程

[108] 李顺祥. 基于房地产估价体系的城市房屋拆迁估价研究[D]. 大连:大连理工大学,2010

[109] 林英彦. 不动产估价[M]. 台北:文笙书局,1983